둔촌이집선생시문

둔촌 이집선생 시문
遁村 李集先生 詩文

한글번역본

광주이씨 대종회 (廣州李氏 大宗會)

01. 둔촌선생 영정(影幀)

02. 둔촌선생의 선고(先考) 판서공(諱 唐) 묘역((墓域) 전경
　　경북 영천시 북안면 도유리 121(광릉1길 23)

03. 둔촌선생의 선비(先妣) 인화이씨(仁華李氏) 묘역(墓域) 전경
　　경기 하남시 덕풍동 산24-19(하남대로 888)

04. 둔촌선생 묘소(墓所) 전경
    경기 성남시 중원구 하대원동 243-11(둔촌대로 320)

05. 둔촌선생의 사당 및 영정각 추모재(追慕齋) 전경
    경기 성남시 중원구 하대원동 243-11(둔촌대로 320)

06. 둔촌선생이 논시강학(論詩講學)하며 주경야독(晝耕夜讀)하던 봉서정(鳳棲亭)
　　경기도 여주시 금사면 이포리 110

07. 둔촌선생 신도비
　　경기 성남시 중원구 하대원동 243-17

목차

들어가면서

1. 대종회 회장 신 발간사 – 이주영(李柱榮) · 29

2. 신역자 해설 – 우종철(禹鍾哲) · 32

3. 교열을 끝내고 – 이장우(李章佑) · 36

4. 둔촌선생유고 서문 – 하륜(河崙) · 39

5. 둔촌선생유고 발간 연혁 [국립중앙도서관 소장(보물 제1218호)] · 44

6. 한국고전종합DB - <둔촌잡영(遁村雜詠)> · 46

I. 둔촌선생유고 제1권(遁村先生遺稿卷之一)

■ 시(詩) · 55

1. 간기(簡寄) · 55

(1) 종공 정상국[몽주]에게 올리다(上宗工鄭相國) · 55

(2~3) 도은[이숭인]에게 부치다 2수(寄陶隱二首) · 57

(4) 종공 정상국[몽주]에게 부치다(寄宗工鄭相國) · 60

(5) 정상국[몽주]에게 드리다(呈鄭相國) · 61

(6) 경지[김구용]에게 부치다(寄敬之) • 63

(7) 병중에 경지[김구용]에게 부치다(病中寄敬之) • 65

    부 1) 목은 [이색]의 차운시(附次韻 牧隱) • 66

(8) 삼가 서울의 옛 친구들에게 부치다(奉寄京華故舊) • 68

(9) 영주의 금·이 두 서생에게 부치다(寄寧州琴李兩生) • 70

(10~13) 감회를 읊은 시 네 절구를 종공 정상국[몽주]에게 삼가 부쳐 드리다
    (敍懷四絶奉寄宗工鄭相國) • 72

(14) 종공 정상국[몽주]에게 부쳐 드리다(寄呈宗工鄭相國) • 77

(15) 원공 상국[우현보]에게 부쳐 드리다(寄呈原功相國) • 79

(16~18) 원공 상국[우현보]에게 드리다 3수(呈原功相國三首) • 80

(19~20) 지휘사 [정지]님께 올리다 2수(上鄭指揮使[地]二首) • 83

(21) 삼가 목은[이색]님께 띄우다(奉寄牧隱) • 85

    부 2) 목은[이색]의 차운시(附次韻 牧隱) • 87

(22~24) 목은[이색]에게 부쳐 드리다 3수(寄呈牧隱三首) • 88

(25) 목은[이색]에게 드리다(呈牧隱) • 91

(26) 경지[김구용]에게 부치다(寄敬之) • 92

    부 3) 척약재[김구용]의 차운시(附次韻 惕若齋[金九容]) • 93

(27) 병중에 경지[김구용]에게 부치다(病中寄敬之) • 94

    부 4) 목은[이색]의 차운시(附次韻 牧隱) • 95

    부 5) 척약재[김구용]의 차운시(附次韻 惕若齋) • 96

    부 6) 목은[이색]의 차운시(附次韻 牧隱) • 97

(28~30) 경지[김구용]에게 부치다 3수(寄敬之三首) • 98

    부 7-9) 척약재[김구용]의 차운시 3수(附次韻 惕若齋三首) • 101

(31) 척약재[김구용]에게 부치다(寄惕若齋) • 104

    부 10-11) 척약재[김구용]의 차운시 2수(附次韻 惕若齋二首) • 105

(32) 도은[이숭인]에게 부치다(寄陶隱) • 107

(33) 도은[이숭인]의 간의대부 됨을 축하하다(賀陶隱諫議) • 108

(34~35) 도은[이숭인]에게 드리다 2수(呈陶隱二首) • 110

　부 12-13) 도은[이숭인]의 차운시 2수(附次韻 陶隱[李崇仁]二首) • 112

(36~37) 포은에게 부치다 2수(寄圃隱二首) • 115

(38) 포은[정몽주]의 행차에 드리다(呈圃隱行次) • 117

(39~40) 사정을 아뢰는 즉흥시 두 수를 [민중회]에게 드리다

　(陳情卽事二絶呈[閔仲晦]) • 118

(41~42) 장난삼아 [민중회] 선생에게 드리다 2수(戲呈[閔仲晦]二首) • 120

(43~44) 장난삼아 중회에게 드리다 2수(戲呈仲晦二首) • 122

(45) 허 야당 [금]에게 드리다(呈許埜堂[錦]) • 125

(46) 남을 대신하여 박 장군에게 부치다(代書寄朴將軍) • 126

(47) 장원 박 고헌의 중추 벼슬 복귀를 축하하여 부치다(寄賀壯元朴古軒復中樞) • 127

(48) 박중서 자허 [실]에게 하례하여 부치다(寄賀朴中書子虛[實]) • 128

(49) 최 간의에게 부치다(寄崔諫議) • 129

(50) 이웃 어른 최 간의에게 드리다(呈隣丈崔諫議) • 130

(51~52) 다시 앞의 각운자로 짓다 2수(復賦前韻二首) • 131

(53) 용두를 보내는 자리에서 동년 최 봉익에게 부치다

　(送龍頭席上寄同年崔奉翊) • 133

(54~55) 동년 최 산기에게 부치다 2수(寄同年崔散騎二首) • 134

(56) 전주의 최 동년에게 부치다(寄全州崔同年) • 136

(57) 전주 최 정당 [양]에게 부치다(寄全州崔政堂[瀁]) • 137

(58) 전주 이 단공에게 부치다(寄全州李端公) • 138

(59) 영흥 전(田) 동년에게 부치다(寄永興田同年) • 139

(60) 계림군에게 부쳐 올리다(寄呈鷄林君) • 140

(61) 김 선주가 술을 보내주심에 사례하다(謝金善州惠酒) • 142

(62~64) 염 지신사[국보]에게 부치다 3수(寄廉知申事[國寶]三首) • 143

(65) 염 동정 [흥방]에게 부치다(寄廉東亭[興邦]) • 146

(66) 충주의 원님 [이동은]에게 부치다(寄忠州使君[李東隱]) • 147

(67) 유암을 보내면서 나주 판관 [이 양]에게 부치다(送幼菴寄羅州判官[李陽]) • 148

(68) 정 삼봉[도전]에게 부치다(寄鄭三峯) • 149

(69) 채 판서의 생남을 하례하다(賀蔡判書生子) • 150

(70~71) 앞 운을 써서 채 판서와 이 중서에게 드리다 2수
    (用前韻呈蔡判書李中書二首) • 151

(72~73) 삼가 종공 정 상국[몽주]에게 부치다 2수(奉寄宗工鄭相國二首) • 154

(74~75) 도은[이숭인]에게 부치다 2수(寄陶隱二首) • 156

(76~77) 야당[허금]에게 드리다 2수(呈埜堂二首) • 158

(78~79) 병중에 경지[김구용]에게 부치다 2수(病中寄敬之二首) • 160

  부 14-15) 척약재의 차운시 2수(附次韻 惕若齋二首) • 162

(80~81) 임 동년 [심보]에게 부치다 2수(寄任同年[深父]二首) • 164

(82) 옛날을 회상한 시 한 수를 지어 군자들께 올리다(念昔一首呈諸君子) • 166

2. 수화(酬和) • 168

(83~85) 차운하여 포은에게 드리다 3수(次呈圃隱三首) • 168

  부 16-18) 포은[정몽주]의 원운시 3수(附元韻三首) • 174

(86~87) 중회[민제]에게 주다 2수(贈仲晦二首) • 178

(88~89) 정 삼봉[도전]에게 주다 2수(贈鄭三峯二首) • 180

(90~91) 정 삼봉[도전]에게 주다 2수(贈鄭三峯二首) • 182

(92~95) 박 통헌[의중]님께 보내드리다 4수(贈朴通憲四首) • 184

(96~101) 목은[이색]이 보내준 시의 각운자에 차운하다 6수
    (次牧隱 見寄詩韻六首) • 188

(102~103) 경지[김구용]의 주차(舟次, 배 머무는 곳 따라)
    시의 각운자를 따라 짓다 2수(次敬之舟次詩韻二首) • 194

부 19-20) 척약재[김구용]의 원운시 2수(附元韻 惕若齋二首) • 196

　　부 21-22) 목은[이색]의 차운시 2수(附次韻 牧隱二首) • 198

(104~107) 경지의 운을 빌리다 4수(次敬之韻四首) • 201

　　부 23) 척약재[김경지] 원운시 1수(附元韻一首) • 204

(108) 김 경지[구용]에게 증정하다(贈金敬之) • 205

(109~111) 도은[이숭인]의 시를 차운하다 3수(次陶隱詩韻三首) • 206

(112) 차운하여 자허[박의중]에게 드리다(次韻呈子虛) • 209

(113) [이길상] 어르신께 올리다(贈李丈[吉祥]) • 210

(114~116) 차운하여 배 찰방에게 증정하다 3수(次韻贈裵察訪三首) • 212

(117~119) 양헌에게 드리다 3수(贈陽軒三首) • 215

(120~121) 이웃 어른 이 중서에게 보내다 2수(贈隣丈李中書二首) • 218

(122~123) 앞의 운을 써서 이 중서와 채 판서님께 드리다 2수
　　(用前韻呈李中書蔡判書二首) • 220

(124) 교주의 이 안렴에게 주다(贈交州李按廉) • 223

(125) 고송정에 모인 동지들의 연구[보유](孤松亭會同志聯句[補遺]) • 224

3. 기행(紀行) • 229

(126~127) 한양가는 길 도중에서 2수(漢陽途中二首) • 229

(128) 진천에서 자다(宿鎭川) • 231

(129) 서 규정에게 주다(贈徐糾正) • 232

(130) 서울을 떠나던 날 도은[이숭인]의 서재에서 짓다(發京日書陶齋) • 233

(131~132) 고성에서 감회를 적다 2수(固城感懷二首) • 234

4 술회(述懷) • 237

(133) 병중에 회포를 적다(病中書懷) • 237

(134) 병중에 회포를 적다(病中書懷) • 238

(135) 목은[이색]을 생각하다(憶牧隱) • 240

    부 24) 목은[이색]의 차운시(附次韻) • 241

(136) 자신을 읊다(自詠) • 242

(137) 시사를 적다(書事) • 243

(138) 자신에게 부치다(自貽) • 244

(139) 자신을 읊다(自詠) • 245

5. 거실(居室) • 247

(140) 광주에서 동년 최 사관의 운을 따라 짓다(在廣州次同年崔史官韻) • 247

(141~144) 성남 촌사에서 회포를 적은 4수를 제정[이달충]에게 적어 보내다
    9월 9일(城南村舍書懷四首錄呈霽亭重九日) • 248

(145) 행촌에서 병을 앓으며 느낀 바를 적다(杏村病中書事) • 254

(146~147) 정 삼봉에게 주다 2수(贈鄭三峯二首) • 255

(148) 행촌에서 느낀 바를 적다(杏村書事) • 257

6. 제벽(題壁) • 259

(149~150) 안화사 벽 위에 붙은 정 장원의 시 각운자를 사용하여 중암을 제목으로
    삼아 시를 짓다 2수(用安和寺壁上鄭壯元韻題中菴二首) • 259

(151~152) 흥을 풀려고 용만 주인의 벽에 써부치다 2수(遣興題龍巒主人壁二首) • 262

(153) 양근 이 사또님의 군재에 써부치다(題楊根李使君郡齋) • 264

7. 우설(雨雪) • 265

(154) 지루한 비 뒤에 양헌을 찾았다(苦雨後訪陽軒) • 265

(155) 우중에 홀로 앉아 붓을 달려, 포은[정몽주]에게 드리다
    (雨中獨坐走筆呈圃隱) • 266

(156) 저녁 비 개이고(晚晴) • 267

(157~159) 눈이 내린 뒤에 주필로 증오[정도전]와 자안[이숭인]에게 화답시를 청하였다 3수(雪後走筆邀曾吾子安三首) • 268

(160) 기미년 9월 16일 눈이 내리는 가운데 회포를 적다
(己未九月十六日雪中書懷) • 271

8. 등림(登臨) • 274

(161) 동년인 임 심보와 보덕봉 꼭대기에 오르다(與同年任深父登寶德峯頭) • 274

(162) 동정호에 대한 느낌을 적다(洞庭湖有感) • 275

(163) 여주를 제목 삼아 읊다(驪州題詠) • 276

II. 둔촌선생유고 제2권(遁村先生遺稿卷之二)

■ 시(詩) • 279

9. 사시(四時) • 279

(164~165) 황여강에서 읊다 2수(黃驪江二首) • 279

(166) 정묘년(1387) 늦여름에 병으로 누워 있으면서 목은[이색]에게 드리다
(丁卯歲季夏,臥病,呈牧隱) • 281

(167) 가을밤 비가 오는 중에 회포를 적다(秋夜雨中書懷) • 282

(168) 가을 심회를 적다(秋懷) • 284

(169) 겨울날 즉사를 읊다(冬日卽事) • 286

(170~171) 섣달 그믐날 어머님의 묘소에 참배하고 나서 거천의 이낙헌을 찾았다 2수
(歲除日拜母墳,訪渠川李樂軒二首) • 287

10. 절서(節序) • 289

(172) 입추날 경지[김구용]에게 부치다(立秋日寄敬之) • 289

부 25) 척약재[김구용]의 차운시(附次韻 惕若齋) • 291

부 26) 같은 운을 써서 목은[이색]이 짓다(附次韻 牧隱) • 293

(173) 동짓날 우연히 시를 지어 포은[정몽주]·도은[이숭인]·종지[정도전]
세 군자에게 드리다(至日偶作呈圃隱陶隱宗之三君子) • 295

(174~176) 입춘날 회포를 적은 3수의 시를 서울의 친구들에게 부치다
(立春日書懷三首寄京都故舊) • 279

(177) 설날에 지은 첩자시(元日帖字) • 300

(178~179) 설날에 회포를 풀어 안화사의 중암 스님에게 드리고 아울러
주지에게 편지하다 2수(元日敍懷呈安和中菴上人兼簡住老二首) • 301

(180~181) 인일에 서울[개성]의 친구들을 생각하다 2수(人日憶京都故舊二首) • 303

(182) 유월 보름날 포은[정몽주]에게 드리다(六月十五日呈圃隱) • 305

(183) 칠석날 경지[김구영]에게 부치다(七夕寄敬之) • 306

부 27) 척약재[김구용]의 차운시(附次韻 惕若齋) • 307

(184~186) 구일날 회포를 푼 3수, 목은[이색]에게 드리다
(九日敍懷三首呈牧隱) • 308

(187~189) 다시 앞의 시운을 쓰다 3수(復賦前韻三首) • 311

(190~191) 곽 정당의 입춘시 각운자를 차운하여 짓다 2수
(次郭政堂立春韻二首) • 314

(192) 유월 보름날 회포를 적다(六月十五日書懷) • 316

(193~195) 칠석날 희롱삼아 임 동년에게 부치다 3수(七夕戲贈任同年三首) • 317

(196) 구일날 회포를 풀어 도재[이숭인]에게 드리다(九日敍懷呈陶齋) • 320

(197) 구일날 도은[이숭인]에게 드리다(九日呈陶隱) • 321

(198~199) 원일에 회포를 풀어 목은[이색]에게 드리다 2수
(元日敍懷呈牧隱二首) • 322

(200) 입추날 도은[이숭인]에게 부치다(立秋日寄陶隱) • 325

(201) 구일날 여러 분들이 사용한 각운자를 빌어서 짓다(次九日諸公韻) • 326

부 28) 포은[정몽주]의 차운시(附次韻 圃隱) • 327

(202) 송도의 구일날 우 양호당[현보]과 허 야당[금]에게 드리다
　　松都九日呈禹養浩堂[玄寶]兼許埜堂[錦]) • 329

11. 심방(尋訪) • 330

(203) 종공 정 상국[몽주]을 뵙고 짓다(謁宗工鄭相國有作) • 330
(204) 동년인 원공[우현보]의 집에서 마흔 글자로 읊다(同年原功家吟得四十字) • 331
(205~207) 다시 앞의 시운을 써서 제군자에게 드리다 3수(復用前韻呈諸君子三首) • 332
(208) 도은[이숭인] 간의의 방문에 사례하다(謝陶隱諫議見訪) • 337
(209) 영흥으로 전 동년[영수]을 찾아갔으나 만나지 못하였다
　　(尋永興田同年不遇) • 339
(210) 동은(東隱)을 찾아갔으나 만나지 못하였다(訪東隱不遇) • 341
(211~214) 다시 앞의 시운을 써서 여러 군자께 드리다 4수
　　(復用前韻呈諸君子四首) • 342
　　부 29-33) 포은[정몽주]의 차운시 5수(附次韻 圃隱五首) • 346
(215~217) 권규헌[주]을 찾아 창성사로 갔는데 만나지 못하였다
　　3수(訪權葵軒[鑄]於彰聖寺不遇三首) • 352
(218) 윤 정당의 방문에 감사하다(謝尹政堂見訪) • 355
(219) 다시 앞의 운을 써서 짓다(復賦前韻) • 356
(220~221) 중암을 증산사로 찾았으나 만나지 못하였다
　　2수(訪中菴於甑山寺不遇二首) • 357
(222~223) 눈이 갠 뒤에 야당[허금]을 찾았다 2수(雪霽訪埜堂二首) • 359
(224) 포은[정몽주], 경지[김구용]와 함께 술을 가지고 해임되어 서울[개성]로 온
　　이좌윤을 맞아서 제공의 시운을 따라서 짓다
　　(與圃隱敬之携酒,迎李左尹解任赴京,次諸公詩韻) • 361
(225~226) 허 야당[금]의 방문에 사례하며 겸하여 우 양호당[현보]에 드리다
　　2수(謝許埜堂見訪兼呈禹養浩堂二首) • 363
(227) 한양에 있는 시골집으로 정삼봉[도전]을 찾다(訪鄭三峯漢陽村居) • 365

(228) 한양 부윤 유공[원]의 석상에서 구호하다. 공은 원수의 행차에 잘 지원하고
대응하였으므로 선위의 명이 있었다(漢陽府尹柳公[源]席上口號公能支應諸元
帥之行故有宜慰之命) • 366

12. 송별(送別) • 368

(229) 김 경상도 안렴사를 전송하면서(送慶尙金廉使) • 368

(230~231) 일본 통신사로 가는 포은[정몽주]을 전송하다 2수
(送日本通信使二首) • 370

(232) 충주에 귀성하는 정 선달 준을 보내면서, 붓을 빨리 놀려 그 아버지인 나의
동년에게 부치다(送鄭先達峻,歸覲忠州,走筆寄乃父同年) • 373

(233) 제공들과 쌍청정에서 도은[이숭인]을 전별하기로 언약했으나 병 때문에 가지
못하고 시로써 사과하다(約諸公, 餞陶隱於霎淸亭,以病未赴,以詩謝之) • 375

(234~235) 광릉에서 정삼봉[도전]을 이별하고 겸하여 중원의 최 전주에게 부치다
2수(廣陵別鄭三峯兼寄中原崔全州二首) • 376

(236) 우계로 어머님 뵈러가는 이생원 [우]를 보내며(送李生員[愚]覲母羽溪) • 379

(237~239) 강릉도 안렴사 서 좌랑[견]을 보내다 3수
(送江陵道廉使徐佐郞[甄]三首) • 381

(240~243) 계림의 배 부윤을 전송하다 4수(送雞林裵府尹四首) • 384

(244~245) 광주 고 원님으로 부임하여 가는 박봉익을 전별하다 2수
(送光州朴奉翊二首) • 388

(246~247) 한양 장부윤[덕량]을 전별하다 2수(送漢陽張府尹[德良]二首) • 390

13. 정훈(庭訓) • 392

(248) 세 아들에게 보여주다(示三子) • 392

(249) 큰 아들이 불국사에 유학하게 되어 시를 지어 보여 주다
(長兒遊學佛國寺以詩示之) • 394

(250) 아들 도에게 부쳐 보여 주다(寄示子途) • 396

(251) 천녕에 어머니를 뵈러 온 둘째 아이를 이별한 뒤에 짓다. 첫째와 막내는 먼저 어미의 곁에 있었다(仲兒覲母川寧別後有作,伯季先在母側) • 397
(252) 둘째 아이가 어미의 병 때문에 휴가를 얻어 한음에 머물다가 해를 넘기고 서울로 돌아왔기에 절구 한 수를 지어 보여주다
(仲兒以母病請告在漢陰閱歲歸京書一絶示之) • 398

14. 예하(禮賀) • 399

(253) 조서사 장학록[부]에게 드리다(呈詔書使張學錄[溥]) • 399
(254) 고명사 주 전부[탁]에게 드리다(呈誥命使周典簿[倬]) • 401
(255~256) 조사 고명 받은 정사의 두 부관인에게 드리다 2수
　　(呈詔使誥命兩副官人二首) • 402

15. 영연(榮宴) • 404

(257) 도은[이숭인] 학사의 영친 석상에서 짓다(陶隱學士榮親席上韻) • 404
(258~259) 장원한 고헌의 영친 석상에서 짓다 2수(壯元古軒榮親席上作二首) • 406
(260~261) 이차점의 진사 합격을 하례하다 2수(賀李次點擢進士二首) • 408
(262) 이 우사의 집에서 취해 돌아온 뒤에 지은 시를 기록해 보내다
　　(李右使家醉後作錄呈) • 410

16. 애뢰(哀誄) • 411

(263~264) 동년 최 산기를 곡하다 2수(哭同年崔散騎二首) • 411
(265) 양 판사 [이시]를 곡하다(哭楊判事[以時]) • 413

17. 사관(寺觀) • 414

(266~267) 도미사에서 병중에 잡영하다 2수(道美寺病中雜詠二首) • 414
　　부 34-35) 목은[이색]의 차운시 2수(附次韻 牧隱) • 417

(268) 정토사에서 경지[김구용]만 남겨두고 떠나다(淨土寺留別敬之) • 419

　　부 36) 척약재[김구용]의 차운시(附次韻 惕若齋) • 421

(269) 산사에서 죽림사로 가는 주지를 전송하다(山寺送竹林住持) • 422

(270~272) 도미사에서 병중에 이것 저것 읊다 3수(道美寺病中雜詠三首) • 423

　　부 37) 목은[이색]의 차운시(附次韻 牧隱) • 426

(273~274) 정토사에서 경지[김구용]를 남겨놓고 떠나다 2수
　　(淨土寺留別敬之二首) • 427

　　부 38-39) 척약재[김구용]의 차운시 2수(附次韻 惕若齋二首) • 429

(275) 도미사에 처음와서 용두사의 주지 스님에게 부치다
　　(初到道美寺,寄龍頭住老) • 431

(276) 미타사에 써붙이다(題彌陀寺) • 433

18. 선로(禪老) • 434

(277) 용두사의 주지를 전송하다(送龍頭住持) • 434

(278) 김생사로 돌아가는 침상인을 전송하다(送砧上人歸金生寺) • 435

(279~280) 천태의 원 장로에게 부치다 2수(寄天台圓長老二首) • 436

(281) 천왕당두를 찾아갔다가 만나지 못하고서 희롱삼아 짓다
　　(訪天王堂頭不遇戲作) • 438

(282) 천태스님에게 주다(贈天台僧) • 439

(283) 송 대선사에게 띄우다(寄宋大禪師) • 440

(284~285) 형암의 천택 스님을 전송하다 2수(送兄巖天澤上人二首) • 442

19. 누관(樓館) • 444

(286~288) 송도로 올라와서 객지 생활의 첫 가을에 여러 분에게 드리다 3수
　　(松都客居初秋呈諸公三首) • 444

(289) 영호루에서 유별하다(映湖樓留別) • 448

(290~291) 도미사 다락 위에서 금산의 새 주지를 송별하다 2수
　　(道美寺樓上,送金山 新住老二首) • 450

(292~294) 팔관대회 날 도은[이숭인] 판서님께 드리다 3수
    (八關大會日呈陶隱判書三首) • 452
(295~296) 앞의 운을 써서 정삼봉[도전]에게 주다 2수(用前韻贈鄭三峯二首) • 455

20. 화목(花木) • 457

(297~300) 포은[정몽주]과 함께 난파[이거인]의 사영시를 차운하다 4수
    (次蘭坡四詠與圃隱四首) • 457
(301) 도미사의 늦 국화(道美寺晚菊) • 462
(302~303) 매화를 읊은 시 2수를 도재[이숭인]에게 드리다
    (賦梅二首呈陶齋) • 463
(304~307) 다시 앞선 시와 같은 각운자로 짓다 4수 • 465
(308) 국화를 청하는 시 한 구절을 규헌[권주]에게 드리다(乞菊一絶呈葵軒) • 469
(309) 규헌[권주]이 국화를 보내준 데 대하여 감사하다(謝葵軒惠菊) • 470
(310~311) 국화꽃을 바라보며 규헌을 생각하다 2수(對菊憶葵軒二首) • 471
(312) 국화를 아끼는 시 한 수를 하 첨서에게 드리다(惜菊一首呈河簽書) • 473
(313) 규헌[권주]의 소나무를 읊다(詠葵軒松樹) • 474

■ 둔촌선생유고 재간 발문(遁村先生遺稿再刊跋) • 475

III. 둔촌선생유고 제3권(遁村先生遺稿卷之三)

■ 둔촌선생에 대한 친구들의 글 • 479

(1) 이호연[이집]이 내방하다(李浩然見訪) 목은 이색 • 479
(2) 둔촌[이집]이 와서 이르기를 『도은[이숭인]과 같이 영은사 중암의 거처에서 한해를 보내려고 한다』하였다(遁村來過云將與陶隱守歲靈隱寺中庵所居也) 목은 이색 • 481

(3) 삼가 둔촌[이집]에게 화답하다(奉答遁村) 목은 이색 • 483

(4) 삼가 둔촌[이집]께서 검은콩 씨앗을 보내준 데 대하여 사례하다
(奉謝遁村送黑豆種) 목은 이색 • 485

(5) 둔촌[이집]이 햅쌀을 보내왔기에 사례하다(謝遁村送新米) 목은 이색 • 486

(6) 이호연[이집]에게 보내다(贈李浩然) 목은 이색 • 487

(7~9) 제현(諸賢)의 시운에 차(次)하여 이아원(李亞元, 之直)을 하례하고, 그 다음은 그의 부친인 둔촌(遁村)[이집]에게 부치고, 그 다음은 회포를 서술하였다 3수
[次諸賢韻 賀李亞元之直, 次寄乃翁遁村, 次述懷三首] 목은 이색 • 488

(10) 이호연[이집]이 아들 한림을 데리고 음식을 가지고 왔다가 밤이 되어 돌아간 다기에 한 수를 읊다(李浩然携子翰林以酒食來入夜而歸吟成一首) 목은 이색 • 491

(11) 포은[정몽주], 도은[이숭인], 둔촌[이집]의 내방에 감사하다
(謝圃隱陶隱遁村見訪) 목은 이색 • 493

(12) 이호연[이집]이 구거로 돌아가려 한다기에 나도 따라가고 싶은 마음에서 장가를 읊다(李浩然將歸舊居僕欲從之發爲長歌) 목은 이색 • 495

(13) 둔촌[이집]의 종이 두루마리에 적다(遁村卷子) 포은 정몽주 • 498

(14) 이호연[이집]의 종이 두루마리에 적다(浩然卷子) 포은 정몽주 • 501

(15~17) 이태상이 지은 시 각운자를 받아서, 이 둔촌[집]의 아들 지직의 등과를 하례하다 3수(次李太常韻賀李遁村子[之直]登第[三首]) 포은 정몽주 • 503

(18~20) 이호연[이집]을 곡하다 3수(哭李浩然[三首]) 포은 정몽주 • 506

(21) 금성역에서 송경의 벗들을 생각하며(金城驛懷松京諸友)
 - 이 다음 10수는 <포은 시집>에서 뽑아서, 지금 새롭게 추가한다[自此十首出圃隱詩卷而今爲新增] 포은 정몽주 • 509

(22) 둔촌[이집]의 운을 차하다(次遁村韻) 포은 정몽주 • 510

(23) 삼가 둔촌[이집]의 유월 보름달[유두날] 시에 화답하다
(謹和遁村六月十五日之作) 포은 정몽주 • 511

(24) 차운하여 둔옹[이집]에게 드리다(次韻呈遁翁) 포은 정몽주 • 512

(25) 삼가 『우중독좌시』를 화답하여 빨리 이 둔촌[집]을 맞아 보내주셨던 술을 대작하려 하다(謹和雨中獨坐詩走邀李遁村欲以對酒所惠名醞也) 포은 정몽주 • 513

(26~27) 원일에 보내준 시에 화답하며 한바탕의 웃음을 터뜨린다 2수
 (和元日見寄詩以發一粲二首) 포은 정몽주 • 514

(28) 삼가 이둔촌[이집]의 하례시에 화답하여 좌우에게 드리다
 (謹和李遁村賀詩呈左右) 포은 정몽주 • 516

(29) 이도은[이숭인]·정삼봉[정도전]·이둔촌[이집] 세 군자를 그리워하다
 (有懷李陶隱鄭三峯李遁村三君子) 포은 정몽주 • 518

(30) 양주 죽서정에서, 송경[개성]의 벗들을 생각하며(楊州竹西亭懷松京諸友) 포은 정몽주 • 520

(31~32) 둔촌[이집] 선생에게 드리다 2수(寄遁村先生二首) 도은 이숭인 • 522

(33) 이호연[이집]이 당시를 보내주어 시로서 답하다 2수
 (李浩然送唐詩以詩答之二首) 도은 이숭인 • 525

(34) 광주를 지나면서 현재 천녕 강촌에 머물고 있는 이호연[이집]을 생각하다
 (過廣州憶李浩然時在川寧之江村) 도은 이숭인 • 527

(35) 이도가 그 아버지의 편지를 전하기로 시로서 화답하다
 (李途傳乃翁書以詩答之) 도은 이숭인 • 528

(36~39) 붓을 달려 삼가 둔옹[이집]에게 부치다 4수(走筆奉寄遁翁四首)
 도은 이숭인 • 531

(40) 둔촌 선생을 곡하노라(哭遁村先生) 도은 이숭인 • 536

(41~42) 동년 이전상의 운을 빌어 동년 이둔촌[이집]의 아들 지직의 급제를 하례하다
 2수(次同年李典像韻賀同年李遁村之子[之直]登第小詩[二首]) 척약재 김구용 • 537

(43) 동년 이 둔촌[이집]의 맏아들 지직은 진사과에 제 2등으로 합격하고, 둘째 아들 지강은 감시에 제 6등으로 합격하니, 참으로 이 세상에 흔하지 않은 장한 일이다 오늘 그들을 거느리고 집으로 돌아간다기에 앞의 운을 써서 선물로 삼았다(同年李遁村長子[之直]擧進士第二名,仲子[之剛]應監試第六名,眞希世之盛事 今日率之歸家復用前韻以爲贐行) 척약재 김구용 • 539

(44~46) 이호연[이집]의 운을 빌어서 짓다 3수(次李浩然韻[三首]) 척약재 김구용 • 541

(47) 둔촌[이집]에게 부치다(寄遁村) 척약재 김구용 • 544

(48~49) 운을 빌어 새 차석 합격자 이지직을 하례하다 2수
(次韻賀新榜眼李之直二首) 유항(柳巷) 한수(韓脩) • 545
(50) 둔촌[이집]에게 드리다(贈遁村) 사간(司諫) 최원도(崔元道) • 547
(51) 둔촌[이집]에게 답하는 서간 2수(答遁村書二首) 포은 정몽주 • 549
(52) 둔촌[이집]에게 보내는 서간(與遁村書) 포은 정몽주 • 552
(53) 둔촌기(遁村記) 목은 이색 • 554
(54) 호연이라는 애칭[字]을 본명으로 사용함을 밝히는 좌우명(浩然[字]銘) • 559
(55) 이씨의 세 아들의 이름과 자(字, 애칭)에 대한 해설(李氏三子名字說) 목은 이색 • 561
(56) 이호연[이집]을 합포의 병영으로 환송하며 지어준 전별문
(送李浩然赴合浦幕序) 도은 이숭인 • 565
(57) 둔촌이라는 자에 대한 뒤따른 설명(遁村字後說) 삼봉 정도전 • 572

IV. 둔촌선생유고 제4권(遁村先生遺稿卷之四)

■ 둔촌선생을 회고하는 글 • 579

(1) 사우연원록(師友淵源錄) 이필행(李必行) • 579
(2) 신도비명(神道碑銘) 이가원(李家源) • 589
(3) 여지승람(輿地勝覽) 성현(成俔) • 600
(4) 자해필담(紫海筆談) 김시양(金時讓) • 603
(5) 동사찬요(東史纂要) 오운(吳雲) • 605
(6) 승사(乘史) • 606
(7) 안 문경공 묘지 략(安文敬公墓誌略) 목은(牧隱) 이색(李穡) • 608
(8) 유문쇄록(諛聞瑣錄) 적암(適庵) 조신(曺伸) • 609
(9) 용재총화(慵齋叢話) 성현(成俔) • 611
(10) 오세손 [수진] 묘갈명 요약(五世孫[守震]碣銘略) 퇴계(退溪) 이황(李滉) • 612

(11) 기아서(箕雅序) 호곡(壺谷) 남용익(南龍翼) • 613

(12) 구암서원 원지(院誌) • 614

(13) 구암서원 춘추 제사축문(龜巖書院春秋享祝文) • 615

(14) 유사(遺事) • 616

들어가면서

1. 대종회 회장 신 발간사 – 이주영(李柱榮)

　둔촌(遁村) 이집(李集) 선생은 광주이씨(廣州李氏)를 명문(名門)의 위치에 올려놓은 1대조(一代祖)이자 고려 말의 석학(碩學)입니다. 탁월한 문장과 높은 학문, 고덕(高德)과 지절(志節)로 세상에 이름이 드러나, 삼은(三隱, 목은·포은·도은)을 비롯한 당대 최고의 제현(諸賢)과 서로 존경하며 교유하였습니다.

　선생께서는 고려 충숙왕 14년(1327) 판서공 휘 당(諱 唐)의 둘째 아들로 태어나, 28세가 되던 해인 공민왕 4년(1355) 을미방(乙未榜) 병과 문과에 급제하여 관직에 올랐습니다. 42세가 되던 해인 공민왕 17년(1368) 역승(逆僧) 신돈(辛旽)의 만행을 비판하여 신변에 위협을 받자, 늙으신 부친을 모시고 천곡(泉谷) 최원도 선생이 살고 있는 경상도 영천으로 피신하여, 그의 다락방에 은둔하였습니다. 이에 얽힌 두 분의 우정 이야기는 지금까지 회자(膾炙)되고 있으며, 깊은 감동과 가르침을 주고 있습니다.

　선생께서는 피신한 지 3년이 지나 신돈이 주살(誅殺, 죄를 물어 죽임)되자 복권되어 개성의 옛집으로 돌아와, 봉순대부 판전교시사를 배명(拜命, 임명을 삼가 받음) 받았으나, 얼마 지나지 않아 사직하였습니다. 이후 초명 원령(元齡)을 집(集)으로, 자(字) 성노(成老)를 호연(浩然)으로, 호(號) 묵암자(墨巖子)를 둔촌(遁村)으로 개명(改名)한 후, 광주부(廣州府) 대원촌, 금

토동, 둔촌동을 거쳐, 고려 우왕 6년(1380) 여주의 천녕현으로 낙향하여, 당호(堂號)를 천녕강사(川寧江舍) 또는 봉서정(鳳棲亭)이라 하고, 영농하며 시를 짓고 학문과 문장으로 우왕 13년(1387년) 일생을 마치셨습니다.

선생께서는 생전에 313편의 시와 여러 문장을 남겼는데, 큰아들 청백리공(諱 之直)이 영의정 부사 하륜(河崙)의 서문을 받아 <둔촌잡영(遁村雜詠)>이라는 제목으로 정리 편찬한 뒤, 이후 10번의 재간행을 하였으며, 현재 국가 보물 제1218호로 지정 보존되고 있습니다. 선생의 시는 꾸밈과 우회보다는 직서체(直敍體)에 의한, 자연스럽고 평이한 작품이 많습니다. 시문 속에는 선생께서 벼슬살이에 대한 회의를 느끼고, 여주 천녕강변(川寧江邊)에 향려(鄕廬, 시골집)를 마련하여 목은 이색(牧隱 李穡)의 침류정(沈流亭), 척약재 김구용(惕若齋 金九容)의 육우당(六友堂)과 더불어 정을 나누며, 당시 삼은을 비롯한 60여 명에 달하는 제현(諸賢)과 시로써 교유하였음을 잘 알게 해줍니다.

그동안 시문집 <둔촌잡영(遁村雜詠)>은 1992년 선조 문헌 국역사업화에 의거 한학자 이경영(李京泳) 선생의 번역으로 <국역 둔촌선생유고>가 출판되었으나, 30여 년이 지나고 보니 글자의 구성이 종(縱)으로 편집 출판되어 읽기에 불편하며, 직역(直譯)으로 인해 어려운 용어에 따른 한글세대 현대인의 이해에 어려움이 있는 등 문제가 있다고 판단되어, 금번 사단법인 한국한시협회에 의뢰하여 번역 작업을 진행하게 되었습니다.

날로 급변하는 사회와 쉼 없이 흘러가는 세월 속에서 선대의 유산과 문헌을 국역(國譯)하여 널리 알리고 후대에 남기는 사업이야말로, 우리 광주

이씨(廣州李氏) 문중의 존재 의의를 뚜렷이 남기는 역사적 과업이라 할 것입니다. 왜구와 홍건적의 침략, 권문세족의 부패와 민생의 피폐, 불교의 타락, 그리고 신진 사대부의 성장으로 특징되는 고려 말의 시대상을 한시로 노래한 선생의 각고(刻苦)의 노력이 제대로 평가받는 것이 곧 우리나라의 역사와 정체성을 더욱 살찌우는 밑거름이 될 것입니다.

우리는 훌륭한 정신적 유산을 물려준 조상의 유업을 이어받아, 이를 계승 발전 승화시키고 후손에게 물려줄 책무가 있습니다. 또한 훌륭한 글로벌 인재를 나라의 동량으로 육성하는 일은 우리의 중요한 소명 가운데 하나입니다. 이제 누구나 읽고 이해하기 쉽도록 <둔촌선생유고> 국역본이 재발간되니, 또 하나의 숙제가 해결된 듯합니다.

이 책을 출간하는 데 있어 훌륭한 국역본을 만들어주신 이장우 영남대학교 명예교수님과 우종철 한국한시협회 감사님에게 진심으로 감사드립니다. 아울러 제호(題號)를 써주신 초당 이무호 선생님과 편집과 교정을 맡아 심혈을 기울여주신 편집위원 여러분, 정성껏 출판해주신 승연사 김광태 사장님에게 심심한 사의를 표합니다.

주옥같은 시문이 담겨 있는 <둔촌선생유고> 신 국역본이, 우리 광주이씨는 물론 많은 독자에게 문헌적으로 아주 높은 가치가 있는 자료로써 활용되고, 선생의 위대한 정신과 사상이 세상에 널리 알려지기를 기대합니다.

2025년 9월 광주이씨(廣州李氏) 대종회
회장 이주영(李柱榮) 삼가 쓰다

2. 신역자 해설 – 우종철(禹鍾哲)

　　각계(各界)에서 존경받는 광주이씨(廣州李氏) 대종회 회장인 이주영(李柱榮) 전 국회부의장께서 우연히 (사)한시협회 감사를 맡고 있는 이 사람을 찾아, "30여 년 전에 간행된 <둔촌선생유고(遁村先生遺稿)>를 새로 국역(國譯)해 달라"는 의뢰를 해왔다. 한문학에 대해 천학비재(淺學菲才)한 몸인지라 적이 망설였던 것이 사실이나, 다른 한편으로는 한시(漢詩)를 통해서 한국의 명문가인 광주이씨(廣州李氏) 일대조(一代祖) 둔촌 이집(李集, 1327~1387) 선생에 대한 깊은 이해와 그분의 시심(詩心)을 체득하고 싶은 설렘이 앞서 감히 이 유고집의 국역을 수락하게 되었다.

　　이집 선생은 고려가 원의 부마국(駙馬國)이 되어 심한 간섭과 수탈을 받던 '원간섭기'(1259~1356)와 고려 말의 역경과 혼란의 시대를 궁경독서(躬耕讀書)하며 살다 간 고독한 은둔자였으며, 초월과 달관의 자유인이었다. 본관은 광주(廣州). 초명은 원령(元齡). 자는 호연(浩然), 호는 둔촌(遁村)으로 경기도 광주(廣州)의 향리(鄕吏) 이당(李唐) 공(公)의 아드님이다. 21세에 진사과(進士科), 28세에 대과(大科)에 급제(及第)하였으며, 성격은 솔직 담백하고 뜻이 곧아 옳지 않은 것을 보면 지나치지 못하였다. "뜻을 얻지 못하면 홀로 바르게 수양하고, 뜻을 얻으면 천하 만민을 구제한다(窮則獨善其身 達則兼濟天下·궁즉독선기신 달즉겸제천하)"는 맹자(孟子)의 가르침을 따랐지만, 아무래도 전자(前者) 쪽에 가까웠던 것 같다.

선생은 1368년(공민왕 17) 42세 때에 신돈(辛旽)을 논박하다 미움을 받자, 늙은 아버지를 업고 밤낮으로 달려 경상도 영천(永川)으로 피신하여 최원도(崔元道)의 집에서 은거하였다. 3년 후인 1371년(공민왕 20) 45세 때에 신돈이 주살되자 개경으로 돌아와 경적(經籍)이나 축문(祝文)을 맡아보던 전교시(典校寺)의 책임자인 판전교시사(判典校寺事, 정3품)에 임명되었는데, 이 전교시는 이전에 비서감(秘書監)이라고 불렸고 왕실도서관장과 같은 직책이었다. 이 직책은 문치(文治)를 숭상하는 왕조에서는 매우 중시되었다. 그러나 선생은 이 직책을 곧 사직하고, 이름을 집(集), 호를 둔촌(遁村)으로 바꾸고 여주 천녕현(川寧縣, 여주군 금사면 일대) 전야(田野)에 묻혀 살면서 '둔(遁)'을 생활신조로 삼으며 시(詩)를 지으며 일생을 마쳤다.

  선생은 위화도회군(威化島回軍, 1388년) 바로 직전 해(1387년)에 타계하여 여말선초(麗末鮮初)의 왕조교체에 따른 정치적 소용돌이나 인식의 갈등을 겪지 않아도 되었으나, 정치적으로는 크게 빛을 보지 못했다. 그러나 삶의 역경을 끊임없는 개인적 수양과 '은거이구기지(隱居以求其志, 은거하면서 그 뜻을 추구한다)'와 같은 '유가적 은일관'을 바탕으로 고난을 극복하고자 했고, 이러한 삶의 모습은 선생이 학문으로나 의리(義理)에서 당대(當代)의 존경과 신망을 받을 수 있었던 이유가 되기도 하였다.

  그래서 선생은 중국의 백이숙제(伯夷叔齊), 장량(張良), 도연명(陶淵明)과 같은 은둔자들을 좋아하고 부와 권력과 명예에 대한 부질없는 욕심을 버림으로써 아름다운 생을 마감할 수 있었다. 그러나 세 아들에게는 자신과는 달리 "세상에 나가 도(道)를 실현하라"는 가르침을 줬고, 이런 교훈이 후손들의 정치적 진출을 촉진하는 요소로 작용하여 광주이씨(廣州李

氏) 가문이 불과 1세기 만에 전국 제일의 명문가의 하나로 발돋움하는 계기가 될 수 있었다. 조선시대에 의정부 좌찬성(左贊成)에 추증되었고, 광주의 구암서원(龜岩書院)에 제향(祭享)되었다. 저서에 <둔촌잡영(遁村雜詠, 둔촌유고)>이 있다.

선생은 문장을 잘 짓고 지조(志操)가 굳기로 명성이 높았다. 시(詩)에 특히 뛰어나 직설적이면서도 자연스러운 시풍으로 당대에 이름을 얻었으며, 특히 칠언절구(七言絶句)를 많이 지었다. 이 <둔촌선생유고(遁村先生遺稿)>는 선생의 시를 모은 것이지만, 생전에 쓴 시를 빠짐없이 모았다고는 볼 수 없다. 본 유고(遺稿)에는 대체로 신돈 피화(被禍, 화를 당함) 이후 개경에 돌아온 시기인 1371년(45세) 이후의 글이 주로 남아있는 것으로 보이고, 그것도 많은 작품이 다른 친구들에게 보냈던 시들로 아마 그런 친구들의 문집이나 유고에서 옮겨적어 놓았을 가능성이 커 보이기 때문이다.

여기에 모여진 선생의 유시(遺詩)는 313수 정도로, 시제(詩題)에 가장 많이 언급된 인물이 이색(李穡), 김구용(金九容), 정몽주(鄭夢周), 이숭인(李崇仁), 정도전(鄭道傳), 우현보(禹玄寶), 허금(許錦) 등이고, 60여 명이 넘는 고려 말을 풍미했던 거유(巨儒)들의 이름이 보인다. 이들과의 깊은 우정이 시에 풍부하게 남아있어서, 여말선초(麗末鮮初)의 '역사와 인물 연구'에 소중한 자료가 된다.

본 유고를 새로 국역하면서 몇 가지 점에 중점을 두었다.

첫째, 세로쓰기를 읽기 쉬운 가로쓰기로 바꾸었다.

둘째, 한시 원시(原詩)에 한글로 독음을 달아 가독성(可讀性)을 높였다.

셋째, 독자들의 이해를 증진하기 위해 충분한 주석(注釋)을 달았다. 한

시로 표현된 인간 둔촌의 생애를 남녀노소 누구나 쉽게 이해할 수 있도록 각종 시어(詩語) 및 인물과 지명, 역사적 사건, 관련 전고(典故) 등을 | 주해(註解) |와 | 해설(解說) |로 설명하였다.

  이 국역 작업을 하면서 선생의 심상(心想)을 감히 엿볼 수 있었고, 읽으면 읽을수록 선생의 시(詩)와 인생 역정(歷程)에 깊이 감화되었다. 선생의 시(詩)에 깔린 삶의 철학, 교우와의 처세, 유훈 등이 역자(譯者)를 경복(敬服)하고 감탄하게 하였다.

  이 <둔촌이집선생 시문>이 광주 이씨 후손들과 강호제현(江湖諸賢)이 인생사를 슬기롭게 살아가는 데 조금이라도 보탬이 될 수 있다면 더 이상 바랄 것이 없겠다.

  끝으로 본 시문집(時文集)이 다시 세상에 나올 수 있도록 세심한 지도와 교정을 해주신 한문학의 거두인 반농(半農) 이장우(李章佑) 선생님과 제호(題號)를 써주신 태극서법의 창시자인 초당(草堂) 이무호(李武鎬) 선생님께 깊이 감사드린다.

2025년 9월 (사)한국한시협회 감사 단양(丹陽) 후인(後人)
우종철(禹鍾哲) 삼가 씀.

3. 교열을 끝내고 – 이장우(李章佑)

一.

　나는 오랫동안 한문학을 공부하면서 다음과 같은 중국과 한국의 한문 책 등을 번역하여 보았다. 을유문화사에서 낸 중국의 옛날 명문·명시선집인 《고문진보(古文眞寶)》(전·후집), 영남대출판부에서 낸 퇴계 선생의 시 완역본 《퇴계시(退溪詩) 풀이》(9권), 명문당에서 낸 《한국한시감상(韓國漢詩鑑賞)》 같은 책들인데, 한문 원문에 한글로 발음을 표시하고, 쉬운 말로 본문의 뜻을 풀고, 주석 역시 매우 상세하면서도 이해하기 쉽도록 평이하게 풀어 설명하였다.

　이렇게 하는 것이, 한문을 좀 아는 세대 사람들의 눈으로 볼 때는, 매우 지루하고도 어색하게 보일지 몰라도, 한문을 모르는 세대의 사람들을 위하여서는, 이렇게 자세하게 풀어가면서 설명할 수밖에 없을 것으로 생각하고 있다.

　나의 이러한 새로운 시도는 어느 정도 좋은 반응을 얻어, 을유문화사에서는 내가 시도한 방식으로 중국의 고전[사서삼경, 노장, 묵자 등] 10여 종을 계속하여 내고 있고, 《한국한시감상》 같은 책을 영어로 번역한 것도 이미 한가지 나와 있다.-Korean Sinitic Poetry from Ancient Times to 1945, Ji-Eun Lee, Jang Wu Lee, David McCann, Brill, Netherands

二.

위와 같은 시도를 더욱 넓고 깊게 보급하기 위하여, 나는 지금도 여러 친구와 같이 모여, 몇 가지 글을 읽고, 번역하여 가고 있다. 그중의 한 모임에 참가하는 사람이 이 책을 신역(新譯)한 우종철 군이다.

이 사람은 매우 여러 가지 능력과 재주를 겸비하여, 삼국을 통일한 신라의 문무대왕과 고려의 명재상 이제현을 주인공으로 한 역사소설도 쓰고, 한시도 짓고, 시사 칼럼도 쓴다. 그가 십여 년 전에 중국의 역대 명재상 9명과 창업군주 9명을 가려 뽑아서 엮은 《포용의 리더십》은 내용이 매우 좋고 글도 훌륭하여, 수많은 사람이 즐겨 읽은 책이 되었다.

이 사람이 신역한, 고려 말기의 문인 이집(李集) 선생의 문집 《둔촌이집선생시문》을 읽어 보고서 나는 다음과 같은 교열 작업을 진행하였다:

1. 한시의 한자 원문에는 모두 한국 한자 발음을 표시하도록 하였다.
2. 번역이나 주석에 어려운 한자 말은 모두 쉽게 읽힐 수 있도록 풀어 쓰거나, 표현을 평이하게 바꾸어 보았다.
3. 번역문 뒤에 있는 한문 원문은 반드시 그러한 글이 한국고전번역원의 한국고전db에 수록되어 있는지 찾아보고서, 수록되어 있으면 이 문집에 수록된 글과 글자를 대조하여 보기도 하고, 이 db에서 시도한 구두(句讀) 표시를 참고하기도 하였다.
- 여기서는 다만 똑같은 점 하나로 구절구절이 앞·뒤로 서로 끊어짐만 표시하여 두었지, 모든 표점 부호를 두루 다 사용하지는 않았다.
4. 이 db에서는, 《둔촌선생유고》는 목판본의 영인과 단락 표시만 된 원문은 수록되어 있으나, 아직 번역문은 수록되지 않았지만, 선생과 동시대에 살면서 선생과 글을 자주 주고받았던 포은 정몽주, 목은 이색, 도은 이숭인 같은 분

들의 글들은 이 db에 두루 수록되어 있으므로, 이 《유고》에 자주 보이는 그러한 여러 어른의 시나 문장은, 오히려 검색하여 보기가 매우 쉽고도 편리하다. 그래서 이 자료를 자주 참고하여 보았다.

三.

이 일을 맡아서 진행하면서, 고려 말 광주이씨 선조 둔촌 선생을 가까이서 뵙게 된 것은 일생의 큰 보람이었고, 당시에 그 어른과 가깝게 지냈던 여러 어른도 뵙게 되어 즐거웠다. 또한 둔촌 선생 자손 중에서 조선조에 명재상이 많이 배출된 것을 알게 된 것도 크게 기쁜 일이었다.

2025년 9월 서울 진관동 우거(寓居)에서 이장우(李章佑)

4. 둔촌선생유고 서문 – 하륜(河崙)[1]

지난날 나는 둔촌(遁村) 선생을 포은(圃隱)[2] 선생의 소헌(小軒, 작은 정자)에서 처음으로 뵈었다. 선생이 막 역적 신돈(辛旽)[3]의 화(禍)에서 벗어나 남방(南方, 영천을 가리킴)에서 올라오신 무렵이었다. 선생의 용모는 장중(莊重)하고 강의(剛毅)해 보였으며, 기품은 꽉 짜이면서 준수하였고, 음성은 옥이 구르는 듯하면서 명확하고 유창하여 나는 내심 몹시 기이(奇異)하게 느꼈었다.

두 번째는 목은(牧隱)[4] 선생의 초창(草廠, 초막)에서 뵈었는데, 목은 선

---

[1] 이 글은 이조 전기 서거정(徐居正)이 편집한 그때까지의 우리나라 한문 명문 선집인 <동문선(東文選)> (권 93)에도 수록되어 있으며, 고전번역원에서 낸 이 책의 번역 중, 이 글의 번역은 저명한 한학자 신호열(辛鎬烈) 선생이 국역한 것이다. 이 원문과 번역물은 모두 전자판 한국고전DB에서 검색하여 볼 수도 있다. 하륜(河崙) 선생의 문집인 <호정선생문집> (권 2)에도 역시 이 글의 원문이 수록되어 있는데, 이 문집은 아직 이 DB에 번역되어 실리지는 않고 있으나, 2022년에 진양하씨 종중에서 그 역주본을 내었다고 한다.
[2] 포은(圃隱) : 鄭夢周(1337~1392). 고려 말기의 충신. 유학자. 초명은 몽란(夢蘭)·몽룡(夢龍). 자는 달가(達可). 호는 포은(圃隱). 목은, 도은과 더불어 삼은(三隱)의 한 사람으로, 오부 학당과 향교를 세워 후진을 가르치고, 유학을 진흥하여 성리학의 기초를 닦았다. 명나라를 배척하고 원나라와 가깝게 지내자는 정책에 반대하고, 끝까지 고려를 받들었다. 문집에 ≪포은집≫이 있다.
[3] 신돈(辛旽, ?~1371)) : 고려 말기의 승려. 자는 요공(耀空). 호는 청한거사(淸閑居士). 공민왕에게 등용되어 국정을 장악하고, 전제개혁(田制改革), 노비해방 따위의 개혁정책을 폈으나, 상층 계급의 반발로 실패하였으며, 후에 왕의 시해를 음모하다 발각되어 처형되었다.
[4] 목은(牧隱) : 이색(李穡, 1328~1396). 고려 말기의 문신. 대학자. 자는 영숙(穎叔). 호는 목은(牧隱). 원나라 과거에 급제하고, 귀국하여 우대언(右代言)과 대사성 등을 지냈다. 삼은(三隱)의 한 사람으로, 문하에 권근과 변계량 등을 배출하여 학문에 큰 발자취를 남겼다. 조선 개국 후 태조가 여러 번 불렀으나 절개를 지키고 나가지 않았다. 저서에 ≪목은시고(牧隱詩藁)≫, ≪목은문고(牧隱文藁)≫ 등이 있다.

생께서는 경의를 갖고 대하면서 다음날까지 함께 지내시기에 나는 곁에서 그 여론을 들을 수 있었다. 그 뒤에 곧 도은(陶隱)[5]께서 목은·포은·둔촌을 초대하여 간략한 술자리를 마련한 일이 있었다. 그 자리에서 분매(盆梅, 화분에 심어 기르는 매화)를 앞에 놓고 매화를 주제로 연구(聯句, 한 사람이 한 구, 혹은 2구나 4구 씩 불러서 한 수를 이룬 시)를 지었는데, 나도 말석에 참여하여 그분들의 경구(警句, 재기발랄한 글귀)를 들었다.

뒷날 나는 연정동(硯井洞, 개경의 지명)으로 이사했는데, 용수산(龍首山, 개경에 있는 산) 아래에 있는 둔촌의 초정(草亭, 풀로 지붕을 인 정자)과는 거리가 멀지 않았다. 선생께서 나에게 국화시 한 수를 지어 주시기에 나도 삼가 화답했는데, 이로 인하여 다행히도 상종(相從)하고 싶었던 소원을 이루게 되었다.

얼마 후에 둔촌 선생께서는 병으로 세상을 뜨셨고, 그 뒤 십여 년 동안에 포은 선생과 도은 선생도 연이어 세상을 떠났으며, 목은 선생마저 이승을 하직하고 홀로 나만이 아직껏 남아있다. 이제 와서 매양 지난날 상종하던 즐거움을 생각하면 어렴풋이 꿈속의 일만 같이 느껴진다. 아! 이 슬픔을 어찌할거나!

삼은(三隱)의 시문(詩文)은 모두 세상에 알려져 있는데, 둔촌 선생의 시문만이 그렇지 못하여 몹시 안타깝게 생각하였다. 이제 선생의 아들 형조

---

5) 도은(陶隱) : 이숭인(李崇仁, 1347~1392). 고려 말기의 학자. 자는 자안(子安). 호는 도은(陶隱). 삼은의 한 사람으로, 공민왕 때 문과에 급제하여 예문관 제학을 거쳐 동지춘추관사를 지냈으나, 만년에는 친원파와 친명파의 모함을 받아 여러 차례 옥사(獄事)를 겪었다. 정몽주와 함께 ≪고려실록(高麗實錄)≫을 편찬하였다. 저서에 ≪도은집(陶隱集)≫이 있다.

참의(刑曹參議) 지직(之直)[6]이 선생의 유고(遺稿)를 안고 와서 내게 보이며 말하기를 "나의 선인(先人, 선친)께서는 배우신 바를 베풀고자 하였으나 벼슬이 높지 못하였고, 뜻하신 바를 행하고자 하였으나 수한(壽限, 타고난 수명)이 길지도 못하였습니다. 불초(不肖) 고(孤, 고아)는 그 때문에 이 세상에 다시 없을 슬픔을 안고 있습니다. 입신양명(立身揚名)하여 부모의 이름을 드러나게 하는 것이 효의 마지막 도리라고 들은 적이 있습니다마는 불초한 이 사람이 어찌 감히 그렇게 되기를 바라기나 하겠습니까? 다만 남기신 이 몇백 편의 글을 간행하여 후세에 전함으로써 뒤에 오는 상론지사(尙論之士, 옛사람의 말과 행동을 평론하는 선비)로 하여금 선인의 이름을 알게 하고 싶은 마음만 간절하오니 바라건대 선생께서 이 책 머리에 서문을 써주셨으면 합니다" 하였다.

나는 그 말을 듣고 더욱 슬퍼했으며 하루 종일 그 시를 읽어보았는데, 앞서 말한 그대로 꽉 짜이면서 준수하고, 옥을 굴리는 듯하면서 명확하고 유창스러움이 모두 그 성률(聲律, 시부·詩賦) 속에 나타나 있었다. 옛사람이 이르기를 "시란 거짓으로 지을 수는 없다"[7] 하였는데 이 말이 어찌 허언(虛言, 빈말)이겠는가?

둔촌 선생께서는 세 아들을 두어 모두 과거에 급제하여 문행(文行, 학문과 바른 행동)으로 이름이 알려졌는데 참의(參議)는 그 장자(長子, 맏아들)

---

6) 이지직(李之直, 1354~1419) : 고려 말·조선 초기의 문신. 호는 탄천(炭川). 우왕 6년(1380)에 과거에 급제하여 관직에 나아가 고위직을 두루 거쳤다. 후에 광주(廣州)의 탄천(炭川, 내이름. 경기도 용인(龍仁)에서 발원하여 광주(廣州) 서부를 거쳐 서울의 잠실에 이르러 한강으로 흘러 들어간다)에 은거하면서 지냈기 때문에 사람들이 '탄천 선생'이라 불렀다.
7) 거짓으로(僞傳) : 당나라 여온(呂溫)의 <배씨해혼집(裵氏海昏集)> 서(序)에 나오는 말.

로 정성을 다하여 그 아버지의 미덕을 드러내고 이름을 전해드리기에 전념하니 그 뜻 또한 높이 살 만하다 하겠다.

영락(永樂, 명나라 성조·成祖의 연호) 8년(조선 태종·太宗 10년, 1410년)
경인(庚寅, 육십갑자의 스물일곱째) 7월에 진양(晉陽, 진주)
호정(浩亭, 하륜의 호) 하륜(河崙)8)은 삼가 서하다.

---

8) 하륜(河崙, 1347~1416) : 고려 말기·조선 초기의 문신. 자는 대림(大臨). 호는 호정(浩亭). 제1차 왕자의 난 때 이방원을 도와 태종 즉위 후 좌명공신(佐命功臣) 1등에 책록되었다. 영의정을 역임하고 1416년에 70세로 치사(致仕)하여 진산부원군(晉山府院君)이 되었다. ≪동국사략≫을 편수하고 ≪태조실록≫ 편찬을 지휘하였다. 저서에 ≪호정집≫이 있다.

遁村先生遺稿 序文

昔, 予始見遁村先生, 于圃隱先生之小軒. 新脫逆旽{旽}之禍, 來自南方. 其貌莊而毅, 其氣充然而秀, 其語琅然而確以暢, 予心奇之. 再見于牧隱先生之草廠, 先生敬相待移日, 予聞其餘論. 繼而陶隱, 邀牧隱圃隱·遁村設小酌. 置盆梅于前, 作<梅花聯句>, 予亦往參席末, 聞其警句. 後予移家硯井洞, 去遁村龍首山下之草亭, 不數里. 贈予菊花詩一篇, 予謹和之, 因幸遂相從之願. 未幾遁村病而卒, 厥後十餘年間, 圃隱·陶隱, 相繼淪沒, 而牧隱先生, 亦且乘化矣, 獨予尙在. 至今, 每念相從之樂, 怳然如夢中事, 嗚呼可勝悲哉! 三隱詩文, 皆行于世, 而遁村獨無之, 予竊怪焉. 今其子刑曹參議之直, 奉其遺稿來示予曰: "吾先子欲施所學, 而官不克達, 欲行所志, 而壽不克永. 不肖孤所以有終天之慟也. 嘗聞立揚顯親, 孝之終也. 不肖孤安敢必哉? 切欲刊此數百篇, 以傳諸後, 使後之尙論之士, 知吾先子之名, 請子幸敍其卷端." 予聞而益悲之, 讀其詩, 竟日所謂充然而秀, 琅然而確以暢者, 悉著于聲律之間. 古人云 "詩不可以僞爲", 豈虛語哉? 遁村有三子, 俱登科以文行著名, 參議其長也. 拳拳以顯父美傳父名爲念, 其志亦可尙已.

永樂八年[庚寅]七月日, 晉陽浩亭河崙謹序

5. 둔촌선생유고 발간 연혁 [국립중앙도서관 소장 (보물 제1218호)]

회차	연도	비 고	발문
1	1410년 (태종 10)	한시(漢詩)를 모아 장남 형조우참의 보문각 직제학(刑曹右參議普門閣直提學) 지직(諱 之直)의 주선으로, 공주(公州)에서 둔촌유고(遁村遺稿) 초간(初刊)을 간행(刊行)하다. - 영의정 부사 하륜(河崙)의 서문을 받고, 주판 최진성(州判 崔進誠)과 영목 정진(領牧 鄭津)에게 간행하도록 하였다.	영의정부사 하륜(河崙)
2	1451년 (문종 1)	손자 인손(諱 仁孫)이 경상도 관찰사로 있을 때 상주(尙州)에서 발행하다.	손자 인손(仁孫)
3	1589년 (선조 22)	8대손 첨지중추부사 사온(諱 士溫)과 외손 영의정 윤두수(尹斗壽)가 평양(平壤)에서 발행하다.	외손 윤두수(尹斗壽)
4	1632년 (인조 10)	9대손 목사공 여규(諱 如圭)가 상주(尙州)에서 발행하다.	9대손 여규(如圭)
5	1686년 (숙종 12)	10대손 시천공 후원(諱 厚遠손)이 전남 보성(山陽) 봉갑사(鳳岬寺)에서 종인들과 함께 발행하다 - 국립중앙도서관에 이 목판이 소장되어 있다.	10대손 후원(厚遠)
6	1846년 (헌종 12)	15대손 진한공 기백(諱 基白)이 보성 영모재(永慕齋)에서 종인들과 함께 발행하다. - 1846년 후손 진한공이 종인들과 함께 개간하였다. - 이 본은 이후원 본에 보편(補編)을 추가하여 활자로 인출한 것인데, 보편에는 여러 문헌에서 초록한 저자의 유적 및 묘갈·연원록·원우 문자 등을 류별(類別)로 편차하였다. - 또 저자의 아들 이지직·이지강의 시 약간 편과 후손 기백의 발문이 첨부되어 있다. - 현재 규장각과 연세대학교 중앙도서관, 장서각 등에 소장되어 있다.	15대손 기백(基白)

회차	연도	비 고	발문
7	1916년	16대손 태회(諱 泰會)가 용성 중현리(龍城 中峴里)에서 발행하다. - 1916년 후손 태회가 족질 병순(諱 秉巡) 등이 수집하여 증보 편찬한 것을 목활자로 간행하였다. - 이 본(本)은 저자의 유고를 4권, 세고를 2권으로 편집하였다.	16대손 태회(泰會)
8	1916년	17대손 병혁(諱 秉爀)이 병순(秉巡) 등이 수집·편차한 것을 목활자로 보성 율리(栗里)에서 발행하다.	17대손 병혁(秉爀)
9	1962년	20대손 희재(諱 熙載)가 서울에서 발행하다.	20대손 희재(熙載)
10	1992년	대종회(大宗會)에서 국역본(國譯本) 둔촌선생유고(遁村先生遺稿)를 발행하다.	대종회

6. 한국고전종합DB - <둔촌잡영(遁村雜詠)>

행력

왕력(王歷)	서기	간지	연호	연령	기사
충숙왕 14	1327	정묘	泰定 4	1	태어나다.
충목왕 3	1347	정해	至正 7	21	진사시에 합격하다.
공민왕 4	1355	을미	至正 15	29	김구용·최원도·우현보·염국보·정습인·한방신·최산기·임심부 등과 함께 문과 병과에 합격하다.
~	~	~	~	30대	영주(寧州, 천안)의 원이 되다. 시 〈寄寧州琴李兩先生〉을 짓다.
공민왕 12	1363	계묘	至正 23	37	개성의 포은(圃隱) 집을 방문하고 시를 짓다.
공민왕 17	1368	무신	洪武 1	42	가을, 신돈을 논죄한 일로 화를 입게 되자, 부친을 업고 경상도 영천에 피신하여 최원도 집에 우거하다.
공민왕 18	1369	기유	洪武 2	43	부친상을 당하다. 영천 남쪽 나현(蘿峴)에 장사 지내다.
공민왕 20	1371	신해	洪武 4	45	겨울, 신돈이 축출되자 개성으로 돌아와 용수산 아래에 기거하다. 이름을 집(集)으로 고치고 자를 호연(浩然), 호를 둔촌(遁村)으로 삼다.
공민왕 23	1374	갑인	洪武 7	48	여름, 경상도 안렴사 전녹생을 따라 합포(合浦)에 兵馬副使로 출진하다. 시 〈固城感懷〉 2수를 짓다.
우왕 5	1379	기미	洪武12	53	시 <己未九月十六日雪中書懷>를 짓다.
우왕 7	1381	경신	洪武 14	55	판전교시사에 제수됨.
우왕 8	1382	신유	洪武 15	56	판사로 있다가 관직을 떠남.

왕력(王歷)	서기	간지	연호	연령	기사
우왕 6	1380	계축	洪武 13	54	여주 천녕(川寧)에 기거하다. 포은과 편지를 주고받다.
우왕 12	1386	병인	洪武 19	60	광주(廣州)에 기거하다. 시 〈贈鄭三峯〉을 짓다. ○ 개성에 가다. 詩〈冬日卽事〉를 짓다. ○ 천녕(川寧)에 돌아가다.
우왕 13	1387	정묘	洪武 20	61	졸(卒)하다.
조선조~				-	의정부 좌찬성에 증직되다.
태종 10	1410	경인	永樂 8	-	아들 이지직(李之直)이 문집을 간행하다.(하륜의 서(序))
문종 1	1451	신미	景泰 2	-	손자 이인손(李仁孫)이 문집을 개간하다.
인조 10	1632	임신	崇禎 5	-	후손 이여규(李如圭)가 문집을 개간하다.
현종 10	1669	기유	康熙 8	-	광주(廣州) 구암서원(龜巖書院)에 향배향다.(1697년 사액·賜額)
숙종 12	1686	병인	康熙 25	-	10대손 이후원(李厚遠)이 문집을 개간하다.
헌종 12	1846	병오	道光 26	-	후손 이진한(李鎭翰)이 문집을 개간하다.
-	1916	병진	-	-	후손 이태회(李泰會)와 이병혁(李秉爀)이 각각 문집을 개간하다.

편찬 및 간행

저자의 시문은 아들 이지직(李之直)이 1410년 공주(公州)에서 처음으로 간행하였다. 이지직은 하륜(河崙)의 서(序)를 받고 주판(州判, 공주 판관) 최진성(崔進誠)과 영목(領牧, 공주 목사직을 겸임) 정진(鄭津)에게 간행하도록 하였다. 《초간본》 초간본은 현재 전하지 않는다.

그 후 1451년 손자 이인손(李仁孫)이 경상도 관찰사로 부임하여 상주(尙州)에서 문집을 개간(改刊, 고쳐 간행함)하였다.《중간본》이 중간본은 상하(上·下)로 편차(編次)되었으며, 이인손(李仁孫)이 얻은 시(詩) 1편과 재간발문(再刊跋文)이 추록되었다. 이 본은 현재 국립중앙도서관에 소장되어 있는데, 서(序)와 첫 몇장 그리고 발(跋)이 낙장(落張, 빠진 장)되어 있으며 판의 마모 등으로 미루어 후쇄본(後刷本)으로 추정된다.

1589년 8대 외손 윤두수(尹斗壽)가 평안도 관찰사로 나갔을 때 문집을 개간하였다. 윤두수의 발(跋)에 의하면, 이사온(李士溫)에게서 한 질을 얻어 수고(手稿, 손으로 쓴 원고)의 편차를 따랐고 제인(諸人)이 창화(唱和)·기증(寄贈)한 시문을 부편(附編)하여 비해당활자(匪懈堂活字)로 인출하였다.《윤두수간본(尹斗壽刊本)》이 본은 현재 전하지 않고 간행 여부도 불분명하다.

1632년 후손 이여규(李如圭)가 상주목사(尙州牧使)로 있을 때 종인(宗人)에게서 파간(破簡, 페이지가 더러 빠진)된 중간본(重刊本)을 얻어 개간하였다.《이여규본(李如圭本)》이여규의 발문(跋文)에 의하면, 시고(詩稿) 1권이 행해졌으나 임란 뒤에 거의 유실되었으므로 다시 간행한다고 하였다. 현재 전하지 않는다.

1686년 10대손 이후원(李厚遠)이 산양(山陽, 보성) 봉각사(鳳岬寺)에서 종인(宗人, 일가 사람)들과 함께 문집을 개간하였다. 이후원은 초·중간본이 일정한 차서(次序, 차례의 순서) 없이 편차되어 있던 것을 시체별(詩體別)로 나누어 편차하고, 교유인들의 문집에서 저자와 증화(贈和, 증정하거나 화답한 시)한 시(詩)를 찾아 관계 작품 뒤에 부편하였다. 또 저자의 글이 없는 교유인들의 증화시(贈和詩)를 모아 부록(附錄)으로 편차하고, 애사(哀辭)·기(記)·명자설(名字說)·서(書) 등 관계 문자들을 첨부하였다. 《이후원본(李厚遠本)》 1846년 후손 이진한(李鎭翰)이 종인(宗人)들과 함께 이후원본을 바탕으로 하여 개간하였다. 이 본은 이후원 본에 보편(補編)을 추가하여 활자로 인출(印出, 인쇄하여 펴냄)한 것인데, 보편에는 여러 문헌에서 초록한 저자의 유적(遺蹟) 및 묘갈(墓碣)·연원록(淵源錄)·원우문자(院宇文字, 서원 같은 건물에 관련된 글) 등을 유별(類別)로 편차하였다. 또 저자의 아들 이지직(李之直)·이지강(李之剛)의 시 약간 편과 후손 이기백(李基白)의 발(跋)이 첨부되어 있다. 《이진한본(李鎭翰本)》 이 본은 현재 규장각과 연세대학교 중앙도서관, 장서각 등에 소장되어 있다.

1916년 후손 이태회(李泰會)가 족질(族姪, 조카뻘 되는 남자) 이병순(李秉巡) 등이 수집하여 증보 편차한 것을 목활자로 간행하였다. 《이태회본(李泰會本)》 이 본은 저자의 유고(遺稿)를 4권, 세고(世稿, 몇 세대의 원고)를 2권으로 편집하고, 중간범례(重刊凡例)와 목록(目錄)을 권수에 첨부하였다. 권1, 2의 시(詩)는 내용별로 나누어 소제(小題)를 달아 편차하였고, 권3, 4의 부록(附錄)에는 역대문헌(歷代文獻)·야사(野史) 등에서 초록한 저자의 관계 기록을 첨부하였다. 권4 뒤에는 이기백(李基白)의 발문(跋文)을 제외한 윤두수(尹斗壽) 등 4명의 중간발본(重刊跋文)을 실었다. 세고(世稿) 2권에는 아들 이지직(李之直)과 손자 이인손(李仁孫)의 시(詩)와 부록문자(附錄文字)가 실려 있다. 이 본은 현재 연세대·고려대 중앙도서관 등에 소장되어 있다.

이 해에 후손 이병혁(李秉爀)이 역시 이병순(李秉巡) 등이 수집·편차한 것을 목활자로 간행하였다. 《이병혁본(李秉爀本)》 내용과 편차는 이태회본과 동일하나 권1, 2 시의 권별(卷別) 편차와 권4 보편(補編)의 편차에 이동이 있다. 세고(世稿)에는 이태회본에는 빠진 아들 이지직(李之剛)의 유고가 추가되어 있다. 이 본은 현재 고려대 중앙도서관에 소장되어 있다.

본서의 저본(底本, 원본)은 1846년 간행된 이진한본(李鎭翰本)으로 서울대학교 규장각장본이다.

구성과 내용

본 문집은 불분권(不分卷) 1책으로서, 저자의 시와 부록(附錄)으로 되어 있다. 권수(卷首, 권두)에는 하륜(河崙)의 서(序)가 실려 있다. 시(詩)는 시체별로 나누어 편차하여, 칠언절구 120제, 오언절구 4제, 칠언고시 2제, 오언고시 3제, 7언사운율(七言四韻律, 7자씩 8구로 된 규칙이 까다로운 시) 24제, 오언사운율(五言四韻律, 5자씩 8구로 된 규칙이 까다로운 시) 39제가 실려 있으며, 저자의 소주(小註, 큰 주석 아래에 더 자세히 단 주석)가 쌍행(雙行, 2열 행진)으로 실려 있다.

내용은 대부분 기증시(寄贈詩)·차운시(次韻詩)로서 목은(牧隱) 이색·포은(圃隱) 정몽주·도은(陶隱) 이숭인·척약재(惕若齋) 김구용·삼봉(三峯) 정도전 등과 주고받은 시가 주를 이루고 있다. 또 증인시(贈人詩)에는 차운(次韻)이, 차운시(次韻詩)에는 원운(原韻)이 각편말(各篇末)에 부기(附記)되어 있다. 시집 뒤에는 후손 이인손(李仁孫)이 지은 중간발문(重刊跋文)이 있다.

부록(附錄)에는 저자의 원시(原詩)·차운시(次韻詩)가 없는 제인(諸人)의 차운시(次韻詩)·증답시(贈答詩)와 <둔촌기(遁村記)>·<명자설(名字說)>·송서(送序)·답서(答書) 등의 글이 실려 있다. 이어 이후원(李厚遠)의 발문(跋文)이 있는데, 문집의 편차를 정하고 부록(附錄)의 첨부 경위를 밝힌 글이다.

　보편(補編)에는 후손 이항(李恒)이 쓴 행록(行錄)과 후손 이필행(李必行)이 지은 <사우연원록(師友淵源錄)>, 이휴징(李休徵)이 지은 <묘갈문(墓碣文)>, 그리고 여러 문헌에서 뽑은 저자 관계 기록과 <원우문(院宇文)>이 실려 있다. 또 후손 이여규(李如圭)의 발문(跋文)이 첨부되어 있다. 이어 아들 이지직(李之直)·이지강(李之剛)의 유고(遺稿)가 각 3제씩 부편되어 있다. 보편은 활자(活字)로 간행되어 있으며, 후손 이기백(李基白)이 지은 발문(跋文)이 실려 있다.

ⓒ 한국고전번역원 | 오세옥(吳世玉) | 1991

I

둔촌선생유고 제1권

遁村先生遺稿卷之一

I. 둔촌선생유고 제1권
遁村先生遺稿卷之一

■ 시(詩)

1. 간기(簡寄)

(1) 종공 정상국[몽주[1])에게 올리다(上宗工鄭相國)

種菊南墙下 종 국 남 장 하	양지쪽 담장 아래 심었던 국화,
開花十月初 개 화 시 월 초	시월 되니 이제 막 꽃이 피었네.
鉤簾可怡悅 구 렴 가 이 열	주렴발 거두고 감상하기 족하건만,
難致貴人車 난 치 귀 인 거	귀인을 모셔오긴 어림도 없네.

---

[1] **정몽주(鄭夢周, 1338~1392)** - 정상국(鄭相國)은 정몽주를 가리킨다. 추밀원지주사 정습명(鄭襲明)의 후손으로, 고려말의 대유학자요 충신이다. 초명은 몽란(夢蘭)·몽룡(夢龍), 자는 달가(達可), 호는 포은(圃隱), 본관은 영일(迎日)이다. 삼은(三隱)의 한 사람으로, 1360년(공민왕 9년)에 문과에 장원급제하고. 삼장(三場)에 연달아 장원급제하였다.
오부 학당과 향교를 세워 후진을 가르쳤고, 성리학에 정통하여 동방이학(東方理學)의 시조로 추앙받고 있다. 일본에 사신으로 가서 왜구의 단속을 요청하고 잡혀갔던 수백 명의 백성을 구출 귀국시켰으며, 1380년에는 전라도 운봉에 침입한 왜구를 이성계를 도와 토벌하였다. 1384년 정당문학에 올라 명나라에 성절사(聖節使)로 가서 5년간 밀렸던 세공(歲貢)을 면제받아 외교에도 공을 세웠다.
쓰러져가는 고려 왕실을 바로잡으려고 이성계의 일당과 대립하여 끝까지 고려를 받들었다. 문집에 ≪포은집≫이 있다. 조선 태종 때 권근(權近)의 상소로 영의정과 대제학에 추증되었으며, 시호를 문충(文忠)이라 하여 문묘(文廟)에 배향하였다. 개성의 숭양서원과 용인의 충렬서원 등 13처의 서원에 제향되었다.

| 주해(註解) |

* 간기(簡寄) - 편지 대신 부치다.
* 종공(宗工) - 종장(宗庄). 문장에 능하여 스승이 될만한 사람. 사계(斯界)에서 가장 뛰어난 공인 (工人).
* 상국(相國) - 고려시대 종2품 이상의 관원을 가리키던 재상의 또 다른 칭호.
* 장(墻) - 담장.
* 구(鉤) - 갈고리. 염구(簾鉤, 발을 거는 갈고리).
* 렴(簾) - 발. 주렴.
* 이(怡) - 기쁘다. 즐거워하다.

| 해설(解說) |

　이 시에서 둔촌은 도연명의 시 "동쪽 울 밑에서 국화를 꺾어 들고, 멀리 남산을 바라본다(採菊東籬下, 悠然見南山·채국동리하, 유연견남산)"를 '종국남장하(種菊南墻下)'로 소화하면서 그의 은둔생활에 귀한 벗이 찾아올 것을 기다리는 소망을 표현하고 있다. 번잡한 세상사를 피하여 숨어 사는 은자(隱者)의 초연한 심경이 잘 나타나 있다.

　정몽주는 둔촌보다 11세나 연하인데도 불구하고 두 사람의 교유는 30년을 넘을 정도였다. 둔촌은 관직 초기부터 정몽주의 집을 찾기도 하는 등 두 사람은 매우 가까운 사이였다. 정몽주가 일본에 통신사로 갈 때에 둔촌이 근심의 전별을 하였고, 함께 시를 읊고 창화(唱和, 한쪽에서 시나 노래를 부르고 다른 쪽에서 화답함)하는 모임을 자주 가졌다. 두 사람의 교우는 '망년지교(忘年之交, 나이의 차이에 구애받지 않고 사귀는 친구)'의 전형으로 단순한 친구 이상의, 도학적·정신적 동반자로서의 관계로 평가된다.

(2~3) 도은[이숭인[2)]]에게 부치다 2수(寄陶隱二首)

〈첫째 시(其一)〉

子安年甚少	자안(子安)은 나이 비록 아주 젊지만,
자 안 년 심 소	
還似老成翁	오히려 노성(老成)한 어른 같구려.
환 사 노 성 옹	
高義追前輩	두터운 의리는 선배를 바짝 따르고,
고 의 추 전 배	
新詩繼國風	새롭게 지은 시는 국풍(國風)을 이었다네.
신 시 계 국 풍	

| 주해(註解) |

* 고의(高義) - 높은 덕위(德威). 두터운 의리(義理). 혹은 그 은혜(恩惠).
* 전배(前輩) - 자신의 출신 학교를 먼저 입학한 사람. 나이가 많은 사람.
* 국풍(國風) - <시경(詩經)>의 15개 제후국의 풍속인정을 읊은 시편들.

---

2) **이숭인(李崇仁, 1347~1392)** - 본관은 성주(星州), 자는 자안(子安), 호는 도은(陶隱)이다. 삼은(三隱)의 한 사람으로, 1362년(공민왕 11)에 문과급제하였다. 예문관 제학을 거쳐 동지춘추관사를 지냈다. 1374년 공민왕이 살해당하고 명나라의 사신이 피살되는 등 불상사가 일어난 것을 해결하고 세공(歲貢)도 감면받게 하였다.
1386년 명나라에 정조사(正朝使)로 갔을 때는 황제(皇帝)가 이숭인의 재주를 인정해서 관복(官服)과 벼루 금장(金杖) 등을 하사하였고, 이후로 우리나라에서도 관복을 착용하는 풍속(風俗)을 바로잡았다. 만년에는 친원파와 친명파의 모함을 받아 여러 차례 옥사(獄事)를 겪었고, 정몽주가 살해된 뒤에 그 일당이라 하여 귀양 갔다가 음계(陰計, 흉계)에 의하여 배소(配所, 귀양지)에서 살해되었다.
고려말 성리학의 대유(大儒)로서 시문(詩文)과 외교문서에 밝아 명나라에서도 유명했으며, 우리나라 성리학 발전에 기여한 공이 크다. 정몽주와 함께 ≪고려실록(高麗實錄)≫을 편찬하였다. 저서에 ≪도은집≫이 있다. 시호(諡號)는 문충(文忠)이다. 성주의 충현사(忠賢詞)와 안산서원(安山書院), 개성 표절사(表節詞) 등에 제향(祭享)되었다.

| 해설(解說) |

    이숭인은 둔촌보다 20세나 연하인데도 불구하고 두 사람은 나이를 뛰어넘은 망년우(忘年友)의 교유를 가졌고, 시를 자주 주고받는 절친한 관계를 유지했다. "자안(子安)은 나이 비록 아주 젊지만, 오히려 노성(老成)한 어른 같구려."라고 하여, 둔촌과 이숭인과의 교유가 조금도 어색하지 않은 관계임을 이 시는 잘 보여준다.

〈둘째 시(其二)〉

三年江海謫	강해(江海)에서 삼 년의 귀양살이 끝에,
삼 년 강 해 적	
一日道途通	그 하루로 갑자기 길이 트였지.
일 일 도 도 통	
努力扶王室	힘을 다하여 왕실을 부호(扶護)하며,
노 력 부 왕 실	
從今愼厥終	지금부턴 조심조심 영종(令終)을 이루게나.
종 금 신 궐 종	

| 주해(註解) |

* 적(謫) - 귀양을 가다. 꾸짖다. 벌하다.
* 적선(謫仙) : 적선은 천상에서 죄를 얻어 일시 인간 세상에 내려온 신선을 말하는데, 문재(文才)가 뛰어난 사람을 일컫는다. 당 현종 때 이백(李白)이 장안에 이르러 하지장(賀知章)을 찾아보았을 적에 하지장이 이백의 글을 보고 감탄하기를 "그대는 적선인(謫仙人)이다." 라고 한 데서 온 말이다.
* 도통(道通) - 사물의 오묘한 이치를 깨달아서 통함.
* 궐종(厥終) - 그 끝

| 해설(解說) |

　망년우에는 몇 가지 특징이 있다. 예의와 도리로 맺어진 우정은 나이와 상관이 없다. 연하자는 연장자를 존중하면서도 마음으로는 벗이라 여기는 겸양을 보인다. 나이를 잊고 맺은 우정이 가장 친근하다.

(4) 종공 정상국[몽주]에게 부치다(寄宗工鄭相國)

流離驚節物 유 리 경 절 물	떠돌아다니자니 절물(節物)엔 놀랐지만,
衰病愛煙霞 쇠 병 애 연 하	늙고 병들어도 연하(煙霞)만은 정다웁구려.
自喜龍門近 자 희 용 문 근	용문산(龍門山) 가까워 스스로 기쁘지만,
猶嫌鵠嶺賖 유 혐 곡 령 사	다만 송악산(松嶽山) 멀어진 게 섭섭하구려.
陪遊擬江月 배 유 의 강 월	강에 비친 달빛 밝을 때 모시고 놀아볼까 생각을 하는데,
爲樂及山花 위 락 급 산 화	즐기기에는 아무래도 산화(山花) 있을 때가 좋겠지요.
每日溪亭上 매 일 계 정 상	날마다 시냇가 정자 위에서,
徘徊至暮鴉 배 회 지 모 아	서성대며 하루해를 보낸다오.

| 주해(註解) |

* 절물(節物) - 절서풍물(節序風物)을 줄여서 쓴 말.
* 연하(煙霞) - 안개와 노을. 고요한 산수(山水)의 경치를 비유적으로 이르는 말.
* 용문산(龍門山) - 경기도 양평군에 있는 산. 높이는 1,157미터.
* 곡령(鵠嶺) - 송악산.
* 사(賖) - 거리가 멀다. 세내다.
* 배(陪) - 모시다. 돕다.
* 아(鴉) - 갈까마귀. 검다.
* 모아(暮鴉) - 해가 질 무렵에 잠자리를 찾으며 날아드는 까마귀. '저물 무렵'이란 뜻.

(5) 정상국[몽주]에게 드리다(呈鄭相國)

簡拔前朝得 간 발 전 조 득	선왕(先王, 공민왕) 때에 간택 선발되셔서,
飛揚一代奇 비 양 일 대 기	높은 지위에 올라 한세상 뛰어나셨도다.
枕戈看古史 침 과 간 고 사	짧은 창 베개 삼아 주무시면서도 옛 역사 읽으셨고,
橫槊賦新詩 횡 삭 부 신 시	긴 창 비스듬히 잡고 새로운 시(詩)를 짓는 도다.
奏凱廻舟日 진 개 회 주 일	승전고를 올리고 뱃머리 돌려 개선(凱旋)하던 날에,
論功賜第時 논 공 사 제 시	전공(戰功)을 논하여 임금님께서 집을 내리셨다네.
可誇垂老眼 가 과 수 노 안	자랑스럽기도 하도다! 이 늘그막의 눈으로,
獲覩太平期 획 도 태 평 기	태평세월을 기약하게 됨을 확실하게 보게 되다니.

| 주해(註解) |

* 간발(簡拔) - 간택하여 선발. 가려 뽑음.
* 전조(前朝) - 전대의 왕조. 선왕. 여기서는 공민왕.
* 비양(飛揚) - 높은 지위에 오름. 현달(顯達)의 뜻.
* 과(戈) - 짧은 창.
* 횡삭(橫槊) - '횡삭부시(橫槊賦詩)'의 준말이다. 마상에서 창을 뉘어놓고 시를 짓는다는 말로 진중(陣中)에서 시가를 읊는 풍류를 즐긴다는 뜻이다. 삭(槊) : 긴 삼지창.
  • <남사(南史)>「영환조전(榮桓祖傳)」: "조조와 조비는 말에 타면 창을 뉘어놓고

시를 읊고 말에서 내리면 담론을 즐긴다"(曹操曹丕上馬橫槊下馬談論) 하였다.
- 소동파(蘇東坡)의 <적벽부(赤壁賦)> : "술을 걸러 강물을 내려다보고 창을 비껴 들고는 시를 읊었으니, 진실로 일세의 영웅이었을진대, 지금은 어디에 있는가?" (釃酒臨江 橫槊賦詩 固一世之雄也 而今安在哉?) 소동파는 <적벽부>에서 적벽대전에서 대패한 조조가 전쟁 중에도 시를 읊은 사실을 노래하고 있음.

* 진개(奏凱) - 승전고를 올리다.
* 회(廻) - 돌다. 선회하다
* 제(第) - 집. 저택.
* 도(覩) - 보다. 알다.

| 해설(解說) |

둔촌은 정몽주가 1360년(공민왕 9)에 문과에 장원급제하고 삼장(三場)에 연달아 장원급제했고, 1380년(우왕 6)에는 전라도 운봉에 침입한 왜구를 이성계를 도와 토벌한 사실을 상기했다. 정몽주가 "枕戈看古史(침과간고사) 橫槊賦新詩(횡삭부신시)"한 것은 '침과대적(枕戈對敵 ; 창을 베고 적을 기다림)' '침과대단(枕戈待旦, 창을 베고 자면서 아침을 기다린다)'의 유비무환 자세로 결전(決戰) 준비를 한 것을 상찬했다.

(6) 경지[김구용[3]]에게 부치다(寄敬之) - 으슥한 곳에 낚시 드리우고

聞說開新屋 문 설 개 신 옥	듣자니 새집을 지었다는데,
前臨白鷺洲 전 임 백 로 주	앞에는 백로주(白鷺洲)와 임했다지요.
柳陰深釣瀨 류 음 심 조 뢰	버들 그늘 낚시터에 으슥히 드리우고,
江色暎書樓 강 색 영 서 루	강물 빛은 서루(書樓)에 비쳐오겠지.
傲世成高臥 오 세 성 고 와	세상을 얕보니 고와(高臥)를 이룰 수 있겠으나,
懷親不遠遊 회 친 불 원 유	어버이 생각하느라 멀리 나가 놀지는 못할테지.
相期卜隣去 상 기 복 린 거	이웃하여 살아가기로 기약했으니,
爲我理輕舟 위 아 이 경 주	나를 위해 거룻배나 손질해 두구려.

---

[3] **김구용(金九容, 1338~1384)** - 고려 말기의 학자. 호는 척약재(惕若齋)·육우당(六友堂)이며, 자는 경지(敬之)이다. 몽골 침입 때 활약한 김방경(金方慶)의 현손(玄孫, 손자의 손자. 고손)이다. 1367년(공민왕 16)에 학관이 되어 정몽주, 이숭인 등과 함께 성균관을 개창하는데 공헌하였고 척불숭유(斥佛崇儒)의 선봉이 되었다.
고려가 명나라와 사이가 나쁠 때 행례사(行禮使)로서 명에 가던 도중에 요동에서 잡혀 금릉(金陵, 남경의 옛 지명)으로 압송되고, 다시 대리위(大理衛, 운남성 지방의 한 지명)로 유배되어 가던 도중에 영녕현(永寧縣, 사천성 지방의 한 지명)에서 병사했다.
여말의 대유(大儒)로서 시를 잘 지었으므로 이색은 "붓을 대면 (시가) 구름과 연기처럼 솟아난다(下筆如雲烟·하필여운연)"고 칭찬하였다. 황학루(黃鶴樓)의 장엄한 경치를 읊은 <무창시(武昌詩)>가 특히 유명하여, 허균(許筠)은 그 풍격(風格)이 청섬(淸贍)하다고 평하였으며, 신위(申緯)도 <동인논시절구(東人論詩絶句)>에서 이색과 허균의 평을 인용하면서 찬사를 보냈다. 문집에 ≪척약재집≫, ≪선수집(選粹集)≫ 등이 있으며, 후에 물계서원에 배향되었다.

| 주해(註解) |

* 백로주(白鷺洲) - 파도에 밀려 쌓인 흙과 모래로 된 삼각주를 말함. 이백의 「二水中分白鷺洲」를 연상하고 아름답게 일컫는 말.
  <登金陵鳳凰臺, 금릉의 봉황대에 올라> : 三山半落靑天外(삼산은 하늘 밖에 반쯤 걸려 있는 듯 하고) 二水中分白鷺洲(진수·秦水 회수·淮水 두 강은 백로주를 갈라 흐르네)
* 조(釣) - 낚시하다. 유혹하다.
* 뢰(瀨) - 여울. 급류. 의뢰하다.
* 서루(書樓) - 서재로 쓰거나 책을 넣어 두는 다락.
* 고와(高臥) - 베개를 높이 하고 편히 눕는다. 벼슬을 하지 아니하고 은거하여 세속에서 벗어나 생활함을 이르는 말.

| 해설(解說) |

　　김구용은 둔촌보다 11살 연하이지만, 동년(同年) 급제자로서 가장 많이 교유하였다. 둔촌이 시를 지을 때 다른 사람들에 대해서는 목은 선생, 포은, 도은 등의 칭호를 썼지만, 김구용에 대해서는 항상 그의 자(字: 애칭) '경지(敬之)'로 칭하여 친밀함을 더하였다. 남아 있는 시들은 대부분 병들어 외로운 심정과 김구용을 만나지 못해 그리워하는 모습을 자주 드러냈다. 두 사람은 나이를 초월해서 영혼을 함께 할 수 있는 정한(情恨)을 느끼고 있는 관계였던 것이다.
　　둔촌은 공민왕 4년 을미년(1355년) 29세에 병과에 제7명으로 합격하였다. 당시 합격자 명단으로 등과록(登科錄)에는 안을기(安乙起, 또는 器라 쓴다), 한방신(韓方信), 이원령(李元齡), 정습인(鄭習仁), 이인(李靭), 이보림(李寶林), 염국보(廉國寶), 우현보(禹玄寶)가 기재되어 있다. 제술과 급제자로는 이들 외에 오사충(吳思忠), 김구용(金九容), 양이시(楊以時) 등이 밝혀져 있다. 이외에 최원도(崔元道)도 이때의 동년(同年 : 같은 해 과거에 합격한 자)이었다.

(7) 병중에 경지[김구용]에게 부치다(病中寄敬之)

何日重携手 하 일 중 휴 수	어느 날에나 다시 손을 맞잡아 볼까,
回頭水一方 회 두 수 일 방	돌아다 보니 물 저편인 것을.
安危書易達 안 위 서 이 달	안부야 편지로 쉬이 통할 수도 있지만,
來往病相妨 내 왕 병 상 방	오가는 건 병이 서로를 방해한다네.
勝境三淸洞 승 경 삼 청 동	뛰어난 경치는 신선 세계인 삼청동(三淸洞)이요,
閑居四友堂 한 거 사 우 당	한거(閑居)엔 사우당(四友堂)이라.
吾將就君住 오 장 취 군 주	나도 앞으로는 그대 곁에 가서 살게 되리니,
終不老江鄕 종 부 노 강 향	끝까지 강향(江鄕)에서만 늙지는 않으리라.

| 주해(註解) |

* 승경(勝境) - 좋은 경치. 명승지
* 삼청(三淸) - 도교의 태청(太淸), 상청(上淸), 옥청(玉淸)의 삼청성신(三淸星辰)을 모신 삼청전(三淸殿)이 있던 데서 유래.
* 한거(閑居) - 한가하게 삶. 딴 일 없이 집에 한가히 있음.
* 사우(四友) - 문방사우(文房四友). 지필묵연(紙筆墨硯). 종이, 붓, 먹, 벼루의 네 가지 문방구(文房具).
* 강향(江鄕) - 강가의 마을. 강촌

부 1) 목은 [이색[4]]의 차운시(附次韻 牧隱)

- 추후로 목은에게 부쳐보였기에, 목은이 이 시의 각운자[方, 妨, 堂, 鄕]를 따라서 차운(次韻)하여 지은 것이다(追後寄示牧隱, 故次之)

江山成樂土
강 산 성 낙 토
강산이 낙토(樂土)를 이루니,

風物異他方
풍 물 이 타 방
풍물(風物)도 타방(他方)과는 다르구나.

得句天機熟
득 구 천 기 숙
시구(詩句)를 얻는 것은 천기(天機)에 익숙해야 하겠으나,

營生野興妨
영 생 야 흥 방
살림살이 하다 보니 시골 흥취가 막히리.

愛樓尋客舍
애 루 심 객 사
다락(樓)을 좋아하자니 객사(客舍)도 찾게 되고,

遊寺坐僧堂
유 사 좌 승 당
절간에 노닐자니 승당(僧堂)에도 앉아본다네.

老境眞忘世
노 경 진 망 세
늘그막에 참으로 세상을 잊었는데,

同年幸在鄕
동 년 행 재 향
동년(同年)이 다행스레 시골에 있네 그려.

---

4) **이색(李穡, 1328~1396)** - 고려 말기의 정치인이며 대학자, 사상가, 시인이다. 자는 영숙(潁叔). 호는 목은(牧隱)이다. 본관은 한산(韓山)으로 찬성사(贊成使) 이곡(李穀)의 아들이다. 이제현(李齊賢)의 제자로서 14세에 진사가 되었다. 1348년 21세에 원나라에 유학하여 국자감의 생원으로 성리학을 공부했다. 1353년 향시(鄕試)에 1등으로 합격했다. 이듬해 원나라 북경에서 치른 회시(會試)와 전시(殿試)에서도 합격했다.
예문관 대제학·지춘추관사 겸 성균관 대사성 등을 거쳐 판문하부사를 지냈다. 1389년 이성계 일파에 의해 관직에서 쫓겨나 유배되었다가 1392년 조선 개국 후 고향으로 돌아갔다. 이성계의 역성혁명에 협조하지 않았고 조선 개국 이후에도 출사하지 않았다.
1395년 한산백(韓山伯)에 봉해졌으나 거부했다. 고려 말의 대유학자로 권근(權近)·변계량(卞季良) 등 많은 학자를 배출했다. 고려 말 삼은(三隱)의 한 사람이며, 글씨를 잘 썼다. 이색의 글씨는 힘차고 골기가 충만하였다. 시호(諡號)는 문정(文靖)이다. 저서로는 <목은집(牧隱集)>이 있다.

| 주해(註解) |

※ 부차운(附次韻) - 이 시는 <목은시고(牧隱詩稿)> 권 12에 수록되어 있는데, "둔촌 이호연이 천녕현에 있으면서 절구 1수를 보내주고, 아울러 별도로 지은 시 10수를 보내주었다. 읊조려 보다가, 그 각운자를 사용하여 스스로 지어보니, 모두 되는대로 빨리 지은 것이다. 무릇 22수나 된다."라고 기록되어 있다. - 한국고전 db

* 낙토(樂土) - 괴로움 없이 즐겁게 살 수 있는 땅.
* 풍물(風物) - 경치.
* 천기(天機) - 자연의 조화.
* 야흥(野興) - 자연 그대로의 흥취.
* 승당(僧堂) - 승려가 좌선하며 기거하는 집
* 동년(同年) : 여기서는 비슷한 나이란 뜻으로 보임. 목은은 둔촌보다 1년 연하임.

| 해설(解說) |

　둔촌의 시문 중 가장 많은 분량을 차지하는 것이 이색과의 교유이다. 이색은 둔촌보다 한 살 아래로 사실상 두 사람은 같은 연배이다. 둔촌이 이색에게 보낸 시는 주로 은퇴한 이후 쓸쓸한 생활을 읊고 있는 내용이 많다. 두 사람의 우의는 둔촌이 천녕(川寧)에 물러나 있을 때 이색에게 검정콩과 햅쌀을 보내준 것에서 잘 나타난다.

　목은이 둔촌에게 보낸 글은 대체로 정계에서 물러나 지난날 함께 담론하던 시절을 회상하고 그들의 위로와 방문을 사례하는 글들로 이루어져 있다. 특히 "둔촌이 뜻도 높고 재능도 뛰어난데 시세에 용납되지 못함"을 아쉬워하는 시를 읊어 둔촌을 위로하였다. 이 시에서는 늘그막에 둔촌과 한 고을에 살게 됨을 반가워하는 마음을 "老境眞忘世(노경진망세) 同年幸在鄕(동년행재향)"이라고 표현했다.

(8) 삼가 서울의 옛 친구들에게 부치다(奉寄京華故舊)

舊業漢陰洲 구 업 한 음 주	옛 터전은 한음(漢陰)의 물가였는데,
新居卽上流 신 거 즉 상 류	새로 이사한 집은 바로 그 상류라오.
避人常抱病 피 인 상 포 병	사람을 피하는 건 늘 병이 들어서이니,
携幼日消憂 휴 유 일 소 우	어린애들 이끌고 날마다 시름이나 달랜다오.
已老風塵際 이 노 풍 진 제	이미 풍진(風塵) 속에서 늙었는데도,
還驚草木秋 환 경 초 목 추	도리어 초목의 가을됨에 놀라는구려.
相思二三子 상 사 이 삼 자	생각나는 건 두서너 명의 친구인데,
西望路悠悠 서 망 로 유 유	서쪽을 바라보니 길만 아득하구려.

| 주해(註解) |

* 경화(京華) - 번화한 서울인 개성.
* 고구(故舊) - 사귄 지 오래된 친구.
* 구업(舊業) - 옛날에 살던 집. 전래한 가업. 세업(世業).
* 한음(漢陰) - 음양 이론상으로 산남(山南) 강북(江北)은 양(陽)이요, 산북(山北) 강남(江南)은 음이기 때문에 한강을 기준선으로 강북이 한양(漢陽)이요, 강남은 한음(漢陰)이다. 글자 그대로의 뜻은 중국의 양자강 지류의 한수(漢水)의 남쪽이라는 의미인데, <장자(莊子)> '천지(天地)' 편에서는 공자의 제자인 자공(子貢)이 한음(漢陰) 땅을 지나다 보니 한 노인이 독에 물을 담아 언덕을 오르내리며 밭에 물

을 주고 있기에, "두릿대(길고·桔槹)를 만들어 물을 푸면 쉬울 것인데 힘들게 독을 들고 나르느냐"고 하니, 노인은 "기계를 쓰는 자는 기사(機事)가 있고, 기사가 있으면 기심(機心, 무엇이든 빨리 빨리 서두는 마음)이 발동하여 인간이 본래 지니고 있던 순박함을 잊어버리게 된다"고 하면서 우물을 기르는데도 도르레를 사용하지 않았다고 함.

* 신거(新居) - 새로 이사한 집.
* 소우(消憂) - 근심을 없애버림.
- <도연명(陶淵明)의 귀거래사(歸去來辭)> : "친척들과 정겨운 대화를 기뻐하고, 금서를 즐기며 시름을 삭이노라"(悅親戚之情話 樂琴書以消憂·열친척지정화 낙금서이소우)
* 휴유(携幼) - 어린아이를 이끌다.
- 도연명(陶淵明)의 <귀거래사(歸去來辭)> : "어린아이 이끌고 방에 들어가니, 술통에 술이 가득 차 있네"(携幼入室 有酒盈樽·휴유입실 유주영준)
* 유유(悠悠) - 아득하게 먼 모양.

| 해설(解說) |

개성에 있는 두서너 명의 친구에게 자신의 근황을 전하는 시이다. 최근 한음(漢陰, 한강의 남쪽, 지금의 둔촌동 또는 고덕동)의 물가에서 여강(麗江) 상류로 이사를 했고, 병이 들어 사람을 피하며 어린애들을 벗 삼아 소일하지만, 늙어감을 아쉬워하며 친구에 대한 그리운 정을 노래하고 있다.

(9) 영주의 금·이 두 서생에게 부치다(寄寧州琴李兩生)

昔守天安日 석 수 천 안 일	지난날 천안(天安)을 맡았을 시절에,
高風見兩生 고 풍 견 양 생	풍표(風標) 높은 두 서생 만난 일 있었지.
讀書知力學 독 서 지 역 학	공부할 땐 학문에 힘쓸 줄 알았고,
營業事躬耕 영 업 사 궁 경	세간살이는 몸소 농사일 일삼았지.
嗟我頭將白 차 아 두 장 백	내 머리털 세려는 건 슬픈 일이나,
聞君道益明 문 군 도 익 명	그대들 학문의 길 더욱 밝아졌다고 들었다네.
何時再會面 하 시 재 회 면	언제나 다시 한번 만나게 될 것인가?
南北未休兵 남 북 미 휴 병	남북으로 병란은 끝나지 않았으니.

| 주해(註解) |

* 영주(寧州) - 천안(天安).
* 풍표(風標) - 드러나 보이는 사람의 겉모양.
* 역학(力學) - 학문에 힘씀.
* 궁경(躬耕) - 몸소 농사일을 함.
* 차(嗟) - 탄식하다.
* 미휴병(未休兵) - 이 때 북쪽으로는 원나라가 쇠퇴기에 접어들어 각지에 반란이 일어났고, 남쪽으로는 왜구들이 자주 침입하였음.

| 해설(解說) |

　둔촌이 29세 때(공민왕 4, 1355년)에 천안 부사가 되었는데, 그 벼슬을 그만둔 뒤에 이 시를 지은 것으로 보인다. 금·이(琴·李) 두 서생은 미상이나, 궁경(躬耕: 직접 농사를 지음) 독서하며 학문의 길에 정진하는 듬직한 두 선비를 그리워하는 시이다. 이 다음 해(1356년)에 공민왕이 원나라의 연호 사용을 폐지했다.
　둔촌은 천안부사로 재직하면서 향교 진흥, 청렴한 행정, 풍속 교화에 힘썼고, 백성을 위하는 목민관의 모범을 보였다. 그가 천안에서 보여준 실천적 유학정신은 후세에 귀감이 되었으며, 천안 '퇴우헌 유허비(退憂軒 遺墟碑)'는 이를 상징적으로 보여주는 유산이다.

(10~13) 감회를 읊은 시 네 절구를 종공 정상국[몽주]에게 삼가 부쳐 드리다(敍懷四絶奉寄宗工鄭相國)

- 이 때에[54세 경] 선생께서는 해구(海寇)를 피하여 여주(驪州) 천녕의 도미사에 계셨다 (時先生避倭寇寓川寧道美寺作)

〈첫째 시(其一)〉

當年靖節愛吾廬 그 옛날 도연명[5]은 자기 집을 사랑한다고 하였는데,
당 년 정 절 애 오 려

松菊秋風興有餘 소나무와 국화는 가을바람에 흥이 넘쳤다네.
송 국 추 풍 흥 유 여

三徑如今已蕪沒 세 갈래 작은 길들 지금은 이미 잡초에 매몰되었지만,
삼 경 여 금 이 무 몰

候門稚子望巾車 어린 자식 문 앞에 나와 타고 나가신 수레 돌아옴을
후 문 치 자 망 건 거 기다리겠지.

| 주해(註解) |

※ 종장님의 전장(田庄, 토지와 별장)이 도미사(道美寺) 북쪽에 있다.[宗工田莊在道美寺北]

* 서회(敍懷) - 회포(懷抱)를 풀어 말함.
* 종공(宗工) - 종장과 같은 말.
* 정상국(鄭相國) - 정몽주를 가르키는 말.
* 정절(貞節) : 도연명이 죽은 뒤, 그를 따르던 사람들이 모여서 지어올린 시호(諡號)

---

5) **도연명(陶淵明, 365~427)**의 이름은 잠(潛), 자는 연명(淵明) 또는 원량(元亮)이다. 심양(尋陽, 강서성 구강현) 사람이다. 동진(東晉) 말기의 시인으로서 자연을 예찬하는 시를 많이 썼다. 오류선생(五柳先生)이라 자칭했으며 팽택령(彭澤令, 팽택현의 현령)이 된 지 80여 일에 벼슬을 버리고 전원으로 돌아갔는데, 그때에 지은 귀거래사(歸去來辭)가 특히 유명하며, 은일(隱逸)을 좋아하는 후세 사람들이 시부(詩賦)에 그의 시를 많이 인용한다. 저서에 <도연명집(陶淵明集)>이 있다.

* 애오려(愛吾廬) - 자신의 전사(田舍, 시골 집. 田家)를 사랑한다는 말인데, 도연명의 시에 "뭇 새들은 깃들일 곳 있음을 즐겨하고, 나 또한 내 집을 사랑한다네(衆鳥欣有託 吾亦愛吾廬·중조흔유탁, 오역애오려)"
* 삼경(三徑) - 세 갈래 길. 은둔자의 정원. 한(漢)의 은사 장허(張詡, 자 원경·元卿)가 정원에 작은 길 세 갈래를 내고, 송죽국(松竹菊)을 심어 친구 양중(羊仲), 구중(裘仲)과만 사귀고 세상에 나오지 않았다.
- <도연명의 '歸去來辭귀거래사'> : "아이종은 기뻐 맞이하고 어린 아들은 문에서 기다린다. 삼경은 거칠어 졌으나 송국은 아직 남아 있구나"(僮僕歡迎 稚子候門 三徑就荒 松菊猶存·동복환영 치자후문 삼경취황 송국유존)
- <백거이(白居易)의 '欲與元八卜隣先有是贈·욕여원팔복린선유시증'(원씨 댁 여덟 번째 사람과 이웃이 될까 해서, 미리 시를 증정한다)> : "밝은 달은 삼경의 밤 분위기를 함께 할 것이고, 푸른 버들은 마땅히 두 집에 봄 분위기 만들게 되리"(明月好同三徑夜 綠楊宜作兩家春·명월호동삼경야 녹양의작양가춘)
* 후(候) - 1. 기다리다. 2. 기후 3. 절기
* 건거(巾車) - 천으로 위를 덮은 간단한 수레.
- <도연명의 '歸去來辭'> : 혹은 건거를 준비하라고 명하기도 하고, 혹은 조그마한 배를 노저으라고 하기도 한다(或命巾車 或棹孤舟·혹명건거 혹도고주)

| 해설(解說) |

이 시를 지은 당시는 둔촌이 왜구의 난리를 피해 천녕(川寧)의 도미사(道美寺)에 살고 있던 때이다. 둔촌은 이 마을에 전장(田莊)을 마련하고 있었던 정몽주를 도연명에 비유하고 있다.

'오역애오려'(吾亦愛吾廬, 나 또한 내 오두막집을 사랑하네), '삼경취황'(三逕就荒, 뜰 안의 풀이 우거져 황폐하여졌다), '송국유존'(松菊猶存, 소나무와 국화가 아직도 남아 있다), '치자후문'(稚子候門, 어린 아이들이 대문에서 손 흔들어 나를 맞는다) 등 시 구절을 인용하면서 도미사 북쪽에 있는 정몽주의 전장(田莊)을 바라보며 정몽주의 귀래(歸來)를 희망하였다.

〈둘째 시(其二)〉

北望龍門憶舊遊 북 망 용 문 억 구 유	북으로 용문산(龍門山) 바라보며 옛 놀이 회상하니,
滿山紅葉去年秋 만 산 홍 엽 거 년 추	산에 넘친 단풍잎 지난해의 가을이였지요.
杖藜何日尋僧了 장 여 하 일 심 승 료	어느 때에나 여장(藜杖) 짚고 료 스님을 찾아가서,
更把茱萸共上樓 갱 파 수 유 공 상 루	다시 수유(茱萸)를 손에 잡고 함께 다락에 올라볼까요.

| 주해(註解) |

※ 지난해 종장님을 모시고 용문산에 가서 노닐던 때가 마침 중구일(重九日, 음력 9월 9일)이었다.[去年陪宗工, 遊龍門山, 適重九日也]

* 여장(藜杖) - 명아주의 줄기로 만든 지팡이. 가벼우므로 노인들이 많이 사용하였다.
* 승료(僧了) - '료'자가 들어가는 법명을 가진 스님을 뜻함.
* 수유(茱萸) - 수유를 담은 주머니. 옛날 풍속에 음력 9월 9일 중양절(重陽節)에는 사람들이 붉은 주머니에 수유(茱萸)를 담아서 팔뚝에 걸고 높은 산에 올라가 국화주(菊花酒)를 마셔 재액 (災厄)을 소멸시켰다고 한다.
  후한(後漢) 때 선인(仙人) 비장방(費長房)이 환경(桓景)에게 이르기를, "9월 9일 중양절에 너의 집에 재앙이 있을 것이니, 급히 가서 집안 사람들로 하여금 각각 붉은 주머니에 수유를 담아 팔뚝에 걸고 높은 산에 올라가 국화주를 마시게 하면 이 재앙을 면할 것이다." 하므로, 환경이 9월 9일에 온 가족을 거느리고 산에 올라갔다가 저물녘에 내려와 보니, 가축만 다 죽어 버리고 사람은 끝내 무사했다는 고사에서 유래한 것이다.

〈셋째 시(其三)〉

平林渺渺抱汀洲 아득한 들과 숲은 모래톱을 감쌌는데,
평 림 묘 묘 포 정 주

十頃煙波漫不流 여남은 이랑 넘는 연파(煙波)가 만연하여 흐를
십 경 연 파 만 불 류 줄을 모르네.

待得滿船秋月白 배에 가득 밝은 가을달 싣고서
대 득 만 선 추 월 백

好吹長笛過江樓 즐겁게 긴 피리 불면서 청심루를 지나노라.
호 취 장 적 과 강 루

| 주해(註解) |

※ 강루는 여강루(驪江樓, 곧 청심루·淸心樓)를 말한다.[謂驪江樓也]

* 평림(平林) - 평원 위에 우거진 수림들.
* 묘묘(渺渺) - 그지없이 넓고 아득한 모습을 표현하는 의태어.
* 정주(汀洲) - 강·못·호수·바다 등의 주변에 물이 얕고 흙·모래가 드러난 곳.
* 연파(煙波) - 멀리 연기나 안개가 부옇게 잔뜩 낀 수면. 물결처럼 보이는 자욱하게 낀 연기.
* 강루(江樓) - 여강루(驪江樓). 청심루(淸心樓) : 여주읍 한강가에 있었다. 여주 절경의 하나로, 목은(牧隱)·포은(圃隱) 등 40여 문객(文客)의 시판(詩板)이 걸려있었다고 한다.

| 해설(解說) |

　하평성(下平聲) 우(尤) 자 운(韻)을 사용하였으며, 주(洲), 류(流), 루(樓)가 각운이다. 滿船(가득 실은 배)과 長笛(긴 피리)가 대를 잘 이루고 있다.

　조선 전기에 적암(適庵) 조신(曺伸)이 자신이 지은 잡록(雜錄)인 <소문쇄록(謏聞瑣錄)>에서 둔촌의 시를 평했는데, "배에 가득 밝은 가을달 싣고서, 즐겁게 긴 피리 불면서 청심루를 지나노라.(待得滿船秋月白, 好吹長笛過江樓)"는 호장(豪壯, 호기롭고 씩씩함)하다 하였다.

〈넷째 시(其四)〉

海寇洋洋及廣津 해 구 양 양 급 광 진	해적떼 물밀듯이 광나루에 닥치는데,
漢南千里起煙塵 한 남 천 리 기 연 진	한수 이남의 천리길 전쟁 분위기에 휩싸였네.
永興山水寧容我 영 흥 산 수 영 용 아	영흥(永興) 땅 산과 물이 차라리 나를 용납할 것 같았으니,
賴有登神寂寞濱 뇌 유 등 신 적 막 빈	적막한 물가였지만 등신장의 부처님에게 의지하려 하고 계시네.

| 주해(註解) |

※ 종장님이 일찍이 영흥에 자리잡고 살자는 약속이 있어서인데, 절이 등신장(登神庄)에 있어서 한 말이다.[宗工曾有卜居永興之約, 寺在登神莊]
* 해구(海寇) - 해적떼. 왜구를 말함.
* 양양(洋洋) - 한없이 넓음.
* 광진(廣津) - 광나루. 지금의 서울시 천호동.
* 한남(漢南) - 한강 남쪽 유역의 땅.
* 연진(煙塵) - 연기와 먼지. 싸움터에서 일어나는 티끌. 전쟁으로 인하여 어지러운 분위기.
* 영흥(永興) - 포천시에 있었던 영평현(永平縣)의 고려시대 이름. 문맥으로 보아서는 여주의 천녕현에 있는 지명 같음.
* 등신장(登神莊) - 천녕현 동쪽 20리에 있다. <동국여지승람> '제7권'
* 뇌(賴) - 의지하다. 의뢰하다.

| 해설(解說) |

 이 시를 보면, 왜구의 침입이 한양의 광나루까지 미쳐 한수 이남의 전 국토가 전쟁 분위기에 휩싸였음을 알 수 있다. 다만 둔촌이 난리를 피해 살고 있던 천녕의 도미사는 안전하다는 것을 확인할 수 있다. 이처럼 왜구의 침입은 고려 사회 전반의 붕괴와 조선 건국의 배경에까지 영향을 미쳤다.

(14) 종공 정상국[몽주]에게 부쳐 드리다(寄呈宗工鄭相國)

風流千載說歐蘇 풍 류 천 재 설 구 소	풍류(風流)라면 천년을 두고 구소(歐蘇)를 일컬었지요,
同宴西湖樂以娛 동 연 서 호 락 이 오	서호(西湖)에 잔치 벌려 마음껏 즐겼으니까요.
安得從公一觴詠 안 득 종 공 일 상 영	어찌하면 공을 따라 술 한잔 마시며 시를 읊어볼 수 있겠는가?
驪江風月勝西湖 여 강 풍 월 승 서 호	여강(驪江)의 풍월이 서호(西湖)보다 더 아름답다고요.

| 주해(註解) |

※ 구소(歐蘇) - 구양수(歐陽脩)와 소식(蘇軾)

구양수(1007~1072) - 북송(北宋)의 정치가·문인으로서 자는 영숙(永叔), 호는 육일거사(六一居士) 또는 취옹(醉翁)이다. 당나라 때의 화려한 시풍을 반대하여 새로운 시풍을 열고, 시·문 양 방면에 걸쳐 송대 문학의 기초를 확립하였으며, 당송팔대가 가운데 한 사람이다. 저서에 <신오대사>, <신당서>, <모시본의(毛詩本義)> 등이 있고, <취옹정기(醉翁亭記)>라는 명문을 지었다.

소식(1036~1101) - 북송의 문인으로서 사천(四川) 미산 사람이다. 자는 자첨(子瞻), 호는 동파(東坡)이다. 그의 아버지 소순(蘇洵)과 아우 소철(蘇轍)과 더불어 삼소(三蘇)라고 불렸다. 소순을 노소(老蘇), 소식을 대소(大蘇), 소철을 소소(小蘇)라고도 부른다. 구법파(舊法派)의 대표자이며, 당송팔대가의 한 사람으로 시는 송대의 제일인이라 하며, 서화(書畫)에도 능하였다. 작품에 <적벽부(赤壁賦)>, 저서에 <동파전집(東坡全集)> 등이 있다.

* 서호(西湖) - 중국 저장성(浙江省) 항주(杭州)의 서쪽에 있는 호수. 중국에서 이름난 명승지 중의 하나이다.
* 여강(驪江) - 경기도 여주를 흐르는 한강의 중류를 그렇게 불렀다.

| 해설(解說) |

특히 소동파는 일생 동안 세 차례나 항주에 가서 벼슬을 하였으며, 그가 서호 안에 쌓았던 제방을 '소제(蘇提)'라고 부르며, 서호의 아름다운 풍경을 미인 서시(西施)에 비유한 시(음호상초청후우)도 걸작으로 전한다. 이 시 첫 구절에서 구양수와 소동파 2인을 병칭하였으나, 시 전체의 내용으로 보아서 구양수는 이 시와 별로 관련이 없고, 다만 글자 수를 채워주는 역할만 한다.

飮湖上初晴後雨(음호상초청후우)
맑았다가 비 내리는 날 호수 위에서 술 마시며

水光瀲灩晴方好(수광염렴청방호)
山色空濛雨亦奇(산색공몽우역기)
欲把西湖比西子(욕파서호비서자)
淡妝濃抹總相宜(담장농말총상의)

호수 물결 일렁이는 맑은 날 사방은 보기 좋고
산색도 희뿌연해 빗줄기 역시 기이하다네
서호를 옛날의 미녀 서시에 비유할 수 있으니
옅은 화장 진한 화장 모두 아름다운 까닭이라네

(15) 원공 상국[우현보[6]]에게 부쳐 드리다(寄呈原功相國)

夢裏依俙氷雪容 꿈속에도 그려보는 빙설 같은 그 얼굴,
몽 리 의 희 빙 설 용

幾回相對月庭中 달 밝은 뜨락에서 몇 번 나를 마주하였던가.
기 회 상 대 월 정 중

他年江海如尋我 어느 날 강해(江海) 간에 나를 찾을 양이면,
타 년 강 해 여 심 아

寶德灣頭問釣翁 보덕만(寶德灣) 위쪽에서 낚시하는 늙은이를
보 덕 만 두 문 조 옹 물어보구려.

| 주해(註解) |

* 원공(原功) - 원종공신(原從功臣) : 으뜸하는 공훈을 세운 공로가 있는 대신.

* 몽리(夢裏) - 꿈속. 꿈을 꾸는 동안.

* 의희(依俙) - 어렴풋이 보이는 모양.

* 조옹(釣翁) - 낚시하는 늙은이

---

6) **우현보(禹玄寶, 1333~1400)** - 고려 말 조선 초의 문신이다. 본관은 단양(丹陽). 자는 원공(原功), 호는 양호당(養浩堂)으로, 태종 이방원의 스승이다. 조부는 성리학 수용기에 주역에 유명한 우탁(禹倬)이고, 장손 우성범(禹成範)은 공양왕의 부마였다. 공민왕 4년에 급제하여 문하찬성사(門下贊成事)를 거쳐 판삼사사(判三司事)에 오르고, 단양부원군(丹陽府院君)에 봉해졌다.
1388년 위화도회군 때 좌시중(左侍中)으로 이성계를 방어하려다 실패하였다. 1390년 공양왕 2년에 판삼사사가 되었으나 '윤이(尹彝)·이초(李初)의 옥사(獄事)'에 연루되어 유배되었다. 1392년 이방원(李芳遠) 일파에 의해 정몽주(鄭夢周)가 살해되자, 시체를 거둬 장례를 치렀다. 조선 건국에 참여하지 않고 이색과 행보를 같이 하였으며 조선이 건국되자 유배되었다가 정도전(鄭道傳)이 제거된 뒤 복관되었다. 고려가 무너진 뒤 은거하면서 당호를 독락당(獨樂堂)으로 고쳤다.
그는 "지난 것은 모두 꿈이고 진실이 아니니, 앞으로 오는 것도 어떻게 진실임을 보증하겠는가"라고 했다. 1400년(정종 2) 제2차 왕자의 난 때, 이래(李來)로부터 반란 소식을 듣고 이를 이방원(李芳遠:태종)에게 알린 공으로 난이 평정된 후 추충보조공신(推忠輔祚功臣)에 봉해졌다. 시호는 충정(忠靖)이다.

(16~18) 원공 상국[우현보]에게 드리다 3수(呈原功相國三首)

〈첫째 시(其一)〉

遁村多病關門日
둔 촌 다 병 관 문 일
둔촌(遁村)은 병이 잦아 문닫고 있던 날에,

相國新除喝道秋
상 국 신 제 갈 도 추
상국(相國)님은 새로 제수(除授)받으셔서 갈도(喝道) 잡힌 가을일세.

老子賀情非止此
노 자 하 정 비 지 차
늙은이의 축하 마음이 여기에 그칠손가?

黑頭過了鳳池頭
흑 두 과 료 봉 지 두
젊은 연세에 중서령까지 오르시옵소서!

| 주해(註解) |

※ 첫번 시는 새로 제수받은 삼재 벼슬을 하례한 것이다.(其一賀新除三宰)

* 삼재(三宰) - '재상의 차례에서 세 번째가 된다.'는 뜻으로, '좌참찬(左參贊)'을 달리 이르는 말.
  좌우 참찬 위에 좌우 찬성사(贊成事), 그 위에 삼정승(三政丞)이 있음.
* 갈도(喝道) - 높은 관원이 다닐 때 하인이 앞에서 소리를 질러 행인들을 비키게 하던 일. 또는 그 일을 맡은 하인.
* 흑두(黑頭) - 흑두재상(黑頭宰相)의 약칭. 나이가 젊어 재상이 된 사람. 흑두공(黑頭公).
* 봉지(鳳池) - 봉황지(鳳凰池). 당나라 때에 봉황지 옆에 중서성(中書省)이 있었기에 중서성을 이렇게 불렀음. 중서성은 황제의 비서 업무를 총괄하였음.
* 봉지두(鳳池頭) - 중서성의 수장인 중서령(中書令)으로 문하시중(門下侍中), 상서령(尚書令)과 더불어 삼정승 중의 한 자리이다.

〈둘째 시(其二)〉

山南山北路縈回	산 남쪽이나 산 북쪽에 길은 구비졌는데,
산 남 산 북 로 영 회	
扶杖衰翁幾往來	지팡이 짚은 쇠약한 노인 얼마를 오고갔던가?
부 장 쇠 옹 기 왕 래	
半夜敲門殊不惡	한밤중의 방문도 자못 싫지 않으니,
반 야 고 문 수 불 오	
月庭相對共銜杯	달 밝은 뜨락에서 마주보며 함께 술잔을 나누었으면....
월 정 상 대 공 함 배	

| 주해(註解) |

* 영회(縈回) - 얽히어 돌아감. 영(縈) : 얽히다. 굽이지다.
* 고문(敲門) - 문을 두드리다. 방문하다.
* 함배(銜杯) - 잔을 입에 갖다대기. 거배(擧杯 : 잔 들기) → 정배(停杯 : 잔을 손에 멈춘 채 잠깐 들고 있는 순간) → 함배(銜杯) → 경배(傾杯 : 잔을 기울이기) → 건배(乾杯 : 잔 비우기)

〈셋째 시(其三)〉

同年兩牓幾公卿 동 년 양 방 기 공 경	양방(兩牓)의 동년 중에서 공경(公卿) 대신이 몇이던가?
獨有原功問死生 독 유 원 공 문 사 생	단 한 분 원공(原功) 그대가 있어 나의 사생(死生)을 물어주셨군요.
一軸新詩常在目 일 축 신 시 상 재 목	그대가 보내준 한 축의 신시(新詩)를 항상 눈여겨 보면서,
病中聊復讀高聲 병 중 료 부 독 고 성	병중에도 잠시나마 소리 높여 다시 읊어본다오.

| 주해(註解) |

* 양방(兩牓) - 고려 때 과거의 두 과방, 즉 명경과와 제술과를 아울러 일컫는 말.
* 동년(同年) - 여기서는 같은 해에 같은 과거에 급제한 사람.
* 요(聊) - 잠시. 귀가 울다. 의지하다. 편안하다.

| 해설(解說) |

　우현보는 둔촌보다 여섯 살 아래였지만 동년(同年)으로는 출세가 가장 빨랐던 인물이다. 둔촌은 그를 '원공 상국'이라 부르면서 동년 중에 가장 높이 올랐음을 칭송하였다. 둔촌은 우현보와 사상적 경향은 같이 하나 관로(官路)의 출세길은 크게 차이가 났다.
　첫째 시에서 둔촌은 우현보가 문하시중이나 상서령을 역임한 후 제수되는 최고 관직인 중서령(中書令)까지 오르기를 기원했다. 둘째 시에서 둔촌은 우현보가 바쁜 가운데 혹시 밤중이라도 찾아준다면 자주 술친구 하겠다고 하였다. 셋째 시에서 둔촌은 방문 대신 보내준 우현보의 시를 보고서, 지금 혼자만 벼슬길에서 멀어져 병상에서 쓸쓸한 비감에 사로잡혀, 그 시를 되풀이하여 읊었다.

(19~20) 지휘사 [정지[7]]님께 올리다 2수(上鄭指揮使[地]二首)

〈첫째 시(其一)〉

桑海風雲入壯懷 상전벽해의 풍운을 우람한 가슴에 안고,
상 해 풍 운 입 장 회

一麾還向釣龍臺 한 차례 대군을 지휘하시려고 조룡대로 향하셨네.
일 휘 환 향 조 룡 대

指揮軍將張帆日 여러 군사와 장군들 지휘하시면서 돛 올리는 그날로,
지 휘 군 장 장 범 일

盡掃倭奴奏凱廻 왜노들 모조리 소탕하고 개선을 아뢰소서.
진 소 왜 노 진 개 회

| 주해(註解) |

* 지휘사(指揮使) - 병마 절제사와 유사한 군직.
* 상해(桑海) - 상전벽해(桑田碧海)의 약어. 세상의 변천 무쌍함을 뜻함.
* 휘(麾) - 대장기. 가리키다.
* 조룡대(釣龍臺) - 당나라 장수 소정방이 용을 낚았다는 전설이 있는 부여 백마강에 있는 지명.
* 범(帆) - 돛. 돛단배. 돛을 달다.
※ 진소(盡掃) - 모조리 소탕하다. 진소(盡掃)가 어떤 판본에는 소진掃盡으로 되어 있다.
* 왜노(倭奴) - 일본 사람을 얕잡아 이르던 말.
* 회(廻) - 돌아오다. 돌다.

---

7) **정지(鄭地, 1347~1391)** - 고려 말의 무신. 초명은 준제(准提), 시호는 경렬(景烈). 본관은 하동(河東). 1377년에 순천도병마사가 되어 순천·낙안 등지에 침입한 왜구를 토벌했으며, 1383년 해도원수로서 '관음포전투'에서 승리한 명장이다. 나주 출신이었고, 외모는 장대했으며 성품이 관후하다고 <고려사>에 기록되어 있다.

〈둘째 시(其二)〉

盡掃倭奴奏凱廻 왜노들 모조리 무찌르고 개선을 아뢰는 날엔,
진 소 왜 노 주 개 회

鳳城春暖正花開 궁궐에 봄은 따사롭고 꽃도 만발하겠지.
봉 성 춘 난 정 화 개

應看白日雲臺峻 응당 밝은 대낮에 공신각 드높음을 보게 되실 터이니,
응 간 백 일 운 대 준

老子不須歸去來 늙은 이 사람도 반드시 돌아갈 일 없으렷다.
노 자 불 수 귀 거 래

| 주해(註解) |

* 봉성(鳳城) - 임금이 계시는 도성
* 백일(白日) - 구름이 끼지 아니한 밝은 해. 대낮.
* 운대(雲臺) - 후한의 명제 때에 선대의 공신 28명의 초상을 남궁에 있는 운대에다 그려놓은 데서 유래한 것으로 공신각(功臣閣)을 말함.
* 불수(不須) - …할 필요가 없다. (=不用)
* 귀거래(歸去來) - 관직을 그만두고 고향으로 돌아감. 진나라 도연명(陶淵明)이 팽택현령을 그만 두고 전원으로 돌아가면서 감상을 쓴 <귀거래사(歸去來辭)>에 나오는 말이다.

| 해설(解說) |

둔촌이 56세가 되던 해에 지은 시로 보인다. 정지 장군이 1383년 남해안 관음포에 침입한 왜구를 대파하고 공신각에 이름을 올리는 무훈을 기원하는 내용이다.

(21) 삼가 목은[이색]님께 띄우다(奉寄牧隱)

倭騎長驅耗幾州	왜구가 오래 침입하여 몇 고을이나 노략질하였던가?
왜 기 장 구 모 기 주	
漢南無處可淹留	한강 남쪽에는 어딜 가나 머무를만한 곳이 없어졌다네.
한 남 무 처 가 엄 류	
川寧江上僧牕畔	천녕(川寧)의 강가 언덕 위 절간 가에서,
천 영 강 상 승 창 반	
臥病看山又一秋	병으로 누워 산이나 쳐다보다 보니 또 한 해가 간다네.
와 병 간 산 우 일 추	

| 주해(註解) |

※ 왜구 창궐 - 14세기 후반, 일본 남부의 무로마치 막부 초기 혼란기와 맞물려, 왜구가 고려 해안에 자주 출몰하여 약탈을 일삼았다. 1377년 정사년이다. 이 해에 왜구로 인해 도읍을 내지로 옮기려고 철원으로 가서 터를 조사하게 할 정도로 황해·경기·삼남 지방에 왜구가 창궐하였으나, 최영이 홍산(부여시 일대)에서 왜구를 대파하였다 (홍산대첩·洪山大捷).

* 기(騎) - 말을 타다. 기병.
* 장구(長驅) - 멀리 달림. 먼 곳까지 몰아서 쫓아감.
* 모(耗) - 소모하다. 쓰다. 없애다.
* 상지(相地) - 땅의 생김새를 살펴보고 길흉(吉凶)을 판단하는 일.
* 한남(漢南) - 한강 남쪽 유역의 땅.
* 엄류(淹留) - 오래 머무름. 엄(淹) : 오래다. 담그다. 적시다.
* 천녕(川寧) - 현(縣) 이름. 경기도 여주목(驪州牧)의 소재지에서 서쪽 25리에 있다. 뒤에 현 자체가 폐지되었음.
* 창(牕) - 창. 지게문.
* 반(畔) - 지경. 밭두둑. 물가.

| 해설(解說) |

  둔촌이 은둔을 결심한 것은 영천에서 돌아온 1371년(공민왕 20) 45세 때부터라고 유추할 수 있다. 그가 자신의 이름을 집(集), 자를 호연(浩然)으로, 호를 둔촌(遁村)으로 개명(改名)한 것이 이때였기 때문이다. 둔촌이 천녕(川寧)에서 처음 기거한 곳은 도미사(道美寺) 부근으로 이곳은 한강 물가에 있기 때문에 이 마을을 이숭인은 '강촌(江村)'이라고 부르기도 하였다.

  왜구의 창궐로 한강 남쪽 지방도 안전하지 않지만, 여주 천녕은 안전한 것을 알 수 있다.

부 2) 목은[이색]의 차운시(附次韻 牧隱)

病中回首想南州　　병중에 머리 돌려 남주(南州) 땅을 생각하니,
병 중 회 수 상 남 주

欲賦無衣尙滯留　　무의(無衣)시를 읊으려고 아직껏 머물고 있겠지.
욕 부 무 의 상 체 류

誰向僧房對山坐　　그 누가 승방에 가서 산만 보고 앉아 있는가?
수 향 승 방 대 산 좌

寒蟬落葉滿牕秋　　쓰르라미 울고 낙엽지는 창 가득한 이 가을에
한 선 낙 엽 만 창 추

| 주해(註解) |

※ 차운시(次韻詩) : 앞의 시의 각운자<주(主)·류(留)·추(秋)>를 그대로 각운자로 삼아서 쓴 시.

* 남주(南州) - 도성인 송도(松都, 개성)의 남쪽, 즉 둔촌이 머물러 있는 천녕(川寧, 경기도 여주에 있던 지명)을 상기한 말.
* 당 두보의 <발진주(發晉州)> : 나는 쇠한데다 게으르고 졸열하며, 생계를 스스로 꾀하지 못하기에, 먹을 것이 없으면 낙토를 찾고, 입을 것이 없으면 따뜻한 남주를 생각한다네 (我衰更懶拙, 生事不自謀, 無食思樂土, 無衣思南州)- 한국고전 db, 각주 정보
* 한선(寒蟬) - 쓰르라미.

| 해설(解說) |

　둔촌이 "천녕의 강가 언덕 위 절간가에서, 병으로 누워 산이나 쳐다보다 보니 또 한 해가 간다네."라고 읊은 시에 대하여, 목은이 "그 누가 승방에 가서 산만 보고 앉아 있는가?"로 화답한 시이다.

(22~24) 목은[이색]에게 부쳐 드리다 3수(寄呈牧隱三首)

〈첫째 시(其一)〉

林亭深處日相過 숲속 정자의 깊숙한 곳 날마다 찾아가서,
임 정 심 처 일 상 과

扶杖看山至日斜 막대 짚고 산을 보노라면 해가 기울곤 했다네.
부 장 간 산 지 일 사

別後鬢絲添幾許 이별 뒤로 센 흰 귀밑털 얼마나 늘었는지?
별 후 빈 사 첨 기 허

江頭二見菊開花 나룻배 타는 곳에서 국화꽃 피는 것 두 번째 보았다네.
강 두 이 견 국 개 화

| 주해(註解) |

* 임정(林亭) - 숲속의 정자.
* 심처(深處) - 깊숙한 곳.
* 빈사(鬢絲) - 흰 귀밑털.
* 강두(江頭) - 강가의 나룻배 타는 곳.

〈둘째 시(其二)〉

投老江村孰與偕　은퇴하여 강촌에서 누구와 함께 지내시는가?
투 노 강 촌 숙 여 해

吟風詠月是生涯　시를 읊조리고 풍월을 읊는 게 바로 일상 생활이로다.
음 풍 영 월 시 생 애

只應牧老知蕭索　목은만은 이 쓸쓸함을 알았음인지,
지 응 목 노 지 소 삭

數寄新詩慰病懷　새로운 시 자주 부쳐 병든 마음 위로해 주네.
수 기 신 시 위 병 회

| 주해(註解) |

* 투노(投老) - 노년이 되어 은퇴하다.
* 음풍영월(吟風詠月) - 시를 읊조리고 풍월을 읊다.
* 생애(生涯) - 여기서는 '생활(生活)'과 같은 뜻임.
- 두보(杜甫)의 <두위댁수제(杜位宅守歲, 두위 댁에서 한 해를 보냄)> : "그 누구가 나를 구속할 수 있겠는 가? 무르익도록 취함이 바로 나의 생활인 것을."(誰能更拘束 爛醉是生涯·수능갱구속 난취시생애)
* 목노(牧老) - 목은 이색.
* 소삭(蕭索) - 고요하고 쓸쓸하다.

〈셋째 시(其三)〉

世事那堪病耳聞 병중에 듣는 세상일 어이 감당하겠는가?
세 사 나 감 병 이 문

雲翻雨覆日紛紜 구름이 뒤집어지고 비가 쏟아지듯 날로 시끄럽구려.
운 번 우 복 일 분 운

眼前白鳥蒼波闊 눈앞엔 흰 물새, 푸른 파도 널따란데,
안 전 백 조 창 파 활

欲理扁舟更憶君 조각배 저어가자니 그대 생각 다시 난다네.
욕 리 편 주 갱 억 군

| 주해(註解) |

* 세사(世事) - 세상에서 일어나는 온갖 일.
* 감(堪) - 감당하다. 참다. 견디다.
* 운번우복(雲翻雨覆) - 구름이 뒤집어지고 비가 엎어짐. 인정이 이리저리 엎어지기 쉬움.
* 분운(紛紜) - 이러니저러니 말이 많음. 떠들썩하여 복잡하고 어지러움.

| 해설(解說) |

첫째 시에서는 둔촌이 목은과 이별한 지 2년이 되어 흰 귀밑털이 얼마나 늘었는지 물었고, 둘째 시에서는 목은이 새로운 시를 자주 부쳐줘서 병든 마음 위로해 준 점을 고마워했고, 셋째 시에서는 인정이 이리저리 엎어지는 세상에 목은에 마음으로 의지하는 둔촌의 심리가 잘 묘사되어 있다.

(25) 목은[이색]에게 드리다(呈牧隱)

上瀨扁舟一葉浮 여울을 올라가는 일엽편주처럼 떠 있는데,
상뢰편주일엽부

梵王宮在碧江頭 범왕의 궁궐은 푸른 강머리에 있네 그려.
범왕궁재벽강두

黃驪西北吾歸處 여주의 서북쪽은 내가 돌아온 곳인데,
황려서북오귀처

準擬春風共勝遊 봄바람 불어오면 즐거운 놀이 함께 흉내내어 볼거나.
준의춘풍공승유

| 주해(註解) |

* 상뢰(上瀨) - 여울을 거슬어 오르다.
* 범왕궁(梵王宮) - 절이나 불당(佛堂)을 두루 이르는 말. 불상을 좌우에다 모셔 불교를 수호케 하는 범천왕의 왕궁.
* 황려(黃驪) - 경기도 여주(驪州)의 고려시대 이름.
* 준의(準擬) - 견주어 흉내냄.

| 해설(解說) |

하평성(下平聲) 우(尤) 자 운(韻)을 사용하였으며, 부(浮), 두(頭), 유(遊)가 각운이다. 편주일엽(扁舟一葉)은 평-평-측-측의 평측을 맞추기 위한 '일엽편주'의 도치이다. 둔촌이 온거하는 장소는 여주의 서북쪽 강머리에 있는 절 근처, 일엽편주와 같은 외진 곳이라는 것을 이 시는 잘 표현하고 있다.

(26) 경지[김구용]에게 부치다(寄敬之)

江樓高處是君居　　강가의 누각 높다란 곳이 그대의 거처인데,
강 루 고 처 시 군 거

隔岸相望十里餘　　언덕을 사이하고 마주 바라보니 십 리 남짓 하구려.
격 안 상 망 십 리 여

一棹往來應數數　　노를 저어 오고감이 응당 빈번해야 할터이니,
일 도 왕 래 응 삭 삭

此間吾亦結茅廬　　이쯤에다 나도 역시 초가 한 칸 지으려네.
차 간 오 역 결 모 려

| 주해(註解) |

* 강루(江樓) - 강가의 누각.
* 격안(隔岸) - 언덕을 서로 사이에 두고 떨어짐. 언덕으로 한 편이 막힘.
* 도(棹) - 노. 배.
* 삭(數) - 1. 셈 수 2. 자주 삭 3. 빠를 속.
* 모려(茅廬) - 초가집. 초당(草堂).

부 3) 척약재[김구용]의 차운시(附次韻 惕若齋[金九容])

曾約黃驪共卜居 증 약 황 려 공 복 거	여주 땅에서 함께 살자 일찍이 언약했건만,
奔馳南北十年餘 분 치 남 북 십 년 여	남북으로 쏘다니기 십 년이 넘었구려.
如今始遂平生志 여 금 시 수 평 생 지	이제야 비로소 평생의 뜻을 이루게 되었는데도
猶自江邊未構廬 유 자 강 변 미 구 려	오히려 강가에다 집 한 채 못 지었구려.

| 주해(註解) |

※ 이 시는 <척약재 학음집(學吟集)> (권 하(下))에 수록되어 있는데, 제목 아래 "호연은 천녕(川寧)의 도미난야(道美蘭若)에 우거(寓居)하고 있다."라는 주석이 보인다. -한국고전db

* 복거(卜居) - 살 만한 곳을 가려서 정함.
* 분치(奔馳) - 빨리 달림.
* 여금(如今) - 지금. 현재.

| 해설(解說) |

상평성(上平聲) 어(魚) 자 운(韻)을 사용하였으며, 거(居), 여(餘), 려(廬)가 각운이다. 둔촌이 "언덕을 사이에 하고 마주 바라보니 십 리 남짓 하구려."라고 노래하니, 척약재가 "남북으로 쏘다니기 십 년이 넘었구려."하고 화답했다. 격안(隔岸)과 남북(南北), 상망(相望)과 분치(奔馳), 십리여(十里餘)와 십년여(十年餘)가 절묘한 대를 이루고 있다.

(27) 병중에 경지[김구용]에게 부치다(病中寄敬之)

故人家住碧江濱　　그대의 집은 푸른 강가에 있나니,
고 인 가 주 벽 강 빈

門外漁舠隱白蘋　　문밖의 고깃배는 부평초 속에 숨어 있겠지.
문 외 어 도 은 백 빈

鱠縷蓴絲應厭飫　　생선회 순채나물이랑 먹고도 남으리니,
회 루 순 사 응 염 어

有時分我莫辭頻　　이따금 내게도 나눠주되 빈번하다 말게나.
유 시 분 아 막 사 빈

| 주해(註解) |

* 빈(濱) - 물가. 변방. 가깝다.
* 어도(漁舠) - 고깃배. 도(舠) : 거룻배. 작은배. 큰 술잔.
* 백빈(白蘋) - 흰 꽃이 피는 부평초.
* 회루(鱠縷) - 생선회. 루(縷) : 실. 잘게 썰다.
* 순사(蓴絲) - 순채나물.
* 염어(厭飫) - 물리도록 실컷 먹다. 어(飫) : 물리다. 실컷 먹다. 배부르다.
* 막사빈(莫辭頻) - 빈번하다고 사양하지 마라.

부 4) 목은[이색]의 차운시(附次韻 牧隱)

四友堂中君子居　사우당 안에 군자가 살고 있으니,
사 우 당 중 군 자 거

滿天淸興更無餘　온 천지에 가득한 흥취 다시 남음이 없겠네.
만 천 청 흥 갱 무 여

滂江處處多奇絶　물결치는 강 곳곳마다 기이함도 많은지라,
팽 강 처 처 다 기 절

欲乞殘生對結廬　남은 생애 마주하여 집짓길 빌고 싶다네
욕 걸 잔 생 대 결 려

| 주해(註解) |

※ 이 시도 <목은시고> 제12권에 수록되어 있는데, "도미사(稻米寺)의 누각 위에서 경지에게 부치다[道美寺上寄敬之] 시에 차운한 것이다."라는 주석이 붙어있다.

* 사우당(四友堂) - 척약재(惕若齋) 김구용의 당호. 문방사우(文房四友), 즉 필묵지연(筆墨紙硯)에서 뜻을 딴 듯.
* 만천(滿天) - 온 하늘. 온 세상.
* 청흥(淸興) - 맑은 흥치(興致).
* 무여(無餘) - 여백(남음)이 없다.
* 팽(滂) - 1. 물결이 부딪치는 소리 팽. 2. 비 퍼부을 방.
* 기절(奇絶) - 극히 기이하다.
* 잔생(殘生) - 쇠잔(衰殘)한 생애(生涯). 기울어져 가는 인생.
* 결려(結廬) - 여막을 지음. 집을 지음.

| 해설(解說) |

　　둔촌이 척약재에게 보낸 시에 "이쯤에다 나도 역시 초가 한 칸 지으려네."라고 노래했는데, 척약재는 이에 "오히려 강가에다 집 한 채 못 지었구려."라고 화답했다. 이에 목은은 척약재에게 "남은 생애 마주하며 집짓길 빌고 싶다네."로 마무리 한 것이다.

부 5) 척약재[김구용]의 차운시(附次韻 惕若齋)

| 結屋應須近水濱
결 옥 응 수 근 수 빈 | 집이라면 으레껏 물 가까이에 지어야 하느니, |

門前苔徑接靑蘋
문 전 태 경 접 청 빈
문 앞의 이끼 낀 길 푸른 개구리밥과 연하게 되지.

蘭舟桂棹同遊慣
난 주 계 도 동 유 관
목란 배와 계수 상앗대로 어울려 놀기에 익숙해지고,

蓴菜鱸魚共食頻
순 채 노 어 공 식 빈
순채와 농어회 함께 먹게도 되지.

| 주해(註解) |

※ 이 시도 역시 <척약집> (권 하)에 수록되어 있는데, <둔촌이 시 여러 편을 보내주었는데, 차운하여 기록하여 드린다(遁村寄詩累篇, 次韻錄呈)라는 제목 아래 10수 가까이 수록되어 있다.

* 태경(苔徑) - 이끼가 낀 좁은 길.
* 청빈(靑蘋) - 푸른 개구리밥.
* 난주계도(蘭舟桂棹) - 목난(木蘭)으로 만든 배와 계수나무로 만든 상앗대, 배와 상앗대의 미칭.
  • 소동파의 <적벽부(赤壁賦)> : "계수나무 노와 목란 삿대로 맑은 달 그림자를 치며 흐르는 달빛을 거슬러 올라가도다."(桂棹兮蘭槳, 擊空明兮泝流光·계도혜난장, 격공명혜소류광)
* 노어(鱸魚) - 농어.

부 6) 목은[이색]의 차운시(附次韻 牧隱)

山下村居枕水濱   산 아래 시골집에 살면서 물 베고 누웠는데,
산 하 촌 거 침 수 빈

堆盤野菜雜江蘋   소반 위에 수북한 들나물엔 강마름 섞여 있네.
퇴 반 야 채 잡 강 빈

晚來更飽銀絲鱠   저물녘엔 새로이 은어회를 실컷 먹게 되나니,
만 래 갱 포 은 사 회

快倒深盃不厭頻   큰 술잔 유쾌하게 비움도 잦은 게 싫지 않다네.
쾌 도 심 배 불 염 빈

| 주해(註解) |

※ 이 시도 역시 목은집 권 12에 수록되어 있음.

* 수빈(水濱) - 바다, 강, 못 따위와 같이 물이 있는 곳의 가장자리.
* 침수빈(枕水濱) - 물 가장자리를 베고 잔다. "흐르는 물을 베고 잔다"는 뜻의 침류(枕流)와 비슷한 뜻임.
* 퇴반(堆盤) - 소반.
* 빈(蘋) - 개구리밥. 풀의 이름.
* 쾌도(快倒) - 기분 좋게
* 심배(深盃) - 술잔 가득한 술을 마심.

(28~30) 경지[김구용]에게 부치다 3수(寄敬之三首)

〈첫째 시(其一)〉

暴雨行雲拂曙流 폭우와 지나가는 구름이 동틀 무렵 흐르더니,
폭 우 행 운 불 서 류

據鞍歸路晚山稠 안장에 기대어 집으로 가는 밤길에 산도 많은걸.
거 안 귀 로 만 산 조

世間蕭散誰如子 이 세상에 한가하기 누가 그대만 할건가?
세 간 소 산 수 여 자

江北江南任去留 강북과 강남을 마음대로 오가는 걸.
강 북 강 남 일 거 류

| 주해(註解) |

* 행운(行雲) - 지나가는 구름.
* 불서(拂曙) - 날이 막 밝아 동이 틀 무렵. 불(拂) : 떨치다. 사악함을 털다. 서(曙) : 새벽. 때. 밝다.
* 조(稠) - 1. 빽빽하다. 2. 많을 주.
• 두보의 <만행구호(晚行口號, 밤길을 가다가 입에서 나오는 대로 읊다)> : "삼천에는 가지 못하고 마는 것인가, 집으로 가는 밤길에 산도 빽빽하여라."(三川不可到 歸路晚山稠·삼천불가도 귀로만산조)
* 소산(蕭散) - 구김살 없이 한가한 모습.

〈둘째 시(其二)〉

草蟲聲裏客心驚 풀벌레 소리 속에 객지에서 느끼는 마음 놀라워서,
초 충 성 리 객 심 경

坐倚松牕到五更 소나무 창에 기대앉아 밤을 새우네.
좌 의 송 창 도 오 경

聞說上遊魚稻美 듣자하니 상류 쪽엔 생선과 쌀이 맛있다는데,
문 설 상 유 어 도 미

有誰起我作閑行 그 누가 나를 불러 한가로운 나들이 하게 해줄 것인가.
유 수 기 아 작 한 행

| 주해(註解) |

* 객심(客心) - 객지에서 느끼는 마음.
* 송창(松牕) - 소나무가 바로 문밖에 서 있는 방의 창문.
* 오경(五更) - 새벽 3시~5시로, 인시(寅時)에 해당된다.

〈셋째 시(其三)〉

病中加病臥牛衣	병 중에 병이 겹쳐 우의 덮고 누웠는데,
병 중 가 병 와 우 의	
問疾無人扣板扉	문병하러 판자문 두드린 사람 하나 없구나.
문 질 무 인 구 판 비	
寂寞歌魚誰解聽	적막한데 어부의 노래를 누가 듣고 이해할까?
적 막 가 어 수 해 청	
江頭空見釣船歸	강두엔 부질없이 낚시배만 돌아오고 있나보다.
강 두 공 견 조 선 귀	

| 주해(註解) |

* 牛衣(우의) - 겨울에 소 등에 덮어 주는 짚을 엮어서 만든 소의 옷. '삼정'이라고 함. 한나라 왕장(王章)이 병 중에 이불이 없어 우의를 덮었다는 고사가 있다. '우의대읍(牛衣對泣)'은 '부부 가 옷이 없어 삼정을 입고 어려운 생활을 함께 견딘다'라는 뜻이다.
* 구(扣) - 두드리다. 당기다
* 판비(板扉) - 널 조각으로 만든 문
* 강두(江頭) - 강가의 나룻배 타는 곳.

부 7-9) 척약재[김구용]의 차운시 3수(附次韻 惕若齋三首)

〈첫째 시(其一)〉

稚子撑舟泝碧流　어린아이는 배를 저어 짙푸른 물결을 거슬러 올라,
치 자 탱 주 소 벽 류

夜深移泊柳陰稠　밤 늦게야 빽빽한 버들 숲속에 옮겨 대는구나.
야 심 이 박 유 음 조

草間蟋蟀啼無數　풀섶에는 귀뚜라미 무수히 우짖건만,
초 간 실 솔 제 무 수

露冷衣寒未久留　이슬 차갑고 입성 엷어 오래 머물지는 못하겠구나.
노 냉 의 한 미 구 류

| 주해(註解) |

※ <척약재집> (권 하)에는 <여강(驪江) 절구 5수[五絶]>이라는 제목으로 여기서 보는 3수 외에, "晚来徐步…", "月色江聲…", 2수가 더 수록되어 있음.

* 치자(稚子) - 열 살 전후의 어린아이.
* 탱주(撑舟) - 배를 젓다.
* 소(泝) - 거슬러 올라가다. 향하다. 맞이하다.
* 벽류(碧流) - 짙푸른 물의 흐름.
* 이박(移泊) - 옮겨 정박하다. 박(泊) : 배대다. 머무르다. 묵다.
* 실솔(蟋蟀) - 귀뚜라미.
* 제(啼) - 울다.

〈둘째 시(其二)〉

解衣欹枕夢初驚　　옷 벗고 누웠다가 퍼뜩 꿈에서 깨어보니,
해 의 기 침 몽 초 경

時有沙禽忽報更　　때마침 물떼새는 시간을 알려주네.
시 유 사 금 홀 보 경

意在汀洲佳處住　　마음이야 물가의 아름다운 곳에 (그만 내려서) 살고 싶지만,
의 재 정 주 가 처 주

岸移山轉覺舟行　　언덕과 산을 감돌아가니 배가 가는 것 깨닫겠네.
안 이 산 전 각 주 행

| 주해(註解) |

* 해의(解衣) - 옷을 벗다.
* 기침(欹枕) - 베개를 베다. 눕다. 기(欹) : 1. 아!(감탄사) 2. 기울다.
* 몽초경(夢初驚) - 꿈이 처음 깨다.
* 시유(時有) - 때로~이 있다.
* 사금(沙禽) - 물떼 새.
* 정주(汀洲) - 물이 얕고 흙·모래가 드러난 곳.
* 안(岸) - 언덕. 층계. 높은 지위.

〈셋째 시(其三)〉

籬下維舟露濕衣　　울타리 밑에 배를 매자니 이슬에 옷이 젖는데,
이 하 유 주 로 습 의

閒吟剝喙{啄}扣柴扉　한가히 읊조리며 사립문 똑똑 두드려 보노라.
한 음 박 탁 구 시 비

主人聞語還酣睡　　주인은 말소리 듣고도 도로 깊은 잠에 빠진 듯하니,
주 인 문 어 환 감 수

應是嗔予久不歸　　아마도 오래도록 돌아오지 않은 나를 나무람이겠지.
응 시 진 여 구 불 귀

| 주해(註解) |

* 이하(籬下) - 울타리 밑.
* 한음(閒吟) - 한가로이 읊다.
※ 훼(喙) - 부리. 喙는 啄(쫄 탁)의 오자임. 박탁(剝啄) : 문을 두드릴 때 나는 '탁탁' 하는 소리의 발음을 그대로 적은 의성어.
• 한유(韓愈)의 <박탁행(剝啄行)> : "똑, 똑, 똑, 똑 문 밖에 손님이 와서 문을 두드려도"(剝剝啄 啄 有客至門)
* 시비(柴扉) - 사립문.
* 감수(酣睡) - 깊이 단잠을 잠.
* 진(嗔) - 성내다. 책망하다.
* 응시(應是) - 반드시 그렇다. 분명히. 틀림없이.

(31) 척약재[김구용]에게 부치다(寄惕若齋)

當日同年在勝山 지난날 동년(同年)이 승산(勝山)에 있을 적엔,
당 일 동 년 재 승 산

追尋幾度過前灣 몇 번이나 그를 찾아 앞 나루를 건넜던가?
추 심 기 도 과 전 만

如今江北無相識 지금은 강북에 아는 사람 하나 없으니,
여 금 강 북 무 상 식

回首京華詎可攀 서울을 돌아다볼 뿐 의지할 데 없구려.
회 수 경 화 거 가 반

| 주해(註解) |

* 당일(當日) - 일이 있던 그날.
* 동년(同年) - 같은 때에 과거에 급제하여 방목(榜目)에 함께 적히던 일. 또는 그런 사람.
* 승산(勝山) - 여주 남쪽 5리 점봉면에 있음.
* 만(灣) - 물굽이. 부두. 나루.
* 여금(如今) - 지금. 현재.
* 상식(相識) - 서로 안면이 있음.
* 경화(京華) - 번화한 서울. 서울의 번화한 것.
* 거(詎) - 1. 어찌. 2. 부터. 3. 몇.
* 반(攀) - 1. 더위잡다(높은 곳에 오르려고 무엇을 끌어 잡다) 2. 잡아당기다. 3. 의지하다

부 10-11) 척약재[김구용]의 차운시 2수(附次韻 惕若齋二首)

〈첫째 시(其一)〉

茅屋蕭條倚碧山 초가집 하나 쓸쓸히 짙푸른 산에 기대어 있는데,
모 옥 소 조 의 벽 산

秋波渺渺菊花灣 국화 핀 물굽이엔 잔잔한 물결만이 아득하고
추 파 묘 묘 국 화 만 아득하겠구나.

客中感瘧慵無力 객지에 있는 동안 학질 걸려 기력이 없어져 내키지
객 중 감 학 용 무 력 않아서,

遙憶風流恨未攀 멀리 그 풍류를 그리워하면서도 어울리지 못함을
요 억 풍 류 한 미 반 한스러워하노라.

| 주해(註解) |

※ <척약재 집> (권 하)에 < 둔촌에게 답하다(答遁村)> 라는 제목으로 여기 2수 중 앞의 1수만 수록되어 있음.

* 모옥(茅屋) - 띠풀로 엮은 집. 초가집.
* 소조(蕭條) - 고요하고 쓸쓸함.
* 추파(秋波) - 가을철의 잔잔하고 맑은 물결.
* 묘묘(渺渺) - 일망무제하다. (물이) 그지없이 넓고 아득하고 아득한 모습을 형용하는 의태어.
* 객중(客中) - 객지에 있는 동안.
* 감학(感瘧) - 학질에 걸리다. 학(瘧) : 학질
* 용(慵) - 게으르다. 마음이 내키지 아니하다.

〈둘째 시(其二)〉

秋風吹起染千山　　가을바람 불어닥쳐 여러 산을 물들이고,
추 풍 취 기 염 천 산

江水澄淸九十灣　　아홉 열 물굽이엔 강물이 맑기만 하겠구나.
강 수 징 청 구 십 만

曲渚崇丘渾不俗　　굽이진 물가 높다란 언덕은 하나같이 속되지 않을 것이니,
곡 저 숭 구 혼 불 속

若爲携手共躋攀　　만일 그대와 손잡는다면 함께 올라 볼 만도 하겠네.
약 위 휴 수 공 제 반

| 주해(註解) |

* 취기(吹起) - 불다.
* 천산(千山) - 이곳저곳에 있는 여러 산.
* 징청(澄淸) - 물 같은 것이 몹시 맑고 깨끗함.
* 저(渚) - 물가. 모래섬(바닷가에 생기는 모래사장).
* 약위(若爲) - 만일~한다면.
* 휴수(携手) - 손을 마주 잡는다. 함께 감을 이르는 말.
* 제반(躋攀) - 높은 곳을 기어 올라감.

(32) 도은[이숭인]에게 부치다(寄陶隱)

- 이때에 도은은 남경에 호종 중이었다[時陶隱扈從南京]

家僮來報判書來   판서님 오신다고 가동(家僮)이 알리기에,
가 동 래 보 판 서 래

顚倒開門掃綠苔   허겁지겁 문 열어놓고 푸른 이끼도 청소하였네.
전 도 개 문 소 녹 태

極目江天終不至   강 위의 하늘 끝 눈 여겨봐도 영영 오시질 않기에,
극 목 강 천 종 부 지

從今便覺棄非材   이제사 문득 변변찮은 이 사람 버린 줄을 알았네.
종 금 편 각 기 비 재

| 주해(註解) |

* 남경(南京) - 고려시대의 한양. 지금의 서울.
* 가동(家僮) - 집안 심부름을 하는 사내아이 종.
* 전도(顚倒) - 엎어져서 넘어짐. 위와 아래를 바꾸어서 거꾸로 함.
* 녹태(綠苔) - 푸른 이끼.
* 강천(江天) - 멀리 보이는 강 위의 하늘.
* 종금(從今) - 이제부터.
* 편각(便覺) - 문득. 즉각.
* 비재(非材) - 재목이 아닌 사람. 자신을 낮춰 표현한 말.

(33) 도은[이숭인]의 간의대부 됨을 축하하다(賀陶隱諫議)

陶隱文章有所須 도은의 문장은 쓰일 곳 있어,
도 은 문 장 유 소 수

還從左掖得鳧趨 여전히 좌액(左掖)에서 임금을 알현할 수 있다니.
환 종 좌 액 득 부 추

君看袞袞龍喉相 그대는 권세 높은 용후(龍喉) 재상들 보았겠지,
군 간 곤 곤 용 후 상

摠是年前諫大夫 모두가 지난날의 간의대부 출신이라네.
총 시 년 전 간 대 부

| 주해(註解) |

* 간의(諫議) - 간의대부(諫議大夫). 고려시대 중서문하성의 정4품 관직, 왕권을 견제하는 중서문하성의 낭사(郎舍)로서 봉박(封駁)과 간쟁(諫爭)을 담당하였다.
* 소수(所須) - 필요한 것.
* 환종(還從) - 여전히. 옛날과 다름없이.
* 좌액(左掖) - 간의의 벼슬아치들이 머무는 관아.
* 부추(鳧趨) - 오리처럼 뛰어서 달려간다. 신하가 임금을 뵙는 일을 말함.
* 곤곤(袞袞) - 권세가 대단한 모양. 많다. 끝이 없다.
* 용후(龍喉) - 고려시대에, 지신사(知申事, 조선시대의 승지)와 승선(承宣, 왕명의 출납을 맡아보던 정3품 관직)을 아울러 이르던 말.
* 간대부(諫大夫) - 간의대부(諫議大夫).

| 해설(解說) |

　둔촌이 도은 이숭인의 문장을 칭찬한 시이다. 이숭인은 문장이 목은 이색의 제자들 중에서도 가장 뛰어나, 심지어 이색이 "중국에서도 이만한 문장은 보기 힘들 것"이라 칭찬했다. 문장력으로 유명하다 보니 고려 말기의 외교문서, 특히 북원(北元, 말기의 원나라), 명나라 등 상국(上國)에 올리는 표문(表

文) 작성을 도맡았다. 명태조 주원장(朱元璋)도 "이숭인이 지어올린 표문의 글이 참으로 간절하다" "이숭인의 문장은 중국 문장 보다 났다."고 감탄했고, 명나라의 사대부들 역시 동의한 바 있다.

(34~35) 도은[이숭인]에게 드리다 2수(呈陶隱二首)

〈첫째 시(其一)〉

燈前暫讀子安詩 등잔 앞에 잠깐 동안 자안(子安)의 시 읽으려는데,
등 전 잠 독 자 안 시

目視昏花未易知 노안으로 눈이 침침하여 쉽게 알지를 못하겠네.
목 시 혼 화 미 역 지

更向明牕閒點檢 다시 밝은 창을 향해 한가히 점검하여 보니,
갱 향 명 창 한 점 검

慇懃借示慰衰遲 은근스레 쇠약하여 둔함을 위로한 뜻 보여줬구려.
은 근 차 시 위 쇠 지

| 주해(註解) |

* 자안(子安) - 도은 이숭인의 자.
* 혼화(昏花) - (주로 노인의 눈이) 침침하다. 흐릿하다.
* 쇠지(衰遲) - 늙어 쇠약하고 행동이 굼뜸.

〈둘째 시(其二)〉

記後題詩不可遲 발문에 제(題)를 담아 쓸 시 지체할 수 없나니,
기 후 제 시 불 가 지

遁村深處有歸期 둔촌의 그윽한 처소에 돌아갈 날 있겠구려.
둔 촌 심 처 유 귀 기

蟻床長日無人問 작은 책상에 길고 긴 날 찾는 사람 전혀 없어,
의 상 장 일 무 인 문

聊復高聲讀記詩 되는대로 소리 높여 적어 보낸 시를 읽었으면……
료 부 고 성 독 기 시

| 주해(註解) |

* 기후(記後) - 발문(跋文) : 책의 끝에 본문 내용의 대강(大綱)이나 간행 경위에 관한 사항을 간략하게 적은 글.
* 제시(題詩) - 제목(題目)을 달아 시를 씀.
* 의상(蟻床) - 아주 작은 책상. 여기서는 자기가 머무는 보잘것없는 서재라는 뜻.
  의(蟻) : 개미. 의민(蟻民)은 소민(小民)과 같이 의는 개미처럼 작다는 뜻.
* 장일(長日) - 장시일(長時日)의 준말. 긴긴날. 온종일.
* 요부(聊復) - 잠시라도. 에오라지. 되는대로. ' 되는대로 그렇게 할 뿐'이라는 뜻을 가진 '요부이이(聊復爾耳)'라는 숙어가 있음.

부 12-13) 도은[이숭인]의 차운시 2수(附次韻 陶隱李崇仁二首)

〈첫째 시(其一)〉

嶺海三年謾賦詩　　산과 바다 3년동안 그냥 혼자 지어본 시,
영 해 삼 년 만 부 시

遣懷寧復冀人知　　회포풀려고 하였을 뿐 알아주기 바랐으랴?
견 회 영 부 기 인 지

若加斤削猶堪讀　　교정을 조금 가한다면 읽어줄만도 하겠지만,
약 가 근 삭 유 감 독

只恐先生下手遲　　선생이 손을 대는 것이 더딜까 다만 걱정이요.
지 공 선 생 하 수 지

| 주해(註解) |

* 만(謾) - 실없이. 속이다
* 견(遣) - 보내다. 파견하다. (감정 따위를)풀다.
* 영부(寧復) - 어찌 또다시
* 기(冀) - 바라다. 하고자 하다. 기록하다.
* 근삭(斤削) - 나무 다듬는 도끼 같은 연장으로 손질하여 고치는 일.
* 감(堪) - 견디다. 감당하다.

| 해설(解說) |

　　<도은집>(권3)에는 시의 제목이 <이호연이 졸고를 청하기에 시를 지어 답하다(李浩然借拙稿以詩答之)>로 되어 있는데, 이 문집에서 정리하였듯이 도은이 시를 지어 주기를 먼저 청한 것이 아니라, 도은이 지은 시를 보고서 오히려 둔촌이 차운한 것이 된다.

〈둘째 시(其二)〉

求田問舍愧吾遲　　밭 구하고 집 장만함이 나만 늦어 부끄럽구려,
구 전 문 사 괴 오 지

富貴從來不可期　　부귀란 옛부터 기약할 수 없는 것이거늘.
부 귀 종 래 불 가 기

好向遁村消日月　　둔촌에서 세월 보내는 것도 좋겠지,
호 향 둔 촌 소 일 월

李先生記子虛詩　　이 선생은 자허시(子虛詩)를 기억할테니까
이 선 생 기 자 허 시

| 주해(註解) |

* 구전문사(求田問舍) - '자기가 부칠 논밭이나 집을 구하는 데만 마음을 쓴다.'는 뜻으로, 원대한 큰 뜻을 지니지 못함을 이르는 말.
* 호향(好向) - 기분 전향. 기분을 좋게 바꿈.
* 자허시(子虛詩) - 자허는 허언(虛言, 실속이 없는 빈말)이라는 뜻. 한나라 사마상여(司馬相如)가 <자허부(子虛賦)>를 지었는데, 앞의 둔촌시도 자허시라 하였음.
* 자허부(子虛賦) : 전한(前漢)의 문인 사마상여(司馬相如: BC 179~BC 117)가 지은 산문부(散文賦). 한대(漢代) 산문부의 전형적인 작품이다. 내용은 자허(子虛)가 초(楚)나라 왕을 위해 제(齊) 나라 사신으로 가는 것을 가정하여, 초나라 운몽(雲夢)의 거대함과 군신의 성대한 수렵의 모습, 초나라 풍물의 아름다움 등을 제나라 왕 앞에서 자랑한 것이다. 이에 대하여 오유선생(烏有先生)은 제나라의 바닷가 맹저(孟諸)는 '운몽을 8, 9개 삼킨다 해도 마치 가시 하나를 삼킨 것과 같을 것이다'라고 하며 제나라 토지의 광활함과 산물의 풍부함을 이야기하여 자허를 반박하였다. 대부분의 내용이 제왕의 넓은 정원과 수렵의 성대함을 묘사하는데 주력하여, 풍자적인 요소가 다소 있다 하더라도, 결국은 당시 통치자가 좋아하는 향락적인 풍토에 부합하는 것으로 보인다.

| 해설(解說) |

    시는 위의 번역에서는 ≪호연의 <둔촌집> 뒤에 제하다(題浩然卷後)≫로 되어 있으니, 이 시는 호연[둔촌]이 먼저 적고, 그 각운자를 보고 도은이 차운한 것이 맞다.

(36~37) 포은[정몽주]에게 부치다 2수(寄圃隱二首)

〈첫째 시(其一)〉

病客唯知守一丘	병을 앓고 있는 사람은 오직 한 부류를 지킬 마음뿐이니,
병 객 유 지 수 일 구	
世間榮辱等雲浮	세상의 영욕은 모두 뜬구름 같구려.
세 간 영 욕 등 운 부	
晚來江海風波惡	느즈막히 강해에 나와보니 풍파가 사나운데,
만 래 강 해 풍 파 악	
何處深灣繫釣舟	어느 곳 깊숙한 물굽이에 낚시배를 매둘거나.
하 처 심 만 계 조 주	

| 주해(註解) |

* 병객(病客) - 몸에 늘 병을 지니고 있는 사람. 병을 앓고 있는 사람.
* 일구(一丘) - 같은 언덕. 같은 부류. 丘자는 어떤 판본에는 區자로 되어 있음[丘一本作區].
* 만래(晚來) - 늙은 뒤. 저녁때라는 뜻도 있음.

| 해설(解說) |

　하평성(下平聲) 우(尤) 자 운(韻)을 사용하였으며, 부(浮), 주(舟)가 각운이다. 雲浮는 평측과 각운을 위한 浮雲의 도치이며, 江海(강과 바다, 속세)와 深灣(깊숙한 물굽이)이 대를 잘 이루고 있는 명작이다.
　조선 전기에 적암(適庵) 조신(曺伸)이 자신이 지은 잡록(雜錄)인 <소문쇄록(謏聞瑣錄)>에서 둔촌의 시를 평했는데, "느즈막히 강해에 나와보니 풍파가 사나운데, 어느 곳 깊숙한 물굽이에 낚시배를 매둘거나(晚來江海風波惡, 何處深灣繫釣舟)"는 침통(沈痛)하다 하였다.

〈둘째 시(其二)〉

憶昔從軍鐵嶺東 지난날 철령(鐵嶺) 동쪽에 종군(從軍)한 일 생각나는데,
억 석 종 군 철 령 동

蕭蕭萬馬好秋風 만 마리의 군마들 히히힝 히히힝 울어대는데
소 소 만 마 호 추 풍 가을바람은 좋았지.

當時主將今安在 당시의 우두머리 장수는 지금 어디에 계시는지?
당 시 주 장 금 안 재

我獨無功白髮翁 나만 홀로 공도 없이 백발옹(白髮翁)이 되었구려.
아 독 무 공 백 발 옹

| 주해(註解) |

* 종군(從軍) - 군대를 따라 싸움터로 나감.
* 소소(蕭蕭) - 바람이나 빗소리 따위가 쓸쓸함. 여기서는 말 울음소리 "히히힝 히히힝".
- 이백(李白)의 <送友人(벗을 보내며)> : "손을 흔들며 여기를 떠나가니 히히힝 히히힝 떠나가는 말 울어대네."(揮手自玆去 蕭蕭班馬鳴)
* 주장(主將) - 1. 우두머리 되는 장수(將帥). 2. 운동 경기의 팀을 통솔하는 선수.

| 해설(解說) |

    포은 정몽주는 1363년(공민왕 12) 낭장(郞將) 겸 합문지후와 위위시승(衛尉寺丞)을 지내고 그해 선덕랑(宣德郞)에 올라 동북면 도지휘사 한방신(韓方信)의 종사관으로 출정, 화주에 가서 여진족 토벌에 참가하고, 이성계(李成桂) 등과 함께 여진족을 국경 밖으로 소탕하였다. '憶昔從軍鐵嶺東(억석종군철령동)' 시구는 이때의 공훈을 회상하고 쓴 것이다.

(38) 포은[정몽주]의 행차에 드리다(呈圃隱行次)

孤墳遠在永州外 외로운 무덤이 멀리 영주 밖에 계시는데,
고 분 원 재 영 주 외

匹馬年來拜掃稀 여러 해 전부터 한 필의 말로 성묘조차 못했구려.
필 마 연 래 배 소 희

衣錦晝行何敢擬 의금주행(衣錦晝行)은 감히 흉내인들 내겠는가,
의 금 주 행 하 감 의

白頭南望淚沾衣 허옇게 센 머리로 남쪽 바라보며 옷깃만 적시네.
백 두 남 망 루 첨 의

| 주해(註解) |

* 고분(孤墳) - 외로운 무덤.
* 영주(永州) - 경북 영천(永川)의 고려시대 이름. 영천은 포은 정몽주의 고향.
* 필마(匹馬) - 한 필의 말.
* 연래(年來) - 여러 해 전부터.
* 배소(拜掃) - 조상의 묘를 소제(掃除)하고 성묘하는 것.
* 의금주행(衣錦晝行) : 출세하여 고향에 돌아감을 비유. 비단 옷을 입고 낮에 다닌 다는 뜻.
* 백두(白頭) - 1. 허옇게 센 머리. 2. '탕건(宕巾)을 쓰지 못하였다.'는 뜻으로, 지체 는 높으나 벼슬하지 못한 사람을 비유적(比喩的)으로 이르던 말.

| 해설(解說) |

영주(永州, 영천)에 있는 아버님(諱 唐)의 묘소를 생각하며 지은 시이다. 여러 해 동안 성묘하지 못해 남쪽을 바라보고 눈물짓는 효심을 읽을 수 있다.

(39~40) 사정을 아뢰는 즉흥시 두 수를 민중회[8]에게 드리다
(陳情卽事二絶呈閔[仲晦])

〈첫째 시(其一)〉

賃居京華鬢欲絲
임 거 경 화 빈 욕 사
서울의 셋집살이 귀밑머리 세려하고,

凄風羈思入支頤
처 풍 기 사 입 지 이
차가운 바람 나그네 시름 싣고 턱밑으로 스며드네.

先生若許東家住
선 생 약 허 동 가 주
선생께서 만일 동쪽 집에 살도록 허락한다면,

扶杖過從病不辭
부 장 과 종 병 불 사
지팡이 짚고 친하게 지내길 병도 아랑곳 않으리라.

| 주해(註解) |

* 즉사(卽事) - 목전의 일. 목전의 시사. 시 제목에 사용될 때는 즉흥시(卽興詩)라는 뜻임.
* 임거(賃居) - 돈을 주고 남의 집을 빌리어 삶.
* 빈욕사(鬢欲絲) - 귀밑머리 세려하고.
* 처풍(凄風) - 차가운 바람.
* 기사(羈思) - 나그네의 시름. 오랫동안 타향에 머물며 느끼는 시름.
* 지이(支頤) - 손으로 턱을 바침.
* 과종(過從) - 서로 친하게 지냄. 상종과 같은 뜻.

---

8) 민제(閔霽, 1339~1408) - 자는 중회(仲晦), 호는 어은(漁隱)이요, 본관은 여흥(驪興)이다. 고려 말 조선 초의 문신·외척. 민변(閔抃)의 아들이며 태종의 비 원경왕후(元敬王后)의 아버지이다. 공민왕 때 문과에 급제하여 국자직학(國子直學)을 거쳐 예조판서가 되었다. 조선조 개국 후 태조 때에 정당문학을 거쳐 문하 우정승을 역임하였다. 사위인 태종이 즉위하자 부원군에 봉해졌으며, 아들들의 연이은 탄핵과 유배로 병이 나서 사망하였다. 태종의 국구(國舅)로서 여흥백에 봉해졌다. 시호는 문도(文度)이다.

〈둘째 시(其二)〉

松都秋夜月如波	송도의 가을밤 달그림자 파도 같이 출렁이는데,
송 도 추 야 월 여 파	
幾把淸尊放浩歌	맑은 주전자 잡고 노래한 게 몇 번이던가.
기 파 청 준 방 호 가	
已失江樓登眺約	이미 강루에 올라 멀리 바라보자는 약조 어그러졌으나,
이 실 강 루 등 조 약	
更堪風雨妬姮娥	또다시 비바람이 항아를 시샘한 것 못 견디어 하겠네.
갱 심 풍 우 투 항 아	

| 주해(註解) |

* 청준(淸尊) - 맑은 주전자. 尊 : 높을 존. 술그릇 준.
* 방호가(放浩歌) - 호탕한 노래를 마음껏 부르다.
* 등조(登眺)- 높은 곳에 올라 멀리 바라보다.
* 항아(姮娥) - 달의 이칭. 또는 달나라에 산다고 하는 미인의 이름. 원래는 예(羿)라는 사람의 아내 이름인데 예가 서왕모(西王母)에 청하여 얻은 불사약을 훔쳐 마시고 신선이 되어 달로 도망쳐서 광한궁(廣寒宮)에서 살았다는 이야기도 전한다.

| 해설(解說) |

　둔촌이 귀향하기 전 개경에 살 때 셋집살이를 했으며, 지팡이를 짚고 다닐 정도로 병약했음을 알 수 있다.
　둔촌이 민중회 선생에게 감로사(甘露寺, 개성시 채하동·彩霞洞에 있었던 절)에 함께 가서 중추절의 달과 비를 완상하자고 약속했는데, 이를 이루지 못한 것을 아쉬워하며 쓴 시다.〔與先生約甘露寺賞仲秋月雨不諧〕

(41~42) 장난삼아 [민중회] 선생에게 드리다 2수(戱呈[閔仲晦]二首)

- 중회는 그때에 성문사로 있었다(仲晦時爲城門使)

〈첫째 시(其一)〉

詔使南來國有光 중국 사신이 남에서 오니 나라엔 영광인데,
조 사 남 래 국 유 광

吾君承位坐明堂 정전(政展)에 우리 임금님 자리 이어 명당(明堂)에
오 군 승 위 좌 명 당 앉으셨네.

從今政事收耆舊 이제부턴 정사에 늙은 구신들 수용할테니,
종 금 정 사 수 기 구

知子更隨鴛鷺行 그대는 다시 백관의 반열 따를 것일세.
지 자 갱 수 원 로 행

| 주해(註解) |

* 조사(詔使) - 중국의 사신. 중국 천자(天子)의 조칙(詔勅)을 가지고 온다 하여 이르던 말.
* 남래(南來) - 남에서 왔다 하니, 처음 남경에 도읍하였던 명나라의 사신으로 보임.
* 명당(明堂) - 1. 임금이 조회(朝會)를 받던 정전(正殿). 2. 무덤의 바로 앞에 있는 평지 3. 풍수지리에서, 장차 좋은 일이 생긴다는 묏자리나 집터.
* 기구(耆舊) - 학덕이 있는 늙은 구신
* 종금(從今) - 이제부터.
* 원로행(鴛鷺行) - 원추리와 해오라기의 반행(伴行), 백관(百官)의 석차(席次, 반열·班列). 열을 지어 다님이 조신(朝臣)들의 반열과 흡사하여 붙여진 이름.

〈둘째 시(其二)〉

肥遯年來老病催　은거한 요즈음엔 노병(老病)만 더하여,
비 돈 년 래 노 병 최

杜門伏枕襪生埃　문을 닫고 누웠으니 버선에 먼지만 끼네.
두 문 복 침 말 생 애

城門日日多公事　성문(城門)에는 나날이 공사도 많은데,
성 문 일 일 다 공 사

肯爲衰翁問疾來　기꺼이 노인 위해 문병이야 오고 싶겠는가.
긍 위 쇠 옹 문 질 래

| 주해(註解) |

* 비돈(肥遯) - 세상을 숨어서 지냄. <역경(易經)>의 둔궤에서 나온 말. 遯上九(둔상구) 肥遯 无 不利(비둔 무불리) : 재산을 모은 후에 물러남은(肥遯) 불리할 것이 없다(无不利). 비둔(肥遯)은 물러나도 새로운 일을 시작하거나 노후를 보내는 데 어려움이 없다는 뜻이다.
* 노병(老病) - 노쇠하여 생긴 병.
* 두문(杜門) - (밖으로 나다니지 않으려고 집이나 방의)문을 닫아 막음.
* 복침(伏枕) - 베개에 엎드림.
* 말(襪) - 버선. 허리띠.
* 애(埃) - 티끌. 더러움. 먼지.
* 긍위(肯爲) - 기꺼이 하다.
* 쇠옹(衰翁) - 노인.
* 문질(問疾) - 문병.

(43~44) 장난삼아 중회에게 드리다 2수(戲呈仲晦二首)

- 그때에 선생은 제향의 점고관으로 있었다(先生時祭饗點考官)

〈첫째 시(其一)〉

在公夙夜意無他 공사(公私)에 밤낮으로 딴 생각이 없으시니,
재 공 숙 야 의 무 타

天地神祠賚與多 천지신사에서 (복을) 내리심도 많으리라.
천 지 신 사 뢰 여 다

一馬二僮衝雨雪 말 한 필에 종 둘만 데리고 눈과 비를 무릅쓰고 다녀야
일 마 이 동 충 우 설 한다니,

何如高臥眄庭柯 베개 높이 베고 누워 뜰에 선 나무나 구경함이
하 여 고 와 면 정 가 어떠한가?

| 주해(註解) |

* 천지신사(天地神祠) - 천신과 지신. 그 제사 지내는 사직서 같은 곳에 제사를 차리는데, 민제 [중회]가 그 제수(祭需, 제물)를 점검하는 임시 직책인 제향점고관(祭饗點考官)을 맡았음.
* 숙야(夙夜) - 이른 아침과 늦은 밤. 밤낮.
* 뢰(賚) 1. 주다. 2. 하사하다. 보내다.
* 하여(何如) - 어떠한가?
* 고와(高臥) - '베개를 높이 하고 편히 눕는다.'는 뜻으로, 벼슬을 하지 아니하고 은거하여 세속에서 벗어나 생활함을 이르는 말.
* 면(眄) - 1. 곁눈질하다. 2. 돌보다.
* 정가(庭柯) - 뜰에 심은 나무. 또는 그 나무의 가지.
* 도연명의 <귀거래사(歸去來辭)> : "술병과 술잔을 끌어당겨 혼자서 술 따라 마시고, 뜰에 심은 나무 바라보며 얼굴에 기쁜 표정을 짓는다. 남쪽 창에 기대어 거리낌없이 마음을 푸니, 좁은 방이지만 참으로 편안함을 느끼겠네." (引壺觴以自酌 眄廷柯以怡顔 倚南窓以寄傲 審容膝之易安·인호상이자작 면정가이이안 의남창이기오 심용슬지이안)

〈둘째 시(其二)〉

睡覺西窓正落暉	낮잠을 깨니 바야흐로 서창에 해지는데,
수 각 서 창 정 낙 휘	
龍彎晴雪更離離	용수산에 눈이 개니 더욱 또렷하고 또렷하게 비치누나.
용 만 청 설 갱 리 리	
柴門茅屋亦佳景	사립문도 초가집도 모두가 아름다운데,
시 문 모 옥 역 가 경	
自愧老夫無好詩	늙은이 좋은 시 지어내지 못함이 스스로 부끄럽구려.
자 괴 노 부 무 호 시	

| 주해(註解) |

* 수각(睡覺) - 잠에서 깨다.
• 정호(鄭顥, 북송의 유학자, 호는 明道)의 <'추일우성(秋日偶成, 가을 날 우연히 짓다)'> : "한가로워 일 없고 다시 조용하다. 잠에서 깨니 동창에 해 이미 돋았네." (閑來無事復從容 睡覺東窓 日已紅)
* 낙휘(落暉) - 지는 해. 석양.
* 청설(晴雪) - 눈이 개다. 청(晴) : 1. (날이)개다. 2. 맑다. 3. (마음이)개운하다.
* 이리(離離) - 여럿의 구별이 또렷한 모양.
* 모옥(茅屋) - 초가집. 모(茅)가 한 인본(印本)에는 초(草)로 되어 있다(茅一本作草).
* 자괴(自愧) - 스스로 부끄러워하다.
* 노부(老夫) - 늙은 남자가 남에게 자기를 일컫는 말.

| 해설(解說) |

  둔촌은 임금에게 중용되지도 못하면서 작은 관직에 얽매여 자기의 천성을 억누르며 살기는 싫었다.
  첫째 시에서는 눈비 속에서 공무로 분주하게 돌아다니는 것보다는, 도연명과 같이 고향 집으로 돌아와서 유유자적하게 사는 것이 어떻겠는가? 하고 묻고 있다.
  둘째 시에서는 낮잠을 해 질 무렵까지 자고 나서 청설(晴雪)과 시문(柴門),

모옥(茅屋)에 말로 형용할 수 없는 여유와 정취를 즐길 수 있다는 것이었다.
    둔촌은 자신의 삶을 도연명의 "차중유진의(此中有眞意, 이 가운데 참된 뜻이 있어) 욕변이망언(欲辨已忘言, 말하려 하니 이미 말을 잊었네)"과 비슷한 어법으로 표현하여 자연 속에서 은거 생활을 마음속으로 즐기고 있음을 자랑하면서, 이러한 좋은 것을 남김없이 그대에게 적어 보낼 글재주가 없음이 부끄럽다고 안타까워하고 있다.

(45) 허 야당 금[9]에게 드리다(呈許埜堂[錦])

老去沈痾未易醫
노 거 침 아 미 역 의
늙어가니 오랜 병 낫지도 않는데,

更因灸炷出門遲
갱 인 구 주 출 문 지
또 뜸을 뜨다 보니 문밖 출입 더디도다.

堂前甘菊開無數
당 전 감 국 개 무 수
초당 앞에 국화꽃 무수히 피어나니,

倍憶先生泛酒時
배 억 선 생 범 주 시
선생께서 그런 것을 술에 띄우시던 때가 갑절이나 그리웁구나.

| 주해(註解) |

* 침아(沈痾) - 오랜 병. 침병.
* 구주(灸炷) - 쑥심지. 구(灸) : 뜸. 뜸을 뜨다.
* 감국(甘菊) - 국화과(菊花科)의 여러해살이풀.

---

9) **허금(許錦, 1340~1388)** - 본관은 양천(陽川)이다. 자는 재중(在中)이고, 호는 야당(埜堂)이다. 지신사(知申事)를 지낸 허경(許絅)의 아들이다. 1357년(공민왕 6) 문과에 급제하여 교서교감(敎書校勘)·예의정랑(禮儀正郞) 등을 지내고 벼슬이 전리사판서에 올랐다.
1374년 공민왕이 자제위 홍륜(洪倫)과 환관 최만생(崔萬生) 등에게 시해당한 후 이인임(李仁任)이 10세의 우왕을 옹립할 때 이에 반대하였다. 관직에서 물러난 뒤에는 사재를 털어 약재를 비축해 두었다가 귀천을 가리지 않고 병자에게 나누어주어 치료케 하였다. 두문동 72인의 한 분이며, 시호는 문정(文定)이다.

(46) 남을 대신하여 박 장군에게 부치다(代書寄朴將軍)

| 病來已絕久相交 | 병을 앓고부터는 이미 오랜 친교도 끊어버렸는데,
병 래 이 절 구 상 교 |

況是雲林遠市朝 제가 사는 운림(雲林)은 속세를 멀리 한 게 아니던가요.
황 시 운 림 원 시 조

唯有玉仙存古意 오직 옥선(玉仙) 그대만은 옛스러운 뜻을 간직하여,
유 유 옥 선 존 고 의

枉傳書札慰無聊 외람되게 편지 적어 보내주셔서 무료함을 위로해
왕 전 서 찰 위 무 료 주는구려.

| 주해(註解) |

* 황시(況是) - 하물며. 더욱이. 게다가.
* 운림(雲林) - 구름 자욱하게 낀 숲. 속세를 멀리 떠난 자연.
* 시조(市朝) - 시정(市井)과 조정(朝廷). 시끄러운 현실사회를 뜻한다.
* 옥선(玉仙) - 박 장군의 호로 추측됨.
* 고의(古意) - '옛스러운 멋' '옛스러운 뜻'이란 의미인데, '우아한 생각', '아담한 멋' 같은 좋은 의미로 사용됨.
* 왕(枉) - 굽다. 복종하다. 사특하다. 여기서는 자기 몸이나 지위를 일반 수준 보다 '낮추어서'라는 의미.

(47) 장원 박 고헌의 중추 벼슬 복귀를 축하하여 부치다
(寄賀壯元朴古軒復中樞)

否往泰來慶事多	비색한 운세는 가고 태평한 운세 와서 경사도 많은데,
비 왕 태 래 경 사 다	
又應桃李發春華	또 틀림없이 도리(桃李)가 화려한 봄빛을 발하게 되리로다.
우 응 도 리 발 춘 화	
病餘能赴同年會	병을 앓고 난 뒤일망정 급제 동기생의 모임에는 갈 수 있었는데,
병 여 능 부 동 년 회	
甲第瓊筵舞袖斜	훌륭한 저택의 아름다운 연회자리에 춤추는 소매자락들 어우러짐에랴?
갑 제 경 연 무 수 사	

| 주해(註解) |

※ 박고헌(朴古軒) - 이름, 경력 미상.

* 비왕태래(否往泰來) - 지난날의 비색한 운수(否運, 막힘)는 가고, 앞으로는 태평할 운수(泰運, 열림)가 온다.
* 도리(桃李) - 1. 복숭아와 자두. 2. 남이 천거한 좋은 인재를 비유.
* 춘화(春華) - 봄 경치의 화려한 볼품.
* 갑제(甲第) - 훌륭한 저택.
* 경연(瓊筵) - 화려한 연석(宴席).
* 무수(舞袖) - 춤을 추는 사람의 소매자락.
* 병여(病餘) - 병을 앓고 난 뒤.
* 부(赴) - 다다르다. 나아가다. 힘쓰다.

(48) 박중서 자허 실[10]에게 하례하여 부치다(寄賀朴中書子虛[實])

獻納司中雨露香
헌 납 사 중 우 로 향
중서문하성에 가득한 이슬 향기,

光榮誰似紫薇郞
광 영 수 사 자 미 랑
이 광영 뉘라서 중서시랑을 견주리.

醉吟紅藥詩無數
취 음 홍 약 시 무 수
홍약주(紅藥酒) 취하시어 읊은 시 무수하리니,

莫惜因風寄一章
막 석 인 풍 기 일 장
바람 편에 글 한 수 보내는 일 아끼지 마오.

| 주해(註解) |

* 헌납사(獻納司) - 고려의 중서문하성.
* 우로향(雨露香) - 이슬 향기.
* 자미랑(紫薇郞) - 중서문하성의 정2품 벼슬인 중서시랑의 별칭.
* 홍약(紅藥) - 작약.

---

10) **박의중(朴宜中, 1337~1403)** - 본관은 밀양(密陽). 자는 자허(子虛), 호는 정재(貞齋), 초명은 박실(朴實)이다. 아버지는 판도총랑(版圖摠郞)인 박인기(朴仁杞)이다. 1362년(공민왕 11) 과거에서 장원에 뽑히고, 헌납(獻納), 좌사의대부(左司議大夫), 성균대사성(成均大司成), 밀직제학(密直提學) 등을 지냈다.
밀직제학이었던 1388년(우왕 14)에 명나라에서 철령(鐵嶺) 이북에 철령위(鐵嶺衛)를 설치하여 요동 관할에 두려할 때, 명나라에 사신으로 가서 철령부터 공험진(公險鎭)에 이르는 지역은 대대로 고려 땅이었으므로 이 지역에 철령위를 설치하는 것은 부당하다고 하였다. 조선 개국 후에는 예문관학사(藝文館學士)로 있으면서 조준·정도전·정총·윤소종 등과 함께 <고려사(高麗史)> 수찬에 참여하였다. 저술로 <정재일고(貞齋逸稿)>가 있다.

(49) 최 간의에게 부치다(寄崔諫議)

僑居寂寂對朱門　임시 집은 적적하게 고관 집을 마주했었는데,
교 거 적 적 대 주 문

扶杖過從費幾番　지팡이 짚고 찾아갔으나 몇 번이나 헛일이 되었던가?
부 장 과 종 비 기 번

輿疾南來頭更白　병을 안고도 남쪽으로 와서 일하면서 머리 더욱 희어졌는데,
여 질 남 래 두 갱 백

此間懷抱得重論　여기서의 회포를 거듭 말할 수가 있을까?
차 간 회 포 득 중 론

| 주해(註解) |

※ **최간의(崔諫議)** - 미상. 영천의 최원도(崔元道)로 보인다(?)

* 교거(僑居) - 고향을 떠나 타향에 와서 임시로 사는 집.
* 주문(朱門) - 1. 붉은 칠을 한 문. 2. 지위가 높은 벼슬아치의 집을 비유.
* 과종(過從) - 서로 친하게 지냄
* 여질(輿疾) - 중병에 걸려 가마 따위에 몸을 싣고 다니면서 직무를 수행함. 여(輿): 수레. 가마.

(50) 이웃 어른 최 간의에게 드리다(呈隣丈崔諫議)

遷居幸近里仁居	집을 옮겨 다행히도 인자(仁者) 곁에 살게 되어,
천 거 행 근 이 인 거	
準擬過從興有餘	친하게 지낼 생각만 해도 흥이 넘쳤다네.
준 의 과 종 흥 유 여	
只恨老夫多病久	다만 한스러운 것은 이 늙은 몸 많은 병을 앓는지가 오래라,
지 한 노 부 다 병 구	
未能扶杖到階除	지팡이 짚고 집안에는 들어가보지도 못하였음이….
미 능 부 장 도 계 제	

| 주해(註解) |

* 이인(里仁) - 인후한 미풍이 행해지는 고장. 또는 인자가 사는 것.
* 준의(準擬) - 견주어 흉내냄.
* 지한(只恨) - 다만 ~을 한탄함.
* 계제(階除) - 걸어서 마당과 집 건물 사이를 오르내릴 수 있도록 턱이 지게 만들어 놓은 설비. 계단, 섬돌(밟고 올라가게 놓은 큰 돌) 같은 것.

(51~52) 다시 앞의 각운자로 짓다 2수(復賦前韻二首)

〈첫째 시(其一)〉

春深無客訪僑居
춘 심 무 객 방 교 거

봄기운은 짙어가는데 우거(寓居)를 찾아오는 손님은 하나도 없고,

林鳥相呼午睡餘
임 조 상 호 오 수 여

산새들만 지저귀는데 낮잠만 늘어지누나.

老去詩隨情漫興
노 거 시 수 정 만 흥

늙어가니 시는 감정이 산만하게 일어남을 따라갈 뿐이요,

病來愁托酒消除
병 래 수 탁 주 소 제

병이 나면 근심은 술로 씻어내는 방법에 맡겨두노라.

| 주해(註解) |

* 춘심(春深) - 봄기운이 짙다. 봄이 무르익는다.
* 교거(僑居) - 우거(寓居).
* 상호(相呼) - 서로 부름.
* 만흥(漫興) - 이렇다 할 느낌을 받지 않고 저절로 일어나는 흥취(興趣).
* 봉호(蓬蒿) - 쑥.

〈둘째 시(其二)〉

臥病蓬蒿滿索居
와 병 봉 고 만 색 거
병으로 누워 있자니 외딴 거처에는 다북쑥만 가득한데,

固窮原憲食無餘
고 궁 원 헌 식 무 여
본래가 가난하였던 원헌(原憲) 같은 이는 먹는데 남은 것이 없었다네.

强扶衰憊將安往
강 부 쇠 비 장 안 주
노쇠한 이 몸 억지로 끌고 어디를 가겠는가?

世事吾今已掃除
세 사 오 금 이 소 제
내 지금은 세상일 제쳐둔 지 오래되었다오.

| 주해(註解) |

※ 원헌(原憲) : 중국 춘추시대의 노나라 사람(?~?). 자는 자사(子思), 공자의 제자로 가난하게 살면서도 초연하였다고 함.
* 색거(索居) - 외따로 떨어져서 쓸쓸히 지냄, 또는 그 거처,
* 고궁(固窮) - 곤궁한 것을 잘 겪어냄.
* 식무여(食無餘) - 끼니마저 부족하다.
* 쇠비(衰憊) - 약하여지고 피곤함.

(53) 용두를 보내는 자리에서 동년 최 봉익에게 부치다
(送龍頭席上寄同年崔奉翊)

秋風病客已華巓 가을바람에 병든 나그네 머리는 이미 반백인데,
추 풍 병 객 이 화 전

令見歸僧一慨然 이런 모습을 돌아가는 스님에게 보이겠금 하다니 한결 서럽도다.
영 견 귀 승 일 개 연

萍梗孤蹤猶不定 부평초나 허제비 같은 외로운 몸은 아직도 정처 없지만,
평 경 고 종 유 부 정

先生高臥達川邊 선생께선 달천변(達川邊)에 은거하고 지내겠지요.
선 생 고 와 달 천 변

| 주해(註解) |

* 전(巓) - 산꼭대기. 산마루. 머리.
* 화전(華巓) - 흰 빛과 검은 빛이 뒤섞인 머리. 화발(華髮) : 하얗게 센 머리털.
* 영견(令見) - 보이겠금 하다.
* 개연(慨然) - 억울하고 원통하여 몹시 분함.
* 평경(萍梗) - 떠돌아다니는 부평초(浮萍草)와 한 자리에 고정되어 있는 나무 허제비(허수아비). 부평도경(浮萍桃梗).
* 고종(孤蹤) - 도와주는 사람 없이 외로운 처지에 있는 종적. 발자취. 蹤자는 踪자 와도 통용됨.
* 달천(達川) - 충북 보은군의 속리산에서 발원하여 청주·괴산·충주 등지를 지나 한강으로 들어감.

| 해설(解說) |

문맥으로 보아서 용두(龍頭)는 스님의 이름 같음. 이 스님이 돌아가는 편에 최 동년에게 보내는 시를 전하도록 부탁한 것 같음.

(54~55) 동년 최 산기에게 부치다 2수(寄同年崔散騎二首)

〈첫째 시(其一)〉

淸河本自愛衰翁　　청하(淸河)는 처음부터 쇠약한 나를 좋아했기에,
청 하 본 자 애 쇠 옹

五馬嘗求急難中　　급난(急難) 속에서도 지방장관으로 찾아주신 적이
오 마 상 구 급 난 중　　있었다네.

尺地如今還往寡　　지금은 가까이 있어도 오고 감이 적은 것은,
척 지 여 금 환 왕 과

只緣出處不相同　　오로지 나아감과 머물러 있음이 서로 같지 않은
지 연 출 처 불 상 동　　때문이라네.

| 주해(註解) |

* **최 산기(崔散騎)** - 최씨가 산기상시(散騎常侍)라는 고관으로 있었기 때문에 붙인 호칭.
  • 산기상시(散騎常侍) : 고려시대 중서문하성(中書門下省)의 정3품 관직. 간쟁(諫爭)·봉박(封駁)의 임무를 가진 낭사(郎舍)의 우두머리로서 간관의 임무를 수행하였다.
* 청하(淸河) - 최 산기의 본관(本貫)인 듯하다.
* 본자(本自) - 본디의. 타고난.
* 오마(五馬) - 다섯 필의 말, 태수의 수레에는 사마(四馬) 외에 말 한 필을 여분으로 더 딸려주기에 이르는 말임.
* 급난(急難) - 급하고도 어려운 일.
* 척지(尺地) - 아주 가까운 땅. 퍽 좁은 땅.
* 지연(只緣) - 바로 ~ 이기 때문에.
* 출처(出處) - 나가서 벼슬을 하는 것과 벼슬을 않고 집에 물러나 있는 것.

〈둘째 시(其二)〉

厭貧求富是人情　　가난을 싫어하고 부자 됨을 원함이 바로 인정일
염 빈 구 부 시 인 정　　것이니,

何怪交遊棄老生　　사귐에 이 늙은이 버림이 어찌 괴이하겠나?
하 괴 교 유 기 노 생

獨掩柴關欹枕臥　　홀로 사립문 닫아걸고 베개 베고 누웠노라니,
곡 엄 비 관 기 침 와

龍巒依舊入簷楹　　용만(龍巒)이 옛날과 같이 처마 밑 기둥으로 들어오네.
용 만 의 구 입 첨 영

| 주해(註解) |

* 시관(柴關) - 가시나무로 만든 문으로 가난한 집을 뜻함.
* 기(欹) - 기울다.
* 의구(依舊) - 옛 모양과 변함 없음.
* 첨영(簷楹) - 처마 밑에 있는 기둥.

(56) 전주의 최 동년에게 부치다(寄全州崔同年)

同年崔子儘風流　　동년인 최자는 참으로 풍류가 넘치는 인물인데,
동 년 최 자 진 풍 류

人道于今尙黑頭　　사람들이 지금까지도 말하기를 아직도 젊다 하였네.
인 도 우 금 상 흑 두

不寄梅花千里信　　매화 꺾어 천리 소식 전하지도 못했는지라,
불 기 매 화 천 리 신

暮雲春樹路悠悠　　모운춘수(暮雲春樹)에 길만이 아득했다오.
모 운 춘 수 로 유 유

| 주해(註解) |

※ **최동년(崔同年)** - 미상

* 진(儘) - 다하다. 맡기다. 항상.
* 우금(于今) - 지금에 이르기까지
* 흑두(黑頭) - 빛이 검은 머리. 젊은 사람.
* 매화(梅花) - 고인(古人)들이 소식을 전하면서 매화를 많이 꺾어 보냈다.
* 모운춘수(暮雲春樹) - '봄날의 나무와 해질 무렵의 구름'이라는 뜻으로, 멀리 있는 친구를 그리워하는 마음을 비유하는 고사성어.
  • 두보(杜甫)의 <춘일억이백(春日憶李白, 봄날 이백을 그리워하다)> : "그대가 있는 위북 땅에서는 봄 나무들 싱그러울 것인데, 내가 있는 강동 땅에서는 날이 저물어가는데 구름만 깔려 있다네."(渭北春天樹, 江東日暮雲·위북춘천수 강동일모운)

(57) 전주 최 정당 양[11]에게 부치다(寄全州崔政堂[瀁])

旅牕同食夢依然	여창(旅牕)에 같이 묵던 일 꿈에도 선한데,
여 창 동 식 몽 의 연	
南北分離已十年	남북으로 헤어진 지 벌써 십 년이 되었구려.
남 북 분 리 이 십 년	
多難如今各衰謝	다난한 세상이라 이제 모두 기력이 쇠했는데,
다 난 여 금 각 쇠 사	
此生能得再攀緣	생전에 다시 만날 인연 얻어질 수 있을는지?
차 생 능 득 재 반 연	

| 주해(註解) |

* 의연(依然) - 전과 다름 없음.
* 쇠사(衰謝) - 쇠하여 기력이 없어지다.
* 반연(攀緣) - 무엇에 이르기 위한 연줄로 삼음.

---

11) **최양(崔瀁, 1351~1424)** - 본관은 전주. 자는 백함(伯函), 호는 만륙(晚六) 또는 장륙당(藏六堂). 아버지는 문하찬성사 최지(崔贄)이며, 외삼촌 정몽주에게 수학하였다. 고려 우왕 때 문과에 급제하여 이부상서·대제학·대사간·문하찬성사 등을 지냈다.
1392년 고려가 망하자 전주 대승동 봉강산에 은거했다. 조선조 태종이 전답을 하사했으나 받지 않고 절개를 지켰다. 저서로는 <만륙일고>가 있다. 전주의 서산사(西山祠)에 제향되었으며, 시호는 충익(忠翼)이다.

(58) 전주 이 단공에게 부치다(寄全州李端公)

先生豈肯久沈淪   선생이야 어찌 오래도록 영락하실리 있겠습니까마는,
선 생 기 긍 구 침 륜

今我衰遲獨老身   나는 이제 쇠하여가는 늙은 몸일 뿐이라오.
금 아 쇠 지 독 노 신

經卷藥爐甘寂寞   책 읽는 일은 약 달여 먹는 일 때문에 아주 적막하게
경 권 약 로 감 적 막   되었는데,

春風又到漢江濱   봄바람 또다시 한강 강가에 불어오고 있네.
춘 풍 우 도 한 강 빈

| 주해(註解) |

※ 이단공(李端公) - 미상

* 단공(端公) - '시어사(侍御史)'라는 벼슬을 대단(臺端)이라고 하고, 그런 직위에 있는 관리를 이렇게 호칭함. 사헌부(司憲府, 어사대·御史臺)에 딸린 종오품 벼슬.
* 기긍(豈肯) - 어찌 ~ 하려 하겠는가?
* 침륜(沈淪) - 영락하다.
* 경권(經卷) - 유교의 사상과 교리를 옛 성현들이 써 놓은 책.
* 약로(藥爐) - 단약을 달이는 약 화로.

(59) 영흥 전(田) 동년에게 부치다(寄永興田同年)

永興幾許去京城
영 흥 기 허 거 경 성
영흥(永興) 땅이 서울에서 얼마나 될꼬?

却羨先生晦姓名
각 선 선 생 회 성 명
숨어 사는 선생이 도리어 부러워지네.

安得卜隣成二老
안 득 복 린 성 이 노
어찌하면 이웃하여 두 늙은이 어우러져서,

杏花春雨耦而耕
행 화 춘 우 우 이 경
살구꽃 봄비 속에 나란히 밭갈아 볼까?

| 주해(註解) |

※ 전동년(田同年) - 미상

* 영흥(永興) - 포천시에 있었던 영평현(永平縣)의 고려시대 이름.
* 각선(却羨) - 도리어 부러워하다. 각(却) : 물리치다. 여기서는 부사로 '도리어'. 선(羨) - 부러워하다. 탐내다.
* 회성명(晦姓名) - 이름 없이 살다. 회(晦) : 그믐. 밤. 조금.
* 안득(安得) - 1. 어떻게 ~을 얻을 수 있으랴. 2. (반문의 뜻으로) 어찌 …일 수 있으랴.
* 복린(卜隣) - 이웃하다.
* 우이경(耦而耕) - 나란히 서서 밭을 갈다. 우(耦) : 나란히 가다. 마주서다. 짝짓다.

| 해설(解說) |

하평성(下平聲) 경(庚) 자 운(韻)을 사용하였으며, 명(名), 경(耕)이 각운이다. 조선 전기에 적암(適庵) 조신(曺伸)이 자신이 지은 잡록(雜錄)인 <소문쇄록(謏聞瑣錄)>에서 둔촌의 시를 평했는데, "어찌하면 이웃하여 두 늙은이 어우러져서, 살구꽃 봄비 속에 나란히 밭갈아 볼까?(安得卜隣成二老, 杏花春雨耦而耕)"는 한적(閑寂)하다 하였다.

(60) 계림군에게 부쳐 올리다(寄呈鷄林君)

強顔扵世豈天然 뻔뻔스럽게 세상을 사는 것이 어찌 자연스럽겠는가?
강 안 어 세 개 천 연

還笏求閑也自賢 벼슬을 돌려주고 한거(閑居)함이야말로 스스로
환 홀 구 한 야 자 현 대견하다네.

何必五湖從范蠡 하필 오호로 범려를 따라갈 게 있으랴,
하 필 오 호 종 범 려

城南已有好林泉 성남(城南)에도 이미 좋은 전원이 있는 것을.
성 남 이 유 호 임 천

| 주해(註解) |

※ 계림군(鷄林君) - 미상

* 강안(強顔) - 얼굴 가죽이 두껍다는 뜻으로, 부끄러움을 모름.
* 천연(天然) - 타고난 성품 그대로라는 말.
* 홀(笏) - 1. (제후를 봉할 때 의식에 쓰던) 홀 2. 피리 가락 맞추다.
* 오호(五湖) - 춘추시대 월(越)나라의 미인 서시(西施)가 오(吳)나라를 망하게 하고 월나라에 돌아와 범려(范蠡)를 좇아 놀았다는 호수. 오나라와 월나라의 국경지대인 절강성(浙江省) 가흥(嘉興)에 있던 범려호(范蠡湖)를 이른다.
* 범려(范蠡) - 춘추시대 월나라 군사(軍師). 자는 소백(小伯), 월왕 구천(句踐)을 섬겨 오나라를 멸한 뒤에 성명을 변경하고 오호(五湖)에 노닐었다 함.
* 임천(林泉) - 수풀과 샘물, 즉 은사가 사는 산수를 이르는 말.

| 해설(解說) |

※ 계림군(鷄林君)을 살펴보면, <고려사절요> (제32권, 우왕 11년) 조에 "계림군 이보림(李寶林, ?~1385, 이제현의 손자), 계림군 이달충(李達衷, ?~1385, 신돈의 전횡을 직언하여 파직됨)이 죽었다는 기록이 보이는데, 이 두 사람 중

한 분일 것 같다. 그러나 "벼슬을 돌려주고 한거(閑居)함이야말로 스스로 대견하다네."라고 읊은 것으로 보아 이달충일 가능성이 높다.

둔촌은 벼슬을 하기 위하여 자신을 팔지 않았다. 출사(出仕)의 길은 자신의 호연한 기를 충만시켜 의롭게 사는 길이 아니었기 때문이다. 무도한 군주 치하의 혼란한 시대에 권력과 부를 탐하여 관직 생활을 하는 것은 뻔뻔스러운 일이라는 신념과 월나라의 군사 범려가 운둔했던 오호(五湖)보다 자신이 은거하고 있는 성남(城南)이 못하지 않다는 은근한 자부심이 이 시에 잘 나타나 있다.

(61) 김 선주가 술을 보내주심에 사례하다(謝金善州惠酒)

- 연못 있는 법륜사에서 놀다(遊法輪寺寺有蓮池)

滿池荷藕正時哉
만 지 하 우 정 시 재
물이 가득 찬 못의 연꽃은 참으로 제철을 만났구려!

獨繞池邊日幾回
독 요 지 변 일 기 회
나 홀로 연못가를 하루에 몇 번이나 돌았는가?

忽値白衣來送酒
홀 치 백 의 래 송 주
뜻밖에 급사에게 술을 보내주셨기에,

開尊徑醉臥蒼苔
개 준 경 취 와 창 태
술동이 열고 지레 취하여 이끼 위에 누웠노라.

| 주해(註解) |

※ 김선주(金善州) - 김씨가 당시 선주(善州, 선산의 옛 이름)의 원을 지냈기 때문에 하는 말이다.
* 혜주(惠酒) - 술을 보내오다.
* 만지(滿池) - 물이 가득 찬 못.
* 하(荷) - 메다. 짊어지다. 부담하다.
* 우(藕) - 1. 연(뿌리) 2. 서로 맞다.
* 요(繞) - 에워싸다. 포장하다. 얽히다.
* 백의(白衣) - 관부에서 부리는 급사.
* 경취(徑醉) - 술에 빨리 취함.
* 창태(蒼苔) - 푸릇푸릇한 이끼.

(62~64) 염 지신사[국보[12]]에게 부치다 3수(寄廉知申事[國寶]三首)

- 시중이던 아버지는 작고하고 아들이 대를 이어 지신사가 되었다는 뜻.

〈첫째 시(其一)〉

夜直銀臺月半斜 　승정원에서 야직할 땐 달이 반쯤 기울었다니,
야 직 은 대 월 반 사

朝廻日午下公車 　조회에서 돌아오면 해는 한낮인데 공거(公車)를 내리네.
조 회 일 오 하 공 거

當年鶴髮侍中宅 　지난날엔 학발(鶴髮)의 시중댁이었는데,
당 년 학 발 시 중 댁

今是龍喉學士家 　지금은 승지의 학사가(學士家)라오.
금 시 용 후 학 사 가

| 주해(註解) |

* 은대(銀臺) - 승정원의 별칭.
* 공거(公車) - 공거문, 상소문, 차사 따위. 임금에게 올려진 공거문은 계자(啓字)가 찍혀 다시 승정원으로 내려진다. 한편 과거도 공거라 부른다.
* 학발(鶴髮) - '두루미의 깃털처럼 희다'는 뜻. 하얗게 센 머리 또는 그런 사람을 이르는 말.
* 용후(龍喉) - 승지의 별칭.

---

12) 염국보(廉國寶, ?~1388) - 본관은 파주이고, 호(號)는 국파(菊坡)이다. 정승 염제신(廉悌臣)의 맏아들이며 고려의 문신이자 성리학자였다. 1355년(공민왕 4년) 문과에 급제한 후 예문관 대제학·지춘추관사를 거쳐 지공거(知貢擧)로서 여러 번 과거 시험을 주관하여 인재들을 많이 선발하였고, 조선 초기의 학자로 활동하는 변계량(卞季良) 등을 발탁하였다. 그는 명나라의 3년 복제를 최초로 도입하였다. 추중보절공신 삼중대광 서성군(瑞城君)에 봉해졌다. 둘째 동생 염흥방(廉興邦)에 의해 1388년(우왕 14년) 살해되었다. 청계영당과 금강서원에 제향되었다.

〈둘째 시(其二)〉

清香荏苒影橫斜　　맑은 향기 퍼져나가고 그림자는 종횡으로 비꼈는데,
청 향 임 염 영 횡 사

多少看花馬與車　　많은 사람 말과 수레 타고 꽃구경하겠지.
다 소 간 화 마 여 거

自恨老夫尋不得　　한스럽게도 이 늙은이는 찾아갈 수 없으니,
자 한 노 부 심 부 득

一枝能折寄山家　　한 가지 꺾어서 산속 집으로 보내줄 수 있는가?
일 지 능 절 기 산 가

| 주해(註解) |

* 임염(荏苒) - 향기 따위의 널리 퍼지는 모양.
* 횡사(橫斜) - 가로 비낌. 모로 기울어짐.
* 득(得) - '~할 수 있다'는 뜻의 조동사.

《셋째 시(其三)》

漢江春暖柳僛斜
한 강 춘 난 류 기 사
한강에 봄볕 들자 버들가지 춤추는데,

或棹孤舟或命車
혹 도 고 주 혹 명 거
외로운 배도 저어보고 천 덮인 수레도 타본다네.

共道帝鄕無限好
공 도 제 향 무 한 호
모두들 서울이 제일 좋다 말하지만,

不如携幼早還家
불 여 휴 유 조 환 가
어린아이 데리고 일찍이 돌아옴만 못하네.

| 주해(註解) |

* 기(僛) - 춤추다.
* 도(棹) - 노.
* 제향(帝鄕) - 요순시대 같은 이상적 사회.

| 해설(解說) |

　둔촌이 벼슬하다가 은퇴하기를 거듭한 이유는 벼슬 생활과 둔촌의 기질이 서로 맞지 않았기 때문으로 보인다. 둔촌은 모두들 개경은 비록 영화롭고 좋다고 하지만, 가족을 이끌고 일찍 돌아감만 같지 못하다고 표현하였다. 한마디로 타고난 성품 그대로 살고 싶다는 것이었다.

(65) 염 동정 [흥방[13]]에게 부치다(寄廉東亭[興邦])

- 그때에 동정은 국왕의 행차를 모시고 남경(南京: 한성)에 있었다(時東亭扈從在南京).

功名十載竟何成	공명(功名)을 따른 십년 세월 끝내 무엇을 이뤘던가?
공 명 십 재 경 하 성	
病起江濱白髮生	강변살이 병에서 일어나니 백발만 늘었구려.
병 기 강 빈 백 발 생	
佇立東皐更回首	동쪽 언덕에 우두커니 서서 다시 머리 돌려 바라보니,
저 립 동 고 갱 회 수	
三峯如畫是王京	세 봉우리는 그림 같은데 이곳이 임금의 도읍 될 만하다 하시겠구려.
삼 봉 여 화 시 왕 경	

| 주해(註解) |

* 저립(佇立) - 우두커니 섬.
* 고(皐) - 언덕. 못.
* 회수(回首) - 머리를 돌리다.

---

13) **염흥방(廉興邦, ?~1388)** - 고려 우왕 때의 권신. 본관은 파주, 자는 중창(仲昌), 호는 동정(東亭)이다. 1357년(공민왕 6) 문과에 급제하고 지신사(승지)로서 홍건적의 난 때에 개경을 수복한 공으로 제학(提學)에 올랐다. 1374년 탐라의 '목호의 난(牧胡亂)'에 양광 전라 경상 도병마사로서 출전하여 이를 진압했다. 권신 이인임(李仁任)의 뜻을 거슬러 유배되었다가 삼사좌사가 되었다. 매관매직을 자행하고 토지와 노비를 강탈하는 등의 행패로 이성계 등에 의해 처형되었다. 염흥방은 젊어서 학문에 뛰어나 여러 번 동지공거(同知貢擧, 과거 고시위원)가 되었고 개혁을 주창하는 인물이었으나, 이인임에게 항거하다 귀향을 다녀온 이후 권문세도가와 친분을 쌓아 탐욕에 찬 간신이 되고 말았다.

(66) 충주의 원님 [이동은14)]에게 부치다(寄忠州使君[李東隱])

中原東望萬重雲　　동으로 중원(中原) 땅 바라보니 구름만 만겹인데,
중 원 동 망 만 중 운

別後秋光已向分　　이별 후로 가을철도 벌써 추분이 되었구려.
별 후 추 광 이 향 분

惠愛皆稱今太守　　혜애(惠愛)라면 모두들 지금의 태수(太守)를
혜 애 개 칭 금 태 수　　칭송할테고,

疎狂應說舊參軍　　소탈함은 아마 옛날의 포조(鮑照15)) 같다 말하리라.
소 광 응 설 구 참 군

| 주해(註解) |

* 사군(使君) - 주목(州牧: 지방 장관)을 말한다.
* 중원(中原) - 충청북도에 있는 지금의 중원군.
* 추광(秋光) - 가을철의 빛. 또는 가을철을 느끼게 하는 경치나 분위기.
* 혜애(惠愛) - 백성들에게 은혜를 베풀어 사랑함.
* 소광(疎狂) - 정상적이 아닐 만큼 소탈함. 소절(小節)에 억매이지 아니함.
* 구참군(舊參軍) - 남조 송의 포조(鮑照)를 지칭한 말.

---

14) **이동은(李東隱, ?~?)** - 고려말·조선 초의 문신 기우자(騎牛子) 이행(李行, 1352-1432)의 아버지인 충주목사를 지낸 이천백(李天白)으로 추정된다.
15) **포조(鮑照, 421?~465)** - 오언시(五言詩)가 전성하던 육조시대(六朝時代)에 칠언시(七言詩)에 손을 댄 적은 사람 중의 한 사람인 포조 시대 송(宋)나라의 시인. 특히 악부(樂府)에 뛰어났다. 당나라 두보(杜甫)는 그를 '준일(俊逸)'하다고 높이 평가했고, 송나라 육시옹(陸時雍)은 '길 없는 곳에 길을 연 사람'이라고 칭송했다.

(67) 유암[16]을 보내면서 나주 판관 [이양[17]]에게 부치다
(送幼菴寄羅州判官[李陽])

幼菴長老早忘機	유암(幼菴) 장로는 세상일 잊은 지 오래되었는데,
유 암 장 로 조 망 기	
豈意如今作住持	이제는 주지가 될 줄은 어찌 생각이나 하였겠소.
기 의 여 금 작 주 지	
寄語先生敬相待	선생에게 부탁하노니 그 스님을 잘 좀 대해 주구려,
기 어 선 생 경 상 대	
退之[18]曾許太顚師[19]	옛날에 퇴지(退之)도 태전(太顚) 스님을 허락했다오.
퇴 지 증 허 태 전 사	

| 주해(註解) |

* 판관(判官) - 각 감영·유수영 및 큰 고을에 둔 종5품 벼슬.
* 장로(長老) - 1. 나이가 많고 덕이 많은 사람의 존칭. 2. 절의 주직(住職) 또는 화상(和尙)에 대한 존칭.
* 기어(寄語) - 말을 기별(奇別)하여 보냄.

---

16) 유암(幼菴) - 고려 말기에 서예가로 이름 있는 스님으로 이런 분이 있었다하나, 여기서 꼭 그 분인지는 미상.
17) 이양(李陽, ?~?) - 고려 후기의 공신. 공민왕이 원나라의 연경(燕京)에 있을 때 수종한 공으로 1352년 (공민왕1) 연저 수종 2등 공신에 녹훈되었다.
18) 한유(韓愈, 768~824) - 당나라의 문인. 정치가. 자는 퇴지(退之). 호는 창려(昌黎). 당송 팔대가의 한 사람으로, 변려문을 비판하고 고문(古文)을 주장하였다. 유학자로서 석가, 노자를 배척하여 유교정신을 명확히 하고, '도통'(道統)의 관념을 주창하여 송학(宋學)의 선구가 되었다. 즉 석가와 노자의 비판을 통하여 유교의 목적을 인간의 '상생상량'(相生相養)에 두고 유가의 도는 그 목적을 달성하기 위한 군신·부자의 의를 지켜 널리 대중을 사랑하는 길이라 하였다. 시문집에 ≪창려선생집≫ 등이 있다.
19) 태전사(太顚師) - 중당(中唐)의 고승으로 한유와 교유하였는데, 배불론자(排佛論者)인 한유가 시를 지어 그를 놀리기도 하였으나, 그에게 옷 같은 것을 선물하기도 하였다고 함.

(68) 정 삼봉[도전]에게 부치다(寄鄭三峯)

南來新事不堪聞	남으로 오니 새로운 일들 차마 들을 수가 없어,
남 래 신 사 불 감 문	
西望松山欲斷魂	서쪽으로 송악산을 바라보니 애만 타는구려.
서 망 송 산 욕 단 혼	
白髮遁翁無可議	백발 둔옹(遁翁)은 꾀할 만한 말도 없어,
백 발 둔 옹 무 가 의	
求田問舍漢陰村	한음촌(漢陰村)에 밭과 집 마련한 게 고작이라네.
구 전 문 사 한 음 촌	

| 주해(註解) |

* 송산(松山) - 개성(開城)에 있는 산.
* 욕단혼(欲斷魂) - 마음이 끊어지는 것 같음. 즉 넋을 잃을 것 같다는 뜻.
* 둔옹(遁翁) - 이집(李集)의 별호.
* 구전문사(求田問舍) - '자기가 부칠 논밭이나 집을 구하는 데만 마음을 쓴다'는 뜻으로, 원대한 큰 뜻을 지니지 못함을 이르는 말.

(69) 채 판서의 생남을 하례하다(賀蔡判書生子)

隣家生子喜聲多　　이웃집에 아들 두니 웃음 소리 많은데,
인 가 생 자 희 성 다

天上騏驎稟太和　　천상의 기린(騏驎)이 태화(太和) 기운 받아 왔으리.
천 상 기 린 품 태 화

老醜敢爲先賀客　　늙고 보잘 것 없는 내가 감히 남보다 앞선 하객이
노 휘 감 위 선 하 객　　되기야 하겠는가?

裁詩聊復爲君歌　　시를 지어 오로지 다시 그대 위해 읊조려보고자 하노라.
재 시 료 부 위 군 가

| 주해(註解) |

※ 채판서(蔡判書) - 미상

* 기린(騏驎) - 하루에 천 리를 달린다는 말.
* 태화(太和) - 대립된 음양(陰陽)의 기(氣)가 통일된 원기. 노자가 말하는 '만물은 음(陰)을 등지고 양(陽)을 향해 나아가며, 음양의 두 기가 서로 부딪쳐 새로운 조화체를 이룬다(萬物負陰而 抱陽沖氣以爲和·만물부음이포양충기이위화)'는 것이다.
* 재시(裁詩) - 시를 짓다. 지은 시.
* 료(聊) - 1. 애오라지(겨우, 오로지). 귀가 울다.

(70~71) 앞 운을 써서 채 판서와 이 중서에게 드리다 2수
(用前韻呈蔡判書李中書 二首)

《첫째 시(其一)》

吾家豚犬謾云多　　우리 집엔 돈견(豚犬)들 많다고 하지만,
오 가 돈 견 만 운 다

翰墨今無繼永和　　한묵(翰墨)으로 시대의 문풍(文風)을 이을 놈 아직은
한 묵 금 무 계 영 화　　없다네.

誰似九峯生子日　　어떤 사람이 구봉(九峯)의 아들 낳던 날 같이,
수 사 구 봉 생 자 일

鳳雛驥子入謳歌　　봉추(鳳雛)나 기자(驥子)가 구가(謳歌) 속에
봉 추 기 자 입 구 가　　담겨졌었던가.

| 주해(註解) |

* 돈견(豚犬) - 자기 아들을 낮추어 일컬은 말.
　오나라와 촉나라 연합군에게 적벽대전에서 대패한 조조가 "아들을 낳으면 마땅히 손중모(손권) 같아야 한다. 지난날 항복한 유경승(유표·劉表)의 아들 유종(劉琮)은 '돼지 자식(豚子)'에 지나지 않았다"(<삼국지> '오서(吳書)' 오주전(吳主傳)) 라는 유명한 말을 남겼다.
* 만(謾) - 속이다. 비방하다.
* 한묵(翰墨) - 붓과 먹을 이름인데, 변하여 문학을 말함.
* 영화(永和) - 진나라 목제의 연호인데, 왕희지가 '난정기(蘭亭記)'를 지은 것이 영화 9년 계축 (癸丑)이었다. 따라서 영화의 문장, 영화의 필치라 하면 왕희지의 문필을 말하고, 영화의 풍류 라 하면 동진 시대의 풍류를 뜻한다.
* 구봉(九峯) - 미상.
* 봉추(鳳雛) - 1. 봉황의 새끼라는 뜻으로, 지략이 뛰어난 젊은이를 비유적으로 이르는 말. 2. 아직 세상에 드러나지 아니한 영웅을 비유적으로 이르는 말.

* 기자(驥子) - 훌륭한 자제. '기자용문(驥子龍文)' : 중국 후위(後魏)의 배선명(裵宣明)의 두 아들인 경란(景鸞)과 경홍(景鴻)이 모두 뛰어난 재주가 있어 하동(河東) 지방에서는 경란을 기자(驥子), 경홍을 용문(龍門)이라 이른데서 온 말. 두 어진 아들, 훌륭한 자제를 일컬음.
* 구가(謳歌) - 많은 사람이 입을 모아 칭송함.

| 해설(解說) |

둔촌의 세 아들은 모두 등제(登第) 하였다. 장남 지직(之直)은 형조참의, 보문각 직제학이요, 차남 지강(之剛)은 좌참찬에 시호는 문숙(文肅)이며, 삼남 지유(之柔)는 성주목사이다. 이 시에서 둔촌은 은근히 세 아들이 봉추나 기자처럼 문학으로 시대의 문풍(文風)을 잇기를 바라고 있음을 내비치고 있다.

〈둘째 시(其二)〉

非霧非煙瑞氣多
비 무 비 연 서 기 다
안개도 아니요. 연기도 아닌 서기(瑞氣)만 자욱하구나,

中興聖德見元和
중 흥 성 덕 견 원 화
중흥의 성덕은 원화(元和)를 보는 듯하도다.

自慙老病無詩力
자 참 노 병 무 시 력
늙고 병든 이 사람 시 짓는 능력이 없어,

未和霓裳一曲歌
미 화 예 상 일 곡 가
한 곡조도 예상가(霓裳歌)에 화답 못해 부끄럽구려.

| 주해(註解) |

* 성덕(聖德) - 임금의 덕화.
* 원화(元和) - 당 헌종의 연호. 헌종은 배도 이소 등을 써서 회서 지방에 웅거하여 항명한 오소성 등을 평정하여 왕권을 확립하여 그를 '원화천자'라 불렀다. 이 시구의 뜻을 취한 것. 중흥 성덕은 고려의 어떤 왕을 가르킨 말인지 미상임.
* 자참(自慙) - 스스로 부끄러워하다.
* 예상가(霓裳歌) - 예상우의곡(霓裳羽衣曲)인데, 지은이는 확실하지 않으나 당현종이 꿈속에 본 장면을 기억하고 지었다는 이야기가 있다. 도교의 신선세계를 아름답게 묘사한 곡조와 춤이 어우러진 악곡이다.

(72~73) 삼가 종공 정상국[몽주]에게 부치다 2수
(奉寄宗工鄭相國二首)

- 종공은 그때에 고령(高靈)에 귀양가 있다가 사면되어 지평(砥平)의 촌집으로 옮겨갔다 (宗工時謫在高靈, 蒙宥, 移砥平村舍)

〈첫째 시(其一)〉

去年漢上拜行塵　　지난해 한강 곁에서 행차를 배송할 제,
거 년 한 상 배 행 진

七月炎風惱殺人　　칠월달 더운 바람 몹시도 사람을 괴롭혔었지.
칠 월 염 풍 뇌 쇄 인

一別西來空有淚　　이별하고 서쪽으로 돌아와선 부질없이 눈물 흘렸는데,
일 별 서 래 공 유 루

幾回南望暗傷神　　몇 번이나 남쪽 바라보며 얼마나 마음 아파했던가?
기 회 남 망 암 상 신

| 주해(註解) |

* 몽유(蒙宥) - 죄를 용서받음. 형벌을 면제받음. 사면.
* 지평(砥平) - 경기도 양평의 고호(古號, 옛 이름).
* 행진(行塵) - 말을 몰아갈 제 길바닥에서 일어나는 먼지. 떠나가는 행차를 이르는 말.
* 염풍(炎風) - 몹시 더운 바람. 동북쪽에서 불어오는 바람.
* 뇌쇄(惱殺) - 애가 타도록 몹시 괴로워함. 또는 그렇게 괴롭힘. 특히 여자의 아름다움이 남자를 매혹하여 애가 타게 함을 이른다.
* 암(暗) - 은근히. 슬며시. 넌지시.
* 상신(傷神) - 정신을 해침.

〈둘째 시(其二)〉

定知更爲蒼生起	또다시 백성 위해 꼭 일어나셔야 한다는 것을 알고 있나니,
정 지 갱 위 창 생 기	
久滯無敎白髮新	오래 지체된다 하더라도 백발이 늘게 하지는 마오.
구 체 무 교 백 발 신	
高邑砥村俱是客	고령이나 지촌(砥村)이 모두가 객지이지만,
고 읍 지 촌 구 시 객	
龍門猿鶴素相親	용문산의 선비들과는 일찍부터 친하였나니.
용 문 원 학 소 상 친	

| 주해(註解) |

* 정지(定知) - 받드시 알다.
* 창생(蒼生) - 백성.
* 고읍지촌(古邑砥村) - 고령과 지평을 지칭.
* 용문원학(龍門猿鶴) - 중국 황하 상류에 있는 용문산의 원학(猿鶴)들. 군자들의 모임을 뜻함.

(74~75) 도은[이숭인]에게 부치다 2수(寄陶隱二首)

〈첫째 시(其一)〉

强扶衰憊入京華
강 부 쇠 비 입 경 화
쇠약한 몸 억지로 이끌고 서울에 들어와 보니,

謁見交遊亦可誇
알 현 교 유 역 가 과
알현하고 교유하는 것이 정말 자랑할만도 하네.

餘子從他皆已背
여 자 종 타 개 이 배
남은 친구들 모두 다른 데로 등을 돌렸는데,

唯君顧我更無加
유 군 고 아 갱 무 가
오직 자네만은 나를 돌봐주니 더할 나위 없었다네.

| 주해(註解) |

* 쇠비(衰憊) - 약하여지고 피곤함.
* 과(誇) - 자랑하다. 자만하다.
* 여자(餘子) - 본인 이외의 사람.

〈둘째 시(其二)〉

挑燈話舊圓公榻 등불 밝히고 원공(圓公)은 평상에서 옛날을 얘기했고,
도 등 화 구 원 공 탑

把酒論情圃隱家 술잔 들고 포은(圃隱) 집에서 정담도 나눴었지.
파 주 논 정 포 은 가

却到江湖誰與友 도리어 강호로 돌아가면 그 뉘와 벗을 할까?
각 도 강 호 수 여 우

白鷗煙月是生涯 아서라, 백구(白鷗)와 태평연월을 누리는 것이 바로
백 구 연 월 시 생 애 나의 생애인 것을.

| 주해(註解) |

※ 원공(圓公) - 미상.
* 도등(挑燈) - 심지를 돋워 불을 밝게 함.
* 탑(榻) - 걸상. 평상. 책상.
* 백구(白鷗) - 갈매기과에 딸린 물새.
* 연월(煙月) - 1. 연기에 어린 은은한 달빛. 2. 세상이 매우 태평함을 비유적으로 이르는 말.

| 해설(解設) |

　둔촌은 1371년(공민왕 20)에 신돈이 거세된 후 영천에서 개경으로 돌아왔으나. 매사가 여의치 않았고 가난과 고독에 시달리게 되었다. 감시(監試, 국자감시)와 문과(文科)에 함께 급제했던 동년(同年)들이 모두 100여 명이나 되었으나 둔촌을 찾아주는 사람은 많지 않았다. 그러나 이숭인은 그렇지 않았다는 심경과 은둔을 실천하겠다는 의지가 이 시에 잘 나타나 있다.

(76~77) 야당[허금[20]]에게 드리다 2수(呈埜堂二首)

〈첫째 시(其一)〉

| 世間名利有無中 | 세상에 명리란 있는 것인지,
| 세 간 명 리 유 무 중 |

| 車馬紛紛我屢空 | 거마(車馬)들 북적이는데, 나만이 어려운 처지로다.
| 거 마 분 분 아 루 공 |

| 嚥日牕前須藥物 | 연일(嚥日) 창 앞에서는 약물이나 기다리고,
| 연 일 창 전 수 약 물 |

| 瞻星臺畔聽松風 | 첨성대 곁에서는 송풍을 듣네.
| 첨 성 대 반 청 송 풍 |

| 주해(註解) |

* 명리(名利) - 명예와 이익.
* 누공(屢空) - 어려운 처지.
* 연일(嚥日) - 햇빛을 들이마시는 도가의 양생법.
* 송풍(松風) - 소나무 숲 사이를 스쳐 부는 바람.

---

20) **허금(許錦, 1340~1388)** - 자는 재중(在中), 호는 야당(埜堂)으로 양천이 본관이다. 시호는 문정(文定)이다. 두문동 72인에 들어간다.

〈둘째 시(其二)〉

秋來短髮詩添白　　가을 되니 짧은 머리는 시 짓느라 다 희어지고,
추 래 단 발 시 첨 백

病裏衰顔酒借紅　　병에 시달려 핏기 없는 얼굴 술기운을 빌어 붉어졌다네.
병 리 쇠 안 주 차 홍

昨夜夢歸江上宅　　어젯밤엔 꿈속에서 강가 집에 찾아가서,
작 야 몽 귀 강 상 택

夕陽閒卷釣魚筒　　석양 아래 한가로이 낚시통을 매만졌다네.
석 양 한 권 조 어 통

| 주해(註解) |

* 쇠안(衰顔) - 쇠약하여 핏기가 없는 얼굴.
* 권(卷) - 말다. 접다.
* 통(筒) - 대통. 통발.

(78~79) 병중에 경지[김구용]에게 부치다 2수(病中寄敬之二首)

〈첫째 시(其一)〉

高梧一葉下庭柯 　키 큰 오동나무 잎새 하나 정가에 떨어지니,
고 오 일 엽 하 정 가

病客先驚鬢髮華 　병든 사람 머리털 셀까 지레 놀라네.
병 객 선 경 빈 발 화

流轉江鄕非舊隱 　옛 은거지는 아니었는데 늘 떠돌아보아도,
유 전 강 향 비 구 은

却來野寺是誰家 　야사(野寺)를 찾아든들 이는 누구의 집이던가.
각 래 야 사 시 수 가

| 주해(註解) |

* 정가(庭柯) - 집 뜰에 있는 나무의 가지.
* 빈발(鬢髮) - 귀밑머리. 살쩍과 머리털.
* 야사(野寺) - 들판에 있는 절.

〈둘째 시(其二)〉

悠悠身世依簷雀　　유유한 신세는 처마에 의탁한 참새와 같고,
유 유 신 세 의 첨 작

冉冉光陰赴壑蛇　　느린 광음은 골짜기 내리닫는 뱀과 같구나.
염 염 광 음 부 학 사

自夏及秋征不止　　여름부터 가을까지 전쟁은 그치지 않는데,
자 하 급 추 정 부 지

官軍驕敵謾雄誇　　적을 얕보는 관군은 되먹지 않은 영웅심만 자랑하네.
관 군 교 적 만 웅 과

| 주해(註解) |

* 유유(悠悠) - 마음이 늘 흔들리는 모양.
* 첨(簷) - 처마.
* 염염(冉冉) - 1. 나아가는 모양이 느림. 2. 약함.

부 14-15) 척약재[김구용]의 차운시 2수(附次韻 惕若齋二首)

〈첫째 시(其一)〉

百年春夢付南柯
백 년 춘 몽 부 남 가
한평생의 달콤한 봄날의 꿈은 남가일몽(南柯一夢)에 부쳐졌는데,

一陣新凉感世華
일 진 신 량 감 세 화
한바탕의 초가을 서늘한 기운에 세속의 영화 헛됨을 느끼게 되네.

風月有期長作伴
풍 월 유 기 장 작 반
바람과 달은 기약 있으면 길이 벗이 될 수도 있고,

乾坤乘興卽爲家
건 곤 승 흥 즉 위 가
하늘과 땅도 흥을 띠면 바로 내집이 될 수도 있다네.

| 주해(註解) |

※ 이 시는 <동문선> (제 19권)에 수록되어 있음. 거기에는 이 시의 제목은, <둔촌이 시 여러 편을 부쳤기에 차운하여 적어 드림(遁村寄詩累篇)> [양주동 번역] 이라고 하고, 원문을 여기에서는 2수로 나누어 두었으나, 거기서는 율시[8구] 로 연이어 두었음.- 고전db

* 백년(百年) - 일백 년 안으로 한정된 인간이 세상을 살아갈 수 있는 정하여진 기간. 한평생.
* 남가(南柯) - 남가일몽(南柯一夢). 권세나 부귀가 한바탕의 꿈과 같이 허망함을 비유하는 말.
* 일진(一陣) - 한바탕. 한번.
* 신량(新凉) - 초가을의 서늘한 기운.
* 세화(世華) - 세속의 영화.
* 작반(作伴) - 동무를 삼음.
* 승흥(乘興) - 흥을 띰.

〈둘째 시(其二)〉

李侯不悟倉中鼠
이 후 불 오 창 중 서
이후(李侯)는 곳간쥐에게도 종말이 있음을 깨닫지 못하였고.

杜簿猶疑盞底蛇
두 부 유 의 잔 저 사
두부(杜簿)는 술잔 바닥에 뱀이 있는 줄 의심했다네.

從此共成眞隱遁
종 차 공 성 진 은 둔
이로부터는 우리 함께 참다운 은둔을 이룰 참이니,

莫將虛譽向人誇
막 장 허 예 향 인 과
헛된 명예 가지고 남에게 뽐내지 말자구나.

| 주해(註解) |

※ **이후(李侯)** - 진나라 승상 이사(李斯)를 지칭함.

* **두부(杜簿)** - 주부(主簿) 두선(杜宣)을 지칭함.
* **창중서(倉中鼠)** : 곳간에 사는 쥐. 진(秦)의 승상 이사(李斯)가 소시에 측간(廁間)에 갔다가 거기에서 사는 쥐를 보고, 곳간에서 살면 일생 배불리 지낼텐데, 저놈은 어쩌자고 측간에서 사는지 모르겠다고 한탄하고, 자신은 창서(倉鼠)는 될지언정 측서(廁鼠)는 되지 않겠다고 다짐하고, 순창(荀窓)에게 나아가 치도(治道)를 배워, 진 나라에 들어가 승상이 되었다. 그러나 진시황이 죽은 뒤에 조고(趙高)의 중상(中傷)을 입어 함양(咸陽)의 거리에서 요참(腰斬, 허리가 잘림)을 당하고 삼족이 전멸하였다.
* **잔저사(盞底蛇)** : 마음에 의혹이 생겨 고민한다는 것인데, 침(枕)이라는 성을 가진 사람이 급(汲) 땅의 원님이 되었는데, 어느 날 주부(主簿) 두선(杜宣)이 찾아와서 술을 마시다가, 벽에 걸린 활의 그림자가 술잔에 비친 것을, 뱀으로 잘못 알고 뱀을 삼켰다고 생각하여, 병이 나서 앓다가, 그 원님의 자세한 이야기를 듣고야 병이 나았다 함.
* **막장(莫將)** - ~하지 말라.

(80~81) 임 동년 심보에게 부치다 2수(寄任同年[深父]二首)

〈첫째 시(其一)〉

同年任氏本衣冠	동년(同年)인 임씨는 원래가 선비여서,
동 년 임 씨 본 의 관	
平日同盟意未闌	평소에 친구로 맺은 언약, 그 뜻 식지 않는다네.
평 일 동 맹 의 미 란	
屢送白醪時復醉	자주 보내준 흰 술은 때때로 나를 취하게 하고,
누 송 백 료 시 부 취	
軟炊香稻可加餐	보내준 향기로운 쌀로는 더운 밥을 잘 해먹을 수 있다네.
연 취 향 도 가 가 찬	

| 주해(註解) |

* 의관(衣冠) - 의관지인(衣冠之人 : 의관을 단정히 차린 사람). 선비.
* 평일(平日) - 특별한 일이 없는 보통 때.
* 의미란(意未闌) - 그 뜻 다하지 않는다. 식지 않는다. 란(闌) : 1. 가로막다. 2. 드물다. 3. 쇠퇴하다.
* 루(屢) - 1. 여러. 2. 자주. 3. 수효가 많은
* 백료(白醪) - 쌀, 차좁쌀, 누룩 따위로 빚은 술. 빛깔이 뽀얗고 맛이 매우 좋다.
* 연취(軟炊) - 잘 익힌 밥.
* 향도(香稻) - 구수한 향기가 있는 쌀.
* 가찬(加餐) - 1. 식사를 잘함. 2. 몸을 소중히 함.

〈둘째 시(其二)〉

江魚潑剌纔罹網　　강 물고기 팔팔 뛰다 갓 그물에 걸린 놈이랑,
강 어 발 랄 재 이 망

野雉鮮肥亦置盤　　신선하고 살진 산꿩도 소반에 올려 주게 하였지.
야 치 선 비 역 치 반

病客得無靈輒[21]感　병든 몸이라고 어찌 영첩(靈輒) 같은 감격한 마음이야
병 객 득 무 영 첩 감　　없겠는가?

每將嘉惠慰酸寒　　언제나 가혜(嘉惠) 베풀어 궁상맞음을 위로하시고
매 장 가 혜 위 산 한　　있다네.

| 주해(註解) |

* 발랄(潑剌) - 1. 물고기가 뛰는 모양 2. 활발하게 약동하는 모양. 3. 활을 당긴 모양.
* 재(纔) - 1. 겨우, 가까스로. 2. 조금, 약간. 약자로 '才'로 적기도 함.
* 이망(罹網) - 물고기가 그물에 걸림.
* 선비(鮮肥) - 신선(新鮮)하고 살진 고기.
* 가혜(嘉惠) - 1. 베푼 은혜. 2. 은혜를 베풀다.
* 산한(酸寒) - 가난하고 초라한. 궁상맞다.

---

21) **영첩(靈輒)** - 춘추 시대 때 진(晉)나라 사람. 굶주려 쓰러져 있을 때 조순(趙盾)의 도움을 받았는데, 뒷날 진영공(晉靈公)의 갑사(甲士)로 있으면서 영공이 조순을 죽이려할 때 조순의 목숨을 구해주어 전날의 은혜를 갚았다고 한다.

(82) 옛날을 회상한 시 한 수를 지어 군자들께 올리다 (念昔一首呈諸君子)

去年山寺庚申夜 (거년산사경신야)	지난해 산사(山寺)의 경신일(庚申日) 밤에,
團欒共惜歲月流 (단란공석세월류)	둘러앉아 다 함께 흐르는 세월 아쉬워했지.
四更山月照炯炯 (사경산월조형형)	사경(四更)의 산월(山月)은 휘영청 비쳐 오고,
萬壑松風鳴颼颼 (만학송풍명수수)	만학(萬壑)의 송풍(松風)은 쏴쏴 울어댔지.
高僧入定默不語 (고승입정묵불어)	고승은 선정에 들어 묵묵히 말이 없었고,
沙彌煮茗香煙浮 (사미자명향연부)	사미승 차 다리니 향기로운 김 감돌고 있네.
同遊賓客盡儒雅 (동유빈객진유아)	어울려 놀던 손님들은 모두가 점잖으면서도 풍치가 있어,
一觴一詠爲歡謳 (일상일영위환구)	한 잔 들고 한 번 읊으며 즐겁게 노래도 했지.
當時二公今兩府 (당시이공금양부)	그 당시의 두 사람은 바야흐로 양부(兩府)에 있어 불참했으나,
餘子登樓聊消憂 (여자등루료소우)	나머지 친구들은 누대에 올라가서 에오라지 시름을 풀었다네.
歸來相顧頭尙黑 (귀래상고두상흑)	돌아올 때 살펴보니 모두 머리 아직 검었는데,
白首吾今守一丘 (백수오금수일구)	백수(白首)된 이 사람은 지금 똑같이 언덕만 지키고 있다네.
聚散悲歡幾時極 (취산비환기시극)	만남과 흩어짐, 슬픔과 기쁨은 언제나 끝나려나?
更期秉燭山中遊 (갱기병촉산중유)	병촉의 산중 놀이 다시 한번 기약했으면.

| **주해(註解)** |

* 경신회(庚申會) - 민속행사의 하나. 이날 잠을 자면 몸에서 삼시충(三尸虫:도가의 학설에 인체 내에 있는 해충이라 함)이 밖으로 나와 사람들의 비밀한 일을 옥황 상제에게 밀고한다 해서 밤새 잠을 자지 않고 밀고할 틈을 주지 않는다는 행사.
* 단란(團欒) - 여럿이 함께 즐겁고 화목하다.
* 사경(四更) - 하룻밤을 다섯으로 나눈 넷째 부분. 곧 새벽 1시~3시까지의 동안.
* 형형(炯炯) - (광채가) 반짝반짝 빛나면서 밝은 모양.
* 만학(萬壑) - 첩첩이 겹쳐진 깊고 큰 골짜기.
* 수수(颼颼) - 쏴쏴.
* 입정(入定) - 삼업(三業)을 그치게 하고 선정(禪定)에 들어가는 일.
* 사미(沙彌) - 십계(十戒)를 받고 구족계(具足戒)를 받기 위하여 수행하고 있는 어린 남자 중.
* 자명(煮茗) - 차를 달이다. 자(煮) : 삶다. 명(茗) : 차 싹.
* 유아(儒雅) - 풍치가 있고 아담함.
* 환구(歡謳) - 기쁘게 노래하다. 구(謳) : 노래. 어린애의 말소리.
* 양부(兩府) - 고려조의 문하성과 밀직사의 합칭.
* 소우(消憂) - 근심을 없애 버림.
* 일구(一丘) - 같은 언덕. 같은 부류.
* 취산(聚散) - (사람들의) 모임과 흩어짐을 아울러 이르는 말.
* 비환(悲歡) - 슬픔과 기쁨.
* 병촉(秉燭) - 등불을 손에 쥐고 밤새워 논다는 말. 병촉야유(秉燭夜遊).

2. 수화(酬和)

(83~85) 차운하여 포은에게 드리다 3수(次呈圃隱三首)

⟨첫째 시(其一)⟩

※ 이 시는 자기의 이야기이다

老去還城市 노 거 환 성 시	늘그막에 촌집 떠나 성시(城市)로 돌아와보니,
僑居更遠林 교 거 갱 원 림	우거(寓居)는 다시 멀리 떨어진 숲과 같도다.
關門無俗客 관 문 무 속 객	문을 닫고 있으니 속된 손님 없어졌고,
鼓瑟有遺音 고 비 유 유 음	거문고 타 보니 고아한 음운이 남아있구려.
蒼翠憐松嶺 창 취 린 송 령	푸르고 짙푸름은 소나무 고개가 사랑스럽고
茅茨憶漢陰 모 자 억 한 음	띠집은 한음노인을 생각나게 하는구려.
新詩起予興 신 시 기 여 흥	새로 지은 시는 나의 흥을 돋구어,
三復發高吟 삼 복 발 고 음	세 번이나 소리 높여 거듭 읊조리게 되는구려.

| 주해(註解) |

* 수화(酬和) - 시(詩)·사(詞)로 응답하다.
* 성시(城市) - 성이 있는 시가(市街)
* 교거(僑居) - 우거(寓居). 정착하지 아니하고 임시로 삶.

* 원림(遠林) - 멀리 떨어진 숲.
* 속객(俗客) - '풍치(風致)가 없는 사람'을 얕잡아 일컫는 말.
* 고슬(鼓瑟) - 비파를 치다.
* 유음(遺音) - 고음(古音). 예부터 전해온 고아한 음운.
* 창취(蒼翠) - (나무 따위가)싱싱하게 푸름.
* 송령(松嶺) - 소나무가 많은 능선.
* 한음(漢陰) -《장자(莊子)》<천지(天地)>에, 두레박을 이용하면 손쉬운 줄 알면서도 굳이 항아리에 물을 퍼 담아 밭에 물을 주면서 "기계가 있으면 기교를 부리는 일이 있게 마련이고, 그런 일이 있으면 기교를 부리는 마음이 생기게 마련이다"라고 자공(子貢)에게 충고한 한음장인(漢陰丈人)의 이야기가 나온다 – 한국고전종합DB
* 모자(茅茨) - 모옥(茅屋).
* 음(吟) - 읊다. 신음하다.

| 해설(解設) |

    5언 율시 측기식(仄起式)으로, 하평성(下平聲) 침(侵) 자 운(韻)을 사용하였으며, 림(林), 음(音), 음(陰), 음(吟)이 각운이다. 함련(頷聯)의 관문(關門)과 고비(鼓瑟), 속객(俗客)과 유음(遊音)이 대를 이루고 있으며, 경련(頸聯)의 장취(蒼翠)와 모자(茅茨), 송령(松嶺)과 한음(漢陰)이 대를 이루고 있다.

〈둘째 시(其二)〉

※ 이 시는 상대를 읊은 것이다

耽書窮聖域 탐 서 궁 성 역	책에 탐닉하여 성인의 경지를 궁구하셨고,
射策振儒林 사 책 진 유 림	중시(重試)는 유림을 진동하셨도다.
奉使能專對 봉 사 능 전 대	사명(使命)을 받들고 외국에 나가서는 사신의 역할에 능란하셨고,
還家亦好音 환 가 역 호 음	돌아와서는 좋은 소식도 전하셨지.
世塗相得喪 세 도 상 득 상	세상 살아가는 운수에는 항상 얻음과 잃음이 있는 법,
天日伴晴陰 천 일 반 청 음	하늘의 해도 또한 흐림과 갬이 있도다.
爲圃有眞趣 위 포 유 진 취	채마밭을 가꾸는 일에 참된 멋이 있나니,
憂來快活吟 우 래 쾌 활 음	시름이 일 때면 시원스럽게 시를 읊으시게나.

| 주해(註解) |

* 성역(聖域) - 성인의 경지
* 사책(射策) - 책문(策問, 당면 정책에 관하여 물음)으로 인재를 선발하는 시험. 여기에서는 이미 소과, 대과에 합격하여 조정에 들어와서 벼슬하고 있는 조신(朝臣)들에게 보이는 중시(重試, 거듭된 시험)를 뜻함. '射'는 '맞춘다'는 뜻으로 '정답을 제시한다'는 뜻임.
* 전대(專對) - 외국에 나가서 자기의 의사대로 응대할 권리를 위임받음.
* 세도(世塗) - 세상이 돌아가는 운수.

* 청음(晴陰) - 날씨가 흐린 날과 갠 날. 또는 흐림과 갬. 여기서는 임금이 좋아할 때도 있고, 싫어할 때도 있다는 뜻.
* 진취(眞趣) - 참된 멋. 참된 취미.
* 위포(爲圃): '포은(圃隱)'이라는 호가 연상됨.

| 해설(解設) |

    이 시의 내용으로 보아서는 포은이 한 때 좋은 운세를 만나기도 하였지만, 이 때는 액운을 만나기도 한 것을 위로하는 뜻을 담고 있음이 보이니("세상 살아가는 운수에는 항상 얻음과 잃음이 있는 법, 하늘의 해도 또한 흐림과 갬이 있도다."), 뒤에 보이는 원운시[첫째 수]를 보고서 당장 쓴 것이 아니라, 이 한 수와 [다음시]도 오랜 뒤에 쓴 것이 분명하다.

〈셋째 시(其三)〉

明朝端午是 명 조 단 오 시	내일 아침이 마침 단오날이라,
擬約訪禪林 의 약 방 선 림	선림(禪林)을 찾기로 약속하였으면....
風景引吾輩 풍 경 인 오 배	풍경은 우리네 이끌 것이고,
松聲非世音 송 성 비 세 음	솔바람 소리는 세속의 음률 아닐 것이라오.
遠公[22]爲社主 원 공 위 사 주	원공(遠公)으로 하여금 모임의 주관자를 삼을 것이고,
野老在山陰 야 로 재 산 음	야로(野老)들은 산의 그늘에서 쉬고 있겠지.
數子多佳句 수 자 다 가 구	여러 사람은 아름다운 글귀 많으리니,
相將盡日吟 상 장 진 일 음	서로 마주 잡고 온종일 읊조리게 되리라.

| 주해(註解) |

* 의약(擬約) - 약속을 맺다.
* 선림(禪林) - 숲이 우거진 고요한 절간을 말함.
* 오배(吾輩) - '우리'를 문어적(文語的)으로 이르는 말.
* 사주(社主) - 모임, 동아리의 대표자.
* 야로(野老) - 시골 늙은이.

---

22) **원공(遠公, 334~416)** - 법명은 혜원(慧遠). 동진(東晉)의 정토종(淨土宗) 고승으로 인간의 영혼은 죽지 않는다는 '신불멸론(神不滅論)'을 주장하였다. 여산(廬山) 동림사(東林寺)에 거주하면서, 당시의 명사 도연명(陶淵明)과 사귄 일화로도 유명하다. 원공 스님이 주관하여 당시 명사 30여 명을 모아 만든 '연사(蓮社)'라는 모임도 이름이 높은데, 여기에 도연명이 가입하였는지 여부는 후세에 논란거리로 남아 있다.

* 상장(相將) - 동반하다.
* 진일(盡日) - 진종일.

| 해설(解說) |

    이 시는 둔촌이 포은을 단오날 절에 함께 가서 시를 같이 지으면서 놀자고 초청한 것임.
    함련의 풍경(風景)과 송성(松聲), 오배(吾輩)와 세음(世音)이 대를 이루고 있으며, 경련의 원공(遠公)과 야로(野老), 사주(社主)와 산음(山陰)이 대를 이루고 있다.

부 16-18) 포은[정몽주]의 원운시 3수(附元韻三首)

- 계묘년(1363, 공민왕 12) 5월 2일 비가 와서 혼자 앉았는데 마침 둔촌이 찾아 오다(癸卯五月二日, 有雨獨坐, 遁村適來. 圃隱鄭夢周)

〈첫째 시(其一)〉

閉門聊坐睡 폐 문 료 좌 수	문을 닫고 하염없이 졸고 앉았노라니,
微雨灑園林 미 우 쇄 원 림	보슬비 시원스레 동산숲에 뿌리네.
欲作靑春夢 욕 작 청 춘 몽	한 바탕 봄 꿈이나 꾸어볼까 하였더니,
忽聞黃鳥音 홀 문 황 조 음	느닷없이 꾀꼬리 소리 들려오네.
蕪菁花結子 무 청 화 결 자	순무는 꽃이 피어 열매 맺히고,
桃李葉成陰 도 리 엽 성 음	복숭아와 오얏잎 그늘을 이루었네.
時有西隣客 시 유 서 린 객	때마침 서쪽에 사는 손님 있어,
相尋伴我吟 상 심 반 아 음	찾아와서 친구되어 같이 시를 읊조리네.

| 주해(註解) |

* 계묘년(癸卯年): 둔촌 37세, 포은 26세.
* 원림(園林) - 집터에 딸린 수풀.
* 미우(微雨) - 보슬비.
* 황조(黃鳥) - 꾀꼬리.
* 서린(西隣) - 고려 수도 개성의 태평관(太平館) 서쪽에 있던 양온동(良醞洞).

※ 이 시는《포은집》(권2)에 수록되어 있다.

〈둘째 시(其二)〉

遁村能避色
둔 촌 능 피 색
둔촌은 능히 나쁜 사람을 피할 줄 아는 분이나,

不必在山林
불 필 재 산 림
반드시 산림에만 숨어 살 필요는 없지.

道直忤時俗
도 직 오 시 속
도는 곧아서 시속(時俗)과는 어긋나지만,

詩成逼正音
시 성 핍 정 음
시를 지으면 명시(名詩)들을 억눌렀다네.

京華聊送老
경 화 료 송 노
서울에서 그래도 노년을 보내고 있는데,

節序又生陰
절 서 우 생 음
계절은 또 가을이 되었다네.

欲把菖蒲酒
욕 파 창 포 주
창포주 한 잔을 잡고 바라나니,

從君一醉吟
종 군 일 취 음
그대와 함께 취하여 시를 읊으리.

| 주해(註解) |

* 피색(避色) - 나쁜 사람을 피하다.
• 공자 <논어 (해제)> : "현자(賢者)는 세상을 피하고(避世), 그 다음은 장소를 피하고(避地), 그 다음은 나쁜 사람을 피하고(避色), 그 다음은 나쁜 말을 피한다. […] 그렇게 행한(도피한) 사람 이 일곱 명이다."(賢者避世, 其次避地, 其次避色, 其次避言. […] 作者七人矣)
* 시속(時俗) - 그 시대의 풍속(風俗).
* 오(忤) - 1. 거스르다. 2. 미워하다. 3. 어지럽다.
* 핍(逼) - 핍박하다. 2. 닥치다. 3. 급박하다.
* 정음(正音) - 올바른 음률. 특히 <시경(詩經)>의 주남(周南)·소남(召南) 따위의 좋

은 시를 말함.
* 절서(節序) - 절기(節氣)의 차례.

| 해설(解說) |

이 시와 다음 시도 ≪포은집≫(권2)에 바로 위의 시 다음에, <또 둔촌의 시에 차운하다(又次遁村詩)>, 2수로 수록되어 있는데, 앞의 시와 같이 3수 모두, 둔촌이 포은에게 보낸 시와 같은 각운자로 지어지기는 하였으나, 이 2수는 앞의 시와 같은 때 지어진 것 같지는 않아 보인다.

〈셋째 시(其三)〉

人而不如鳥 인 이 불 여 조	사람으로서 새만도 못하랴?
何日去投林 하 일 거 투 림	언제나 속세를 떠나서 숲속으로 몸을 던져보려나.
幻學妨吾道 환 학 방 오 도	이단 학문은 우리 도를 방해하고,
新聲亂雅音 신 성 난 아 음	속된 가곡이 우아한 노래를 어지럽히지.
丹心歸社稷 단 심 귀 사 직	일편단심은 종묘사직으로 향해 가지만,
白髮閱光陰 백 발 열 광 음	백발로 부질없이 세월만 보내고 있구려.
壁上靑蛇劍 벽 상 청 사 검	벽 위에 걸려 있는 청사검(靑蛇劍)도,
猶能夜夜吟 유 능 야 야 음	오히려 밤마다 우는 듯하다오.

| 주해(註解) |

※ 이 시는 포은이 자신을 읊은 것으로 보임.

* 불여조(不如鳥) <대학장구(大學章句)> 전 3장에 "<시경>에 이르기를 '꾀꼴꾀꼴 우는 꾀꼬리여, 산모퉁이 울창한 숲에 멈추어 있도다.' 라고 하거늘, 공자가 말하기를 '그칠 때도 그칠 곳을 아니, 사람으로서 새만도 못해서야 되겠는가' 하였다." 라고 하였다.
* 환학(幻學) - 환상적인 학문. 즉 혹세무민하는 학문. 여기서는 불교를 가르키는 말.
* 오도(吾道) - 우리의 도 유교를 이르는 말.
* 신성(新聲) - 세속에서 불려지는 노래.
* 아음(雅音) - 아언(雅言)과 같은 말인데, 고음(古音), 고시(古詩)
* 청사검(青蛇劍) - 보검(寶劍)의 이름. 당나라 선인(仙人) 여암(呂巖)이 차고 다니던 보검이다.

| 해설(解說) |

둔촌과 정몽주의 교유는 30년을 넘을 정도로 관직 초기부터 둔촌이 정몽주의 집을 찾기도 하는 등 매우 가까운 사이였다. 이 첫째 시를 지을때는 포은은 26세, 둔촌은 37세였으니 그 긴 교유의 초년에 지은 것이다.

앞의 둔촌의 차운시 제3수를 보면 도연명과 같은 시대에 여산(廬山)의 동림사(東林寺)에서 머물던 고승 혜원(斐園)이 주관하던 연사(蓮社)라는 모임이 있었듯이, 우리들도 그러한 모임을 만들어, 여러 사람이 모여 좋은 시를 함께 지었으면 하는 뜻을 비치고 있다. 이를 보면 이 두분의 두터운 우정을 넉넉히 짐작할 수 있다.

(86~87) 중회[민제]에게 주다 2수(贈仲晦二首)

〈첫째 시(其一)〉

僑居依北郭 　나의 임시 거처는 북쪽 외곽에 의지해 있고,
교 거 의 북 곽

甲第對南門 　그대의 좋은 저택은 남문을 마주해 있다네.
갑 제 대 남 문

遙望非無路 　멀리서 바라보니 찾아갈 길 없지는 않지만,
요 망 비 무 로

相尋却似村 　찾아가려니 도리어 촌길같이 힘드네.
상 심 각 사 촌

| 주해(註解) |

* **민제(閔霽 : 1339~1408)**, 호는 어은(漁隱). 고려 말에 여러 요직을 거치고, 조선 건국 후 좌의정을 지냄. 태종 이방원의 장인.
* 교거(僑居) - 임시거처.
* 갑제(甲第) - 크고 너르게 아주 잘 지은 집.
* 요망(遙望) - 멀리서 바라봄.
* 각(却) - 1. 도리어. 2. 물리치다. 3. 물러나다.

⟨둘째 시(其二)⟩

交情通表裏	사귄 정분은 표리가 없었고,
교 정 통 표 리	
晤語竟朝昏	정다운 오어(晤語)는 밤낮을 다했었네.
오 어 경 조 혼	
安得比隣住	어찌하면 가까운 이웃에 함께 살며,
악 득 비 린 주	
餘懷好細論	남은 회포 속속들이 논해볼거나.
여 회 호 세 론	

| 주해(註解) |

* 오어(晤語) - 마주 대하여 얘기를 나눔.
* 조혼(朝昏) - 아침과 저녁.
* 안득(安得) - 어디에서[어떻게] …을 얻으랴[얻을 수 있으랴].
* 비(比) - 1. 나란히 하다. 2. 견주다. 3. 모방하다.
* 비린(比隣) - 가까운 이웃. 근린(近隣).

(88~89) 정 삼봉[도전]에게 주다 2수(贈鄭三峯二首)

〈첫째 시(其一)〉

鄭生應似我 정 선비는 꼭 나를 닮았는지,
정 생 응 사 아

無屋屢遷移 집도 없어 자주자주 옮겨 산다네.
무 옥 루 천 이

只賴同年愛 다만 동년(同年)들의 보살핌에 의지했지만,
지 뢰 동 년 애

今爲相國知 지금은 재상들이 알아주는 바 되었지.
금 위 상 국 지

| 주해(註解) |

※ **삼봉(三峯)** - 정도전(1342~1398)의 호. 정도전이 삼각산(북한산) 아래에서 살았기 때문에 자신의 호를 삼봉으로 정했다는 설과 그의 옛집인 개경 부근의 삼각산에서 차명했다는 설이 있다. 또한 《한국지명유래집》 <충청편>의 '도담삼봉'에서는 "정도전이 도담삼봉과 이웃한 단양읍 도전리에서 태어났고 도담상봉에서 아호를 따서 삼봉이라 하였다"고 기록하고 있다.

* 루(屢) - 여러. 자주.
* 지(只) - 다만. 오직.
* 상국(相國) - 영의정, 좌의정, 우의정을 통틀어 이르는 말.

〈둘째 시(其二)〉

借書勤夜讀
차 서 근 야 독
그대는 책을 빌려 다가는 밤마다 부지런히 읽었고,

乞米繼晨炊
걸 미 속 신 취
쌀을 꾸어 가지고 아침 끼니 겨우 이어오기도 하였다네.

莫向三峯隱
막 향 삼 봉 은
삼봉(三峯)으로 돌아가 숨을 생각일랑 하지 마오,

君王亦爾思
군 왕 역 이 사
임금님도 그대를 생각하고 있으실 테니까.

| 주해(註解) |

* 이(爾) - 1. 너. 2. 이(≒此). 3. 그(≒其).

| 해설(解說) |

　이 2수의 시는 모두 삼봉의 가난함을 읊었는데, 정삼봉의 문집에서는 이에 답하거나 둔촌에 관하여 읊은 시를 찾지 못하겠고, 다만 <포은집> (권 1)에 보면 <이도은, 정삼봉, 이둔촌 세 군자를 그리워하다(有懷李陶隱·鄭三峯·李遁村三君子)는 시가 있는데, 명나라에 사신으로 나가 남경 부근에서 이들을 생각하면서 지은 것인데, 도은이 홀로 앉아서 시를 읊는 모습, 삼봉이 학문을 강론하던 모습, 때때로 둔촌 어른을 청하여 마음을 터놓고 이야기하던 일을 즐겁게 되새기고 있다. 이를 보면 이 네 분은 서로 가깝게 지낸 것이 분명한 것 같다.

(90~91) 정삼봉[도전]에게 주다 2수(贈鄭三峯二首)

- 삼봉은 그때에 서장관이 되어 정 포은을 따라 명나라에 갔었다(三峯, 時爲書狀官,從圃隱朝大明)

〈첫째 시(其一)〉

直道見三黜
직 도 견 삼 출
곧은 길로 나가다가 세 번이나 내침을 당하였지만,

嘉言師六經
가 언 사 육 경
본받을 만한 말은 육경(六經)을 본받았다네.

厥聲隨老圃
궐 성 수 노 포
그 명성 높았기에 노숙한 포은(圃隱)을 수행하게 되었고,

玉色近明庭
옥 색 근 명 정
옥 같은 얼굴이라 명나라 조정을 가까이할 수 있었다네.

| 주해(註解) |

* 서장관(書狀官) - 외국에 보내는 사신에게 딸려 보내는 임시 벼슬. 정사·부사와 아울러 삼사(三 使)의 하나에 드는데, 정사·부사보다는 지위가 낮지만, 각종 외교 정보를 기록하여 국왕에게 보고하고, 사행단의 비리나 부정을 감찰(監察)하는 임무를 맡았다. 주로 사헌부의 4품에서 6품 관원 중에서 임명되었다.
* 출(黜) - 내치다. 물리치다. 내쫓기다.
* 가언(嘉言) - 본받을 만한 좋은 말.
* 6경(六經) : <역경(易經)>, <서경(書經)>, <시경(詩經)>, <춘추(春秋)>, <예기(禮記)>, <악기(樂 記)>를 이르는데 <악기(樂記)> 대신 <주례(周禮)>를 넣기도 한다.
* 궐(厥) - 1. 그것. 2. 돌궐.
* 명정(明庭) - 명나라 조정을 말함.

⟨둘째 시(其二)⟩

冒險心逾赤 위험을 무릅쓰면 마음은 더욱 충성스러웠고,
모 험 심 유 적

還家鬢尙靑 집으로 돌아올 땐 귀밑털 아직도 푸르렀다네.
환 가 빈 상 청

遁夫空白髮 은둔한 나 같은 늙은이는 덧없이 백발만 늘어,
둔 부 공 백 발

深愧守柴扃 사립문이나 지키는 게 몹시도 부끄럽다네.
심 괴 수 시 경

| 주해(註解) |

* 유(逾) - 넘다. 넘기다.
* 둔부(遁夫) - 은둔한 남자. 둔(遁) 자가 들어간 호를 지닌 사람.
* 시경(柴扃) - 사립문.

| 해설(解說) |

 이 시는 둔촌이 57세 때 지은 시이다. 1384년(우왕 10) 가을 전교시부령(典校侍副令)으로 복직된 정도전은 43세 때 성절사(聖節使, 황제·황후의 생일 축하 사절) 정몽주의 서장관으로 명나라에 가서 양국 간 첨예한 외교적 갈등을 해소하고, 우왕의 승습(承襲, 아버지의 봉작·封爵을 이어받음)과 공민왕의 시호를 받아 귀국하였다.
 둔촌은 이 시에서 정도전의 거듭된 귀양과 인생 풍파를 위로했고, 서장관으로 발탁된 능력과 외교적 수완을 칭찬하였다.

(92~95) 박 통헌[대부 의중][23]님께 보내드리다 4수
(贈朴通憲四首)

〈첫째 시(其一)〉

夫子在全羅　선생이 전라도에 계실 때에도,
부 자 재 전 라

相思獨寤歌　그리운 생각에 홀로 깨어 노래를 불렀는데요.
상 사 독 오 가

如今京城裏　지금은 서울 안에 계시니,
여 금 경 성 리

不謂路逶迤　찾아뵙는 길이 어렵다고 핑계대지 못하겠는데요.
불 위 로 위 이

| 주해(註解) |

* 부자(夫子) - 덕행이 높아 모든 사람의 스승이 될 만한 사람의 높임말. 둔촌보다 10세 연하나 이렇게 불렀음.
* 전라(全羅): 전라도 김제(金堤)를 말함. 선생이 이곳에 살았음.
* 독오가(獨寤歌) - 홀로 깨어 노래하다. 독매오가(獨寐寤歌) : 혼자서 자나 깨나 하는 노래. <시경(詩經)> '고반(考槃, 은거하는 집을 이룸)'에 나오는 구절.
* 불위(不謂) - ~이라고 말할 수 없다 [부정하는 말 앞에 쓰임]
* 위이(逶迤) - (에두른 길이) 구불구불함.

---

23) **박의중(朴宜中, 1337~1403)** : 자는 자허(子虛), 호는 정재(貞齋), 본관 밀양. 고려 말기, 조선 초기의 문신. 52세때 명나라에 가서 철령위(鐵領衛) 철폐를 교섭하여 성공시킨 것으로 유명함. 문집 <정재선생일고(貞齋逸稿)> (3권)가 전함.

〈둘째 시(其二)〉

我病不往見   나는 병으로 가서 뵙지 못하면서도,
아 병 불 왕 견

反愧再來過   다시 들려달라고 말씀드리기가 되레 부끄럽네요.
반 괴 재 래 과

交遊已渙散   서로 왕래 벗들 이미 흩어져 버렸지만,
교 유 이 환 산

子獨心靡他   그대만은 유독 마음이 달라지지 않았네요.
자 독 심 미 타

| 주해(註解) |

* 반(反) - 도리어.
* 過 - 1. 지날 과. 2. 재앙 화.
* 교유(交遊) - 서로 사귀어 왕래함.
* 환산(渙散) - 군중이나 단체가 흩어짐.
* 심미타(心靡他) - 마음에 다르지 않다. 미(靡) ; 1. 쓰러지다. 2. 따르다.

〈셋째 시(其三)〉

我有一斗酒　나에게는 한 말의 술도 있고,
아 유 일 두 주

龍首秋光多　용수산(龍首山)은 가을 풍경 뛰어나지요.
용 수 추 광 다

歲月不相貸　세월은 시간을 연장해 주지 않는 것,
세 월 불 상 대

世事易蹉跎　세상일은 어긋나기 일쑤지요.
세 사 이 차 타

| 주해(註解) |

* 용수(龍首) - 용수산 : 개성시와 개풍군 경계에 있는 산. 높이는 178m.
* 다(多) - 낫다. 뛰어나다.
* 차타(蹉跎) - 1. 미끄러져 넘어짐. 2. 시기를 놓침. 3. 일을 이루지 못하고 나이가 많아짐. 차 (蹉) : 미끄러지다. 타 (跎) : 헛디디다.

〈넷째 시(其四)〉

子如不憚遠　그대가 길이 멀다 않고 찾아주실런가,
자 여 불 탄 원

扶病上山阿　병든 몸 무릅쓰고 산 고개에 올라가서 기다리고자 하려네.
부 병 상 산 아

白髮對靑眼　백발(白髮) 늙은이가 그대를 호의로 맞게 될 것이니,
백 발 대 청 안

痛飮人無何　술을 흠뻑 마셔도 아무 탈 없으리라.
통 음 인 무 하

| 주해(註解) |

* 불탄원(不憚遠) - 먼길도 꺼리지 않다. 탄(憚) : 꺼리다. 두려워하다.
* 부병(扶病) - 병을 무릅쓰다.
* 상산아 (上山阿) : 산 언덕에 오르다. 당나라 고황(顧況)이라는 문인이 도사복을 입고 모산(茅山)이라는 산에 가서 있을 때, 어떤 젊은 사람이 걸어가면서 "산에 올라서 말을 세우고(駐馬上山阿)"라고 읊자 고황이 "바람이 불어오자 오줌을 자주 누고 싶네(風来尿氣多)" 라고 하였다. 젊은 사람이 "도사님은 무례한 말씀을 하니 마세요"하니 고황이 "나는 본래 그런 사람이요"하자, 부끄러워 하면서 물러갔다는 이야기가 중국 시화나 야담집에 보인다. 이러한 농담 섞인 말을 여기에 쓴 것을 보면, 둔촌은 박의중을 아주 가깝게 여긴 것 같다.
* 백발대청안(白髮對靑眼) - 둔촌은 박의중 보다 10살 연상임. 따라서 백발(둔촌)과 청안(박의중) 으로 비유했음.
  청안(靑眼) : 친밀한 감정으로 대하는 눈매. 여기에서는 반가운 사람이란 뜻으로 쓰였다. 중국 진나라의 죽림칠현(竹林七賢) 중 한 사람인 완적(阮籍)이 반가운 사람은 청안(靑眼)으로 대하고, 보기 싫은 사람은 백안(白眼)으로 대하였다는 옛일에서 온 말. 청안시(靑眼視), 백안시(白眼 視)는 모두 여기에서 유래한 말이다.
* 통음(痛飮) - 술을 흠뻑 많이 마심.
* 무하(無何) - 1. 머지 않다. 2. 아무렇지도 않다.

(96~101) 목은[이색]이 보내준 시의 각운자에 차운하다 6수 (次牧隱見寄詩韻六首)

〈첫째 시(其一)〉

人世風波沒復浮 세상의 풍파는 가라앉았다 싶으면 다시 뜨는데,
인 세 풍 파 몰 부 부

已看五十二春秋 어느새 쉰두 번의 봄가을을 보아왔다네.
이 간 오 십 이 춘 추

雁聲落日江村晚 지는 해에 기러기 울고 강 마을은 저무는데,
안 성 낙 일 강 촌 만

閒詠新詩獨倚樓 한가롭게 새 시를 읊조리며 홀로 누각에 기대누나.
한 영 신 시 독 기 루

| 주해(註解) |

※ <목은집>에서는 둔촌에게 보낸 원운시(元韻時)를 찾을 수 없다.

* 부침(浮沈) - 운명의 흥하고 망하는 것.
* 춘추(春秋) - 한해 . 봄가을.

| 해설(解說) |

    이 시를 쓴 해는 1378년(우왕 4년)이다. 정치적으로는 권문세족(이인임 등)의 권력 독점으로 신진사대부와의 갈등이 심화되고 있고, 외교적으로는 원나라의 영향력이 감소하고 명나라와의 외교 재정립기였다. 지는 석양과 기러기를 동무하며 시를 쓰고 관조하는 삶을 영위하고 있는 둔촌이지만, 정치·외교에 대한 풍파와 우려를 외면할 수 없음이 이 시에 잘 나타나 있다.
    날 저무는 강 마을 저편으로 기러기 떼 울며 지나가는 저녁. 홀로 다락에 기대어 새 시를 읊조리지만, 엄습해오는 쓸쓸함이 좀체 가시질 않는다. 시어(詩語)가 혼후(渾厚, 온화하고 후덕함)한 명시이다.

〈둘째 시(其二)〉

| 何須騎鶴上楊州
하 수 기 학 상 양 주 | 하필이면 반드시 학을 타고 양주의 하늘로 올라가야 하리? |
| 大隱王城百不憂
대 은 왕 성 백 불 우 | 크게 깨달은 은사는 왕도(王都)에 있어도 아무 근심이 없었다네. |
| 因病杜門雖屛跡
인 병 두 문 수 병 적 | 병으로 문 닫고 비록 자취 감추고 있건만, |
| 傾都冠蓋盡公侯
경 도 관 개 진 공 후 | 몰려드는 도성의 지체 높은 사람들 모두가 왕후장상(王侯將相)이라네. |

| 주해(註解) |

* 학상양주(鶴上楊州) - <은예소설(殷藝小說)>에 나온 말로, 여러 사람이 한 자리에 어울려 각기 소원을 말하는데, 어떤 사람은 양주자사(楊州刺史)가 되고 싶다 하고, 어떤 사람은 많은 재물을 갖고 싶다 하고, 또 어떤 사람은 학을 타고 하늘에 오르고 싶다 했다. 그중에서 또 한 사람이 나는 허리에다 십만 관의 황금을 차고 학을 타고 양주로 올라가 자사가 되고 싶다고, 앞에 말 한 세 사람의 소원을 한꺼번에 다 가지고 싶다 했다는 고사에서 '도저히 실현될 수 없는 망상'에 비유하는 말.
* 대은(大隱) - 대오(大悟) 철저한 은자(隱者).
* 왕성(王城) - 왕도(王都). 왕도(王都)의 성(城).
* 병적(屛跡) - 자취를 감추고 멀리 세상을 피해 사는 것.
* 관개(冠蓋) - 관과 수레. 즉 관을 쓰고 수레를 타는 지체 있는 사람들.

〈셋째 시(其三)〉

林亭去夏日陪遊	숲속의 정자에서 지난 여름에는 날마다 모시고 놀았는데,
임 정 거 하 일 배 유	
扶杖過從小徑幽	지팡이 짚고 친하게 다닌 오솔길 그윽했어라.
부 장 과 종 소 경 유	
病起江濱誰與語	병에서 일어난 강가에선 누구와 더불어 말할 것인가?
병 기 강 빈 수 여 어	
慨然西望艤扁舟	서글피 그대 타고 서쪽으로 떠나간 조각배를 바라보고 있다네.
개 연 서 망 의 편 주	

| 주해(註解) |

* 임정(林亭) - 숲속의 정자.
* 배유(陪遊) - 귀한 사람을 모시고 놂.
* 과종(過從) - 서로 친하게 지냄.
* 소경(小經) - 좁은 길.
* 의(艤) - 정박하다. 배가 떠날 준비를 갖추다.

〈넷째 시(其四)〉

世間富貴等雲浮 세간의 부귀영화는 뜬구름과 같은 것,
세 간 부 귀 등 운 부

寄傲閒居穩送秋 한가한 집에서 기지개를 펴고서 조용하게 가을을
기 오 한 거 온 송 추 보내노라.

午睡覺來聞剝啄 낮잠에서 깨어보니 문 두드리는 소리 들리는 듯 한데,
오 수 각 래 문 박 탁

滿山黃葉下書樓 온산의 단풍잎이 서재에 떨어지는 소리였구나.
만 산 황 엽 하 서 루

| 주해(註解) |

* 온(穩) - 편안하다. 안정되다.
* 기오(寄傲) - 세속을 떠나 자유롭게 기운을 펼침. 도연명의 <귀거래사(歸去來辭)> : "남쪽 창가에 기대어 기지개를 펴고 나니, 무릎을 들여놓을만한 좁은 방에서도 편안함을 알겠네."(倚南窓以寄傲, 審容膝之易安·의남창이기오, 심용슬지이안)
* 박탁(剝啄) - (문을 열라고 문을) 똑똑 두드림.

〈다섯째 시(其五)〉

十年旅食帝王州 십년 세월 임금님 계신 도성에서 타향 밥 먹다 보니,
십 년 여 식 제 왕 주

桂玉艱難賦百憂 땔 나무와 먹을 양식 구하기 어려워서 온갖 근심
계 옥 간 난 부 백 우 겪었다네.

莫道海山無去路 바다이건 산이건 갈 길 없다 말을 마오,
막 도 해 산 무 거 로

從今辟穀學留侯 지금부턴 곡식 끊은 장량(張良)이나 배우리라.
종 금 벽 곡 학 유 후

| 주해(註解) |

* 서루(書樓) - 서재(書齋)로 쓰거나 책을 넣어 두는 다락.
* 제왕주(帝王州) - 임금이 계시는 도성.
* 계옥(桂玉) - 땔감 구하기가 계수나무 구하기보다 더 어렵고 쌀 꾸기가 옥 꾸기보다 더 어려움. 지극히 가난한 표현.
* 막도(莫道) - 말하지 말라.
* 벽곡(辟穀) - 도가들의 도인 경신하는 한 방법으로 곡식을 먹지 않음을 말함. 장량이 재상 자리도 사양하고 장안을 떠나 신선이 되고자 '벽곡'을 하였다 한다.
※ 유후(留侯) - 유 땅의 제후. 한나라 장량(張良)을 말함. 장량이 서한(西韓)의 개국공신이 된 뒤에 한 고조 유방이 제(齊)나라 땅 3만호를 식읍(食邑, 직할 영지)으로 주는 것을 사양하고 조그마한 유(留) 땅을 택하였음으로 '유후'라 불림.

〈여섯째 시(其六)〉

淵明歸去絶交遊 도연명(陶淵明)처럼 돌아가서 교유를 끊고보니,
연 명 귀 거 절 교 유

生事蕭條地轉幽 사는 모양 쓸쓸하지만 땅은 갈수록 그윽하여 간다네.
생 사 소 조 지 전 유

紅葉蒼苔尋古寺 단풍잎 피고 이끼 낀 옛 절도 찾아보고,
홍 엽 창 태 심 고 사

淸風明月弄漁舟 청풍명월에 고깃배도 저어보려네.
청 풍 명 월 농 어 주

| 주해(註解) |

* 소조(蕭條) - 고요하고 쓸쓸함.
* 지전유(地轉幽) - 살고 있는 땅이 더욱 조용하고 유심해진다는 말이다.
• 당나라 두보의 <병적삼수(屛跡三首, 자취를 감추고 지은 3수)> : "느지막이 일

어난들 집에 무슨 일이 있을까? 경영하는 바 없으니 땅은 갈수록 그윽하여 진다네."(晚起家何事 無營地轉幽·만기가하사 무영지전유)

| 해설(解說) |

둔촌이 밝혔듯, 그는 52세에 위 시를 지었다. 살면서 풍파를 겪지 않은 사람은 없지만, 예나 지금이나 정관계 인물이 풍파를 많이 겪기 마련이다. 예전에는 관료가 정치인이었다. 지금은 정치적으로 문제가 있으면 정계에서 물러나거나 법적으로 책임을 지면 되지만, 예전엔 생사(生死)의 문제로 죽거나 유배를 가야 했다.

둔촌이 위 시에서 닮고 싶어 한 장량과 도연명은 은둔의 대명사이다. 둔촌과 동진(東晉)의 도연명(365~427)은 처한 현실과 삶의 모습에서 많은 유사점을 가지고 있다. 둔촌은 도연명과 같이 불의한 현실 속에서 전원으로 돌아가 유가적 은일을 추구했다. 즉, 도연명이 전원에서 추구했던 '경포고궁절(竟抱固窮節, 끝내 비굴하지 않은 굳은 절개만을 품은 채)'의 자세로 삶을 마감했다. 둔촌이 살았던 고려 후기는 '원간섭기'로 권문세족의 전횡과 왜구의 침입으로 백성들의 삶이 날로 피폐해지고 망국의 기운마저 돌았다. 도연명이 살았던 동진 말엽은 정치적 부패와 전란(戰亂)이 끊이지 않아 사회적 불안이 심해가고 있던 시기였다. 이러한 말기적(末期的) 현상은 두 시인을 정치권력보다는 자연과 청빈한 삶을 중시하는 '은일거사(隱逸居士)'로 만들었다.

(102~103) 경지[김구용]의 주차(舟次, 배 머무는 곳 따라) 시의 각운자를 따라 짓다 2수(次敬之舟次詩韻二首)

〈첫째 시(其一)〉

淸波瀲灩沒中洲　　맑은 파도 출렁출렁 중간 섬은 보일 듯 말 듯,
청 파 염 염 몰 중 주

一葉輕舠泝碧流　　나부끼는 조각배 하나 푸른 물살을 거슬러 오르네.
일 엽 경 도 소 벽 류

若使老夫偕載去　　만약 이 늙은이도 함께 태워 가 준다면,
약 사 노 부 해 재 거

傍人解道李膺舟　　곁에 사람들 이응(李膺)의 배인줄 알게 아닌가?
방 인 해 도 이 응 주

| 주해(註解) |

* 염염(瀲灩) - 잔물결이 조용히 일렁이며 빛나는 모양. 렴(瀲) : (물이) 넘치는 모양. 물가. 염(灩) : 물결이 출렁거리다.
 북송 소식(蘇軾)의 '음호상초청후우'(飮湖上初晴後雨, 서호에서 술 마시니 처음엔 맑다가 나중에 비가 내려...) 시 중에 "수광염염청방호(水光瀲灩晴方好, 물빛 반짝반짝 맑아 바야흐로 아름답더니) 산색공몽우역기(山色空濛雨亦奇, 산 경치 가랑비 내려 어둠침침한데도 또한 뛰어나네)" 라는 구절이 있다.
* 경도(輕舠) - 가벼운 작은배. 경(輕) : 가볍다. 도(舠) : 거룻배(돛이 없는 작은 배).
* 소(泝) - 거슬러 올라가다.
* 벽류(碧流) - 푸른 물의 흐름.
* 이응주(李膺舟) - 이응의 배. 아주 친한 친구 사이를 말함. 후한 때 곽태(郭太)가 낙양(洛陽)에서 노닐면서 고사(高士) 이응(李膺)을 처음으로 만났을 때 이응이 그를 대단히 기특하게 여겨 서로 친구가 되었는데, 뒤에 곽태가 향리로 돌아올 적에 수천 명의 선비들이 배웅을 나왔으나, 오직 이응하고만 함께 배를 타고 건너가니 선비들이 바라보며 신선이라고 칭찬했다는 고사가 있음.

〈둘째 시(其二)〉

夜深衣露灑霏微　　밤이 깊자 옷에 이슬 내림이 눈 조금씩 내리는 듯 한데,
야 심 의 로 쇄 비 미

閒棹孤舟訪釣磯　　한가히 외딴 배 저어 여울의 낚시터 찾았노라.
한 도 고 주 방 조 기

柴戶半扃人正靜　　집에 오니 사립문 반쯤 닫힌 채 인기척이 없기에,
시 호 반 경 인 정 정

呼童還向月中歸　　다시금 동자 불러 달빛 아래에 돌아왔노라.
호 동 환 향 월 중 귀

| 주해(註解) |

※ 야심의로(夜深衣露) - 한 책에는 모천풍로(暮天風露)로 되어 있다(夜深衣露一作 暮天風露).

* 의로(衣露) - 소리 없이 내리며 옷을 적시는 이슬.
* 쇄(灑) - (물을)뿌리다
* 비(霏) - 눈이 조금씩 내리다.
* 기(磯) : 물가에 툭 튕겨 나와서 조금만 물결이 부딪혀도 큰 소리를 내는 바위. 조기(釣磯): 그러한 소리가 나는 곳에 잡은 강변의 낚시터.
* 조기(釣磯) - 낚시터.
* 경(扃) - 문빗장. 출입문.

| 해설(解說) |

　　둔촌은 자신이 처한 상황과 현실을 꾸미지 않고 있는 그대로 표현했기 때문에 청신절속(淸新絶俗)한 풍격의 시를 쓸 수 있었다. 제2수는 은거 생활의 한적함과 여유, 심신의 안정과 평안이 잘 드러난 명작이다.

부 19-20) 척약재[김구용]의 원운시 2수(附元韻 惕若齋二首)

〈첫째 시(其一)〉

晩來徐步白蘋洲　　해 저물 무렵 천천히 흰 마름꽃 핀 물가 거닐자니,
만 래 서 보 백 빈 주

風露凄淸月影流　　바람결에 이슬은 맑고 찬데 달그림자 흘러가네.
풍 로 처 청 월 영 루

欲喚笙歌嫌擾擾　　생황이라도 부르려다 뒤숭숭할까 마음에 걸려,
욕 환 생 가 혐 요 요

獨吟詩句上漁舟　　혼자서 시구 읊조리며 고깃배에 오르노라.
독 음 시 구 상 어 주

| 주해(註解) |

※ <척약재학음집> (하권)에는 <여강(驪江) 5수, 둔촌 이호연에게 뛰우노라>는 제목으로 되어 있으며, 이 시는 그중 제1수이다.

* 백빈주(白蘋洲) - 흰 마름꽃이 피어 있는 물가.
* 처(凄) - 쓸쓸하다. 처량하다. (날씨가) 차다.
* 환(喚) - 부르다. 소환하다. 외치다.
* 생가(笙歌) - 생황을 불다.
* 요요(擾擾) - 뒤숭숭하고 어수선함.

〈둘째 시(其二)〉

月色江聲暑氣微 달빛에다 강물 소리 더운 기운 가시는데,
월 색 강 성 서 기 미

老魚時復近苔磯 늙은 나는 때가 되어 다시 이끼 낀 바위로 다가갔다네.
노 어 시 부 근 태 기

收絲捲棹人無事 낚시 걷고 돛 거두니 할 일 없는 사람 되어,
수 사 권 도 인 무 사

穩放輕舠緩緩歸 가벼운 거룻배 안온하게 풀어놓고 느릿느릿 돌아왔다네.
온 방 경 도 완 완 귀

| 주해(註解) |

※ 이 시는 위의 책에서 제3수로 되어 있다.

* 서기(暑氣) - 더운 기운.
* 노어(老魚) - 여기서 '魚(고기)' 자는 '吾(나)'와 통용된다.
  <목은시고>(권 21) : "늙은 나는 앞에 서고 공은 뒤에 서서 재배하고 하사한 술잔 연거푸 마셨지(老魚在前公在後 再拜連傾親賜觴)" <다시 한편 짓느니, 이 또한 진정이요 장난 말이 아니다(復作一篇, 亦眞情也)>
* 시복(時復) - 때가 돌아오다.
* 태기(苔磯) - 이끼가 낀 물가.
* 완완(緩緩) - 느릿느릿함.

부 21-22) 목은[이색]의 차운시 2수(附次韻 牧隱二首)

〈첫째 시(其一)〉

黃鶴樓前鸚鵡洲
황 학 루 전 앵 무 주
황학루(黃鶴樓) 앞의 앵무주(鸚鵡洲)에는,

煙波渺渺望中流
연 파 묘 묘 망 중 류
물안개 아물아물 눈앞에 흐르는구나.

却憐二叟同遊處
각 련 이 수 동 유 처
가엾어라 두 늙은이 어울러 노니던 곳에,

兩岸靑山一葉舟
양 안 청 산 일 엽 주
두 쪽 언덕은 푸른 산인데 한 조각 나룻배 떠있었구나.

| 주해(註解) |

※ (국역) <묵은시고>(권 12)

* 황학루(黃鶴樓) - 중국 후베이성 우한시의 장강(양쯔강) 강변에 있는 유명한 역사적 누각으로 악양루, 등왕각과 함께 중국《강남 삼대명원》의 하나로 손꼽힌다.
 황학루는 중국 역대 내로라하는 시인들이 그 천하절경을 노래했다. 최호(崔顥), 이백(李白), 백거이(白居易), 가도(賈島), 육유(陸遊), 양신(楊慎), 장거정(張居正) 등이 문예를 뽐냈으며, 그 중 최호의 '등황학루(登黃鶴樓, 황학루에 올라)' 시가 유명하다.

| 昔人已乘黃鶴去
  석 인 이 승 황 학 거, | 옛사람 이미 누런 학 타고 가 버리어, |
| 此地空餘黃鶴樓
  차 지 공 여 황 학 루 | 이 땅에 공연히 황학루만 남았구나. |
| 黃鶴一去不複返
  황 학 일 거 불 부 반, | 누런 학은 한번 가고 다시 돌아오지 않으니, |
| 白雲千載空悠悠
  백 운 천 재 공 유 유 | 흰구름만 천 년 두고 헛되이 흘러갔네. |
| 晴川歷歷漢陽樹
  청 천 역 력 한 양 수, | 맑은 냇물 저쪽엔 한양의 나무들이 역력하고, |
| 春草萋萋鸚鵡洲
  춘 초 지 지 앵 무 주 | 봄풀은 앵무주에 무성히 자라고 있네. |
| 日暮鄕關何處是
  일 모 향 관 하 처 시, | 날 저무는데 고향은 어디쯤인고? |
| 煙波江上使人愁
  연 파 강 상 사 인 수 | 안개 낀 강 물결은 시름에 잠기게 하네. |

| 주해(註解) |

* 앵무주(鸚鵡洲) - 양자강 한복판의 모래톱으로 된 삼각주이다. 후한 말 강하(江夏) 태수였던 예형(禰衡)이 황조(黃祖)에게 살해되어 묻힌 곳인데, 예형의 글 '앵무부'를 따서 이름했다. 빼어난 절경지인데다 예형의 고사까지 있는 곳이어서 무수한 시인들이 시를 남겼다. 이백도 '앵무주를 바라보고 예형을 생각하며'라는 시를 남겼다. 최호도 이백도 황학루에서 앵무주를 바라보며 예형의 죽음을 애석해 하였다.
* 망중(望中) - 눈앞에. 시야에.
* 각련(却憐) - 도리어 가엾어라.
* 이수(二叟) - 둔촌과 척약재를 지칭함. 수(叟) : 늙은이. 어른.

〈둘째 시(其二)〉

道情生處世情微 도 정 생 처 세 정 미	도정(道情)이 이는 곳에 세정(世情)은 희미해 지기는 하지만,
活句由來不可磯 활 구 유 래 불 가 기	생동하는 시구란 본래부터 격하게 부딪치는 곳에서만 나올 수 있는 것인지라.
肯惜芒鞋霑草露 긍 석 망 혜 점 초 로	짚신이 풀잎에 맺힌 이슬에 젖음을 어찌 주저하랴?
偶乘明月夜深歸 우 승 명 월 야 심 귀	우연히 밝은 달빛 밟고 밤늦게야 돌아왔다네.

| 주해(註解) |

* 도정(道情) : 사사로운 감정을 떠난 순수한 본연의 마음.
* 활구(活句) : 생동하는 시구. 활기가 있는 시문(詩文). 사구(死句)의 대(對).
* 기(磯) - 물가. 여울. 낚시터. 부딪치다. (비위를)거스르다
* 망혜(芒鞋) - 짚신.
* 점(霑) - 적다. 은혜를 입다.

| 해설(解說) |

황학루와 앵무주 둘 다 호북성에 있어 바라다 보일 뿐 역사적인 연관은 없으나, 역대 문호들의 시 가운데 많이 음미되었기 때문에 둔촌이 이를 빌려다 미화한 것임. 국역(國譯) <목은시고(牧隱詩稿)> '제12권'의 이 바로 위 시의 번역은 다음과 같다.

"도정이 생기는 곳엔 세정이 약해지거니와,
활구는 예로부터 불쑥 나오는 게 아니거니.
어찌 풀 이슬에 짚신 젖는 걸 아까워하랴,
우연히 밝은 달 밟고 깊은 밤에 돌아왔네."(임성기 역)

(104~107) 경지의 운을 빌리다 4수(次敬之韻四首)

〈첫째 시(其一)〉

遠樹依依夕照明
원 수 의 의 석 조 명
먼 숲은 아스라하고 저녁 노을 밝게 비치는데,

凉蟬咽咽報新晴
양 선 열 열 보 신 청
쓰르라미 목메 울며 오랜 비가 개임을 알리네.

酒闌客去山堂靜
주 란 객 거 산 당 정
술자리 거나하자 손님 돌아가고 산당(山堂)은 고요한데,

欹枕唯聞澗水聲
의 침 유 문 간 수 성
베개 베고 누웠으니 골짝물 소리만 들리네.

| 주해(註解) |

* 열열(咽咽) - 슬퍼서 목이 멤.
* 신청(新晴) - 오랫동안 계속하여 오던 비가 새로 갬.
* 간수(澗水) - 골짜기에서 흐르는 물.

〈둘째 시(其二)〉

山扉闃寂少人過
산 비 격 적 소 인 과
쓸쓸한 산속 집 찾는 사람 드물더니,

邂逅逢君喜有加
해 후 봉 군 희 유 가
뜻밖에 만난 그대 즐거움 더해주네.

留得高軒永今夕
유 득 고 헌 영 금 석
그대가 머물 수 있어 이 밤이 길어지는데,

猶嫌冷淡一盃茶
유 혐 냉 담 일 배 다
도리어 식은 차 한 잔 대접이 민망스럽네.

| 주해(註解) |

* 산비(山扉) - 산과 들에 있는 인가.
* 격적(闃寂) - (아무 것도 없이 텅 비어) 호젓하고 쓸쓸함. 격(闃) : 고요하다.
* 유득(留得) - 머물 수 있다. 동사+得 : ~을 할 수 있다.
* 고헌(高軒) - 지체 높은 사람이 타는 수레인데 상대방을 이르는 말.

〈셋째 시(其三)〉

挑燈話舊到天明
도 등 화 구 도 천 명
등잔불 돋아가며 옛 얘기로 날 샐 때까지 이르렀는데.

夜雨連簷久未晴
야 우 연 첨 구 미 청
맞닿은 처마 끝에 내리는 밤비는 오랫동안 갤 줄을 모르네.

興罷出門還握手
흥 파 출 문 환 악 수
흥 파하자 문을 나서 작별 악수하고 돌아오는데,

日沈煙寺暮鍾聲
일 침 연 사 모 종 성
해질녘의 안개 낀 절간에서 저녁 종소리 들려오네.

| 주해(註解) |

* 도등(挑燈) - 심지를 돋워 불을 밝게 함.
* 천명(天明) - 하늘이 밝을 무렵.
* 연첨(連簷) - 처마와 처마가 맞닿음.

〈넷째 시(其四)〉

投閑能有幾相過 　　내가 별볼일 없는 곳에 오고 나서 몇 번이나 들리셨던가,
투 한 능 유 기 상 과

末路交情老更加 　　늦게 사귄 정 늙을수록 더욱 새로워지네.
말 로 교 정 노 갱 가

江月乘舟須載酒 　　달 밝은 강에 배 띄울 때는 어김없이 술을 실었고,
강 월 승 주 수 재 주

山秋遊寺卽煎茶 　　가을 산 절에 노닐 때는 곧바로 차를 끓여 올렸었지.
산 추 유 사 즉 전 다

| 주해(註解) |

* 투한(投閑) - 투한치산(投閑置散) : 한가함에 던지고 산만함에 두다는 뜻. 한산(閑散)한 자리에 몸을 두고 있어 요직에 오르지 못함을 이르는 말. 한유(韓愈) 의 <진학해(進學解)>에 보임.
* 말로(末路) - 사람의 일생 가운데에서 마지막 무렵. 만년(晚年)
* 전다(煎茶) - 차를 끓임.

부 23) 척약재[김경지] 원운시 한 수(附元韻一首)

- 정토(절)로부터 둔촌의 우거를 찾다(自淨土尋遁村寓居　惕若齋)

煙樹濛濛一雨過	안개 싸인 나무에 자욱히 한바탕 소낙비 스쳐가더니,
연 수 몽 몽 일 우 과	
曉來凉氣十分加	새벽 되자 서늘한 기운 갑절 더해지는구려.
효 래 냉 기 십 분 가	
夜深江漲舟難渡	밤 깊어지자 강물 불어 배 띄워 건너가기 난감하여,
야 심 강 창 주 난 도	
隣寺相尋更煮茶	가까운 절간 찾아들어 다시 차를 끓여 올리게 하는 구려.
인 사 상 심 갱 자 다	

| 주해(註解) |

※ <척약재집> (권하) - 한국고전db

* 연수(煙樹) - 연기나 안개, 구름 따위에 싸여 뽀얗고 멀리 보이는 나무.
* 몽몽(濛濛) - (먼지·비·안개·연기 따위가) 자욱한 모양.
* 일우(一雨) - 비가 한차례 옴. 또는 그 비.
* 강창(江漲) - 강물이 붇다.
* 자다(煮茶) - 차를 달이다.

(108) 김 경지[구용]에게 증정하다(贈金敬之)

老去交遊莫往來 노 거 교 유 막 왕 래	늙어가며 사귀던 친구들 내왕도 끊기니,
人生無處好懷開 인 생 무 처 호 회 개	인생살이 회포를 잘 풀어 놓을 곳 아무데도 없어지는구나.
勝山南畔知音在 승 산 남 반 지 음 재	승산(勝山)의 남쪽에는 친한 벗이 살고 있지만,
白首相尋得幾回 백 수 상 심 득 기 회	늙은 우리가 몇 번이나 서로 찾을 수 있게 되는지.

| 주해(註解) |

* 회(懷) - 품다, 가슴.
* 지음(知音) - 서로 마음을 아는 친한 벗을 말함.
* 백수(白首) - 허옇게 센 머리.
* 상심(相尋) - 서로 찾는다. · 몽중상심(夢中相尋) : '몹시 그리워서 꿈에서까지 서로 찾는다.' 매우 친밀함.

(109~111) 도은[이숭인]의 시를 차운하다 3수(次陶隱詩韻三首)

〈첫째 시(其一)〉

頭上駸駸歲月奔　　머리 위엔 빨리도 세월이 흘러가는데,
두 상 침 침 세 월 분

老來唯解睡昏昏　　늙으면서 오직 깨닫는 건 몽롱한 졸리움 뿐이로다.
노 래 유 해 수 혼 혼

吾衰不合人間世　　노쇠한 나는 인간 세상에 맞지 않으니,
오 쇠 불 합 인 간 세

要與龐公入鹿門　　아무래도 방공(龐公) 따라 녹문산(鹿門山)에나 가야겠네.
요 여 방 공 입 녹 문

| 주해(註解) |

* 침침(駸駸) - 나아감이 썩 빠름.
* 혼혼(昏昏) - 정신이 아득하여 희미한 꼴. 어두운 모양.
※ **방공(龐公)** : 후한 말의 은자. 양양(襄陽) 사람. 형주자사 유표(劉表)가 그 어짐을 알고 여러 번 불렀으나 응하지 않고 처자와 함께 일생을 녹문산(鹿門山)에서 마쳤다. 방덕공(龐德公)이라함.

〈둘째 시(其二)〉

日涉中園獨詠詩	날로 집 안의 뜰이나 거닐며 외로이 시만 읊자니,
일 보 중 원 독 영 시	
寂寥門巷鎖蛛絲	쓸쓸한 집 앞의 거리는 거미줄로 엉켜 있네.
적 요 문 항 쇄 주 사	
鼓琴莫謂知音少	거문고 타면서 친한 벗 없다 말하지 말아야지,
고 금 막 위 지 음 소	
千載那無一子期	천재 후인들 어찌 한 사람의 자기(子期)야 없을라구.
천 재 나 무 일 자 기	

| 주해(註解) |

※ **자기(子期)** - 춘추시대 초나라 사람. 종자기(鍾子期).

* 적요(寂寥) - 적적하고 고요함.
* 문항(門巷) - 문 앞의 거리
* 쇄(鎖) - 쇠사슬. 자물쇠.
* 주사(蛛絲) - 거미줄.
* 지음(知音) - 마음이 서로 통하는 친한 벗을 비유적으로 이르는 말. 거문고의 명인(名人) 백아(伯牙)가 자기의 소리를 잘 이해해 준 벗 종자기(鍾子期)가 죽자 자신의 거문고 소리를 아는 자가 없다고 하여 거문고 줄을 끊었다는 데서 유래한다. ≪열자(列子)≫ <탕문편(湯問篇)>.

〈셋째 시(其三)〉

遊宦神州心已灰 경기도의 벼슬살이 마음은 이미 식어,
유 환 신 주 심 이 회

茅簷曾向碧江開 푸른 강 향하여 일찍이 초가 지었다네.
모 첨 증 향 벽 강 개

旅牕風雨重陽過 나그네 거처하는 방의 비바람에 중양절(重陽節)
여 창 풍 우 중 양 과   지나가니,

三復一篇歸去來 한 편의 귀거래사(歸去來辭) 세 번 거듭 외우네.
삼 부 일 편 귀 거 래

| 주해(註解) |

* 신주(神州) - 송대(宋代)에 경기(京畿)를 일컫던 말.
* 모첨(茅簷) - 초가 지붕의 처마. 띳집.
* 중양(重陽) - 중양절(重陽節) : 세시 명절의 하나로 음력 9월 9일을 이르는 말. 이 날 남자들은 시(詩)를 짓고 각 가정에서는 국화전(菊花煎)을 만들어 먹고 놀았다.
* 귀거래(歸去來) - <귀거래사(歸去來辭)> : 중국 진(秦)나라의 도연명(陶淵明)이 팽택의 현령(縣令)이 되었을 때에 군에서 나온 감찰관이 의관(衣冠)을 갖추어 배알(拜謁)하라는 데에 분개하여 그날로 사직하고 고향으로 돌아가면서 지은 시(詩). 육조(六朝) 시대의 으뜸가는 명문으로 침.

| 해설(解說) |

　둔촌이 행한 은둔은 세상을 완전히 등져서 사회와 격리된 삶이 아니었다. 사대부 관료로서 둔촌은 끊임없이 현실에 관심을 두고 있었다. 은둔생활을 지향하여 어지러운 세상에서 벗어나고자 하였지만, 수수방관하지는 않았다. 이는 사대부의 은둔은 바로 현실사회의 모순에 대한 저항이면서 한편으로는 민초들을 깨우치는 무언의 호소였기 때문이다. 은둔의 대명사인 도연명(陶淵明)을 사모하며 도연명처럼 자신을 지키고자 하는 뜻이 이 시에 잘 나타나 있다.

(112) 차운하여 자허[박의중]에게 드리다(次韻呈子虛)

自恨求田問舍遲 자 한 구 전 문 사 지	원대한 큰 뜻 진작 버리지 못한 게 스스로 한이 되는데,
蕭條逕路草離離 소 조 경 로 초 이 리	쓸쓸하구나, 오솔길엔 잡초만 척척 우거졌다오.
故人休道無情興 고 인 휴 도 무 정 흥	친구여! 감정도 흥취도 없는 사람이라 말하지 말아 주게나,
臥疾年來懶作詩 와 병 연 래 나 작 시	근년엔 병으로 누워 지내다 보니 시 짓기도 게을러졌다네.

| 주해(註解) |

* 자한(自恨) - 스스로를 한탄함.
* 구전문사(求田問舍) - '자기가 부칠 논밭이나 집을 구하는 데만 마음을 쓴다'는 뜻으로, 원대한 큰 뜻을 지니지 못함을 이르는 말.
* 경(逕) - '徑' 자와 통용. 좁은 길. '삼경(三逕)'.
* 이리(離離) - 여럿의 구별이 또렷한 모양.
* 고인(古人) - 1. 죽은 사람. 2. 오래전부터 사귀어 온 친구.
* 휴도(休道) - 말하지 말라.
* 나(懶) - 1. 게으르다. 2. 나른하다.

(113) [이길상[24]] 어르신께 올리다(贈李丈[吉祥])

倭寇焉能犯海村 왜구들이 어찌 쉽사리 바닷가 마을들을 침범할 수
왜 구 언 능 범 해 촌 있겠는가?

元戎重臥不開門 원수(元帥)가 깊이 누워 문도 열지 않았기 때문이라네.
원 융 중 와 불 개 문

幕中參佐雖云衆 진중에 참모 많았다고 이를 수 있었겠으나,
막 중 참 좌 수 운 중

未似先生藥石論 선생의 바른말 충고엔 미치지 못하였던 것을.
미 사 선 생 약 석 론

| 주해(註解) |

* 해촌(海村) - 경기도 양주군(楊州郡) 서쪽 35리에 있었다. 이러한 이름을 가진 마을이 있었다지만, 여기서는 일반적으로 바닷가에 있던 마을을 총칭하는 것으로 보임.
* 원융(元戎) - 군사(軍事)의 우두머리. 여기에서는 양광도의 도통사를 말한다.
* 참좌(參佐) - 장관을 보좌하는 벼슬(아치). 참모.
* 약석론(藥石論) - 약석(藥石) 같은 의론.
  맹손(孟孫)의 약석(藥石) : 아첨하지 않고 바른말로 충고하였다는 말이다. 춘추시대 노나라의 맹손(孟孫)은 장손(臧孫)을 미워하였고, 계손(季孫)은 장손을 사랑하였는데, 맹손이 죽자 장손이 슬퍼하며 "계손이 나를 좋아한 것은 병통이 되고 맹손이 나를 미워한 것은 약석이 되니, 아무리 좋은 병통이라도 나쁜 약석만 못한 것이다."라고 하였다. (<춘추좌씨전(春秋左氏傳)> 「양공 (襄公) 31년」)

---

24) **이길상(李吉祥, ?~?)** - 군기시윤(軍器寺尹)을 지낸 사람으로 대마도를 정벌한 조선 초기의 명장 이종무(李從茂)의 할아버지다.

| 해설(解說) |

    왜구의 침입은 공민왕 즉위를 전후하여 본격화되었으며, 우왕 대에 들어 더욱 악화하여 우왕 3년부터 6년까지 4년 동안 가장 극심한 피해를 보았다. 이 시에서 둔촌은 왜구의 침입에 신속하게 대응하지 못한 원수(元帥)를 질책하였다. 왜구의 침입에 따른 피해가 문무 관료들의 무능(전략 전술이 없는 원수와 아무런 대책을 내놓지 못한 진중의 참모)함에 기인한 것으로 파악한 것이다.

    이길상이 양광도(楊廣道, 경기도와 충청도의 전신) 원수부의 지사가 되었을 때에 원수가 용병을 늦췄기에 적에게 패하였다는 사실을 이 시에서 밝히고 있으며, 진중(陣中)에 이길상처럼 바른말로 보좌하는 참모가 없었다는 점을 통탄하고 있다.

(114~116) 차운하여 배 찰방에게 증정하다 3수
(次韻贈裴察訪三首)

〈첫째 시(其一)〉

七點奇峯傍海斜　일곱 점의 기이한 봉우리 바다를 끼고 비껴섰는데,
칠 점 기 봉 방 해 사

箇中人戶似仙家　그 가운데 인가(人家)들 신선 집 같아 보인다.
개 중 인 호 사 선 가

遙知夜夜南飛夢　멀리서도 밤마다 남쪽으로 나는 꿈을 알겠거니,
요 지 야 야 남 비 몽

每繞山茶滿樹花　매양 동백나무로 둘러싸인 집들에 나무마다 꽃 가득하게
매 요 산 다 만 수 화 　피었겠구나.

| 주해(註解) |

* 찰방(察訪) - 각 도의 역(驛)의 말에 관계되는 일을 맡아보던 외직(外職) 문관 벼슬. 직급은 낮지만 지방 수령의 비위를 적발하는 권한을 가지고 있었음.
* 기봉(奇峯) - 이상하고 신기하게 생긴 봉우리.
* 인호(人戶) - 인가(人家).
* 요지(遙知) - 멀리서도 ~ 라는 것을 알다.
* 요(繞) - 1. 두르다, 에워싸다. 2. 포장하다.
* 산다(山茶) - 동백

〈둘째 시(其二)〉

縹渺朱樓柳外斜	어렴풋한 붉은 누각은 버들 숲 밖에 비스듬히 서 있는데,
표 묘 주 루 류 와 사	
琵琶嗚咽是兒家	비파 소리 울리는 곳 바로 아드님의 집이었지.
비 파 오 열 시 아 가	
重來聽此相思調	거듭 와서 이 가락 상사조(相思調)를 들은 적이 있었는데,
중 래 청 차 상 사 조	
一曲新詞蝶戀花	그중의 한 곡조는 새로운 사(詞) <접연화(蝶戀花)>라고 하였던가?
일 곡 신 사 접 연 화	

| 주해(註解) |

* 표묘(縹渺) - 끝없이 넓거나 멀어서 있는지 없는지 알 수 없을 만큼 어렴풋함.
* 주루(朱樓) - 화려한 누각.
* 접연화(蝶戀花) - '나비가 꽃을 사랑한다'는 뜻인데, 송나라 때 유행한 시와 노래가 결합된 음악성이 강한 운문체인 '사(詞)'라는 문류(文類)의 악곡의 제목으로 사용되었음. 전후 2단, 각 5구, 도합 60자로 이루어지는 노랫말로 적어야 함을 원칙으로 삼음.

〈셋째 시(其三)〉

公道由來正不斜	공평하고 바른 도리란 본디부터 올바르고 굽지는 않는 법,
공 도 유 래 정 불 사	
廟堂豈是誤邦家	묘당(廟堂)에서 그 어찌 나랏일 그르치리?
묘 당 기 시 오 방 가	
公今察訪兼廉使	공은 지금 찰방(察訪)에 안렴사(按廉使)를 겸하였으니,
공 금 찰 방 겸 염 사	
也似佳人更揷花	마치 아름다운 미인이 꽃을 꽂은 격이구려.
야 사 가 인 갱 삽 화	

| 주해(註解) |

* 공도(公道) - 공평하고 바른 도리.
* 염사(廉使) - 안렴사(按廉使) : 고려의 원 지배기부터 조선 초까지 지방에 단기간 파견하여 지방 행정 등을 감찰하던 고위직 지방관. 일반적으로 안렴사는 지위가 높은데, 찰방 정도라면 바로 안렴사가 될 수는 없고, 아마 안렴사를 보조하여 주는 어떤 직책을 맡았을 것으로 생각됨.

| 해설(解說) |

　이 시의 제목에 보이는 배 찰방의 이름이 누구인지, 또 3수의 연작시(連作詩) 중 제2수에 보이는 그의 아들이 누구인지도 알 수 없으나, 그 젊은 사람이 송나라에서 유행하던 '사(詞)'라는 유행가 같은 것을 좋아한 멋쟁이였다는 것을 알 수 있다.

　둔촌은 사대부 관료들이 지배층으로서 '선우후락(先憂後樂, 세상의 근심할 일은 남보다 먼저 근심하고, 즐거워할 일은 남보다 나중에 즐거워한다)' 하는 책임의식과 유교적 도덕규범을 가져야 한다는 것을 이 시에 남기고 있다.

(117~119) 양헌에게 드리다 3수(贈陽軒三首)

〈첫째 시(其一)〉

江上閒居絶點塵	강가의 언덕 위 한가한 삶에는 한 점 티끌도 끊어졌으니,
강 상 한 거 절 점 진	
一區風月屬高人	이 한 구역의 풍월(風月)은 고결한 사람을 따르네.
일 구 풍 월 속 고 인	
誰知我亦求田者	나 역시 은거를 바라는 사람인 것을 아무도 모르니,
수 지 아 역 구 전 자	
儻把衰慵賦北隣	혹시 쇠하고 게으른 몸으로 북쪽 이웃임을 노래지어 읊어야 할는지?
당 파 쇠 용 부 북 린	

| 주해(註解) |

※ **양헌(陽軒)** - 미상

* 강상(江上) - 강가의 언덕 위.
* 한거(閒居) - 한가한 삶.
※ 풍월(風月) - 한 판본에는 풍(風)이 명(明)으로 되어 있으나, 잘못된 것이다.
* 고인(高人) - 벼슬자리에 오르지 아니하고 고결하게 사는 사람.
* 수지(誰知) - 누구가 알겠는가? 아무도 모르다.
* 당(儻) - 1. 빼어나다. 2. 갑자기. 3. 만일. 혹시. 적어도. 여기서는 '혹시'라는 뜻인데, 같은 발음, 같은 뜻으로 '倘'으로 적기도 함.
* 북린(北隣) - 양헌과 같이 "한 점 티끌도 끊어버리려고 하는" 북쪽에 사는 이웃.

〈둘째 시(其二)〉

高亭蕭灑自無塵	높은 정자 맑고 시원하여 티끌이 전혀 없어,
고 정 소 쇄 자 무 진	
一榻淸風似故人	평상에 부는 맑은 바람 틀림없이 고인(故人)만 같네.
일 탑 청 풍 사 고 인	
來往何須勞僕馬	오가는데 어찌 구태여 종과 말에게 수고를 끼치게 할 것 있겠는가?
내 왕 하 수 로 복 마	
移居直欲作比隣	거처를 옮겨와 곧바로 이웃하여 살고 싶구나.
이 거 직 욕 작 비 린	

| 주해(註解) |

* 소쇄(蕭灑) - 맑고 시원함.
* 탑(榻) - 평상. 책상. 걸상.
* 하수(何須) - 하필. 어찌 구태여.
* 복마(僕馬) - 양헌을 찾아다닐 때 말을 몰던 하인과 그를 태운 말.
* 직욕(直欲) - ~하고 싶어 하다. ~을 꿈꾸다.

〈셋째 시(其三)〉

一曲江村隔世塵 한 굽이 강 마을에 세상의 잡다한 일 격리되어 버렸고,
일 곡 강 촌 격 세 진

柴荊寂寂少行人 누추한 집은 적적하여 찾아오는 사람도 적어졌다네.
시 형 적 적 소 행 인

莫言老病無朋援 늙고 병든 몸 의지할 벗 없다 말하지 마오,
막 언 노 병 무 붕 원

已與漁樵共卜隣 진작에 어초(漁樵)들과 어울려 함께 이웃했다오.
이 여 어 초 공 복 린

| 주해(註解) |

* 세진(世塵) - '세상의 먼지'라는 뜻으로, 세상의 잡다한 일을 이르는 말.
* 시형(柴荊) - 1. 섶과 가시나무로 문을 단 집. 2. 누추한(가난한) 집.
* 어초(漁樵) - 물고기를 잡는 일과 땔나무를 하는 일. 또는 그런 일을 하는 사람.
* 복린(卜隣) - 이웃이 되다.

(120~121) 이웃 어른 이 중서에게 보내다 2수(贈隣丈李中書二首)

〈첫째 시(其一)〉

遁翁衰甚欲疇依	둔촌(遁村) 이 늙은이 쇠약함이 심하여 가는데 누구에게 의지하려 하는지,
둔 옹 쇠 심 욕 주 의	
旅泊已看秋又歸	여행길에 머물러 묵는데 가을이 또 지나감을 이미 보았노라.
여 박 이 간 추 우 귀	
一歲三遷生計薄	한 해에 세 번을 옮기자니 생계는 각박하고,
일 세 삼 천 생 계 박	
中宵獨立素心違	한밤중에 홀로 서성이니 평소의 마음에 어긋나노라.
중 소 독 립 소 심 위	

| 주해(註解) |

※ 이 중서(李中書) - 미상

* 중서(中書) - 궁정의 문서·조직 따위를 맡아보던 벼슬.
* 주(疇) - 1. 누구. 2. 이랑.
* 여박(旅泊) - 여행 도중에 머무름.
* 중소(中宵) - 한밤중.
* 소심(素心) - 당초부터 먹은 마음.

〈둘째 시(其二)〉

隔林古寺居僧少　수풀 건너 옛 절에는 거처하는 승려들도 적고,
격 림 고 사 거 승 소

繞郭荒磎過客稀　외곽을 감도는 황량한 시내엔 지나가는 나그네도
요 곽 황 계 과 객 희　드물다네.

更喜往還間道在　오가는 지름길 있어 더없이 기쁘니,
갱 희 왕 환 간 도 재

莫敎僮僕掩朱扉　그대는 종들시켜 주문을 닫게 하지는 말아 주오.
막 교 동 복 엄 주 비

| 주해(註解) |

* 계(磎) - 시내(골짜기나 평지에서 흐르는 자그마한 내).
* 왕환(往還) - 갔다가 돌아옴.
* 간도(間道) - 작은 길.
* 동복(僮僕) - 사내 아이 종.
* 주비(朱扉) - 붉은 칠한 대문.

| 해설(解說) |

　둘째 시는 가까이 있는 절에는 스님도 별로 없어 호젓하고, 이중서가 사는 곳에 찾아오는 나그네가 드물어 적적하기만 하나, 이러한 조용한 틈을 타서 나 홀로 그를 찾아다닐 오솔길을 알아두었으니, 내가 수시로 찾아가더라도 나를 맞이하기 위하여 항상 대문을 즐겁게 열어 달라는 뜻을 나타내고 있다.

(122~123) 앞의 운을 써서 이 중서와 채 판서님께 드리다 2수
(用前韻呈李中書·蔡判書二首)

《첫째 시(其一)》

凄風羈思正依依 처 풍 기 사 정 의 의	찬 바람 나그네 시름은 정말 설레이고 설레이는데,
胡乃因循尙未歸 호 내 인 순 상 미 귀	어찌하여 어물어물 아직도 돌아가지 못하는가?
京邑縱榮難可住 경 읍 종 영 난 가 주	서울에서는 비록 영화 놓쳐버렸으니 살아가기가 어렵고,
江山有約莫相違 강 산 유 약 막 상 위	고향과는 돌아간다는 언약 맺었으니 어길 수가 없구나.
自知老病心情減 자 족 노 병 심 정 감	늙고 병드니 정열이 줄어듦을 알겠고,
更覺蕭疎鬢髮稀 갱 각 소 소 빈 발 희	엉성하게 귀밑털 드물어짐을 다시 깨닫노라.
只喜隣僧來問字 지 희 인 승 래 문 자	다만 이웃 절 승려 와서 글 물으니 기뻐할 뿐인데,
荒村日午款柴扉 황 촌 일 오 관 시 비	황량한 마을 한낮에 사립문 두드리네.

| 주해(註解) |

* 기사(羈思) - 고향을 떠나 객지에서 머무는 이의 마음.
- 이색(李穡)의 <秋日書懷(추일서회, 가을날 회포를 쓰다)>: "벼슬살이 시름 나그네 근심 모두 잊어버리고서, 향불 한 심지 피워놓고 햇차 한 잔 마신다네." (宦情羈思都忘了, 一椀新茶一炷香·환정기사도망료 일완신다일주향)
- 당나라 가도(賈島)의 <송우인유촉(送友人遊蜀)> : "해질 무렵 집 생각 더욱 간

절하지만, 높은 산인데도 먼 곳을 볼 수가 없네."(欲暮多羈思, 因高莫遠看·욕모다기사 인고막원간)

* 의의(依依) - 1. 몹시 아쉬워하는 모양. 2. 몹시 그리워하는 모양.
* 호내(胡乃) - 어찌 이에.
* 인순(因循) - 1. 머뭇거리고 선뜻 내키지 않음. 2. 낡은 구습(舊習)을 버리지 못함.
* 종영(縱榮) - 영화로움을 놓쳐버렸다.
* 황촌(荒村) - 황폐하여 몹시 쓸쓸한 마을.
* 관(款) - 두드리다. 항목. 정성.

〈둘째 시(其二)〉

作隣多謝許相依 작 린 다 사 허 상 의	이웃 되어 서로 의지하길 허락해주니 고마움 많고,
偃仰還如古里歸 언 앙 환 여 고 리 귀	마음대로 기거하니 고향 마을에 돌아온 듯 하네.
奔走東西身已老 분 주 동 서 신 이 노	동서로 분주하니 몸은 벌써 늙었지만,
過從日夕興無違 과 종 일 석 흥 무 위	밤낮으로 상종하니 흥은 다름이 없노라.
江鄕縹渺魚書斷 강 향 표 묘 어 서 단	강가의 마을은 아득하여 편지도 끊기고,
城闕深沈蝶夢稀 성 궐 심 침 접 몽 희	궁궐은 깊숙하니 접몽도 희한하다.
誰謂閒居連市井 수 위 한 거 연 시 정	뉘라서 한거(閒居)가 인가(人家)와 연해있다 여기겠는가,
坐來山翠入窓扉 좌 래 산 취 입 창 시	앉았노라면 산의 푸르름 창문으로 스며드는 걸.

| 주해(註解) |

* 언앙(偃仰) - 누웠다 일어났다 하는 것. 기거. 한가하게 쉼. 언식(偃息)과 같다.
* 어서(魚書) - 편지. 소식. 생선의 뱃속에 비단에 쓴 편지를 넣어 보냈다는 고사가 있음.
* 강향(江鄕) - 강가의 마을.
* 표묘(縹渺) - 끝없이 넓거나 멀어서 있는지 없는지 알 수 없을 만큼 어렴풋함.
* 성궐(城闕) - 궁궐. 도성.
* 시정(市井) - 인가(人家)가 모인 곳.
* 접몽(蝶夢) - 호접몽, 장수가 꿈속에서 나비가 되었다는 고사. '나비에 관한 꿈'이라는 뜻으로, 인생의 덧없음을 이르는 말. 중국의 장자(莊子)가 꿈에 호랑나비가 되어 훨훨 날아다니다가 깨서는, 자기가 꿈에 호랑나비가 되었던 것인지 호랑나비가 꿈에 장자(莊子)가 되었는지 모르겠다고 한 이야기에서 유래한다. ≪장자(莊子)≫ '제물론(齊物論)'.
* 산취(山翠) - 해질 무렵 멀리 보이는 푸르스름하고 흐릿한 기운. 이내. 嵐氣(남기).

(124) 교주의 이 안렴에게 주다(贈交州李按廉)

交州地僻民居少 강원도는 궁벽한 곳이라 주민이 적고,
교 주 지 벽 민 거 소

薄賦輕徭異四方 부세(賦稅)와 요역(徭役)도 딴 고을보다 가볍다네.
박 부 경 요 이 사 방

海寇邇來采入阻 근래에는 해구들 깊이 침범해 와서,
해 구 이 래 미 입 조

土人從此各離鄕 토착인들 이 때문에 뿔뿔이 고향을 떠났다지만.
토 인 종 차 각 이 향

喜聞禾黍今秋熟 올 가을은 벼와 기장 풍년이란 희소식 들리니,
희 문 화 서 금 추 숙

燕寢樓臺八月凉 강녕전(康寧殿) 누대(樓臺)에 팔월이 시원하리다.
연 침 누 대 팔 월 량

幸是同年作太守 다행히도 동년(同年)께서 태수가 되었으니,
행 시 동 년 작 태 수

鐵原亭上共銜觴 철원정(鐵原亭) 위에서 함께 술잔 들어보네.
철 원 정 상 공 함 상

| 주해(註解) |

* 교주(交州) - 강원도의 옛 이름.
* 안렴(按廉) - 안렴사(按廉使) : 안찰사, 순찰사와 같은 뜻.
* 박부경요(薄賦輕徭) - 경요박부(輕徭薄賦) : 요역(徭役)을 가볍게 하고 부세(賦稅)를 적게 함.
* 미(采) - 1. 점점. 2. 두루 다니다. 3. 깊이 들어가다.
* 조(阻) - 1. (지세가)험하다. 2. 막히다. 3. 떨어지다
* 토인(土人) - 어떤 지방에 대대로 토착하여 사는 사람.
* 각(各) - 각각. ※ 한 인본에는 却(각)으로 되어 있다(各一本作却).
* 누대(樓臺) - 누각(樓閣)과 대사(臺榭)와 같이 높은 건물.

(125) 고송정에 모인 동지들의 연구[보유](孤松亭會同志聯句[補遺])

- 이 시는 동지들과 구(句)를 이어 주고받고 한 것으로 허고송(許孤松, 이름은 구)의 시고(詩稿) 속에 실려 있었기에, 이번에 여기에 삽입하였다(此詩,與同志續句唱酬而載於許 孤松)

故國三盃酒　역사가 오래된 나라의 석 잔 술 마시면서,
고 국 삼 배 주

慇懃共盍簪　은근스럽게 함께 연구시(聯句詩)로 읊어보세 그려.
은 근 공 합 잠

운곡(耘谷) 원천석(元天錫)

* 합잠(盍簪) -머리를 맞대다. 친구들이 모이다.

瘦篁迎雪穩　여윈 대나무는 눈을 안온하게 맞았고,
수 황 영 설 온

晩菊傲霜馣　늦게 핀 국화는 서리를 능멸하는 듯 향기롭구나.
만 국 오 상 암

고송(孤松) 허구(許衢)

* 수(瘦) - 여위다.
* 황(篁) - 대숲.
* 암(馣) - 향기롭다.

天日元無二　하늘의 해는 원래 둘일 수 없고,
천 일 원 무 이

人生儘有三　인생은 모두 셋이라네.
인 생 진 유 삼

야은(冶隱) 길재(吉再)

* 천일원무이(天日元無二) - 천무이일(天無二日)의 뜻. '하늘에는 해가 둘이 있을 수 없다.'는 뜻으로, 한 나라에 두 임금이 있을 수 없음을 비유적으로 이르는 말.
* 인생진유삼(人生儘有三) - 인생은 언제나 셋이라네. 전생(前生), 금생(今生), 내생(來生)의 뜻.
* 진(儘) - 1. 모두, '盡' 자와 같다. 2. 다하다. 3. 맡기다.

剛薇澄肺腑	뻣뻣한 고사리는 폐부를 맑게 하고,
강 미 징 폐 부	
禿柳織甐毿	버들가지가 짜놓은 듯 늘어졌네.
독 류 직 람 삼	

도은(陶隱) 이숭인(李崇仁)

* 폐부(肺腑) - 마음속.
* 남삼(甐毿) - 늘어진 모양.
* 독류(禿柳) - 버드나무.

珍重無瑕玉	진귀하고 소중함은 티 없는 옥이요,
진 중 무 하 옥	
浮沈不染藍	부침에 물들지 않는 건 쪽이라네.
부 침 부 염 람	

둔촌(遁村) 이집(李集)

孤臣餘故舊	외로운 신하는 오래된 친구들만 남았는데,
고 신 여 고 구	
良友盡西南	좋은 벗은 서남(西南)에서 다 모였구려.
양 우 진 서 남	

참의(參議) 이양중(李養中)

* 고신(孤臣) - 임금에게 버림받은 신하 또는 임금에게서 멀리 떨어져 있는 신하.
* 양우진서남(良友盡西南) - 양우(良友)는 서남(西南)에서 다 모였구려.
• 당나라 왕발(王勃, 650~676)의 <등왕각서(滕王閣序)>에 있는 "빈주진동남지미(賓主盡東南之美, 손님과 주인은 모두 동남 지방의 훌륭한 이들이다)"와 같은 문투이다.

袞鉞春秋義   곤월(袞鉞)은 춘추(春秋)의 뜻인데,
곤 월 춘 추 의

農桑日夕談   농상(農桑)은 아침과 저녁의 이야기라네.
농 상 일 석 담

상촌(桑村) 김자수(金自粹)

* 곤월(袞鉞) - 부월(斧鉞)과 같은 뜻. 천자의 권위로 내리는 생살권.
* 농상(農桑) - 농사일과 뽕나무 가꾸는 일.

愴懷憑落照   아픈 마음은 낙조(落照)에 의탁하고,
창 회 빙 낙 조

跧蟄掩松菴   엎드리고 묻혀서 소나무 암자에 숨었노라.
전 칩 엄 송 암

사인(舍人) 서견(徐甄)

* 전(跧) - 엎드리다. 웅크리다.
* 암(菴) - 암자. 초막.

※ **원천석(元天錫, 1330~?)** - 고려 말기·조선 초기의 대학자요 은사(隱士)로서 문장이 가절(佳絶)하였다. 자는 자정(子正). 호는 운곡(耘谷). 본관은 원주이다. 국운이 쇠퇴하고 세상의 어지러움을 보고, 치악산에 은거하면서 이색 등과 교유하며 지냈다. 일찍이 태종(太宗, 이방원)을 가르친 바 있어서 조선조 개국 후 태종이 자주 기용

하였으나 번번이 응하지 않음으로 태종이 운곡을 기다리다 되돌아간 태종대(太宗臺)가 지금도 치악산에 전해오고 있다. 이와 같이 충절을 지켜서 낳은 회고가(回顧歌) 또한 오늘에 전한다. 당시 사적(史蹟)을 바로 적은 야사(野史) 6권을 저술하였으나 지금은 전하지 않는다. 원주의 칠봉서원(七峰書院)에 배향되었으며 여말의 구일(九逸) 중의 한 분이다.

※ **길재(吉再, 1353~1419)** - 고려 말기에서 조선 전기의 성리학자. 자는 재보(再父). 호는 야은(冶隱)·금오산인(金鰲山人)이다. 길원진의 아들로 해평 길씨의 중시조이다. 목은 이색과 포은 정몽주와 함께 고려 말의 '삼은(三隱)'으로 불린다(야은 길재 대신 도은(陶隱) 이숭인을 넣기도 한다). 이색·정몽주 등의 문하에서 학문을 익혔다. 24세에 문과에 급제하여 벼슬은 문하주서(門下注書)에 이르렀고, 고려가 망하자 관직을 버리고 금오산에 은거하여 학문 연구와 후학 양성에 전념하였으며, 김숙자, 최운룡, 김종직 등을 통해 사림파로 학맥이 계승되었다. 저서에 《야은집(冶隱集)》, 《야은언행습유(冶隱言行拾遺)》 따위가 있다. 선산의 금오서원(金烏書院)과 인동의 오산서원(吳山書院) 등에 제향되었다.

※ **이양중(李養中<?~?)** - 고려 말 조선 초의 학자·문신. 자는 자정(子精), 호는 석탄(石灘)이며, 본관은 광주(廣州)이다. 고려조에 형조참의(刑曹參議) 벼슬을 지내다가 조선이 건국되자 절의를 지켰던 두문동 72인의 한 분이다.
태종이 즉위하여 한성부윤(漢城府尹)으로 임명하였으나 받아들이지 않았다. 태종이 도의(道義)로 공을 은거지로 찾아갔을 때 공은 야복(野服, 야인이 입는 옷)으로 거문고를 뜯고 술과 생선 안주를 올리고 옛 우정을 다졌을 뿐 끝내 그 뜻을 굽히지 않았다. 그가 살던 산을 고지봉(高志峰), 그 마을을 고덕리(高德里)로 부른 데서 오늘의 고덕동(高德洞)이 유래하였다고 한다. 광주(현 강동구 암사동) 구암서원에 둔촌 선생과 함께 제향되었다.

※ **김자수(金自粹, 1351 – 1413)** - 고려 말기의 문신. 자는 순중(純中). 호는 상촌(桑村)이며, 본관은 경주다. 1374년(공민왕 23)에 문과에 급제하여 대사성(大司成)·좌상시(左常侍)·형조판서(刑曹判書)를 지냈다.
조선조 건국 후 안동에 은거하다가 태종이 형조판서를 제수하자 거절하여 말하기

를 "평생을 유학으로 힘써 온 몸으로 어찌 두 임금을 섬기겠느냐" 하며 자결하였다. 효성이 지극하여 안동에 효자비가 있다. 영동(永同)의 초강서원(草江書院)에 제향되었다.

※ **서견(徐甄 ?~?)** - 고려시대의 문신. 호는 금천(衿川)·여와(麗窩), 본관은 이천(利川)이다. 1369(공민왕 18)에 문과급제하여 사헌장령(司憲掌令)이 되었다. 간관 김진석 등과 함께 조준, 정도전 등을 죄로 다스릴 것을 주청하다가 정몽주가 피살된 후 유배되었다.
조선 개국 후에 청백리에 뽑혔으나 금천에 은거하며 벼슬을 하지 않았다. 두문동 72인 중의 한 분이며 당세 구일(九逸) 중의 한 분이기도 하다. 시흥의 충현서원(忠賢書院)에 배향되었다. 시조 한 수가 <청구영언>에 전한다.

| 주해(註解) |
* 고송정(孤松亭) - 허구의 정자
* 연구(聯句) - 여러 사람이 한 자리에 모여 앉아서 똑같은 종류에 속하는 각운자를 사용하여 가면서 2구절(또는 4구절) 씩 시구를 이어나가는 글자 놀이. 중국 한(漢) 무제(武帝) 때부터 시작되었다고 한다. 당나라 때 한유의 문집에 많이 보이고, 그 뒤에도 한·중 양국의 문사들의 문집에 더러 보임.
* 보유(補遺) - 문집을 완성한 뒤에 새로 발견된 빠졌던 자료를 보태어 채움.
* 창수(唱酬) - 시가나 문장을 지어 서로 주고받고 함.

3. 기행(紀行)

(126~127) 한양가는 길 도중에서 2수(漢陽途中二首)

〈첫째 수(其一)〉

病餘身已老	병을 앓고 나니 몸은 이미 늙었는데,
병 여 신 이 노	
客裏歲將窮	나그네길에 한 해도 다 저물어가네.
객 리 세 장 궁	
瘦馬鳴西日	여윈 말은 석양에 울어대고,
수 마 명 서 일	
羸僮背朔風	지친 종은 삭풍을 등졌구나.
이 동 배 삭 풍	

| 주해(註解) |

* 객리(客裏) - 객지에 있는 동안.
* 세장궁(歲將窮) - 한 해가 다 하려는데. 장(將) : ~하려하다, 궁(窮) : 다하다
* 수마(瘦馬) - 여윈 말.
* 서일(西日) - 석양. 저녁 해.
* 이(羸) - 파리하다(핏기가 전혀 없다). 고달프다.
* 삭풍(朔風) - 겨울철의 북풍.

| 해설(解說) |

　상평성(上平聲) 동(東) 자 운(韻)을 사용하였으며, 궁(窮), 풍(風)이 각운이다. 瘦馬(여윈 말)와 羸僮(지친 종), 西日(석양)과 朔風(삭풍)이 대를 잘 이루고 있는 명작이다.

　조선 전기에 적암(適庵) 조신(曹伸)이 자신이 지은 잡록(雜錄)인 <소문쇄록(謏聞瑣錄)>에서 둔촌의 시를 평했는데, "여윈 말은 석양에 울어대고, 지친 종은 삭풍을 등졌구나(瘦馬鳴西日, 羸僮背朔風)"는 '고담(枯淡, 아취가 있음)하다' 하였다.

〈둘째 수(其二)〉

臨津氷合渡	임진 나루에는 얼음이 얼어붙어 건넜고,
임 진 빙 합 도	
華嶽雪連空	화악산에는 하늘까지 눈이 이어졌네.
화 악 설 연 공	
回首松山下	머리 돌려 송악산 밑 바라보니,
회 수 송 산 하	
君門縹渺中	임금 계신 궁궐문 아득하기만 하네.
군 문 표 묘 중	

| 주해(註解) |

* 빙합(氷合) - 얼음이 얼어붙음.
* 임진도(臨津渡) - 임진강 하구에 있었던 나루.
* 화악(華嶽) - 화악산. 경기도 가평군과 강원특별자치도 춘천시 사이에 있는 산.
* 송산(松山) - 개성의 송악산(松嶽山).
* 군문(君門) - 임금이 드나드는 문.
* 표묘(縹渺) - 어렴풋하여 뚜렷하지 않은 모양.

| 해설(解說) |

　　벼슬을 그만두고 여주 천녕(川寧)으로 은거하러 내려갈 때 읊은 시갈다. 첫째수는 병든 몸에 덧없이 한 해는 지려 하는 세모, 타고 가는 파리한 말은 석양에 울고 말을 모는 종 또한 여위고 지쳐 있는 모습에 찬 북풍을 등으로 맞고 있다 했는데, 이 3, 4 두 구는 대구(對句)가 되었다.
　　둘째 수는 겨울철 임진강은 얼어붙었고 화악산에 덮인 눈은 하늘에 이어 있다. 이 1, 2 두 구도 대구이니 임진(臨津)-화악(華嶽), 빙합도(氷合渡)-설연공(雪連空)으로 짝이 잘 이루어졌다. 오던 길을 뒤돌아보니 송악산(松嶽山)이 어렴풋하게 보이는데, 그 아래에 임금이 계신 만월대(滿月臺)가 있을 것이니, 충군연주(忠君戀主) 사상의 일단(一端)을 볼 수 있는 좋은 시이다.

(128) 진천에서 자다(宿鎭川)

常山西日帽簷斜 상산(常山)의 지는 해 모첨(帽簷)에 기우는데,
상 산 서 일 모 첨 사

投宿煙村百姓家 연기 어린 마을의 민가 찾아 머무노라.
투 숙 연 촌 백 성 가

耿耿旅懷欹枕臥 깜박깜박거리는 나그네 시름 베개 베고 누웠자니,
경 경 여 회 의 침 와

五更風雨落燈花 오경(五更)의 비바람이 등잔불에 튕기네.
오 경 풍 우 락 등 화

| 주해(註解) |

* 상산(常山) - 충청북도 진천의 옛 이름.
* 모첨(帽簷) - 모자의 차양.
* 경경(耿耿) - 불빛이 깜박깜박함. 마음에 잊히지 아니함.
* 여회(旅懷) - 객회(客懷). 객지(客地)에서 느끼게 되는 울적하고 쓸쓸한 느낌.
* 오경(五更) - 하룻밤을 다섯으로 나누었을 때의 다섯째 부분. 새벽 네시 전후임.

(129) 서 규정에게 주다(贈徐糾正)

瘦馬凌競日欲斜	여윈 말은 다투어 달려가고 해는 지려 하는데,
수 마 능 경 일 욕 사	
竹城西畔問君家	죽성(竹城)의 서쪽 기슭에 있는 그대 집을 묻노라.
죽 성 서 반 문 군 가	
卸鞍兀坐橋邊寺	안장을 풀고 다릿가 절간에 꼿꼿이 앉았는데,
사 안 올 좌 교 변 사	
天氣蒼茫作雪花	날씨가 아득하더니 꽃송이 같은 눈이 내리는구나.
천 기 창 망 작 설 화	

| 주해(註解) |

※ **서규정(徐糾正)** - 미상. 뒤의 '강릉도 안렴사 서 좌랑(견)을 보내다' 시 3수 (237-239)에서 볼 수 있듯이, 서규정은 과거 동기생인 서견(徐甄)으로 추정됨.

* 규정(糾正) - 고려 때의 사헌부 직명.
* 죽성(竹城) - 경기도 안성군에 있던 지명.
* 능(凌) - 건너다. 타넘다.
* 사(卸) - (짐을)풀다. 부리다
* 안(鞍) - 안장.
* 올좌(兀坐) - 똑바로 앉다. 꼿꼿이 앉다.
* 창망(蒼茫) - 넓고 멀어서 아득함.
* 설화(雪花) - 굵게 엉기어 꽃송이처럼 내리는 눈.

(130) 서울을 떠나던 날 도은[이숭인]의 서재에서 짓다
(發京日書陶齋)

一馬二僮風雪惡	말 한 필, 동복 둘에 눈바람 사나운데,
일 마 이 동 풍 설 악	
千山萬水道途賖	천산만수(千山萬水) 지나가는 길 멀기도 하네.
천 산 만 수 도 도 사	
只應夜夜江湖夢	아마도 밤마다 꾸게 될 강호몽(江湖夢)은 틀림없이,
지 응 야 야 강 호 몽	
還訪靑門陶隱家	파란 대문 도은(陶隱)의 집을 다시 찾게 되리라.
환 방 청 문 도 은 가	

| 주해(註解) |

* 강호몽(江湖夢) - 강호를 찾는 꿈.
* 천산만수(千山萬水) - 천 개의 산과 만 개의 내라는 뜻으로, 많은 산과 여러 갈래의 많은 시내를 이르는 말.
* 사(賖) - 1. 멀다. 2. 세내다.
* 지응(只應) - 다만 마땅히.

(131~132) 고성에서 감회를 적다 2수(固城感懷二首)

- 선생께서는 이때에 전 야은의 막중에 종군하였다(時從田埜[25]隱幕)
- 이 두수는 안동의 이 상국에게도 부쳤다(親交一本作交遊○右二首寄安東李相國)

〈첫째 시(其一)〉

元戎東狩復西征 원 융 동 수 부 서 정	최고 사령관께서는 동쪽으로 토벌가셨다가 서쪽으로 정벌가시면서,
采入荒凉古鐵城 미 입 황 량 고 철 성	황량한 옛 철성(鐵城) 땅까지 깊이 들어가셨네.
樸島煙氛雲外起 박 도 연 분 운 외 기	박도(樸島)의 악한 기운 구름 밖까지 치솟았을 때,
竹林烽火夜深明 죽 림 봉 화 야 심 명	죽림(竹林)의 봉화(烽火)는 밤에 비치었다네.
此行始識山河固 차 행 시 식 산 하 고	이번 걸음에야 산하(山河)의 험고(險固)함을 알았는데.
是處唯聞鼓角聲 시 처 유 문 고 각 성	이곳에서만 오로지 북과 피리 소리만 들렸다네.
艱極泰來非妄語 간 극 태 래 비 망 어	고생 끝에 태평이 온다는 말 헛되지 않으니,
遺民耐久待昇平 유 민 내 구 대 승 평	유민(遺民)들은 오로지 참고 참으며 나라의 태평을 기다렸다오.

---

25) **전녹생(田祿生, 1318~1375)** - 고려 공민왕 때의 문신. 자는 맹경(孟耕), 호는 야은(壄隱), 본관은 담양이다. 충혜왕 때 문과에 급제하여 정치도감관을 거쳐 1373년에 정당문학으로서 사부(師傅)를 지내고 문하평리(門下評理)에 이르렀다. 전라안찰사 때 홍건적의 난으로 대가(大駕, 임금이 타는 수레)의 남행에 호종하여 공 2등에 책록되었다.
원(元)나라를 배척하고 이인임(李仁任)을 죽이기를 청한 일에 관련되어 귀양 가던 도중에 장독(杖毒, 곤장을 심하게 맞아서 생긴 독)으로 죽었다. 중국에서 처음으로 <고문진보(古文眞寶)>를 가져와 인간(印刊)하였다. 장흥의 감호사(鑑湖祠)와 홍성 용구산사(龍龜山祠)에 제향되었다.

| 주해(註解) |

※ 이상국(李相國) - 미상

* 元戎(원융) - 군사(軍事)의 우두머리. 사령관
* 수(狩) - 토벌하다.
* 미(采) - 1. 깊이 들어가다. 2. 점점, 더욱더. 3. 두루 다니다.
* 박도(樸島) - 통영시의 사량도.
* 연분(煙氛) - 악한 기운, 전쟁의 티끌.
* 고각(鼓角) - 군대에서 전령용의 북과 피리.
* 승평(昇平) - 나라가 태평함.

〈둘째 시(其二)〉

西風吹送雁南征 서 풍 취 송 안 남 정	가을바람 남녘 가는 기러기 불어 보내고,
木葉蕭蕭下古城 목 엽 소 소 하 고 성	나뭇잎 우수수 옛 성(城)에 떨어지누나.
客裏有詩驚歲暮 객 리 유 시 경 세 모	객중(客中)에 시 짓자니 세밑임에 놀랐고,
憂來不睡到天明 우 래 불 수 도 천 명	시름 속에 잠 못 이뤄 날 밝음에 놀랐다.
已從防戍還成病 이 종 방 수 환 성 병	이미 방수(防戍)에 종사타가 도리어 병은 얻었지만,
尙喜親交數寄聲 상 희 친 교 수 기 성	그래도 친교들 자주 소식 보냄이 반갑구나.
我輩豈宜戎馬地 아 배 기 의 융 마 지	우리같은 문인들이 어찌 전쟁터에 알맞으랴,
殘年儻得見昇平 잔 년 당 득 견 승 평	만년(晚年)에는 행여 태평 천하를 얻어 볼 수 있으려나?

| 주해(註解) |

* 방수(防戍) - 수자리를 살면서 국경을 지킴.
* 융마지(戎馬地) - 전쟁터.
* 당(儻) - 1. 혹시. 2. 멍하니.

| 해설(解說) |

　백성은 나라의 근본으로 천심과 민심이 부합할 때만 통치권이 바로 설 수 있다는 민본이념(民本理念)은 맹자(孟子)의 사상에 기초한 것이다. 내우외환의 시대를 살아가는 사대부들에게 국가의 안위와 백성의 생존은 커다란 시대적 과제였으며, 비록 환로(宦路)에서 벗어나 있는 둔촌에게도 '충군과 애민사상'은 그의 일생의 최대 관심사였다.

4. 술회(述懷)

(133) 병중에 회포를 적다(病中書懷)

老去貧兼病	늙어가니 가난에다 병마저 겹치고,
노 거 빈 겸 병	
憂來悲且歌	시름이 이니 슬퍼서 또 노래 부른다오.
우 래 비 차 가	
秋風又蕭瑟	가을 바람은 한결 쓸쓸해지는데,
추 풍 우 소 슬	
世事易蹉跎	세상 일은 쉽게 어긋나고 있다네.
세 사 이 차 타	

| 주해(註解) |

* 술회(述懷) - 마음에 품은 생각을 말함.
* 소슬(蕭瑟) - 소슬하다. 적막하다. 쓸쓸하다.
* 차타(蹉跎) - 1. 미끄러져 넘어짐. 2. 시기를 놓침. 3. 일을 이루지 못하고 나이가 많아짐.

| 해설(解說) |

　둔촌의 은자적 풍모와 함께 말년에 병으로 세상을 바라보며 느낀 무상감, 초탈한 철학이 잘 드러난다. 회포의 정취를 아는 조선 선비들이 많이 애송한 시이다. '추풍우소슬(秋風又蕭瑟)' 구절은 조선의 시인들이 많이 인용했다.

(134) 병중에 회포를 적다(病中書懷)

病臥無情思 병 와 무 정 사	병으로 누웠으니 아무런 생각이 없고,
僑居轉寂寥 교 거 전 적 요	나그네 살이는 갈수록 쓸쓸해지네.
敢希霑爵祿 감 희 점 작 록	벼슬 살고 녹 받는 것 감히 바랐겠는가?
自喜老漁樵 자 희 노 어 초	스스로 고기 잡고 나무하며 늙는 게 즐겁구려.
鳳闕凌霄漢 봉 궐 능 소 한	봉궐(鳳闕)은 하늘 높이 솟았고,
龍舟趁海潮 용 주 진 해 조	용주(龍舟)는 바다 위를 달렸네.
紅裙不解事 홍 군 불 해 사	붉은 치마 입은 궁녀들은 세상 물정 모르고,
爭唱太平謠 쟁 창 태 평 요	다투어가며 태평가만 불러댔다네.

| 주해(註解) |

※ 병와(病臥)가 한 인본(印本)에는 와병(臥病)으로 되어 있다(病臥一本作臥病)

* 교거(僑居) - 우거(寓居). 정착되지 아니하고 임시로 삶.
* 적요(寂寥) - 적적(寂寂)하고 고요함.
* 점(霑) - 1. 은혜를 입다. 2. 젖다.
* 봉궐(鳳闕) - 궁성을 말한다.
* 용주(龍舟) - 임금이 타는 재비 조리 같은 배(奉天燕尾船·봉천연미선).
* 홍군(紅裙) - 붉은 치마. 기생. 여기서는 궁녀.

| 해설(解說) |

 둔촌은 위정자들이 민생의 절박함을 생각지도 않고 궁녀들과 향락을 즐기는 모습에서 고려왕조의 붕괴를 예감하고 있다. 지방에 거주하며 민초들의 참혹한 삶을 직접 목도하면서 백성의 삶을 지켜주지 못하는 조정의 존재를 회의적으로 보고 있다. 국운의 성쇠(盛衰)와 민심의 이합(離合)은 다 정치에 달려 있는데, 둔촌의 눈에 보이는 위정자들의 모습은 고려가 안고 있는 시대적 난제를 해결하려는 의지가 보이지 않고 무사안일과 향락만 추구하는 것이었다.

(135) 목은[이색]을 생각하다(憶牧隱)

流轉川寧地 유 전 천 녕 지	천녕(川寧) 땅에 떠돌았지만,
山川尙砥平 산 천 상 지 평	산천은 아직도 지평(砥平)일레라.
病中三伏盡 병 중 삼 복 진	병중에 삼복(三伏)이 지나가고,
雨後一涼生 우 후 일 양 생	비내린 뒤엔 서늘한 기운 생겼도다.
節物驚羈旅 절 물 경 기 여	철 따라 나는 산물은 나그네를 놀래키는데,
風流憶老成 풍 류 억 노 성	풍류는 원숙함을 기억하게 하네.
何時孤柳下 하 시 고 유 하	어느 때나 고독한 버드나무 아래서,
握手更論情 악 수 갱 논 정	손잡고 다시 정다운 이야기 나누어볼까?

| 주해(註解) |

※ **지평(砥平)**- 지평현은 천녕과 가깝다(砥平縣與川寧相接)

* 절물(節物) - 철에 따라 나는 산물(産物).
* 기여(羈旅) - 객지(客地)에 머묾. 또는 그런 나그네.
* 노성(老成) - (글이나 기예 따위가) 착실하고 세련됨.

※ **유하(柳下)** - 춘추시대 노(魯)나라 유하혜(柳下惠)를 지칭한 말이다. 이름은 전획(展獲)인데, 자 (字)가 금(禽)이라서 전금(展禽)이라 부른다. 유하(柳下)는 봉지(封地)이다. 맹자는 "유하혜의 기풍을 듣게 되면 속 좁은 사람은 너그럽게 되고, 야박한 사람은 후덕하게 된다. 타락한 군주를 싫어하지 않고 낮은 관직도 사양하지 않은 유하혜는 성인(聖人) 중에서 온화한 분이다."고 평하고 있다. 맹자는 백이(伯夷), 이윤(伊尹), 유하혜(柳下惠), 공자(孔子)를 성인이라고 하였다.

부 24) 목은[이색]의 차운시(附次韻)

蹇步今猶甚　　절룩거림이 지금도 그대로 심한데,
건 보 금 유 심

沈痾未盡平　　오랜 병은 좀처럼 다 낫지를 않네.
침 아 미 진 평

江山空一望　　강산은 괜히 한번 바라다 볼 뿐이지만
강 산 공 일 망

風月是三生　　풍월(風月)은 바로 삼생(三生)에 변함이 없겠네.
풍 월 시 삼 생

世亂心逾苦　　세상이 어지러우니 마음 더욱 괴로우나,
세 란 심 유 고

秋凉物自成　　가을이 서늘하니 만물은 절로 여물었다네.
추 량 물 자 성

菜羹調玉粒　　나물국에 쌀밥을 말아 먹으면서,
채 갱 조 옥 립

深荷故人情　　친구의 인정에 몹시 고마워 하노라.
심 하 고 인 정

| 주해(註解) |

※ 국역<목은시고> (권 18)에 수록. <차운하여 이 둔촌에게 받들어 부치다(次韻奉寄李遁村)>

* 건보(蹇步) - 절뚝발이 걸음. 또는 절뚝발이.
* 침아(沈痾) - 오랜 병.
* 삼생(三生) - 과거와 현재와 미래.
* 채갱(菜羹) - 나물국.
* 심하(深荷) - 매우 고맙게 여김.
* 옥립(玉粒) - 좋은 쌀밥이란 말인데, 초가을이 되면 둔촌이 새로 지은 시를 시통(詩筒)에 넣어 햅쌀과 함께 선물로 목은에게 보냈다는 기록이 많이 보인다. 포은에게도 보냈다.

(136) 자신을 읊다(自詠)

心爲感恩長慘慼　　마음은 임금의 은혜에 감격하여 항상 근심스럽고,
심 위 감 은 장 참 척

鬢緣多病早蒼浪　　귀밑머리 많은 병으로 일찍 세었다네.
빈 연 다 병 조 창 랑

古人此句知何意　　고인(古人)의 이 글귀가 무슨 뜻인지 알겠는가?
고 인 차 귀 지 하 의

三復時時涕自滂　　때때로 되풀이 읊자니 눈물이 쏟아지네.
삼 부 시 시 체 자 방

| 주해(註解) |

* 감은(感恩) - 은혜에 감동됨. 은혜는 임금의 은혜를 말한다.
* 빈연다병(鬢緣多病) - 당나라 한악(韓偓)의 <가을 교외를 한가하게 바라보다가 느낌이 있어(秋郊閑望有感)> : "마음은 은혜에 감사하여 견디기 어렵고, 귀밑 털은 난리를 겪어 일찍이 희끗 희끗 하다네."(心爲感恩長慘慼 鬢緣經亂早蒼浪·심위감은장참척 빈연경난조창랑) <전당시(全唐詩)> 권 681.
* 방(滂) - 비가 퍼붓다.

(137) 시사를 적다(書事)

凶荒師旅可憂傷 흉년에다 전란까지 참으로 마음 아픈데,
흉 황 사 여 가 우 상

補敗今誰有藥方 누구에게 지금 보패(補敗)할 약방문(藥方文) 있을거나?
보 패 금 수 유 약 방

昨夜夢廻茅屋下 어젯밤 꿈속에서 모옥(茅屋)을 둘러보니,
작 야 몽 회 모 옥 하

柴荊牢落石田荒 누추한 집은 적적하고 자갈밭은 묵어 있었다네.
시 형 뇌 락 석 전 황

| 주해(註解) |

* 흉황(凶荒) - 곡식이 잘못되어 농사가 결딴남.
* 사려(師旅) - 전쟁이나 군대를 이르는 말. 고대 중국의 군대 편성에서 500명을 여(旅), 5려(旅)를 사(師)라고 한 데서 유래한다.
* 보패(補敗) - 치패(致敗, 살림이 결딴남)를 북돋움. 한방의 보사(補瀉, 보(補)하는 일과 사(瀉)하는 일을 통틀어 이르는 말. 보(補)는 원기를 돕는 것이고, 사(瀉)는 병을 고치는 것임. 허증(虛症)은 보하고 실증(實症)은 사함)에서 인용한 말.
* 시형(柴荊) - 1. 섶과 가시나무로 문을 단 집. 2. 누추한(가난한) 집.
* 뇌락(牢落) - 1. 적적(寂寂)하고 쓸쓸함. 2. 마음이 넓고 비범함.
* 석전(石田) - 돌이 많은 밭. 자갈밭.

| 해설(解說) |

　　둔촌의 애민사상이 잘 드러난 시다. 둔촌은 중용적인 사고를 중시하며 그에 바탕을 둔 은둔생활을 추구하였지만, 사회 현실의 모순을 수수방관하며 무책임한 모습을 보이지는 않았다. 고려 후기 사대부로서 갖는 자부심과 책임의식에 입각해서 애국 애민사상을 시를 통하여 잘 표현하고 있다.

(138) 자신에게 부치다(自貽)

老來步步漸欹斜　늙어지니 걸음걸이 점점 비틀거려지는데,
노 래 보 보 점 의 사

行止還如狗喪家　오가는 꼬락서니 도리어 상가집 개와도 같네.
행 지 환 여 구 상 가

床上文書將底用　책상 위의 책들은 무엇에 쓸 것인가,
상 상 문 서 장 저 용

如今抱病眼昏花　지금은 병이 들고 눈마저 침침한 걸.
여 금 포 병 안 혼 화

| 주해(註解) |

* 이(貽) - 1. 전하다. 2. 끼치다. 3. 남기다.
* 구상가(狗喪家) - 상가집의 개(喪家之狗). 초상집(初喪-)의 개. 초상난 집 사람들이 너무도 슬픈 나머지 개에게 밥 주는 것도 잊었기 때문에 개가 몹시 말라빠진다는 말이지만, 별 대접을 받지 못하는 사람을 이르는 말. 공자가 사방을 돌아다닐 때 초라한 모습을 제나라 사람들이 형용한 말. '루루약상가지구'(纍纍若喪家之狗, 지쳐서 초라한 모습이 마치 상갓집 개와 같다) : 출전(出典) <사기(史記)>의 「공자세가(孔子世家)」.

(139) 자신을 읊다(自詠)

倦客悠悠行路難	지친 나그네에 고달프고 고달퍼 나가는 길 어려우니,
권 객 유 유 행 로 난	
弊裘羸馬宦情闌	갖옷 해지고 말 여위어 벼슬할 생각마저 지쳤도다.
폐 구 리 마 환 정 란	
遷居闃寂市聲遠	한적한 곳에 옮겨 살면 시성(市聲)은 멀리하겠는데,
천 거 격 적 시 성 원	
歸計蹉跎天氣寒	돌아갈 계획 어긋나고 날씨만 차갑네.
귀 계 차 타 천 기 한	
鴻鵠便能千里擧	홍곡(鴻鵠)이야 곧 쉽게 천리라도 날겠지만,
홍 곡 편 능 천 리 거	
鷦鷯本自一枝安	초료(鷦鷯)란 원래가 나뭇가지 하나에도 안도한다오.
초 료 본 자 일 지 안	
數椽茅屋吾生足	한두 칸 띳집이면 나 살기에 족할텐데,
수 연 모 옥 오 생 족	
在澗何人樂考槃	어떤 사람이 산골짜기에 살며 은거를 즐기는가?
재 간 하 인 락 고 반	

| 주해(註解) |

* 유유(悠悠) - 흔흔 '유유자적(悠悠自適)'하다고 할 때는 '느긋하다'는 뜻이지만, 여기서는 고달프고 고달프다는 뜻임.
* 환정(宦情) - 관리로서 느낀 심정, 또는 재미
* 란(闌) - 1. 쇠퇴하다. 2. 가로막다. 3. 드물다.
* 격적(闃寂) - (아무 것도 없이 텅 비어) 호젓하고 쓸쓸함.
* 시성(市聲) - 시정(市井)의 시끄러운 소리.
* 홍곡(鴻鵠) - 기러기와 따오기, 큰 인물에 비유됨.
* 초료(鷦鷯) - 뱁새. 졸장부의 비유.

* 연(椽) - 1. 간(間, 넓이의 단위). 2. 서까래. 3. 사다리.
* 간(澗) - 산골의 물. 계곡의 시내. 간아(澗阿) : 골짜기의 굽은 곳.
* 고반(考槃) - 은둔하여 산수간을 거닐며 자연을 즐기는 일. <시경(詩經)> '위풍(衛風)'의 편명으로 고는 '이룰 성(成)', 槃은 '즐거울 락(樂)'이라 하기도 하고, 고는 '두들김', 槃은 '악기의 이 름'이라 하기도 함. '고(考)'는 '두드린다', '반(槃)'은 '나무대야'로 풀고, 은자가 나무대야 같은 목판을 두드리면서 소박하게 즐기는 것이라고 보는 풀이도 있다.
- <시경(詩經) 위풍(衛風)> : "산골짜기에 숨어 사니 즐겁도다, 큰 인물의 너그러운 모습일세."(考槃在澗 碩人之寬·고반재간 석인지관)
- 명나라 말기 문인 도륭(屠隆)의 저서 <고반여사(考槃余事)>가 있는데, 이 책은 은자의 취미생활을 적은 것이다.

5. 거실(居室)

(140) 광주에서 동년 최 사관의 운을 따라 짓다
(在廣州次同年崔史官韻)

輦下車塵鬧	서울에는 수레 먼지로 시끄럽지만,
연 하 거 진 료	
關東蓴菜多	관동(關東)에는 순채나물이 많다네.
관 동 순 채 다	
憐君爲斗粟	가엾게도 그대는 작은 녹을 받기 위하여,
연 군 위 두 속	
西日帽簷斜	저녁 해가 모자의 챙에 기울 때까지 고생하는구려.
서 일 모 첨 사	

| 주해(註解) |

※ **최 사관(崔史官)** - 미상
* **사관(史官)** - 나라의 역사를 기록하는 관리. 임금과 신하가 대화하는 내용을 속기하는 주서(注書)로부터, 춘추관(春秋館)에 속한 각급 관리들이 있다.
* **연하(輦下)** - 연(輦)은 임금이 타는 수레인데, 즉 서울을 의미한다.
* **거진(車塵)** - 수레가 지날 때 나는 먼지.
* **관동(關東)** - 강원특별자치도에서 대관령(大關嶺) 동쪽에 있는 지역.
* **순채(蓴菜)** - 순채 나물. 수련. 고
* 순갱노회(蓴羹鱸膾) : 순갱은 순채라는 나물로 끓인 국, 노회는 농어 회. 서진(西晉)의 장한(張翰)이 낙양에서 벼슬할 때 가을바람이 불자 '고향 땅의 진미인 연한 나물과 순채로 끓인 국, 농어가 생각났다[思吳中菰菜 蓴羹 鱸魚膾]'며 '사람이 살아가면서 자신의 뜻에 맞는 일을 하는 것이 귀중한 일이다. 어찌 벼슬로 수천 리 떨어져 살면서 명예나 작위를 노리겠는가'라며 벼슬을 버리고 고향에 돌아와 유유자적했다. <진서(晉書)> 장한열전
* **두속(斗粟)** - 척백두속(尺帛斗粟)의 약칭인데, 근소한 녹을 말함.
* **모첨(帽簷)** - 모자의 챙.

(141~144) 성남 촌사에서 회포를 적은 4수를 제정[이달충[26]]에게 적어 보내다 9월 9일(城南村舍書懷四首錄呈霽亭[重九日])

〈첫째 시(其一)〉

功業關中相 공 업 관 중 상	관중(關中)에서 공을 세운 승상께서,
歸來漢上居 귀 래 한 상 거	돌아와 한강수 곁에 사시는구려.
高懸徐孺榻 고 현 서 유 탑	서유(徐孺)의 평상은 높이 매달아 두고,
只愛孔明廬 지 애 공 명 려	다만 공명(公明)의 초려(草廬)만 사랑하도다.
風月三千首 풍 월 삼 천 수	읊은 명월(明月)은 삼천 수요,
春秋七十餘 춘 추 칠 십 여	겪은 춘추(春秋) 칠십 여세라.
枕書是舊習 침 서 시 구 습	책을 베개 삼음은 옛 버릇 그대로여서,
燈下註蟲魚 등 하 주 충 어	등잔 아래서는 온갖 벌레와 물고기 주석을 다시네.

---

26) **이달충(李達忠, 1309~1385)** - 고려 말기의 문신이다. 초명은 이달중(李達中), 자는 중권(仲權), 호는 제정(霽亭), 본관은 경주이다. 1326년(충숙왕 13) 성균시(成均試)에 장원으로 합격하고, 같은 해 문과에 급제했다. 강직한 성품에 식견도 대단하고 시문도 잘 써서 이제현 선생의 칭찬을 많이 받았다.
1366년(공민왕 15) 왕이 그를 이름난 선비라 하여 밀직제학(密直提學)으로 발탁했으나, 당시 권세를 부리던 신돈(辛旽)에게 "그가 술과 여색을 밝힌다"는 말을 했다가, 얼마 안 되어 파직당했다. 신돈이 처형당한 후, 계림부윤(鷄林府尹)으로 임명되자 글을 올려 사양하였으나 허락받지 못했으며, 1385년(우왕 11) 계림군(鷄林君)으로 봉하여졌다가 졸하자 문정(文靖)이라는 시호를 받았다.

| 주해(註解) |

* 관중(關中) - 중국 함곡관(函谷關)을 중심하여 서쪽의 섬서성(陝西省) 일대를 말함. 주(周)나라 이후로 진(秦), 한(漢), 당(唐)이 그곳에 있는 호(鎬), 함양(咸陽), 장안(長安) 등지에 도읍하였기에 나라의 중앙이란 뜻으로 쓰임.
* 한상(漢上) - 한강수 곁.
※ 서유(徐孺) - 후한(後漢)의 남창(南昌) 사람. 서치(徐穉)의 자가 유자(孺子)이기에 그렇게 불렀다. 그는 누차 징벽(徵辟, 초야에 묻혀 있는 사람을 예를 갖추어 불러 벼슬을 시킴)을 받았으나 응하지 않았는데, 세상에서는 남주(南州)의 고사(高士)라 일컬었다. 태수 진번(陳蕃)이 몹시 중하게 여겨 그가 오면 꼭 특별히 간직한 평상을 내려서 쉬게 하였다.
• 당나라 왕발(王勃)의 <등왕각서(滕王閣序)> : "인물이 걸출하고, 땅은 영기가 있어, 서유는 태수인 진번(陳蕃)이 평상을 내려주며 맞아들였다."(人傑地靈, 徐孺下陳蕃之榻·인걸지령 서유하진번지탑)
※ 공명(公明) - 삼국시대 촉의 승상 제갈량(諸葛亮)의 자. 유비가 삼고초려(三顧草廬)하여 군사 (軍師)로 등용했다.
* 주충어(註蟲魚) - 벌레와 물고기 같은 하잘것없이 보이는 것까지 세심하게 주석을 단다.

〈둘째 시(其二)〉

洞府稱箕谷 동부칭기곡	동네 이름을 기곡(箕谷)이라고 하는데,
江山共霽亭 강산공제정	강과 산은 제정(霽亭)과 함께 어울리네.
樂天眞得道 낙천진득도	하늘을 즐기니 참으로 바른 길 얻었고,
遯世已忘形 둔세이망형	세상에서 은둔하였으니 이미 자신을 초월했음이라.
顧我頭將白 고아두장백	나를 돌아보니 머리 장차 세려하는데,
唯公眼尙靑 유공안상청	오직 공만은 아직도 눈이 오히려 푸르구려.
卜隣曾有約 복린증유약	이웃하여 살자 일찍이 약속했으니,
偕老送餘齡 해로송여령	함께 늙으며 남은 세월 보내자구려.

| 주해(註解) |

* 제정(霽亭) - 이달충의 호.
* 안상청(眼尙靑) - 눈이 오히려 푸르다.
* 청안(靑眼) - 좋은 마음으로 남을 보는 눈.

| 해설(解說) |

　　둔촌은 이 시에서 은둔을 통하여 "樂天眞得道(낙천진득도) 遯世已忘形(둔세이망형)", 물(物)과 아(我)를 다 잊은 장자의 천인합일(天人合一)의 경지에 도달한 것을 표현하였다.

〈셋째 시(其三)〉

田家豈云樂 (전가기운락)	시골살이 어찌 즐겁다 하겠는가?
來往爲營生 (래왕위영생)	오가는 건 모두 삶을 영위하기 위함이지.
茅屋山前白 (모옥산전백)	띠집은 산 앞에 희고,
松燈雨外明 (송등우외명)	관솔불 빗속에 밝네.
漁樵相解笑 (어초상해소)	어부와 나무꾼들과 서로 환하게 웃고,
僮僕亦歡迎 (동복역환영)	어린 종들도 또한 나를 기쁘게 맞이하는구나.
老婢勸饘粥 (노비권전죽)	늙은 여자종이 잘 쑨 죽을 권하니,
可憐丘壑情 (가련구학정)	숨어 사는 골짜기의 정경이 정다웁구려.

| 주해(註解) |

* 영생(營生) - 삶을 영위함.
* 전죽(饘粥) - 된죽과 묽은 죽. 죽을 통틀어 이르는 말.
* 구학(丘壑) - 언덕과 골짜기. 변하여 은자의 주거

| 해설(解說) |

둔촌은 이 시에서 "漁樵相解笑(어초상해소) 僮僕亦歡迎(동복역환영)"이라 하여 이웃과 가족의 이해와 환영에서 느끼는 귀향(歸鄕), 은둔(隱遁)의 인정미와 따뜻함을 표현하고 있다.

〈넷째 시(其四)〉

病裏逢佳節 병리봉가절
병중에 좋은 명절을 맞았으니,

將誰上翠微 장수상취미
뉘와 함께 산등성이에 올라볼까?

秋醪新氣味 추요신기미
가을에 빚은 술은 새로운 기미 돋구고,

霜菊晩光輝 상국만광휘
서리 속에 핀 국화는 늦게야 빛을 내는구나.

解印陶明府 해인도명부
고을 원님 도연명(陶淵明)은 인수(印綬)를 풀었고,

携壺杜紫薇 휴호두자미
중서성 벼슬아치 두목(杜牧)은 술병을 차고 다녔었지.

古人惜此日 고인석차일
옛사람들 이날을 아까워했는데,

不醉欲何歸 불취욕하귀
취하지 않는다면 어디로 돌아가려 하는가?

| 주해(註解) |

* 취미(翠微) - 엄밀히 말해서 산꼭대기에서 조금 내려온 곳인데 보통 '산등성이'를 이르는 말.
* 추요(秋醪) - 가을 들어 새로 빚은 술.
※ **도명부(陶明府)** - 동진의 도연명(陶淵明)을 말하며, 명부(明府)는 태수를 높혀서 부른 말. 인수(印綬) : (벼슬 자리에 임명될 때 임금에게서 받는) 신분이나 벼슬의 등급을 나타내는 관인(官印)을 몸에 차기 위한 끈. 관인의 꼭지에 닮. 인끈.
※ **두자미(杜紫薇)** - 당의 두목(杜牧)을 말한다. 자미(紫薇)는 당대(唐代)의 중서성의 이칭인데, 중서사인(中書舍人)을 지냈기에 그렇게 표현한 것이다.

| 해설(解說) |

    이 시는 제정(霽亭) 이달충이 계림부윤의 직에서 사직했을 때 쓴 것으로 보인다. 시를 잘 쓰고 강직하고 호방한 성격을 가진 연상(年上)인 이달충을 보고 둔촌이 같이 은거하면서 도연명이나 두목처럼 다가올 중양절에 산에 가서 한바탕 마시자고 하는 내용이다.
    제1수와 제4수는 음률이 명랑하고 호방(豪放)한 기세를 보여주는 명작(名作)이다.

(145) 행촌에서 병을 앓으며 느낀 바를 적다(杏村病中書事)

貧居非舊隱 _{빈 거 비 구 은}	가난한 살림은 옛 은거 아닌데,
送老此江邊 _{송 노 차 강 변}	이 강가에서 늙음을 보내게 되었구나.
謀食求田遠 _{모 식 구 전 원}	먹고 살려니 먼 곳까지 밭을 구했고,
爲家度地偏 _{위 가 탁 지 편}	집을 지으려고 비탈진 땅을 골랐네.
納凉依樹坐 _{납 량 의 수 좌}	더위를 식히려고 나무에 기대앉았고,
避雨擁蓑眠 _{피 우 옹 사 면}	비를 피하느라 도롱이 껴안고 자노라.
但喜農談好 _{단 희 농 담 호}	농사 소식 좋은게 제일 즐겁나니,
禾麻勝去年 _{화 마 승 거 년}	벼농사 삼농사 작년보다 낫다네.

| 주해(註解) |

* 탁(度) - 1. 헤아릴 탁. 2. 법도 도. 3. 살 택.
* 지편(地偏) - 땅이 외지다. 도연명의 <음주(飮酒)> 시에 '심원지자편(心遠地自偏)' 구절이 나온다. 자기의 심경이 이미 속세를 초탈하여 있으면, 살고 있는 그곳도 저절로 멀리 세간(世間)을 떠난 벽지(僻地)처럼 깨끗한 세계로 느껴진다.
* 납량(納凉) - 더위를 피하여 서늘한 바람을 쐬다.
* 사(蓑) - 도롱이.

(146~147) 정 삼봉에게 주다 2수(贈鄭三峯二首)

- 병인(1386 우왕 12)에 광주 촌사에서 짓다(丙寅在廣州村舍作<二首>)

〈첫째 수(其一)〉

地震山崩已可憂
지 진 산 붕 이 가 우
땅이 진동하고 산이 무너진 것만도 이만저만 걱정이 아닌데,

秋來水溢亦何由
추 래 수 일 역 하 유
가을 들어 바닷물 넘쳐드니 또 무슨 까닭인가.

書生憤悱終安用
서 생 분 비 종 안 용
서생(書生)이 분통을 터뜨린들 끝내 무엇에 쓸 것인가,

獨酌村醪自獻酬
독 작 촌 료 자 헌 수
홀로 막걸리 따라서 스스로 주고받고 하노라.

| 주해(註解) |

* 분비(憤悱) - 분하고 원통하게 여김.
* 촌료(村醪) - 촌탁(村濁). 시골에서 만든 막걸리.
* 헌수(獻酬) - 잔을 주고받고 하는 일.

〈둘째 수(其二)〉

漢水容舠可釣魚 　　한수(漢水)는 배 띄울 만하니 고기를 낚을 수 있겠고,
한 수 용 도 가 조 어

三峯如畫合騎驢 　　삼봉(三峯)은 그림 같으니 나귀 타기에 알맞으리.
삼 봉 여 화 합 기 려

若爲隔岸成茅宇 　　만약 언덕을 사이하고 띠집을 짓게 된다면,
약 위 격 안 성 모 우

敎子耕田且讀書 　　자식에게 밭 갈며 글이나 읽으라 해야겠네.
교 자 경 전 차 독 서

| 주해(註解) |

* 도(舠) - 거룻배(돛이 없는 작은 배).
* 려(驢) - 당나귀.
* 모우(茅宇) - 초가집.

| 해설(解說) |

　둔촌은 전쟁으로 온 나라가 황폐해졌는데 바닷물이 드나드는 재해를 당하게 되는 상황을 보고 백성의 삶이 힘들어진 이유를 위정자의 잘못에서 찾고 있다. 그러나 '서생이 분통을 터뜨린들 끝내 무엇에 쓸 것인가'라고 하여 국난극복을 위한 조정의 방책이 없음을 한탄하고 있다. 이는 신진 사대부들의 국가개조에 대한 개혁책이 집정자들에 의해 수용되지 않은 현실에 대한 비판의 목소리였다.

(148) 행촌에서 느낀 바를 적다(杏村書事)

宦路崢嶸幾太行 벼슬길 높고 험하여 태행(太行)과 비슷하니,
환 로 쟁 영 기 태 행

眼看車轂易摧傷 수레바퀴 쉬이 꺾이는 것 이 눈으로 보았다오.
안 간 거 곡 이 최 상

靑山白水柴門逈 푸른 산 하얀 물가에 사립문은 그윽하고,
청 산 백 수 시 문 형

明月淸風野服凉 밝은 달 맑은 바람에 야복(野服)은 서늘하다.
명 월 청 풍 야 복 량

彌勒坪頭念尊佛 미륵평(彌勒坪) 머리에서 부처님 생각하고,
미 륵 평 두 염 존 불

觀音浦上問漁郞 관음포(觀音浦) 위에서 어부를 찾는구나.
관 음 포 상 문 어 랑

無人共說村中事 아무도 마을 안 사정 함께 이야기할 사람 없어,
무 인 공 설 촌 중 사

獨把閑愁倚夕陽 홀로 쓸쓸한 시름을 안고 석양에 기대섰노라.
독 파 한 수 의 석 양

| 주해(註解) |

* 쟁영(崢嶸) - (산의 형세가 가파르고) 한껏 높은 모양.
* 기(幾) - 가깝다.
* 태행(太行) - 중국 하남성, 산서성, 하북성에 걸쳐 있는 산맥 이름. 험하기로 이름이 높다.
* 거곡(車轂) - 수레바퀴통.
* 최상(摧傷) - 기가 꺾이고 몸이 상함.
* 형(逈) - (아득히) 멀다. 요원하다.
* 시문(柴門) - 사립문.

* 야복(野服) - 평민이 입는 옷.
* 미륵평(彌勒坪) - 지명. 미륵뜰.
* 관음포(觀音浦) - 포구(浦口) 이름. 경남 남해군(南海郡) 고현면(古縣面)에 있다. 우왕 9년 (1383)에 해도원수(海道元帥) 정지(鄭地)가 왜구를 크게 무찌른 곳이다.
* 어랑(漁郞) - 어부.

6. 제벽(題壁)

(149~150) 안화사 벽 위에 붙은 정 장원[27]의 시 각운자를 사용하여 중암을 제목으로 삼아 시를 짓다 2수(用安和寺壁上鄭壯元韻題中菴二首)

〈첫째 시(其一)〉

首藤航一葦 수 등 항 일 위	수등(首藤)은 조각 배로 건널 것만 같고,
桑海遠浮空 상 해 원 부 공	상해(桑海)는 멀리 허공에 떠 있네.
畫絶蘭牕雨 화 절 난 창 우	(강산의)그림은 난창에 비 내리니 끊기고,
心傳柏樹風 심 전 백 수 풍	부처의 마음은 잣나무 바람에 전해지도다.
種花依砌下 종 화 의 체 하	꽃을 심어 섬돌에 기대게 했고,
買竹養盆中 매 죽 양 분 중	대나무 사들여 화분에 길렀네.
自愧汚淸淨 자 괴 오 청 정	청정(淸淨)을 더럽힐까 스스로 부끄러워,
題詩面發紅 제 시 면 발 홍	시를 쓰려니 얼굴이 붉게 달아오르네.

---

[27] **정총(鄭摠, 1358~1397)** - 고려 말기·조선 초기의 문신·학자. 자는 만석(曼碩). 호는 복재(復齋). 우왕 2년(1376)에 장원급제하여 공양왕 때 이조 판서를 거쳐 정당문학에 이르렀으며, 조선 초기의 개국공신 1등으로 서원군(西原君)에 봉하여졌다. 정도전 등과 함께 ≪고려사≫를 편찬하였는데, 뒤에 중국 명나라 태조가 ≪고려사≫의 표사(表辭)가 불손하다고 하여 유배되어 가던 도중 죽었다.

| 주해(註解) |

* 제벽(題壁) - 시문(詩文)을 지어 벽에 붙임.
* 안화사(安和寺) - 개성 송악산 남쪽 기슭에 있는 사찰.
* 수등(首藤) - 머리 속에 가득한 갈등.
* 일위(一葦) - 갈대 하나, 항일위(航一葦)는 일위항지(一葦航之)의 뜻으로 아주 가까워 보인다는 뜻, 항(航)은 건넌다는 뜻.
* 상해(桑海) - 상전벽해(桑田碧海). 무상한 속세의 뜻으로도 쓰인다.
* 난창(蘭牕) - 아름다운 창.
  - 낙빈왕[駱賓王, 619년(추정) ~ 687년(추정)]의 <제경편(帝京篇)> : "보석 덥개 조각한 안장 금줄 감은 말에, 난초 그린 창에 수놓아 장식한 기둥에 옥으로 쟁반같이 새긴 용 있네."(寶蓋雕鞍金絡馬 蘭牕繡柱玉盤龍·보개조안금락마 난창수주옥반용)
* 백수(柏樹) - 모든 나무가 다 양(陽)에 속해 있는데, 칙백나무만은 음서(陰西)를 향해 뻗어남으로 정덕(貞德, 여자의 정숙한 덕)이 있는 나무라 해서 절 같은 데에 많이 심음.
* 체(砌) - 섬돌. 겹쳐 쌓다.

〈둘째 시(其二)〉

再過安和寺	또다시 안화사(安和寺)를 찾아와,
재 과 안 화 사	
閒徵往事空	조용히 지난 일 공허함을 징험해 보네.
한 징 왕 사 공	
仙郎非俗類	젊은 중은 속된 무리가 아니고,
선 랑 비 속 류	
長老有禪風	늙은 중은 선풍(禪風)이 있도다.
장 로 유 선 풍	
花木淸明後	꽃이 피는 나무는 청명 뒤라 활짝 피었고,
화 목 청 명 후	
樓臺縹渺中	누대(樓臺)는 어렴풋하여 있는지 없는지 모르겠네.
누 대 표 묘 중	
高吟子眞句	소리 높혀 자진(子眞)을 칭송하는 시구 읊노라니,
고 음 자 진 구	
躑躅滿山紅	철쭉꽃 산에 가득히 붉어지네.
척 촉 만 산 홍	

| 주해(註解) |

* 선랑(仙郎) - 당대에 각조(各曹)의 낭관(郎官, 과장·국장급 관리)을 선랑이라 칭했는데, 여기서는 젊은 중을 이르는 말인 듯하다.
* 장로(長老) - 늙은 중을 이름.
* 청명(淸明) - 24절기의 하나, 동지 후 105일.
* 표묘(縹渺) - 아득한 모양, 멀어서 불분명한 모양.
※ 자진(子眞) - 전한(前漢) 성제(成帝) 때 은사. 이름은 복(樸) 또는 복(卜). 곡구(谷口)에 살면서 몸을 닦아 스스로를 지키면서, 바위 험한 골짜기에서 농사를 지었는데, 이름이 장안에 떨쳐 사람들이 '곡구자진(谷口子眞)'이라 불렀고, 사는 곳은 정곡(鄭谷)이라 하였다.
* 척촉(躑躅) - 철쭉나무.

(151~152) 흥을 풀려고 용만 주인의 벽에 써부치다 2수 (遣興題龍巒主人壁二首)

- 이때에 봉천연미선(奉天燕尾船)의 놀이가 있었다(時有奉天燕尾船之樂)

〈첫째 시(其一)〉

秋來客鬢白蕭疎
추 래 객 빈 백 소 소
가을 들어 나그네의 구레나룻 듬성듬성 세는데,

尙戀龍巒更結廬
상 연 용 만 갱 결 려
용만(龍巒)이 못내 그리워 다시 움막을 지었네.

堪恨主人長閉戶
감 한 주 인 장 폐 호
한을 견뎌야 할 주인은 언제고 사립문 닫아놓고,

江湖日夜逐禽魚
강 호 일 야 축 금 어
강호(江湖)에서 밤낮없이 새와 물고기만 뒤쫓을 수 있을까?

| 주해(註解) |

※ 용만주인(龍巒主人) - 미상

* 봉천연미선(奉天燕尾船) - 미상.
* 소소(蕭疎) - 드물다. 성기다.
* 용만(龍巒) - 개성의 용수산(龍岫山).
* 결려(結廬) - 여막(집)을 지음.

〈둘째 시(其二)〉

五湖誰繼鴟夷子	오호(五湖)에서 어느 사람 치이자(鴟夷子) 뒤 이을 수 있을는지?
오 호 수 계 치 이 자	
東海吾從管幼安	나는야 동해에서 관유안(管幼安)을 따르려네.
동 해 오 종 관 유 안	
世事不堪聞病耳	세상일 귀가 아파 차마 못 들어,
세 사 불 감 문 병 이	
小窓攲枕涕汍瀾	소창(小窓) 아래 누웠자니 눈물이 줄줄 쏟아지네.
소 창 의 침 체 환 란	

| 주해(註解) |

* 오호(五湖) - 중국 춘추시대 월(越)나라의 미인 서시(西施)가 오(吳)나라를 망하게 하고 월나라에 돌아와 범려(范蠡)를 좇아 놀았다는 호수다. 오월 국경지대 취리(檇李, 절강성·浙江省 가흥· 嘉興의 옛이름)에 있던 범려호(范蠡湖)를 이른다. 범려가 이 지역에서 종적을 감추었기 때문에 '종적을 감추는 곳'의 대명사처럼 사용되고 있다.

* 치이자(鴟夷子) - 춘추시대 월나라의 모신 범려(范蠡). 자는 소백(少伯), 월왕 구천을 도와 오 나라를 멸하고 나서 오호(五湖)에 노닐면서 치이자피(鴟夷子皮)로 이름을 바꾸었다.

※ 관유안(管幼安) - 중국 삼국시대 위(魏)나라 사람인 관영(管寧)의 별칭. 그는 중국에 전란이 일어나자 이를 피하여 우리나라로 건너온 최초의 인물이다.

* 환란(汍瀾) - 눈물을 줄줄 흘리며 우는 모양.

(153) 양근 이 사또님의 군재에 써부치다(題楊根李使君郡齋)

吾生幾度過楊根 오 생 기 도 과 양 근	내 여러 번을 양근(楊根)에 들렸지만,
每見柴荊掩縣門 매 견 시 형 엄 현 문	그때마다 가시덤풀로 현문(縣門)을 가려 놓았었다네.
始識使君敷政化 시 직 사 군 부 정 화	이제야 사또님 덕화(德化)를 베푸시고 있다는 걸 알게 되었으니,
相望煙火起山村 상 망 연 화 기 산 촌	바라보는 산촌마다 밥 짓는 연기 피어오르네.

| 주해(註解) |

※ 이 사군(李使君) - 미상

* 양근(楊根) - 군(郡) 이름. 경기도 양평군(楊平郡) 양평읍 양근리 지역에 있었다. 본래 고구려의 양근군(楊根郡 : 일명 항양군·恒陽郡)이었는데, 신라 경덕왕 때 빈양현(濱陽縣)으로 개칭하였다 가, 고려 초에 다시 양근으로 고쳐 광주(廣州)에 예속시켰다. 융희(隆熙) 2년(1908)에 지평현(砥平縣)과 합하여 양평군이 되었다.
* 사군(使君) - 주목. 사또. 지방장관의 별칭.
* 군재(郡齋) - 군아(郡衙). 고을의 사무를 보는 관아. 동헌(東軒).
* 부(敷) - 베풀다. 펴다.
* 정화(政化) - 정치로써 백성을 교화하는 것, 또는 정치를 잘 편 덕화(德化).
* 연화(煙火) - 밥을 짓는 연기.

7. 우설(雨雪)

(154) 지루한 비 뒤에 양헌을 찾았다(苦雨後訪陽軒)

秋風已强半　　가을도 벌써 절반이나 지났는데,
추 풍 이 강 반

積雨未全晴　　장마비는 아직도 완전히 개이지를 않았다네.
적 우 미 전 청

泥濘人難越　　흙탕 길은 사람들 타넘고 다니기 어렵고,
이 영 인 난 월

丘坑馬不征　　언덕 구멍이 무너져 말도 치달릴 수가 없네.
구 갱 마 부 정

孤城隔岸立　　외딴 성(城)은 언덕 너머 우뚝한데,
고 성 격 안 립

返照漏雲明　　지는 햇빛 구름에서 새 나와 밝게 비치네.
반 조 누 운 명

世事何須慮　　세상일을 걱정해서 무엇하리?
세 사 하 수 려

詩情得細評　　시정(詩情)이나 자상한 평판 받아보려네.
시 정 득 세 평

| 주해(註解) |

※ 양헌(陽軒) - 미상

* 고우(苦雨) - 때아닌 때 내리는 궂은 비.

* 강반(强半) - 절반을 넘다.

* 적우(積雨) - 장마비. 임우(霖雨). 적림(積淋).

* 이영(泥濘) - 진창. 땅이 질어서 질퍽질퍽하게 된 곳.

* 반조(返照) - 동쪽으로 비치는 저녁 햇빛. 지는 해가 동쪽으로 비침.

* 시정(詩情) - 시적(詩的)인 정취.

(155) 우중에 홀로 앉아 붓을 달려, 포은[정몽주]에게 드리다
(雨中獨坐走筆呈圃隱)

睡起簷前點滴宜　　잠에서 깨어보니 처마의 낙숫물 소리 방울 방울
수 기 첨 전 점 적 의　　떨어지니,

旱中甘澍到來時　　가뭄 끝에 단비 촉촉하게 찾아올 때로구나.
한 중 감 주 도 래 시

勸公飮我一壺酒　　그대에게 권하노니 나의 이 한 병 술을 마시겠냐고,
권 공 음 아 일 호 주

莫惜新題喜雨詩　　새롭게 희우시(喜雨詩) 한 수 짓는 일 망설이지
막 석 신 제 희 우 시　　말아주시길.

| 주해(註解) |

* 점적(點滴) - 점점적적(點點滴滴). 조금씩 조금씩 방울방울 떨어짐.
* 주(澍) - 1. 단비. 2. (촉촉히) 젖다.
* 희우시(喜雨詩) - 가뭄 뒤에 오는 비를 반기며 지은 시.
* 막석(莫惜) - 아까워하지 말라.
• 이숭인의 <送張衡叔還西都田宰相幕, 장형숙이 평양의 전씨 재상 막부로 돌아감을 송별하며> : "그대 돌아가서도 만약 기억하거든, 편지하는 일 꺼리지 마소서"(君歸如記我 莫惜鯉魚雙·군귀여기아 막석이어쌍). 이어쌍(鯉魚雙) : 잉어 두 마리. 편지. 쌍리(雙里).

(156) 저녁 비 개이고(晚晴)

晚晴溪水振風凉　　저녁 비 갠 시냇물에 바람 일어 시원하고,
만 청 계 수 진 풍 량

屋上峯陰半入墻　　지붕 위의 산 그림자 반쯤 토담 안에 들어왔네.
옥 상 봉 음 반 입 장

滿眼新詩收未得　　눈에 가득한 그 풍경을 미처 시에 담기 전에,
만 안 신 시 수 미 득

一枝花月送淸香　　한 가지에 열린 꽃과 달이 맑은 향기 보내오네.
일 지 화 월 송 청 향

| 주해(註解) |

* 만청(晚晴) - 저녁때에 갠 날씨. 또는 그 하늘.
* 봉음(峯陰) - 산그림자.
* 만안(滿眼) - 눈에 가득 차다. 시야에 가득하다.

(157~159) 눈이 내린 뒤에 주필로 증오[정도전]와 자안[이숭인]에게 화답시를 청하였다 3수(雪後走筆邀曾吾子安 三首)

〈첫째 시(其一)〉

雪滿松都獨倚闌
설 만 송 도 독 의 란
눈은 송도(松都)에 가득한데 홀로 난간에 기대어 보니,

鵠峯如畫眼前看
곡 봉 여 화 안 전 간
따오기 봉우리는 그림같이 눈앞에 펼쳐지누나.

柴扉半掩明斜照
시 비 반 엄 명 사 조
사립문 반쯤 닫히고 저무는 해 밝건만,

乘興無人訪戴安
승 흥 무 인 방 대 안
흥을 타서 대안도(戴安道) 찾아갈 사람 하나도 없구려.

| 주해(註解) |

※ **대안도(戴安道)** - 대규(戴逵)의 자(字)가 안도. 대규는 진(晉) 나라 초국(譙國) 사람. 성품이 고결하고 시문과 서화에 능했으며 거문고의 명수였다. 친구인 왕휘지(王徽之, 왕희지의 아들)가 산음(山陰)에 머물면서 밤 눈이 개이자 달빛이 사방을 비치는데 문득 친구 대안도가 생각나서 배를 타고 섬현(剡縣)까지 찾아갔다가 대안도의 집 문앞에서 흥이 사라져 대안도를 만나보지도 않고 되돌아왔다는 고사가 있다.

* 주필(走筆) - 글이나 글씨를 흘려서 매우 빨리 씀.
* 요(邀) - 맞이하다. 만나다.
* 곡봉(鵠峯) - 곡령(鵠嶺). 개성에 있는 송악산의 별칭.
* 사조(斜照) - 저녁때 비스듬히 비치는 햇빛.

〈둘째 시(其二)〉

挑盡寒燈坐夜闌　　한등(寒燈)을 다 돋구고 밤 늦도록 앉았으나,
도 진 한 등 좌 야 란

牕前雪月共誰看　　창 앞에 비친 설월(雪月) 그 누구와 함께 감상할까?
창 전 설 월 공 수 간

新詩美酒非吾有　　신시(新詩)고 미주(美酒)고 내 가진 것 아니고 보니,
신 시 미 주 비 오 유

苦憶曾吾與子安　　증오(曾吾)와 자안(子安)만을 애타게 생각한다네.
고 억 증 오 여 자 안

| 주해(註解) |

※ **증오(曾吾)** - 정도전의 자(字).

※ **자안(子安)** - 이숭인의 자(字).

* 도진(挑盡) - 등잔 심지를 끝까지 다 돋움.

* 한등(寒燈) - 추운 밤에 비치는 등불. 쓸쓸히 비치는 등불.

〈셋째 시(其三)〉

邇來車馬滿門闌   요즈음은 거마(車馬)가 문의 난간에 꽉 찬다 해도,
이 래 거 마 만 문 란

氣色應非舊日看   그 기색은 틀림없이 옛날과는 다르리라.
기 색 응 비 구 일 간

誰向世途求伴侶   어느 누구가 세도(世途)를 따라 친구를 구하는가?
수 향 세 도 구 반 려

不如歸去臥淮安   돌아가 회안(淮安)에서 은거함만 못하리라.
불 여 귀 거 와 회 안

| 주해(註解) |

* 이래(邇來) - 지나간 얼마 동안의 아주 가까운 때.
* 문란(門闌) - 문틀. 문의 난간.
* 세도(世途) - 세로(世路). 세상을 겪어나가는 길.
* 회안(淮安) - 옛날 광주(廣州)에 속했던 역.

(160) 기미년 9월 16일 눈이 내리는 가운데 회포를 적다 (己未九月十六日雪中書懷)

漢陰九月雪如席	한산 북쪽의 9월 달에 눈이 자리를 편 듯 깔렸는데,
한 음 구 월 설 여 석	
亂飄密灑山川白	어지럽게 나부끼고 빽빽이 뿌려 모든 산천이 하얗구나.
난 표 밀 쇄 산 천 백	
階平庭滿尺有餘	섬돌도 평평해지고 마당에도 가득 차게 한 자 넘게 쌓였는데,
계 평 정 만 척 유 여	
掩關獨臥無來客	문 닫고 홀로 누웠으니 찾는 사람 없구려.
엄 관 독 와 무 래 객	
此是無乃豐年祥	이것은 아마도 풍년들 상서로운 조짐이 아닐는지?
차 시 무 내 풍 년 상	
玉樹參差明屋脊	옥수는 들쭉날쭉 용마루도 환하구나.
옥 수 참 치 명 옥 척	
爲向隣家問老農	이내 이웃집 향하여 늙은 농부에게 물어보니,
위 향 인 가 문 노 농	
老農罪歲語刺刺	늙은 농부는 시절을 탓하며 하는 말 신랄하고도 신랄하구나.
노 농 죄 세 어 랄 랄	
雖云履霜至堅氷	비록 옛말에 서리를 밟고 나면 굳은 얼음이 언다고야 하였지만,
수 운 이 상 지 견 빙	
秋天大雪異疇昔	가을 하늘에 큰 눈이라니 지난날과 다르도다.
추 천 대 설 이 주 석	
今年霜雪何太早	올해의 눈 서리는 왜 이리도 너무 빨리 오는지?
금 년 상 설 하 태 조	
至今未畢種麰麥	지금은 아직 보리 파종도 다 끝내지 못하였는데.
지 금 미 필 종 모 맥	

菽粟盈疇何暇收 숙 속 영 주 하 가 수	콩과 조는 밭 이랑에 가득한데 어느 겨를에 거둬들일까?
縣官租稅方急索 현 관 조 세 방 급 색	고을 관청에 바칠 세금의 독촉만 바야흐로 급하구나.
三年不熟民艱食 삼 년 불 숙 민 간 식	삼 년 동안 흉년 들어 백성들은 끼니조차 못 잇는데,
又至於此眞可惜 우 지 어 차 진 가 석	또다시 이 지경에 이르다니 참으로 가엾구나.
病夫所慮塡溝壑 병 부 소 려 전 구 학	나같이 병든 늙은이 걱정한 것은 굶은 시체 도랑과 산허리에 버려짐이었는데,
更聞此語心煎迫 갱 문 차 어 심 전 박	다시금 이런 말 듣고 보니 가슴이 타는 듯 하는구려.
經霜萬木已凋零 경 상 만 목 이 조 령	서리 맞은 온갖 수목들 이미 시들어 떨어졌으나,
耐寒靑靑見松柏 내 한 청 청 견 송 백	추위를 견디며 푸르고 푸른 송백(松柏)을 볼지니라.
歲暮相期共婆娑 세 모 상 기 공 파 사	세모(歲暮)에 서로 기약하여 보세! 함께 너울거리다가,
水雲深處聊自適 수 운 심 처 료 자 적	물과 구름 깊은 곳에서 에오라지 유유자적하여 보자고....

| 주해(註解) |

* 기미(己未) - 우왕 5년(1379), 둔촌 53세
* 한음(漢陰) - (북)한산의 북쪽, 음달진 곳
* 옥수(玉樹) - 눈송이에 덮인 나뭇가지.
* 참치(參差) - 가즈런하지 않고 높낮이나 길고 짧음이 일정하지 않는 모양.
* 옥척(屋脊) - 용마루.
* 노농(老農) - 나이 많은 농부.

* 이상(履霜) - '서리를 밟는다'는 것은 곧 물이 얼 겨울철이 닥칠 징조라는 뜻으로, 징조를 보고 장차 다가올 일에 대비하여야 함을 경계하는 말이다. 이상지견빙(履霜至堅氷) : 서리를 밟게 되면 다음에는 단단한 얼음이 닥친다.
* 주석(疇昔) - 그렇게 오래지 않는 옛적.
* 모맥(麰麥) - 보리.
* 숙속(菽粟) - '콩과 조'
* 주(疇) - 이랑.
* 전구학(塡溝壑) - 굶어 죽은 백성들의 시체가 도랑이나 산허리를 메움. 목숨을 잃는 것을 포괄하여 일컫는 말.
※ 심전(心煎) - 마음만 졸이다. 한 간행본에는 '수전(愁煎)'으로 되어 있다.
* 조령(凋零) - 초목(草木)의 잎 따위가 시들어 떨어짐.
* 파사(婆娑) - 춤추는 소매가 가볍게 나부끼는 모양. (형세 따위가) 쇠하여 가냘픈 모양.
* 자적(自適) - 무엇에 구애됨이 없이 마음 내키는 대로 즐김.

| 해설(解說) |

둔촌은 때 이른 서리와 눈이 3년 동안 내려, 흉년이 졌기 때문에 피폐해진 백성들의 삶을 더욱 처참하게 만들었다고 하고 있다. 고래(古來)로 절기와 기후의 부조화는 천심과 민심이 위정자를 버리는 징조로 해석되었다.

역대의 모든 군왕은 재이(災異, 천재지변)를 만나면 공구수성(恐懼修省, 몹시 두려워하며 수양하고 반성함)하지 않은 이가 없었다. 감선(減膳, 임금이 수라상의 음식을 줄임), 철악(徹樂, 국상이나 재변 등이 있을 때 음악을 철폐하는 일), 진휼(賑恤, 흉년에 곤궁한 백성을 구원하여 도와줌) 등이 천심을 감복시키기 위한 행위였다.

그런데 둔촌은 흉년이 들어 백성들이 구학(溝壑, 구렁)에서 구르고 있는데도 관(官)에서는 조세를 독촉하니 살아 나갈 수가 없다고 하였다. 이것은 양식 있는 지식인이 백성에 대한 지극한 연민을 갖고 있음을 보여 준다.

8. 등림(登臨)

(161) 동년인 임 심보와 보덕봉 꼭대기에 오르다
(與同年任深父登寶德峯頭)

登臨絶巘意超然　절헌(絶巘)에 올라 내려다보니 마음 초연해지는데,
등 림 절 헌 의 초 연

無限山川共眼前　끝없는 산천이 눈앞에 함께 펼쳐지는구나.
무 한 산 천 공 안 전

箇裏分明堪畫處　이 가운데 분명하구나! 그림 그리는 곳 될 수 있다면,
개 리 분 명 감 화 처

黃驪最占好江天　저 여주(驪州) 땅이 가장 좋은 강 위에 하늘 덮힌 곳으로
황 려 최 점 호 강 천 　꼽히겠구려.

| 주해(註解) |

※ 임심보(任深父) - 미상

※ '부(父)' 자가 어떤 사람의 자(字, 애칭)로 사용될 때는 '보(甫)'와 발음과 뜻이 같음. 이 경우 '보(甫)'자는 '씨(氏)'라고 하는 것보다는 좀 낮고, '군(君)' 정도임.
* 등림(登臨) - 높은 곳에 올라서 낮은 곳을 내려다 봄.
* 절헌(絶巘) - 아슬아슬하게 험하고 높은 봉우리.
* 개(箇) - 1. 낱, 개. 2. 이, 이것, 저것. 3. 어떤, 무슨
* 감(堪) - 1. 감당하다. 2. 견디다.
* 황려(黃驪) - 경기도 여주(驪州)의 고려시대 이름. 황리(黃利).
* 강천(江天) - 멀리 보이는 강 위의 하늘.

(162) 동정호에 대한 느낌을 적다(洞庭湖有感)

一點群山夕照紅 조그마한 점 같은 여러 산봉우리 저녁 노을에 붉은데,
일 점 군 산 석 조 홍

闊呑吳楚勢無窮 널리 오나라 땅 초나라 땅을 삼킨 그 형세 다함이 없네.
활 탄 오 초 세 무 궁

長風吹送黃昏夢 긴 바람이 황혼의 꿈을 불어보내 주고 있는데,
장 풍 취 송 황 혼 몽

銀燭紗籠瀰漫中 은촉(銀燭) 등롱(燈籠) 가득찬 속이었구려.
은 촉 사 롱 미 만 중

※ 이 시는〈동국시선(東國詩選)〉에 실려 있기에 이번에 찾아서 여기에 넣었다(在詩載於東國詩選 故今搜入于此)

| 주해(註解) |

* 동정호(洞庭湖) - 호남성에 있는 중국에서 수역이 가장 넓은 담수호.
* 활탄오초(闊呑吳楚) - 동정호의 동쪽과 남쪽으로 오나라와 초나라가 갈려 있기에 하는 말.
* 장풍(長風) - 멀리서 불어오는 바람.
* 은촉(銀燭) - 아름답게 비치는 촛불.
* 사롱(紗籠) - 여러 빛깔의 깁으로 거죽을 씌운 등롱(燈籠).
* 미만(瀰漫) - 가득차다. 자욱하다.

(163) 여주를 제목 삼아 읊다(驪州題詠)

天地無涯生有涯 천지는 끝이 없는데 인생은 끝이 있나니,
천 지 무 애 생 유 애

浩然歸去欲何之 호연(浩然)이 돌아간다면 어디로 갈 것인가?
호 연 귀 거 욕 하 지

驪江一曲山如畵 여강(驪江)의 한 굽이엔 산마저 그림 같아,
여 강 일 곡 산 여 화

半似丹靑半似詩 절반은 그림이요. 절반은 시와 같다네.
반 사 단 청 반 사 시

※ <기아(箕雅: 남용익·南龍翼이 엮은 시선집·詩選集)에는 들어 있고 원고에는 실리지 않았기에 이번에 여기로 부록하였다.(此詩一首入於箕雅而原稿不載故今附錄于此下)

| 주해(註解) |

* 제영(題詠) - 시를 짓고 읊음. 또는 그 시가(詩歌).
* 호연(浩然) - 둔촌 이집 선생의 자(字)이다.

| 해설(解說) |

　이색의 <목은시고(牧隱詩稿)>에 이 시가 수록되어 있어 목은 선생이 지은 것으로 되어 있다. 거기에도 <여강(驪江)>이라는 제목으로 4수가 연작(連作)되어 있는데, 그 번역도 <한국고전DB>에서 확인할 수 있다.
　목은 선생의 시는 도은(陶隱, 이숭인) 선생의 같은 제목의 시와 더불어 명작으로 알려졌다는 것을 관련된 시화[<대동야승(大東野乘)> <월정만필(月汀漫筆)>에서 읽을 수 있다. 오히려 <한국고전DB>에 수록된 목판본 <둔촌유고>에는 이 시가 빠져 있으나, 남용익(南龍翼)이 엮은 시선집(詩選集)인 <기아(箕雅)>에만 이 시가 둔촌 선생이 지은 것으로 수록되어 있다고 하는데, 이 시를 둔촌 선생이 지은 것으로 보기는 어려울 것 같다.

II

둔촌선생유고 제2권
遁村先生遺稿卷之二

Ⅱ. 둔촌선생유고 제2권
遁村先生遺稿卷之二

■ 시(詩)

9. 사시(四詩)

(164~165) 황여강에서 읊다 2수(黃驪江二首)

〈첫째 시(其一)〉

一帶長江繞郭斜 한 줄기 긴 강물 성곽(城廓)을 돌아 비스듬히
일 대 장 강 요 곽 사 흐르는데,

樓臺如畫是人家 그림 같은 누대(樓臺)들 바로 인가(人家)가 분명하네.
누 대 여 화 시 인 가

如何載酒春風裏 어찌하면 봄바람에 술 가득 싣고 가면서,
여 하 재 주 춘 풍 리

看盡船頭兩岸花 뱃머리에 나타나는 양 기슭의 꽃들을 모두 다 볼 수
간 진 선 두 양 안 화 있을까.

| 주해(註解) |

* 요(繞) - 1. 두르다. 에워싸다 2. 포장하다.
※ 여하(如何) - 어떠한가. 한 판본에는 하여(何如)로 되어있다(如何一本作何如)

〈둘째 시(其二)〉

狂竪焉知大義斜　미친 사람들 어찌 대의(大義) 틀어진 것을 알리오,
광 수 언 지 대 의 사
宰臣憂國便如家　재상은 나라 걱정 곧 제집같이 해야 하는데....
재 신 우 국 편 여 가
江頭遊女猶多事　강두(江頭)의 유녀(遊女)들 호사롭게 치장하고,
강 두 유 녀 유 다 사
緩緩行歌陌上花　느릿느릿 거닐면서 맥상화(陌上花)만 부르네.
완 완 행 가 맥 상 화

| 주해(註解) |

* 광수(狂竪) - 무지하고 정신이 돈 사람들.
* 언지(焉知) - 어찌 …을 알겠는가.
* 대의(大義) - 국가의 대도.
* 맥상화(陌上花) - 악곡명. 오대(五代, 당나라와 송나라 사이)의 오월(吳越) 나라의 왕비가 매년 봄이 되면 친정인 임안(臨安, 항주)으로 근친(覲親, 시집간 딸이 친정에 가서 어버이를 뵘)을 가는데 왕이 왕비에게 글을 주어 말하기를 맥상화가 필 무렵 느직느직 돌아오라 하였다. 오나라 사람들이 그 말을 노래로 만들어 부르니 듣기에 몹시 애처로웠다 한다.

| 해설(解說) |

　둔촌은 지배층의 위정(爲政)에 각별한 관심을 기울이고 그들의 잘못된 정사(政事)를 비판하면서 국가의 안위를 걱정하였다. 재상들이 남한 강변에서 꽃구경으로 세월을 보낼 것이 아니라 정사를 살피고 백성을 돌봄이 자기 집 돌보듯이 해야 함을 역설했다.
　유녀(遊女)들과 한가롭게 놀이에 빠져있는 그들을 '미친 사람들'이라고까지 일침을 가하고 있다. 위정자들의 실정(失政)은 곧바로 백성의 삶을 도탄에 빠뜨리며, 지배체제의 유지를 어렵게 하기 때문이었다. 이와 같은 둔촌의 사대부 관료로서의 책임의식은 공민왕 18년(1369) 요승 신돈의 횡포에 대한 목숨을 건 논박으로 표출되었다.

(166) 정묘년(1387) 늦여름에 병으로 누워 있으면서 목은[이색]에게 드리다(丁卯歲季夏,臥病,呈牧隱)

換甲年來百病攻 환 갑 년 래 백 병 공	환갑이 된 근년에는 온갖 병이 침노하니,
臥經三伏及秋風 와 경 삼 복 급 추 풍	삼복과 가을철을 누워서 보냈노라.
香山居士應無恙 향 산 거 사 응 무 양	향산거사(香山居士)는 틀림없이 아무 탈 없으시겠지?
我欲先歸兜率宮 아 욕 선 귀 두 솔 궁	나는 먼저 도솔궁(兜率宮)으로 가려하네.

| 주해(註解) |

* 향산거사(香山居士) - 당나라 시인 백거이(白居易)의 별칭. 백거이의 시에는 자유를 희구하는 정신을 드러내면서 불교의 정토세계와 노장사상이 담겨 있다. 여기서는 목은을 칭함.
* 무양(無恙) - 몸에 탈이 없음.
* 도솔궁(兜率宮) - 도솔천(兜率天)에 있는 궁전. 저승을 말함.

| 해설(解說) |

  둔촌이 임종(臨終)하기 전에 쓴 시이다. 한 살 아래인 목은 이색에게 먼저 이승과 이별한다는 심정으로 이 시로 읊었다. 이 시를 받은 이색은 9년 후에 타계했다.

  이색은 어린 시절 사찰에서 과거 준비를 했고, 승려들과 고담준론을 나눌 만큼 깊이 있는 불교적 소양을 지니고 있었다. 또한 평소에 참선을 했으며, 화엄사상 및 정토사상 등에도 관심을 기울였고, 수 백수의 불교시를 썼다. 이색은 성리학을 공부했음에도 불구하고 불교를 종교로 받아들여 성리학에만 치우쳐 있는 인물이 아니었다. 이 사실을 잘 알고 있는 둔촌은 이색을 불교에 일가견이 있었던 백거이(白居易)에 빗대서 "향산거사(香山居士)는 필시 아무 탈 없으시겠지"라고 노래했다.

(167) 가을밤 비가 오는 중에 회포를 적다(秋夜雨中書懷)

病枕凄凉雨送秋 병 침 처 량 우 송 추	병들어 누웠으니 처량한데 비는 가을을 흘러보내주고,
殘燈明滅照深幽 잔 등 명 멸 조 심 유	희미한 등불 깜박이며 깊고 그윽하게 비춰주네.
家書別後煩黃耳 가 서 별 후 번 황 이	떠나온 뒤로 집에 보낼 편지는 황이(黃耳)만 괴롭혔고,
世事看來已白頭 세 사 간 래 이 백 두	세상일 보아 왔는데 이미 머리 벌써 다 세었다네.
尼父何妨遲去魯 이 부 하 방 지 거 로	공자께서 노나라 떠남 더디한 게 뭐가 안 될 게 있었던가?
張侯早識足封留 장 후 조 식 족 봉 유	장량은 유 땅에 봉하여짐을 만족할 줄 진작 알았노라.
幅巾藜杖川寧曲 복 건 여 장 천 영 곡	복건 쓰고 지팡이 짚고 후미진 천녕(川寧) 고을에서,
自愧如今訪舊遊 자 괴 여 금 방 구 유	이제야 옛 벗을 찾는 것이 부끄럽기만 하네.

| 주해(註解) |

※ 장후(張侯) - 한 나라 초기에 유후(留侯)로 봉하여진 장량(張良)을 말함.
* 황이(黃耳) : 개의 이름. 진(晉)나라 육기(陸機)가 경사(京師, 서울)에서 나그네 생활을 하면서 오래도록 고향의 집 소식이 없었다. 궁금한 나머지 개를 보고 웃으면서 집 소식이 궁금하니 네가 편지를 전할 수 있느냐 했다. 개가 곧 알아듣고 꼬리를 흔들기에 편지를 죽통(竹筒)에다 담아 개 등에 매달아주니 개는 달려가서 편지를 전하고 왔다. 그 뒤로는 번번이 편지를 전했다 한다. 그 개의 이름이 황이(黃耳)다.
* 이부(尼父) - 공자. 공자의 자가 중니(仲尼)라서 하는 말.

* 지거로(遲去魯) - 노(魯)나라의 환공(桓公)이 제(齊)나라의 여악(女樂)을 받아들여 정사를 게을리한 때문으로 공자가 조국인 노나라를 떠나면서 발걸음이 떨어지지 아니했다 해서 이르는 말.
* 張侯早識足封留(장후조식족봉유) - 유방이 천하를 통일한 후 논공행상을 했을 때, 장량은 "가장 번화한 제(齊)나라 땅에서 마음대로 3만 호를 고르라"는 유방의 명을 사양하고 스스로 가장 척박해 아무도 가지려 하지 않는 유(留) 땅을 받았다는 고사를 이야기한 것이다.
* 복건(幅巾) - 도복(道服)을 입을 때 머리에 쓰는 건.
* 여장(藜杖) - 명아줏대로 만든 지팡이.
* 구유(舊遊) - 옛날에 놀던 일. 지난날의 벗.

(168) 가을 심회를 적다(秋懷)

秋聲摵摵可驚嗟 추 성 색 색 가 경 차	가을 소리 우수수 사람들 놀라게 하는데,
病裏偏諳日易斜 병 리 편 암 일 이 사	병중에도 유달리 해 쉬이 지는 줄은 알겠네.
坐看楓林憐錦葉 좌 간 풍 림 연 금 엽	앉아서는 단풍나무 숲을 바라보며 비단 잎새 가엾어하고,
去尋菊徑折金葩 거 심 국 경 절 금 파	걸어서는 국화길 찾아가 금빛 꽃송이 꺾어도 보려네.
悲蟲喞喞鳴幽室 비 충 즉 즉 명 유 실	구슬픈 벌레 소리 찍찍 으슥한 방에 울리고,
斷雁嗷嗷下晚沙 단 안 오 오 하 만 사	외로운 기러기 오오 울면서 해 저문 모래사장에 내려앉네.
客久胡爲歸不得 객 구 호 위 귀 부 득	나그네 생활 오래인데 어찌 돌아가지 못하는가?
故山西望路非賖 고 산 서 망 로 비 사	서쪽으로 고향 바라보면 길도 멀지 않는데.

| 주해(註解) |

* 색(摵) - 털어내다. 빼앗다. 색색(摵摵) : 낙엽이 떨어지는 소리.
* 차(嗟) - 탄식하다. 감탄하다.
* 암(諳) - 1. 글을 외우다. 2. 알다.
* 국경(菊徑) - 국화길. 삼경(三逕) : 송경(松徑), 죽경(竹徑), 국경(菊徑).
  • 도연명의 〈귀거래사(歸去來辭)〉: "소나무·대나무·국화를 심은 세 오솔길이 황폐해진 가운데, 소나무와 대나무는 그래도 아직 여전하다."(三逕就荒 松竹猶存·삼경취황 송죽유존)
* 파(葩) - 1. 꽃. 2. 많고 흐트러져 있는 모양

* 즉즉(喞喞) - 풀벌레가 우는 소리.
* 오오(嗷嗷) - 여럿이 떠드는 소리.
* 호위(胡爲) - 왜, 어찌하여. 하고(何故). 하위(何爲)
* 고산(故山) - 고향. 자기가 태어나서 자란 곳.

| 해설(解說) |

 둔촌은 우왕 6년(1380) 여주의 천녕현으로 낙향하여 영농하며 시를 짓다가 7년 후 우왕 13년(1387)에 타계했다. 그는 이 시에서 멀지 않은 고향 광주로 돌아가지 못하는 나그네 생활을 아쉬워하고 있다. 가을 소리를 낙엽 떨어지는 소리(槭槭·색색)로 형상화했고, 함렴의 풍림(楓林)과 국경(菊徑), 금엽(錦葉)과 금파(金葩), 경련의 벌레 소리(喞喞·즉즉)와 기러기 울음소리(嗷嗷·오오)가 대를 잘 이루고 있다.

(169) 겨울날 즉사를 읊다(冬日卽事)

- 병인년[60세] 서울[개성]에 거처하며 짓다(丙寅在京居作)

地僻山圍屋 땅이 궁벽하니 산은 집을 둘렀고,
지 벽 산 위 옥

天寒雪擁門 날씨 차가우니 눈은 문을 감쌌네.
천 한 설 옹 문

訪人愁輦路 누구를 방문하려니 임금님 다니시는 길 아닌가 걱정스럽고,
방 인 수 련 로

屛迹遁荒村 자취를 감추려고 황량한 마을에 숨어사노라.
병 적 둔 황 촌

索酒腸難潤 술을 졸랐으니 해장이 걱정되고,
색 주 장 난 윤

看書眼易昏 책을 보려니 눈이 쉽게 아물거리네.
간 서 안 이 혼

老懷空鬱鬱 늙은 회포 공연히 울적해지려는데,
노 회 공 울 울

欲去向誰論 은거하고 싶은데 누구와 의논할까?
욕 거 향 수 론

| 주해(註解) |

* 연로(輦路) - 임금이 수레를 타고 거동하는 길.
* 황촌(荒村) - 황폐(荒廢)하여 몹시 쓸쓸한 마을.
* 색주(索酒) - 술을 요구함.
* 울울(鬱鬱) - 1. 마음이 답답함. 2. 나무가 매우 무성(茂盛)함.
* 욕거(欲去) - 물러가고 싶음.

(170~171) 섣달 그믐날 어머님의 묘소에 참배하고 나서 거천의 이낙헌을 찾았다 2수(歲除日拜母墳,訪渠川李樂軒二首)

〈첫째 시(其一)〉

拜掃孤墳後 배 소 고 분 후	외로운 무덤에 성묘하고 나서,
來尋指李氏 내 심 지 이 씨	찾아보니 이씨 집 손가락질하네.
天寒歲云暮 천 한 세 운 모	날씨 춥고 해도 저물어간다고 하는데,
村遠日初斜 촌 원 일 초 사	마을은 먼데 날은 지기 시작하는구나.
久闊成衰病 구 활 성 쇠 병	오랫동안 헤어져 쇠하고 병들었고,
相逢足歎嗟 상 봉 족 탄 차	서로가 만나고 보니 한탄할 만도 하여라.
可忘晶谷裏 가 망 정 곡 리	어떻게 잊을손가 정곡(晶谷) 안에서,
觴詠醉山花 상 영 취 산 화	마시고 읊으며 산화(山花)에 취했던 일을.

| 주해(註解) |

※ 이낙헌(李樂軒) - 미상

* 배소(拜掃) - 성묘하다.
* 구활(久闊) - 오랫동안 소식(消息)이 없거나 만나지 못함.
* 탄차(歎嗟) - 한탄함. 차탄
* 정곡(晶谷) - 산수의 빛이 맑은 골짝. (지명일지도 모른다.)

〈둘째 시(其二)〉

遁夫衰甚矣 둔 부 쇠 심 의	둔부(遁夫)가 쇠약함이 심하게 되어,
歲晚愛田家 세 만 애 전 가	세모(歲暮)에 시골 집을 사랑하네.
把酒情多感 파 주 정 다 감	술잔을 드니 감정이 다정다감하여,
題詩字半斜 제 시 자 반 사	시를 적으려니 글자는 반쯤 기울어지는구나.
新年聊足樂 신 년 료 족 락	신년에는 그런대로 즐길만할터이니,
往事不須嗟 왕 사 불 수 차	지나간 일 반드시 슬퍼할 필요는 없네.
因憶草堂句 인 억 초 당 구	그래서 초당(草堂) 시구가 생각나는데,
椒盤已頌花 초 반 이 송 화	초반(椒盤)에선 이미 두자미(杜子美)의 그 꽃을 읊었었다네.

| 주해(註解) |

* 인억(因憶) - 생각이 미침. ~때문에 생각남.
* 초당구(草堂句) - 두보의 시구. 완화초당(浣花草堂)에서 지음.
  * 두소의 '수세시(守歲詩)' <두위댁수세(杜位宅守歲)> : "아함(阿咸 : 杜位, 조카)의 집에서 설날을 맞으니, 초주 담은 쟁반에는 이미 초화송이 담겼구나."(守歲阿咸家 椒盤已頌花·수세아함가 초반이송화)
* 초반(椒盤) - 신년에 썼던 주효(酒肴, 술과 안주)인데, 옛날에는 한 해 동안의 질병을 물리친다 는 뜻으로 설날 아침에 산초(山椒)를 넣어 빚은 술과 안주를 반에다 담아 권한 예가 있다.

10. 절서(節序)

(172) 입추날 경지[김구용]에게 부치다(立秋日寄敬之)

江海無家客	강과 바다엔 집의 손님 없지만,
강 해 무 가 객	
山林有髮僧	산림엔 머리 기르는 스님 있네.
산 림 유 발 승	
焚香蘄道泰	향을 사르고선 태평성대 바라고
분 향 기 도 태	
對食願年登	밥상을 대하고선 풍년을 기원하네.
대 식 원 연 등	
睡起微凉入	자고 일어나니 약간 서늘함이 스며들고,
수 기 미 량 입	
吟餘老病增	시만 읊다보니 노병(老病)만 더하여지네.
음 여 노 병 증	
玉人何處所	옥 같은 그대 계시는 곳 어디쯤인가?
옥 인 하 처 소	
咫尺是驪興	지척(咫尺)이 바로 여흥(驪興) 땅 이라네.
지 척 시 여 흥	

| 주해(註解) |

* 도태(道泰) - 세상 형편의 태평, 도학이 행해짐. 도덕정치가 행하여 짐.
* 기(蘄) - 1. 빌다. 2. 재갈. 3. 지경. 변두리.
* 연등(年登) - 풍년(豊年)이 듦.
* 미량(微凉) - 약간 서늘함.
* 음여(吟餘) - 시 읊다가.
* 옥인(玉人) - 옥과 같이 고결한 사람. 곧 김구용.

* 여흥(驪興) - 경기도 여주(驪州)의 옛 이름.

| 해설(解說) |

   김구용은 1375년(우왕 1)에 삼사좌윤(三司左尹)이 되었으며, 반원 친명 정책을 고수하던 공민왕이 사망한 뒤 외교관계 복원을 꾀하던 북원(北元)에서 사절을 보내자 이숭인(李崇仁)·정도전(鄭道傳) 등의 친명파와 함께 반대하다가 죽주(竹州)에 유배되었다. 유배에서 풀려난 뒤에는 외가가 있던 여흥과 고향인 상주에서 우거(寓居)하였다.

   이 시에서 둔촌은 김구용을 옥같이 고결한 사람으로 비유하고, 지척인 여흥에서 우거하고 있는 동년(同年)에게 안빈낙도(安貧樂道)하는 자신의 일상을 전하고 있다.

   하평성(下平聲) 증(蒸) 자 운(韻)을 사용하였으며, 승(僧), 등(登), 증(增), 흥(興)이 각운이다. 焚香(향을 사름)과 對食(밥상을 대함), 道泰(태평성대)와 年登(풍년)이 대를 이루고, 微凉(약간 서늘함)과 老病(늙어 생기는 병)이 대를 이루고 있다.

   조선 전기에 적암(適庵) 조신(曺伸)이 자신이 지은 잡록(雜錄)인 <소문쇄록(謏聞瑣錄)>에서 둔촌의 시를 평했는데, "향을 사르고선 태평성대 바라고, 밥상을 대하고선 풍년을 기원하네.(焚香蘄道泰, 對食願年登)"를 혼후(渾厚, 화기 있고 인정이 두터움)하다 하였다.

부 25) 척약재[김구용]의 차운시(附次韻 惕若齋)

倚杖携壺客 막대 짚고 술병 든 나그네요,
의 장 휴 호 객

敲門問字僧 문 두드리며 글자 묻는 스님이라.
고 문 문 자 승

世間無路入 세상에는 끼어들 길이 없어도,
세 간 무 로 입

江上有樓登 강 곁에는 올라갈 다락 있다네.
강 상 유 루 등

暮雨山聲遠 저문 비에 산소리는 멀어져 가지만,
모 우 산 성 원

秋淸{晴}水氣增 가을날씨 맑음에 물기운 불어나네.
추 청 수 기 증

相望十餘里 서로 바라보면 십리 남짓한 곳이지만,
상 망 십 여 리

愁悶爲君興 근심과 걱정 그대 때문에 일어나네.
수 민 위 군 흥

| 주해(註解) |

* 호(壺) - 1. 병. 2. 투호
* 상망(相望) - 서로 바라봄.
* 수민(愁悶) - 근심 걱정.
※ <둔촌선생유고>에는 淸(맑을 청)으로 되어 있으나, 문맥상 晴(갤 청)이 맞는 것 같음.

| 해설(解說) |

　김구용은 둔촌이 쓴 '立秋日寄敬之(입추일기경지)' 시의 운(韻)인 하평성(下平聲) 증(蒸)자 운(韻)인 승(僧)-등(登)-증(增)-흥(興)을 차운(次韻)해서 시를 지었다.

　둔촌이 미연(尾聯 : 7, 8구)에서 "옥 같은 그대 계시는 곳 어디쯤인가? 지척이 바로 여흥 땅 이라네.(玉人何處所 咫尺是驪興)"라고 읊었는데, 이에 김구용은 "빤히 바라보이는 십리 남짓한 곳이라서, 근심과 걱정 그대 위해 일어나네.(相望十餘里 愁悶爲君興)" 라고 화답했다. '지척'을 '십리'로 맞추어 대답한 것이다. 의미는 물이 불어 둔촌을 찾아갈 수 없어 마지막 연과 같이 근심 걱정이 된다는 말이다.

부 26) 같은 운을 써서 목은[이색]이 짓다(附次韻 牧隱)

朝天曾借馬 조 천 증 차 마	입궐할 때 나는 일찍이 그대의 말도 빌려 타 보았는데,
避世却投僧 피 세 각 투 승	그대는 세상을 피하려고 도리어 스님들에게 의탁도 하였구려.
田舍同年在 전 사 동 년 재	시골에는 그대와 과거 동기생이 있어,
江樓踏月登 강 루 답 월 등	강루(江樓)에 달빛 밟고 오르고 있겠구료.
高梧一葉落 고 오 일 엽 락	키 큰 오동나무 잎새 하나 떨어지기 시작하니,
白髮數莖增 백 발 수 경 증	흰 머리는 서너 가닥씩 불어나누나.
秀句頻吟出 수 구 빈 음 출	빼어난 시구(詩句) 자주 읊어내면서,
聊堪托怨興 료 감 탁 원 흥	이로서 원망함과 사모함을 의탁할만 하겠구려.

| 주해(註解) |

* 국역 <목은시고> (권 12)

* 조천(朝天) - 입궐(入闕, 궁궐로 들어감). 천자(天子)를 배알하려고 중국에 사신으로 나감.
* 각(却) - 결국.
* 동년(同年) - 김구용(金九容).
* 오일엽락(梧一葉若) - 가을이 되면 오동나무 잎이 가장 먼저 떨어지기 때문에 초가을을 의미함.

* 경(莖) - 줄기. 버팀목.
* 원모(怨慕) - 무정한 것을 원망(怨望)하면서도 오히려 사모(思慕)함.
* 칭탁(稱託) - (어떠하다고) 핑계를 댐.
* 원흥(怨興) - 원망함과 흥을 일으킴.
• <논어(論語)> '양화(陽貨)' : "시는 의지를 흥기시키며, 시정(時政)을 관찰할 수 있게 하며, 사람들과 어울리게 하며, 화를 내지 않고도 원망할 수 있게 한다." (詩, 可以興, 可以觀, 可以群, 可以怨)

| 해설(解說) |

이색은 둔촌이 쓴 '立秋日寄敬之' 시의 운(韻)인 하평성(下平聲) 증(蒸)자 운(韻)인 승(僧)-등(登)-증(增)-흥(興)을 차운(次韻)해서 시를 지었다.

시골에는 둔촌과 가까운 동년(同年) 김구용이 있어, 달빛 밟고 강루에 함께 오르는 것을 은근히 부러워했으며, 둔촌이 "시만 읊다보니 노병(老病)만 더하여지네"에 화답하여 "키 큰 오동나무 잎새 하나 떨어지기 시작하니, 흰머리는 서너 가닥씩 불어나누나."라고 노래했다.

함연(頷聯, 3~4구)의 田舍와 江樓, 同年과 踏月이 대를 이루고 있으며, 경연(頸聯, 5~6구)의 高梧와 白髮, 一葉과 數莖이 대를 이루고 있다. 특히 一과 數, 落과 增이 절묘한 대를 이루고 있다.

(173) 동짓날 우연히 시를 지어 포은[정몽주]·도은[이숭인]·종지[정도전] 세 군자에게 드리다(至日偶作呈圃隱陶隱宗之三君子)

朔日是冬至　　초하룻날이 바로 동짓달이라,
삭 일 시 동 지

喜逢生一陽　　양(陽) 하나가 비로소 시작되는 것을 맞음이 기쁘구려.
희 봉 생 일 양

寒威徒凜冽　　심한 추위는 한갓 살을 엘 듯이 심하나,
한 위 도 늠 렬

暖律漸舒張　　따뜻한 절기는 차츰차츰 펼쳐지리라.
난 율 점 서 장

常厭藜羹苦　　항상 명아주 국의 씁쓸함이 싫었었는데,
상 염 여 갱 고

還嘗豆粥香　　되레 향긋한 팥죽을 맛보게 되다니.
환 상 두 죽 향

幽閒誰肯問　　한적한 이곳을 누가 물으려 하겠는가,
유 한 수 긍 문

鴛鷺在周行　　원앙과 백로 같은 이들은 조정의 고관의 반열에 있을 텐데.
원 로 재 주 항

| 주해(註解) |

* 삭일(朔日) - 음력 초하룻날.
* 동지(冬至) - 동짓달. 음력 11월. 동지에는 음기가 극성한 가운데 양기가 새로 생겨나는 때이므로 일 년의 시작으로 간주한다. 이날 각 가정에서는 팥죽을 쑤어 먹으며 관상감(觀象監)에서는 달력을 만들어 벼슬아치들에게 나누어 주었다고 한다. '일양시생(一陽始生)'이라고 해서 양 하나가 비로소 시작되는 날이다.

* 일양(一陽) - 음력 동짓달이면 음기는 조금씩 줄어들고 양기는 조금씩 생기기 시작함.
* 한위(寒威) - 기세(氣勢)를 떨치는 심한 추위. 추위의 위세.
* 도(徒) - 다만. 단지.
* 늠렬(凜冽) - 추위가 살을 엘 듯이 심함.
* 난율(暖律) - 따뜻한 절서(節序, 절기의 차례).
* 여갱(藜羹) - '명아주로 끓인 국'이라는 뜻으로, 맛없고 거친 음식을 비유적으로 이르는 말.
* 두죽(豆粥) - 팥죽.
* 유한(幽閒) - 그윽한. 한적한.
* 원로(鴛鷺) - 원앙과 백로. 원(鴛) : 원앙. 로(鷺) : 백로.
* 주항(周行) - 큰 길. 조정 고관의 반열(班列).

| 해설(解說) |

　둔촌은 정몽주, 이숭인, 정도전을 '원로(鴛鷺, 원앙과 백로)'에 비유하고, 미연(尾聯 : 7, 8구)에서 "幽閒誰肯問 鴛鷺在周行"(한적한 이곳을 누가 물으려 하겠는가, 원앙과 백로 같은 이들은 조정의 고관의 반열에 있을텐데.) 라고 읊으며 은근히 보고싶다는 심사를 전한다.

(174~176) 입춘날 회포를 적은 3수의 시를 서울의 친구들에게 부치다(立春 日書懷三首寄京都故舊)

〈첫째 시(其一)〉

別來江外送殘年	이별한 뒤로 강 밖에서 여생을 보내며,
별 래 강 외 송 잔 년	
念昔回頭已惘然	머리를 돌려 옛날을 회상하니 이미 망연(惘然)도 하네.
염 석 회 두 이 망 연	
觀物齋中春日暖	관물재(觀物齋) 안에는 봄 날씨 따뜻한데,
관 물 재 중 춘 일 난	
從容退食枕書眠	조용히 퇴근하여 조용히 책을 베고 졸고 있겠지.
종 용 퇴 식 침 서 면	

※ 위는 도은[이숭인]을 생각하며 짓다(右憶陶隱)

| 주해(註解) |

* 망연(惘然) - 맥이 풀려 멍한 모양.
* 관물재(觀物齋) - 사물을 관찰한다는 뜻을 가진 서재.
* 퇴식(退食) - 1. 조정에서 물러나와 집에서 먹는 것. 2. 공직에서 물러나다.

〈둘째 시(其二)〉

陰極陽生歲律新 음이 다하고 양이 생겨 한해의 절기가 새로우니,
음 극 양 생 세 율 신

故知君子可行辰 그런 연고로 군자가 도를 닦을 때라 짐작되네.
고 지 군 자 가 행 신

從今我欲彈冠去 이제부터 나도 탄관(彈冠)하고 가려는데,
종 금 아 욕 탄 관 거

白髮周行有幾人 조정의 반열에는 백발노인 몇 사람이나 있는지?
백 발 주 행 유 기 인

※ 위는 포은에게 드리다(右呈圃隱)

| 주해(註解) |

* 세율(歲律) - 한 해의 절기
* 고지(故知) - 그런 연고로 알겠다.
* 행도(行道) - 도를 닦음.
* 신(辰) - 1. 때 신. 2. 별이름 진.
* 탄관(彈冠) - 갓의 먼지를 털어 냄. 벼슬살이 준비를 함. 한(漢)의 공우(貢禹)가 친구인 왕길(王吉, 자 자양·子陽)이 벼슬길에 나가게 되자 틀림없이 자신을 천거해 주리라고 짐작하고 미리 관에 낀 먼지를 털고 기다렸다는 고사. 당시 사람들이 '王陽在位 貢公彈冠(왕양재위 공공탄관, 왕길이 벼슬자리에 있으면, 공우는 갓을 털고 벼슬하라 부르기를 기다리네)'이라 했음.

〈셋째 시(其三)〉

村深積雪擁籬根　　궁벽한 마을이라 쌓인 눈이 울밑에 덮였는데,
촌 심 적 설 옹 리 근

忽見春風入小園　　문득 작은 정원에 스며드는 봄바람을 보았네.
홀 견 춘 풍 입 소 원

昨夜牕前梅蕊白　　어젯밤에 창 앞의 매화 꽃봉오리 희어졌는데,
작 야 창 전 매 예 백

東君先已報寒暄　　봄의 신이 먼저 문안 인사를 전한 거겠지.
동 군 선 이 보 한 훤

※ 위는 자신을 읊다(右自詠)

| 주해(註解) |

* 매예(梅蕊) - 매화의 꽃봉오리.
* 동군(東君) - 봄의 신.
* 한훤(寒暄) - 차고 따뜻함. 계절의 (춥고 더움을 말하는) 문안 인사.

(177) 설날에 지은 첩자시(元日帖字)

今年元日有餘歡 올해의 설날은 즐거움이 넘쳤나니,
금 년 원 일 유 여 환

笑對妻兒是故山 처자식과 웃음으로 마주보는 고향이었으니까.
소 대 처 아 시 고 산

閉戶非嗔車馬客 문을 닫아 붙인 것은 귀한 손님들이 미워서가 아니라,
폐 호 비 진 거 마 객

見人羞愧鬢毛斑 사람을 만나면 허옇게 센 귀밑털이 부끄러워서라네.
견 인 수 괴 빈 모 반

| 주해(註解) |

* 원일(元日) - 정월(正月) 초하룻날.
* 첩자(帖字) - 입춘에 대문이나 기둥에 써붙이는 글귀.
* 처아(妻兒) - 처자식.
* 진(嗔) - 1. 성내다. 2. 원망하다.
* 거마객(車馬客) - 귀한 손님들.
* 빈모반(鬢毛斑) - 귀밑에 흰 머리털이 보이다.

(178~179) 설날에 회포를 풀어 안화사의 중암 스님에게 드리고 아울러 주지에게 편지하다 2수(元日敍懷呈安和中菴上人兼簡住老二首)

〈첫째 시(其一)〉

遁老感懷非昨日
둔 로 감 회 비 작 일
나 둔로(遁老)의 감회는 어제 오늘이 다른데,

中菴無病似當時
중 암 무 병 사 당 시
중암(中菴)은 병이 없어 옛날과 같구려.

應知不作家山夢
응 지 부 작 가 산 몽
고향 꿈은 꾸지 않는 줄로 알았는데,

今伴鄕音有灸師
금 반 향 음 유 구 사
지금은 고향 사투리 쓰는 사람에 침장이가 있다지.

| 주해(註解) |

※ 중암(中菴) - 영은사(靈隱寺) 주지. 일본에서 사절로 온 스님으로 보우선사 등과 교유했고, 시를 잘 지었다.

* 상인(上人) - 승려(僧侶)를 높이어 일컫는 말.
* 가산(家山) - 고향 산천.
* 응지(應知) - 응당 알다.
* 구사(灸師) - 뜸질하는 사람. 침장이.

〈둘째 시(其二)〉

牢落幽居孰與娛　　황폐한 유거(幽居)에서 누구와 함께 즐기는가?
뇌 락 유 거 숙 여 오

時時相訪老浮屠　　때때로 늙은 스님을 방문하고 있노라.
시 시 상 방 노 부 도

龍眠畫筆年來妙　　용면(龍眠) 같은 화필(畫筆)이 요 몇 년 안에 더
용 면 화 필 연 래 묘　　절묘해졌다던데,

畫我尋僧踏雪圖　　나 위하여 그 스님을 찾아가서 답설도(踏雪圖)나 한
화 아 심 승 답 설 도　　장 그려달라고 하게나.

| 주해(註解) |

※ **용면(龍眠)** - 북송의 문인·화가(?~1106). 자는 백시(伯時). 호는 용면산인(龍眠山人). 벼슬은 후성산정관(後省刪定官)을 지냈다. 시와 글씨와 그림에 능하였고, 백묘화(白描畫)를 부흥시켰으며 기자(奇字)를 잘 알아 고증(考證)에 능하였다. 그의 진적(眞跡)으로는 <오마도권(五馬圖卷)>이 남아 있다.

* 뇌락(牢落) - 1. 적적하고 쓸쓸함. 2. 마음이 넓고 비범함.
* 부도(浮屠) - 1. '석가모니(釋迦牟尼)'의 다른 이름. 2. 부처의 사리를 안치한 탑.

(180~181) 인일에 서울[개성]의 친구들을 생각하다 2수
(人日憶京都故舊二首)

〈첫째 시(其一)〉

天氣淸和晝景長　　날씨는 화창하고 해그림자 길어지는데,
천 기 청 화 주 경 장

茅簷淨掃屢移床　　초가집 처마를 깨끗이 쓸고 평상을 자주 옮기네.
모 첨 정 소 루 이 상

遙知此日君侯宅　　생각하노니 이날 고관 귀인들의 집에는,
요 지 차 일 군 후 택

白粲盈車酒滿觴　　흰 밥 수레에 넘치고 술은 잔에 가득하겠지.
백 찬 영 거 주 만 상

| 주해(註解) |

* 인일(人日) - 인날. 음력 1월 7일. 이날은 일곱 가지 나물로 국을 끓이고 오색 비단으로 사람 모양을 만들어 병풍에다 붙이거나 머리에다 꽂고 있었으며 음식을 장만해서 서로 나누어 먹은 행사가 있었다.
* 모첨(茅簷) - 초가집 처마.
* 루(屢) - 1. 자주. 2. 여러.
* 군후(君侯) - 고관 귀인에 대한 존칭.

〈둘째 시(其二)〉

人日何人憶草堂　　인일(人日)에 그 누가 초당(草堂)을 생각하는가,
인 일 하 인 억 초 당

可憐高適在南荒　　가련한 고적(高適)은 남방의 황폐한 고을에 살았다네.
가 련 고 적 재 남 황

只今遁老相思處　　지금 둔로(遁老)가 그리워하고 있는 곳,
지 금 둔 로 상 사 처

西望松山隔漢陽　　서쪽으로 송도를 바라보니 한양이 막혀 있구려.
서 망 송 산 격 한 양

| 주해(註解) |

※ 초당(草堂) - 당나라 시인 두보(杜甫, 712~770)의 이칭(異稱).
※ 고적(高適, 707?~765) - 당나라의 시인. 자는 달부(達夫). 현종 때에 급제하여 감찰어사(監察 御史)·절도사(節度使) 등을 지냈으며, 발해현의 태수가 되었다. 절의를 숭상하고 공명에 뜻이 없었으며, 나이 쉰 살에 비로소 시를 지었다. 변세(邊塞, 변경에 있는 요새) 의 이정(離情, 이별의 정)을 잘 읊었다.
* 남황(南荒) - 남방의 황폐한 고을. 여기서는 촉(蜀) 지역인 성도(成都). 고적도 마침 성도 지역으로 좌천되어 가서 살면서, 두보에게 <인일에 두이 습유님께 띄우노라(人日寄杜二拾遺·인일기두이습유)라는 시에서 "인일에 시를 지어 초당에 부치고, 고향 그리워하는 벗을 멀리서 가련하게 여기네."(人日題詩寄草堂 遙憐故人思故鄕·인일제시기초당 요린고인사고향)라고 하였다.
* 송산(松山) - 송도, 개성을 이르는 말.

(182) 유월 보름날 포은[정몽주]에게 드리다(六月十五日呈圃隱)

鵠峯高出雨新晴 송악산은 높이 솟았고 비는 갓 멎었는데,
곡 봉 고 출 우 신 청

便覺斯辰古有名 문득 이날이 예로부터 이름 있는 줄 생각나누나.
변 각 사 신 고 유 명

誰向東流濡首飲 어느 사람은 동류수(東流水)에 머리 감고 술마시는가?
수 향 동 류 유 수 음

老夫獨坐短歌行 이 늙은이는 홀로 앉아 <단가행(短歌行)>만 부르고
노 부 독 좌 단 가 행 있다네.

| 주해(註解) |

* 유월 보름날 – 유두날(流頭日), 유두에는 동쪽으로 흐르는 물에 머리를 감고 액을 씻어버린다 고 전한다.
* 곡봉(鵠峯) - 곡령(鵠嶺). 송악산의 별칭.
* 변, 편(便) - 1. 문득 변. 2. 편할 편.
* 신, 진(辰) - 1. 때, 날 신. 2. 별이름 진.
* 유수(濡首) - 머리까지 빠짐. 곧 술에 취해 본성을 잃음.
  • <역경(易經)> '미제(未濟)' : "술을 마셔 본성을 잃음은 또한 절제를 모르는 것이라." (飲酒濡首 亦不知節也)
* 단가행(短歌行) - 악부의 평조곡명. 위나라 조조(曹操, 155~220)가 처음 지었다.

對酒當歌(대주당가) : 술잔 들고 노래를 하니
人生幾何(인생기하) : 인생 뭐 별건가
臂如朝露(비여조로) : 아침이면 이슬처럼 사라진다네
去日苦多(거일고다) : 지난 세월 고생 많았도다
~ (중략) ~
山不厭高(산불염고) : 산은 높음을 마다 않고
海不厭深(해불염심) : 바다는 깊음을 싫다 않는다네
周公吐浦(주공토포) : 식음을 전폐하고 인재를 얻은 주공
天下歸心(천하귀심) : 천하 민심을 얻었다네

(183) 칠석날 경지[김구영]에게 부치다(七夕寄敬之)

年年歲歲一回歸 해마다 해마다 세월은 한 번씩 돌아와,
여 년 세 세 일 회 귀

天上神仙會有期 하늘 위의 신선도 만날 기약 있다네.
천 상 신 선 회 유 기

人世何爲離別足 어찌하여 속세의 인간만 이별에 만족해야 하는가?
인 세 하 위 이 별 족

西風又動碧梧枝 가을바람이 또다시 벽오동 나무가지 흔들어대네.
서 풍 우 동 벽 오 지

| 주해(註解) |

* 서풍(西風) - 가을 바람. 서쪽에서 불어오는 바람.

| 해설(解說) |

  칠석(七夕)은 헤어져 있던 견우(牽牛)와 직녀(織女)가 까치와 까마귀가 놓은 오작교(烏鵲橋)에서 일 년에 한 번씩 만나는 날이라고도 한다. 칠석날에는 비가 오는데, 이것을 칠석우(七夕雨)라고 한다. 칠석 하루 전에 내리는 비는 만나서 흘리는 기쁨의 눈물이고, 이튿날 내리는 비는 헤어지면서 흘리는 슬픔의 눈물이라고 한다.
  여주 인근에 사는 김구용과의 별리(別離, 서로 갈리어 떨어짐)를 아쉬워하는 쓸쓸하고 고독한 분위기를 '이별(離別)'과 '서풍(西風)'이라는 시어(詩語)를 통해 잘 나타내고 있다.

부 27) 척약재[김구용]의 차운시(附次韻 惕若齋)

一別三秋客未歸	한번 작별 삼 년이나? 나그네는 돌아가지 못하고 있는데도,
일 별 삼 추 객 미 귀	
神仙還有每年期	신선들은 그래도 해마다 만날 기약있었구려.
신 선 환 유 매 년 기	
與君須向江邊住	모름지기 그대와 함께 강변에서 살아야지,
여 군 수 향 강 변 주	
門外漁舟繫柳枝	문밖의 버들가지에 고깃배 매어놓고서....
문 외 어 주 계 유 지	

| 주해(註解) |

* <척약재집>(하)에 <둔촌이 시를 몇 편 보냈다. 차운하여 적어 드린다(遁村寄詩累篇·둔촌기시누편)> 호연은 천녕의 도비절간에 우거하고 있다. 호연우거천녕도미난야(浩然寓居川寧道美蘭若)라고 제목과 제목에 붙은 주석을 적고 있으며, 이 시 외에도 이와 같은 칠언 절구 8수, 7언 율시 1수, 5연 율시 2수를 더 적어놓고 있다. -한국고전db
* 추(秋) - 1. 해. 년. 2. 가을. 3. 때. 시기.

| 해설(解說) |

 당나라의 이별 풍습을 연상하여 버드나무를 도입해 읊은 시. 우리나라에서도 서로 헤어질 때에는 버드나무가 있는 마을 어귀의 다리 있는 곳까지 함께 가서 작별의 아쉬움을 나누었던 풍속이 있다.
 신선도 해마다 만난다는데, 김구용은 둔촌과 만난 지 3년이나 된 것을 아쉬워하고, 약속한 대로 강변에서 함께 살겠다는 희망을 노래하고 있다.

(184~186) 구일날 회포를 푼 3수, 목은[이색]에게 드리다
(九日敍懷三首呈牧隱)

〈첫째 시(其一)〉

去年重九鵠峯東　　지난해 중구일(重九日)엔 송악산 동쪽에 가서,
거 년 중 구 곡 봉 동

佩酒登高從我公　　술병 차고 그대 따라 높이 등산했었지.
패 주 등 고 종 아 공

臥病如今龍首下　　지금은 용수산(龍首山) 아래에서 병을 앓고 누었지만,
와 병 여 금 용 수 하

無人喚起一衰翁　　아무도 쇠잔한 이 늙은이 불러일으킨 사람 없었다네.
무 인 환 기 일 쇠 옹

| 주해(註解) |

* 곡봉(鵠峯) - 곡령(鵠嶺). 송악산.
* 패(佩) - 1. 차다. 2. 지니다.
* 등고(登高) - 중국에서는 음력 9월 9일(중양절·重陽節)에 온 가족이 높은 곳에 오르는 풍속이 있었다.

〈둘째 시(其二)〉

牧翁醉裏愛逃禪 목옹(牧翁)은 술에 취하면 도선(逃禪)을 좋아해,
목 옹 취 리 애 도 선

因說楞嚴是妙蓮 능엄경(楞嚴經)이 묘법연화경(妙法蓮華經)이라
인 설 릉 엄 시 묘 연 설법하지.

我亦年來忘世事 나 역시 여러 해 전부터 세상일 잊고서,
아 역 년 래 망 세 사

願承明敎斷諸緣 밝은 가르침 받아 모든 인연 끊고 싶다네.
원 승 명 교 단 제 연

| 주해(註解) |

* 도선(逃禪) - 선으로 달아난다. 속세를 떠나 선도(禪道)에 들다.
* 능엄(楞嚴) - 능엄경(楞嚴經). 선종(禪宗)의 주요 경전(經典). 인연과 만유(萬有)를 설한 경임.
* 묘연(妙蓮) - 법화경의 별명. 묘법연화경의 약칭. 초7권, 후8권의 28품으로 되어 있으며 석가세존의 설법 가운데 가장 고상한 교리를 설명한 것으로 모든 불경 가운데 왕이라 칭한다.
* 연래(年來) - 여러 해 전부터.

〈셋째 시(其三)〉

龍首山前東院西 용수산 앞쪽 동원(東院)의 서편에,
용 수 산 전 동 원 서

已將生計結安居 앞으로 살아갈 조용한 거처를 마련하였네.
이 장 생 계 결 안 거

香山居士眞堪笑 향산거사(香山居士)는 몹시도 비웃겠지요,
향 산 거 사 진 감 소

晩歲區區學佛書 늙어가지고 구구하게 불서(佛書)나 배우려 한다고.
만 세 구 구 학 불 서

| 주해(註解) |

※ **향산거사(香山居士)** - 당나라의 시인 **백거이(白居易, 772~846)**의 호. 자는 낙천(樂天). 호는 취음선생(醉吟先生). 일상적인 언어 구사와 풍자에 뛰어나며, 평이하고 유려한 시풍은 원진(元稹)과 함께 원백체(元白體)로 통칭된다.
작품에 <장한가>, <비파행>이 유명하다. 무종(武宗) 때에 형부상서로 벼슬을 그만 두고 향산의 중 여만(如滿)과 더불어 향화사(香火社)를 열고 백의구장(白衣鳩杖)으로 자칭 '향산거사'라고 했다.

| 해설(解說) |

　둔촌이 이색에게 보낸 시는 주로 은퇴한 이후 쓸쓸한 생활을 읊고 있는 내용이 많다. 둔촌은 불교 사상적인 내용의 시를 많이 짓지 않았지만, 이색이 불교에 심취함을 오히려 부러워하면서 자신도 불교에 귀의(歸依)할 생각의 일단을 피력한 모습을 이 시에서 보여준다.

(187~189) 다시 앞의 시운을 쓰다 3수(復賦前韻三首)

〈첫째 시(其一)〉

高會雖云吾道東 고상한 모임에서 비록 "우리 유학이 동쪽으로
고 회 수 운 오 도 동 왔다"고 할 만하지만,

肯將衰朽間{問}諸公 쇠약하여 죽어가려는 제가 어떻게 제공들에게 그
긍 장 쇠 후 문 제 공 학문을 묻기나 하겠는가.

頹然木枕茅簷下 꺼꾸러지듯 목침 베고 초가집 처마 아래 누워서,
퇴 연 목 침 모 첨 하

狂{枉}寄新詩謝牧翁 부질없이 새로 지은 시 보내서 목옹(牧翁)에게
왕 기 신 시 사 목 옹 답하고자 하노라.

| 주해(註解) |

* 고회(高會) - 성대한 모임을 높이어 일컫는 말.
* 오도동(吾道東) - "성인의 도가 동으로 왔다"는 말. 후한의 장군이면서 학자였던 마융(馬融)이 서자인 정현(鄭玄)이 고향인 산동으로 돌아갈 때 "우리의 도통(道統)이 동으로 갔다"는 뜻으로 '오도동'이라 하였다. 정현은 후한 말기의 대학자로 유가의 오경(五經)에 주석을 달았다.
※ 문(問) - 묻다. <둔촌선생유고>에는 간제공(間諸公)로 되어 있으나, 문제공(問諸公)의 오기(誤記)인 것 같음.
※ 왕(枉) - 1. 부질없이. 2. 굽다. <둔촌선생유고>에는 광기(狂寄)로 되어 있으나, 왕기(枉寄)의 오기(誤記)인 것 같음.
* 목옹(牧翁) - 목은(牧隱) 이색을 지칭함.

〈둘째 시(其二)〉

誰向曹溪學坐禪 수 향 조 계 학 좌 선	그 누가 조계(曹溪)에 나아가 좌선을 배운다던가?
曾從相府看紅蓮 증 종 상 부 간 홍 련	일찍이 재상 댁에 모여서 불상을 구경하였었지.
我今未赴楞嚴會 아 금 미 부 릉 엄 회	나 지금은 능엄회(楞嚴會)에 나가지는 못하지만,
隨喜他時有勝緣 수 희 타 시 유 승 연	착한 공덕 보고 함께 기뻐하면 언젠가는 좋은 인연이 있겠지.

| 주해(註解) |

* 조계(曹溪) - 고려 때 신라의 구산선문(九山禪門)을 합친 종파인데, 여기서는 절을 가르키는 말. 중국 안휘성에 있는 수명(水名)으로, 선종육조혜능(禪宗六祖慧能)이 이곳에서 불법을 크게 일으켜 그 지명을 따서 조계종(曹溪宗)이라 부르게 되었다.
* 상부(相府) - 재상의 저택.
* 홍련(紅蓮) - 불상의 좌대인 연화좌, 전하여 불상을 뜻하다.
* 부(赴) - 1. 나아가다. 2. 다다르다. 3. 힘쓰다
* 수희(隨喜) - 다른 사람의 좋은 일을 함께 기뻐하다. 기쁘게 귀의(歸依)함.

〈셋째 시(其三)〉

萬事吾今已謝除	나는 지금 만사를 이미 잊은 터이니,
만 사 오 금 이 사 제	
投閑便合愛山居	조용함 취하여 산속의 거처나 지킴이 합당하다오.
투 한 편 합 애 산 거	
相公豈肯逃禪去	상공님은 어떻게 선정(禪定)의 세계로 파고들려 하셨겠는가,
상 공 기 긍 도 선 거	
猶恐君王有簡書	다만 군왕의 부름이 있을까봐 두려워서 그러신 것이지.
유 공 군 왕 유 간 서	

| 주해(註解) |

* 투한 (投閑) - 한가함에 던짐.
* 투한치산(投閑置散) - 한가함에 던지고 산만함에 두다.
  한산한 자리에 몸을 두고 있어 요직에 오르지 못함.
* 간서(簡書) - 1. 문서. 2. 편지.

(190~191) 곽 정당의 입춘시 각운자를 차운하여 짓다 2수 (次郭政堂立春韻二首)

〈첫째 시(其一)〉

春光已著柳梢頭　　춘광(春光)은 어느새 버들가지 끝에 나붙었고,
춘 광 이 착 류 초 두

樽酒盤蔬亦易求　　통술이나 나물도 손쉽게 구하시겠네.
준 주 반 소 역 이 구

南畝吾知將有事　　남쪽 밭두렁에는 곧 농사일 시작될 줄 내 알지만,
남 무 오 지 장 유 사

但無歸去駕車牛　　돌아갈래야 타고 갈 소가 끄는 수레가 없는걸.
단 무 귀 거 가 거 우

| 주해(註解) |

※ 곽 정당(郭政堂) - 미상

* 착, 저(著) - 1. 붙을 착. 2. 나타날 저.
* 류초두(柳梢頭) - 버드나무 가지 끝.
* 거우(車牛) - 우거(牛車). 소가 끄는 수레

〈둘째 시(其二)〉

世事看來白了頭　　세상일 겪다 보니 머리 다 세었는데,
세 사 간 래 백 료 두

故將眠食更無求　　자고 먹는 일 밖에는 다른 일 다시 바랄 것 없다네.
고 장 면 식 갱 무 구

悲歌甯戚眞堪嘆　　구슬픈 노래 부른 영척(甯戚)은 감탄할 만도 하지,
비 가 영 척 진 감 탄

短布單衣起飯牛　　단포단의(短布單衣)로 소를 먹이다가 출세하였으니까.
단 포 단 의 기 반 우

| 주해(註解) |

* 면식(眠食) - 잠자는 일과 먹는 일.
※ 영척(甯戚) - 춘추시대 위(衛)나라 사람. 집안이 가난하여 남의 수레를 끌어주면서 살았다. 제(齊)나라 환공(桓公)이 이르자 소의 뿔을 두드리며 「백석가(白石歌)」를 불렀는데, 환공이 듣고 불러다가 이야기를 나눈 뒤에 현자(賢者)인 줄 알고 관중(管仲)에게 명하여 맞아들여 대부(大夫)로 삼았다.
* 단포단의(短布單衣) - 영척 자신을 가르킨다. 「백석가」의 내용은 이렇다.

南山矸 白石爛(남산안 백석란)　　정갈한 남산의 돌, 백석이 다 닳도록 눈부셔도
生不遭堯與舜禪(생불조요여순선)　　평생에 요순 선양(禪讓)의 지혜로움 못 만나
短布單衣不掩骭(단포단의불엄한)　　짤막한 홑껍데기 베옷이 정강이를 못 덮네
從昏飯牛薄夜半(종혼반우박야반)　　해 저물자 소 먹여 길렀더니 한밤중이 되었구나
長夜漫漫何時旦(장야만만하시단)　　긴긴 밤 아득한데 세상이 어느 때 밝아올까

(192) 유월 보름날 회포를 적다(六月十五日書懷)

禊飮風流憶少年	액땜 술 풍류라면 소년 시절 생각나는데,
계 음 풍 류 억 소 년	
流觴曲水好林泉	좋은 숲속 샘물가에서 유상곡수(流觴曲水) 하였었지.
유 상 곡 수 호 임 천	
如今衰謝煙村裏	지금은 구름낀 마을 속에 쇠잔한 몸,
여 금 쇠 사 연 촌 리	
縱飮爲歡欠一錢	마음대로 마시며 즐기려 해도 돈이 떨어졌다네.
종 음 위 환 흠 일 전	

| 주해(註解) |

* 계음(禊飮) - 유둣날에, 액운을 떨어 버리기 위하여 물가에서 제사를 지내고 먹고 마시고 노는 일. 계음의 계는 계제(禊祭)인데, 음력 3월 3일 상사(上巳, 삼짇날)에 물가에서 재앙을 제거하고 복을 구하는 행사로서, 왕희지(王羲之)의 <난정기(蘭亭記)>에서 말한 '수계사(修禊事)'가 그것이며, 우리나라에서는 유두날에 농신에 대한 제사와 더불어 민속의 행사로 그러한 풍속이 전해 내려온다.
* 유상곡수(流觴曲水) - 굽이져 흐르는 물가에 줄줄이 앉아 술잔을 물에 띄워 떠내려오는 술잔이 본인의 앞에 오기 전에 시를 짓되 만일 시를 짓기 전에 술잔이 먼저 오면 벌주로 그 술을 마셨던 선비들의 놀이.
* 임천(林泉) - 1. 수풀 속에 있는 샘물. 2. 은사(隱士)의 정원.

(193~195) 칠석날 희롱삼아 임 동년에게 부치다 3수
(七夕戲贈任同年三首)

〈첫째 시(其一)〉

柳陰深處有高樓 　 버드나무 그늘 우거진 곳에 높은 누각 있는데,
유 음 심 처 유 고 루

樓上佳人後杜秋 　 누각 위의 가인(佳人)은 두추랑(杜秋娘)보다 아름답다네.
누 상 가 인 후 두 추

快馬郎君情不薄 　 쾌마(快馬) 타고 오신 낭군 정분이 얕지 않아,
쾌 마 낭 군 정 부 박

出京一日到江頭 　 서울 떠난 그날로 나룻터에 다달으셨다네.
출 경 일 일 도 강 두

| 주해(註解) |

* 유음(柳陰) - 버드나무의 그늘
※ **두추(杜秋)** - 두추랑(杜秋娘). 당나라 금릉(金陵)의 여자. 장군 이기(李錡)의 첩으로, 이기가 죽자 궁성으로 들어가 헌종(憲宗)의 사랑을 받았으며 얼굴이 몹시 아름다웠다고 함.

〈둘째 시(其二)〉

喜事誰誇乞巧樓 기쁜 일로 어느 누가 걸교루(乞巧樓) 자랑하는지,
희 사 수 과 걸 교 루

神仙行雨送新秋 신선은 비를 뿌려 초가을을 보낸다네.
신 선 행 우 송 신 추

人間此夜足堪惜 인간은 이 한밤 가는게 안타까울만 하기에,
인 간 차 야 족 감 석

努力爲歡到曉頭 기를 쓰고 즐기려 새벽에 이르기까지 날을 새우네.
노 력 위 환 도 효 두

| 주해(註解) |

* 희사(喜事) - 기쁜 일.
* 걸교루(乞巧樓) - 당대의 풍습으로 칠석날 귀문(貴門, 존귀한 집안)에서는 오색 비단으로 장식한 다락을 세워놓고 여자들이 견우와 직녀 두 별에게 길쌈과 바느질 재주를 있게 하여 달라고 빌었으며, 우리나라에서도 같은 풍습이 있었다. 그리고 폭서(暴暑)라 해서 여름 동안 습기에 찬 책들을 꺼내 햇볕에 쬐고 바람에 쏘였다.
* 효두(曉頭) - 먼동이 트기 전의 이른 새벽.

〈셋째 시(其三)〉

他鄕已賦仲宣樓 타 향 이 부 중 선 루	타향에서 이미 중선루(仲宣樓)에서 <등루부(登樓賦)>를 읊었지만,
況奈哀蟬碧樹秋 황 내 애 선 벽 수 추	하물며 어찌하랴? 애절한 쓰르라미 우니 짙푸른 나무는 가을을 알리네.
不有同年能見訪 불 유 동 년 능 견 방	이런 때에 동년들마저 찾아줄 수 없다면,
窮村何處話心頭 궁 촌 하 처 화 심 두	궁벽한 구석의 어느 곳에서 마음속을 이야기할 수 있으리?

| 주해(註解) |

* 중선루(仲宣樓) - 누대의 이름. 삼국 위(魏)의 죽림칠현 중 한 사람인 왕찬(王粲, 자 仲宣)이 젊은 나이에 유표(劉表)에게 의지해 있다가 실위(失位)의 경우를 당하여 <등루부(登樓賦)>를 지었는데, 고향을 그리워하는 내용임. 이 누각은 호북성(湖北省) 당양현(當陽縣) 동남쪽에 있는데, 왕중선이 부(賦)를 읊은 누각이라고 하여 '중선루'라고 부르기도 한다.
* 심두(心頭) - 생각하고 있는 마음.

(196) 구일날 회포를 풀어 도재[이숭인]에게 드리다
(九日敍懷呈陶齋)

龍巒當戶媚秋容　　용만(龍巒)은 창 앞에 다가서 가을의 자태를 뽐내는데,
용 만 당 호 미 추 용

吹帽何人興正濃　　취모(吹帽)한게 누구던가 몹시도 흥겨웠겠지.
취 모 하 인 흥 정 농

黃菊晚香應有待　　황국(黃菊)의 늦향기 필시 기다리고 있을지니,
황 국 만 향 응 유 대

病餘共上最高峯　　병 낫거든 어울려 최고봉(最高峯)에 올라보세.
병 여 공 상 최 고 봉

| 주해(註解) |

※ **도재(陶齋)** - 도은(陶隱) 이숭인을 말함.

* 만(巒) - 메(산)을 예스럽게 이르는 말. 뫼. 둥근 봉우리
* 미(媚) - 아첨하다. 예쁘다. 아양을 떨다
* 추용(秋容) - 가을의 모습. 가을의 경치.
* 취모(吹帽) - 진(晉) 나라 장군 환온(桓溫)의 참모 맹가(孟嘉)가 중양절(重陽節) 놀이에서 바람이 불어서 쓰고 있던 갓(모자)이 날려 땅에 떨어진 것도 모르고 고관들의 모임에 계속하여 앉아 있었다는 고사에서 온 말임. 저명한 문인인 맹가는 효자로 이름난 맹종(孟宗)의 증손이다. 그리고 전원시인으로 유명한 도연명(陶淵明)의 외조부이다.
• 두보(杜甫)의 <九日藍田崔氏莊, 구일에 남전의 최씨 별장에서> : "머리카락이 짧아 모자 떨어질 뻔하니 부끄러워져서, 웃으면서 옆 사람 시켜 모자를 고쳐 썼다네."(羞將短髮還吹帽 笑倩傍人爲整冠·수장단발환취모 소청방인위정관)
* 병여(病餘) - 병(病)을 앓고 난 뒤.

(197) 구일날 도은[이숭인]에게 드리다(九日呈陶隱)

九日登高孰與期   구일날의 등고(登高)를 누구와 기약할건가,
구 일 등 고 숙 여 기

龍山如畫入牕扉   그림 같은 용산(龍山)은 창문틀로 스며드는데….
용 산 여 화 입 창 비

但嫌病久難扶杖   다만 혐의스럽구나! 오래 앓아 지팡이 짚기도 어렵게 되었으니.
단 혐 병 구 난 부 장

陶隱將誰上翠微   도은(陶隱)은 뉘와 함께 산 중턱에 오를까.
도 은 장 수 상 취 미

| 주해(註解) |

* 창비(牕扉) - 창문틀. 비(扉) : 1. 사립문. 2. 문짝. 3. 가옥.
* 장(將)- 1. 장차. 2. 장수. 3. 문득.
* 취미(翠微) - 산의 중턱.

(198~199) 원일에 회포를 풀어 목은[이색]에게 드리다 2수 (元日敍懷呈牧隱二首)

- 목은 선생은 이 때에 행재소에 있었다(先生時在行在所)

〈첫째 시(其一)〉

男兒出處豈徒然 (남 아 출 처 기 도 연)	남아의 나아감과 물러남이 어찌 헛됨이 있으리요만,
軒冕山林只在天 (헌 면 산 림 지 재 천)	고관과 처사로 사는 게 다름은 다만 운명이라네.
共喜先生無病日 (공 희 선 생 무 병 일)	선생의 병 없는 나날을 함께 기뻐하노니,
更爲宰相太平年 (갱 위 재 상 태 평 년)	다시 재상이 되어 태평한 세월 누리시네.
偶因梵采遊江寺 (우 인 범 채 유 강 사)	우연한 불교 행사 때문에 강가 절에서 놀았고,
還向君門望漢川 (환 향 군 문 망 한 천)	다시 임금님 머무시는 문 향하려고 한강수를 바라보시는구나.
自愧遁夫疎懶甚 (자 괴 둔 부 소 라 심)	부끄럽게도 나 둔부(遁夫)는 허술하고 게으름이 심하여,
春來未得信書傳 (춘 래 미 득 신 서 전)	봄이 왔어도 안부 글 한 장 전하지 못하였다네.

| 주해(註解) |

* 출처(出處) - (벼슬에) 나아감과 물러남.
* 기(豈) - 1. 어찌. 2. 개선가.
* 도연(徒然) - 소용없다. 쓸데없다. 헛되다.
* 헌면(軒冕) - 1. 고관(高官)이 타던 초헌(軺軒)과 머리에 쓰던 면류관(冕旒冠). 2.

고관(高官)의 두루 일컬음.
* 산림(山林) - 벼슬이 없이 산림에 묻혀 산다는 말.
* 우인(偶因) - 우연한 이유.
* 범채(梵采) - 불사(佛事)를 달리 이르는 말.
* 자괴(自愧) - 스스로 부끄러워함.
* 신서(信書) - 안부, 소식, 용무 따위를 적어 보내는 글.

〈둘째 시(其二)〉

年來自覺已衰遲	근래에는 이미 노쇠하여졌음을 스스로 느끼는데,
연 래 자 각 이 쇠 지	
滿眼新愁滿鬢絲	눈에 보이는 것은 새로운 근심뿐이요. 귀밑엔 흰털뿐일세.
만 안 신 수 만 빈 사	
肉食何人憂歲歉	육식하는 사람이야 그 누가 흉년을 걱정하리?
육 식 하 인 우 세 겸	
藜羹有客苦村飢	거친 음식 먹는 나그네 시골 백성의 굶주림을 괴로워하네.
여 갱 유 객 고 촌 기	
春寒雨雪那堪喜	봄이 추운데 눈비를 어떻게 즐기겠는가?
춘 한 우 설 나 감 희	
世亂江山不可期	세상이 시끄러우니 강산의 변화도 기약할 수 없구려.
세 란 강 산 불 가 기	
睡起南牕無興思	남창(南牕) 밑에서 잠을 깨니 아무런 생각도 나지 않지만,
수 기 남 창 무 흥 사	
呼童索筆强題詩	아이 놈 불러 붓을 찾아서 억지로 시를 짓는다네.
호 동 색 필 강 제 시	

| 주해(註解) |

* 행재소(行在所) - 임금이 멀리 거동할 때에 머무르는 곳. 아마 이 때 한강 근처로 잠시 옮겨와 머문 것 같음.
* 육식하인(肉食何人) - 육식하는 사람 누구가. 육식하는 사람은 벼슬을 하고 많은 녹을 받는 사람을 의미함.
* 겸(歉) - 흉년들다.
* 여갱(藜羹) - '명아주로 끓인 국'이라는 뜻으로, 맛없고 거친 음식을 비유적으로 이르는 말.
* 촌기(村飢) - 시골 백성의 굶주림.
* 제시(題詩) - 제목을 달아 시를 씀. 시를 지음.

(200) 입추날 도은[이숭인]에게 부치다(立秋日寄陶隱)

凉風吹樹歲云徂 서늘한 바람 나무에 불고 세월은 자꾸만 간다고 하는데,
양 풍 취 수 세 운 조

坐覺年華入鬢鬚 앉아서도 흘러가는 시간이 귀밑털로 스며듦을 알겠네.
좌 각 연 화 입 빈 수

病後逢{人}羞老醜 앓고 난 뒤에 사람 만나니 늙고 추함이 부끄럽고,
병 후 봉 {인} 수 노 추

夢中尋友說艱虞 꿈속에도 벗을 찾아 괴로움과 근심을 말하네.
몽 중 심 우 설 간 우

流離浪迹還同雁 정처없이 떠도는 발자취는 그래도 기러기나 같지만,
유 리 낭 적 환 동 안

{慷}慨悲歌不爲鱸 강개한 슬픈 노래는 농어 때문만은 아니라오.
{강} 개 비 가 불 위 로

何日樓船淸海寇 어느 날에나 큰 배들 왜구들을 소탕하여,
하 일 누 선 청 해 구

賦詩飮酒{與}君俱 시 짓고 술 마시며 그대와 함께 어울리게 될까?
부 시 음 주 {여} 군 구

| 주해(註解) |

* 세운조(歲云徂) - 한 해가 저물어 감. 운(云)은 어조사로 쓰임. 한나라 위맹(韋孟)의 '풍자하여 간하다(諷諫·풍간)'에 "세월 흘러가니, 나이 늙어가네(歲月其徂, 年其逮耈·세월기조 년기체구)" 라는 구절이 있다.
* 연화(年華) - 흘러가는 시간. 철이 바뀌는 것.
* 간우(艱虞) - 곤란과 우환.
* 불위로(不爲鱸) - 농어회 생각이 나서 그러는 것이 아니다. 진(晉)나라의 장한(長翰)은 재왕(齋 王) 아래서 사관(仕官)하며 낙양(洛陽)에 있었는데, 전란이 일어날 것을 미리 알고 향리 오(吳)의 채소국과 농어회가 먹고싶다는 핑계를 대고 돌아가고 말았다는 고사가 있다.
※ 노(鱸)가 한 판본에는 려(驢, 당나귀)로 된 것도 있다(鱸一本作驢).
* 누선(樓船) - 다락같이 높고 큰 배. 전함.

(201) 구일날 여러 분들이 사용한 각운자를 빌어서 짓다 (次九日諸公韻)

九日歡娛接勝流 구 일 환 오 접 승 류	구일날 즐기려고 여러 명사(名士)들과 어울렸는데,
東頭上客我西頭 동 두 상 객 아 서 두	귀한 손님은 동쪽에, 나는 서쪽에 자리하였도다.
登高便{覺}靑冥近 등 고 변 {각} 청 명 근	높이 오르니 문득 푸른 하늘에 다가선 듯했고,
飮雋從敎太白浮 음 준 종 교 태 백 부	감미로운 술 마시자니 이 태백의 술잔이 날게 되는구려.
短日易曛須待月 단 일 이 훈 수 대 월	짧은 해 쉬이 지니 달을 기다려야 했고,
{淸}霜初落又徂秋 {청} 상 초 락 우 조 추	찬 서리 내리기 시작하니 가을이 또 가는구나.
菊花不得吹盃酒 국 화 부 득 취 배 주	국화는 얻지도 못하고 술잔만 부어댔으니,
采采金英{一}再遊 채 채 금 영 {일} 재 유	찬란한 황금빛 국화 피거든 한번 다시 놀아보세나.

| 주해(註解) |

* 승류(勝流) - 명류(名流). 명사(名士).
* 상객(上客) - 귀한 손님.
* 변(便) - 문득.
* 청명(靑冥) - 푸른 하늘.
* 훈(曛) - 어둡다. 황혼.
* 태백(太白) - 이태백의 술잔. 큰 술잔.
* 조(徂) - 가다. 미치다.
* 채채(采采) - 화려한 모양.
* 금영(金英) - 황금빛 국화꽃을 말함. 여경(女莖). 수객(壽客).

부 28) 포은[정몽주]의 차운시(附次韻 圃隱)

※ 새로 증보한 것이다(新增)

光陰滾滾似川流 광 음 곤 곤 사 천 류	광음은 꾸역 꾸역 냇물의 흐름과 같은데,
富貴何人是徹頭 부 귀 하 인 시 철 두	부귀를 어느 누가 끝까지 누릴 수 있다던가?
喜共{耆}賢成邂逅 희 공 기 현 성 해 후	덕망 있는 노인과 함께 만남 이룸을 즐길지며,
合將身世信沈浮 합 장 신 세 신 침 부	장차 나의 신세는 세상의 부침에 맡겨놓음이 합당하리다.
黃花綠酒償{佳}節 황 화 녹 주 상 { 가 } 절	황화 녹주는 좋은 명절에 보상하여 주고,
白髮烏紗照暮秋 백 발 오 사 조 모 추	백발과 오사모가 늦가을이 비치는구나.
聚散固知元有數 취 산 고 지 원 유 수	만나고 헤어짐이 본디 정해진 운수(運數)가 있는 것일진대,
明{年}何處得重遊 명 { 년 } 하 처 득 중 유	명년에는 어느 곳에서 다시 노닐게 되는지.

| 주해(註解) |

* 국역 <포은집> (권 2)에는 <목은 선생의 시에 차운하다(次牧隱先生九日韻)> 으로 되어 있다.

* 곤곤(滾滾) - 펑펑 솟아 나오는 물이 세참.
* 철두(徹頭) - 철두철미(徹頭徹尾). 처음부터 끝까지 철저하게
* 기현(耆賢) - 덕망이 있는 노인.
* 해후(邂逅) - 우연하게 만남.
* 침부(沈浮) - 세속에 따름, 또는 영고성쇠(榮枯盛衰).

* 오사(烏紗) - 검은 비단으로 만든 모자. 오사모(烏紗帽) : 고려 말기에서 조선시대에 걸쳐 벼슬아치들이 관복을 입을 때에 쓰던 모자. 지금은 흔히 전통 혼례식에서 신랑이 쓴다.
* 고지(固知) - 진실로 알다.
* 유수(유수) - 정하여진 운수(運數)나 순서가 있음.

(202) 구일날 송도의 우 양호당[현보]과 허 야당[금]에게 드리다
(松都九日呈禹養 浩堂[玄寶]兼許埜堂[錦])

舊日重陽養浩堂 구 일 중 양 양 호 당	지난 날 중양절(重陽節)에는 양호당에서,
三人同把菊花觴 삼 인 동 파 국 화 상	세 사람이 어울려 국화주 잔을 들었었구나.
諸公謇諤登華秩 제 공 건 악 등 화 질	그대들은 강직한 활동으로 높은 벼슬에 올랐으나,
唯我支離守病床 유 아 지 리 수 병 상	오직 나만은 지리하게 병상을 지키고 있다네.
已對園林恨搖落 이 대 원 림 한 요 락	이미 원림(園林)을 바라보며 낙오된 것이 한스러웠는데,
更堪風雨送凄凉 갱 감 풍 우 송 처 량	또다시 비바람을 견디면서 처량한 나날을 보낸다네.
無端念昔悲秋甚 무 단 염 석 비 추 심	무단히 옛 생각하자니 늦가을 쓸쓸함만 더해지는데,
白髮如今減酒狂 백 발 여 금 감 주 광	백발된 지금에는 술주정이 줄어들었다네.

| 주해(註解) |

* 건악(謇諤) - 직언하여 아첨하지 않음.
* 화질(華秩) - 고귀한 벼슬자리. 화련(華聯).
* 요락(搖落) - 흔들려 떨어짐.
* 비추(悲秋) - 구슬프고 쓸쓸한 느낌을 주는 가을.
* 주광(酒狂) - 술주정.

| 해설(解說) |

둔촌과 우현보, 허금은 자주 만나 술을 하는 가까운 사이였음을 알 수 있다. 둔촌은 자신의 은거를 천성이나 운명으로 여기면서도, 병상에서 느끼는 고관이 된 옛 동료들에 대한 부러움이나 미련이 시에 남아 있다.

11. 심방(尋訪)

(203) 종공 정 상국[몽주]을 뵙고 짓다(謁宗工鄭相國有作)

- 종공은 이때에 이천에 있었다(宗工時在利川)

風雨南川路 풍우남천로	비바람 치는 남천로(南川路)는,
煙花三月時 연화삼월시	봄철의 경치 삼월이 좋구나.
逢人問前徑 봉인문전경	사람을 만나면 가는 길 묻고,
信馬度荒陂 신마도황피	말에게 몸을 맡긴 채 거친 강언덕을 지나노라.
土沃春先暖 토옥춘선난	기름진 땅에 봄기운 먼저 오르고,
村閑日漸遲 촌한일점지	고요한 마을에 해도 점점 길어진 듯.
余將萬事畢 여장만사필	내 앞으로 온갖 일 마치고 나면,
歲晩此追隨 세만차추수	세밑엔 이곳에서 재상님을 쫓아서 다닐 수 있으리라.

| 주해(註解) |

* 심방(尋訪) - 방문함.
* 연화(煙花) - 봄철의 경치. 춘경(春景).
* 황피(荒陂) - 잡초가 무성한 강언덕.
* 토옥(土沃) - 땅이 걸고 기름짐. 반의어 : 토척(土瘠).
* 세만(歲晩) - 한 해가 끝날 무렵. 설을 앞둔 섣달그믐께. 세밑. 연말.
* 추수(追隨) - 남의 뒤를 쫓아 따름.

(204) 동년인 원공[우현보]의 집에서 마흔 글자로 읊다
(同年原功家吟得四十字)

庭柯黃葉落 (정가황엽락)	마당의 나뭇가지에 누런 잎은 지고,
天地九秋風 (천지구추풍)	온 세상에는 가을바람뿐일세.
多病嗟爲客 (다병차위객)	자주 앓는 몸 나그넷길 서럽더니,
寬懷賴有公 (관회뢰유공)	마음이 느긋해짐은 그대 계신 때문이라오.
世情知毀譽 (세정지훼예)	세상인심에 훼방과 칭찬을 알겠고,
交態見窮通 (교태견궁통)	교제하는 태도에서 궁통(窮通)을 보겠노라.
且飮同年酒 (차음동년주)	다시 동년의 술 마시게 되었는데,
功名兩鬢蓬 (공명양빈봉)	공명(功名) 때문에 두 쪽 귀밑머리 쑥 빛 대밭 같이 되었구려.

| 주해(註解) |

* 구추(九秋) - 가을철의 약 90일 동안을 이르는 말. 음력 9월 가을.
* 관회(寬懷) - 마음을 편안히 하다.
* 훼예(毀譽) - 훼방과 칭찬.
* 궁통(窮通) - 통색(通塞), 운수가 트이고 막히고 함.

(205~207) 다시 앞의 시운을 써서 제 군자에게 드리다 3수 (復用前韻呈諸君子三首)

〈첫째 시(其一)〉

※ 원공[우현보]에게 드리다(右呈原功)

新詩再三讀 신 시 재 삼 독	신시(新詩)를 두세 번 읊었더니,
令我愈頭風 영 아 유 두 풍	앓던 두풍(頭風) 다 나았네.
題詠見餘事 제 영 견 여 사	시를 짓고 읊는 것 부차적인 즐거움으로 보아서,
委蛇退自公 위 사 퇴 자 공	느릿느릿 대궐문으로부터 퇴근하시는구려.
抗章君德美 항 장 군 덕 미	굳세고 바른 글 임금님의 덕이 훌륭하여 지고,
折獄俗情通 절 옥 속 정 통	옥사(獄事)를 잘 처결함에 세상 물정에 밝았음이로다.
踽踽騎驢漢 우 우 기 려 한	외롭고 쓸쓸한 나같이 당나귀나 타고 다니는 사람은,
生涯尙斷蓬 생 애 상 단 봉	생애가 아직도 뿌리 잘린 쑥대 같다네.

| 주해(註解) |

* 유(愈) - 1. (병이) 낫다. 2. 뛰어나다. 유(癒)와 같다.
* 두풍(頭風) - 머리가 늘 아프고 또는 자꾸 부스럼이 나는 병(病).
* 제영(題詠) - 시를 짓고 읊음.

* 여사(餘事) - 1. 부차적으로 즐기는 일. 2. 대수롭지 않은 일.
* 위이(委蛇) - 침착하고 느긋한 모양. 蛇 : 구불구불 갈 이, 뱀 사, 자벌레 타, , 땅이름 지
* 항장抗章 - 굳세고 바른 글.
* 절옥折獄 - 옥사(獄事)를 처결(處決)함.
* 우우(踽踽) - 매우 외로운.
* 기려한(騎驢漢) - 하찮은 당나귀나 타는 미천한 사람, 자기 겸칭.
* 단봉(斷蓬) - 뿌리 짤린 쑥대. 정처없이 떠도는 것을 비유.

〈둘째 시(其二)〉

※ 야당[허금]에게 드리다(右呈埜堂)

賤子無高論 천 자 무 고 논	하찮은 이 사람은 높은 식견이 없지만,
先生有古風 선 생 유 고 풍	선생은 예스러운 모습이 있지요.
壺天問老子 호 천 문 노 자	별천지에서 노자(老子)를 배우고,
窓日夢周公 창 일 몽 주 공	창에 햇빛 훤하게 비칠 때까지 주공(周公)을 꿈꾼다네.
已使靈臺峻 이 사 영 대 준	이미 정신은 높였고,
還能聖域通 환 능 성 역 통	더없이 성역(聖域)에 통했네.
詩成頻見寄 시 성 빈 견 기	시를 지으면 자주 보내주었는데,
只是慰飄蓬 지 시 위 표 봉	오직 외로운 나그네 위로하려 함이리라.

| 주해(註解) |

* 고론(高論) - 식견이 높은 이론.
* 고풍(古風) - 예스러운 모습.
* 호천(壺天) - 호중천(壺中天)의 약칭인데, 별천지. 술로써 속세를 잊는 즐거움. 한대(漢代)에 선인(仙人) 호공(壺公)이 하나의 항아리를 집으로 삼고 술을 즐기며 속세를 잊었다함.
※ 노자(老子) - 주대의 철학자, 성은 이(李), 이름은 이(耳), 자는 백양(白陽), 시호는

담(聃), 도가(道家)의 시조로서 자연 법칙에 기초를 둔 도덕의 절대성을 역설하였음. <도덕경(道德經)>이 있음.
* 창일(窓日) - 창에 햇볕이 가득참. 아침 늦은 때.
※ **주공(周公)** - 주나라 문왕의 아들, 무왕의 아우, 이름은 단(旦), 시호는 원(元), 무왕을 도와 주를 치고 성왕을 도와 왕실의 기초를 세우고 제도와 예악을 정하여 주 문화 발전에 이바지한 바가 컸음.
* 영대靈臺 : 마음. 정신
* 표봉(飄蓬) - 쑥대 넝쿨같이 외롭게 떠도는 나그네 신세.

〈셋째 시(其三)〉

※ 자신을 읊다(右自詠)

多違時世態 다 위 시 세 태	당시의 세태와는 어긋남이 많았고,
丕仰古淳風 비 앙 고 순 풍	옛 순박한 풍속만을 크게 우러러 왔도다.
歸去偕陶令 귀 거 해 도 령	돌아가서는 도연명과 함께 하고,
安閒訪遠公 안 한 방 원 공	한가할 땐 원공(遠公)을 찾았다네.
望鄕千里遠 망 향 천 리 원	고향을 바라보니 천리나 먼데,
問路九衢通 문 로 구 구 통	번화한 거리에서 길을 묻노라.
煙月漢江上 연 월 한 강 상	태평연월(煙月)의 한강가엔,
弊廬蒿與蓬 폐 려 호 여 봉	버려둔 오막살이 쑥대밭 되었으리.

| 주해(註解) |

* 순풍(淳風) - 옛날부터 전해오는 순박한 풍속.
* 도령(陶令) - 동진의 도연명(陶淵明). 팽택령(彭澤令)을 지냈기 때문에 이르는 말.
* 원공(遠公) - 도연명과 같은 시대, 같은 여산(廬山) 자락에서 똑같이 명성이 높았던 혜원(慧遠, 334-416) 스님.
* 구구(九衢) - 도시의 사방으로 통하는 가로를 말함.
* 호(蒿) - 쑥.

(208) 도은[이숭인] 간의의 방문에 사례하다(謝陶隱諫議見訪)

策蹇京華路 (책건경화로)	정말 서울 거리에서 절뚝거리는 말에 채찍질도 하였으니,
眞爲後浩然 (진위후호연)	후세의 호연(浩然)이 되었음이 틀림없도다.
雖云明主棄 (수운명주기)	비록 명주(明主)의 버림을 받았을지라도,
猶得故人憐 (유득고인연)	오히려 옛 친구들의 동정은 얻었다네.
旅舍含盃醉 (여사함배취)	여사(旅舍)에서 술잔 나누며 취해도 보았고,
直廬共被眠 (직려공피면)	숙직실에서 이불을 함께 덮고 잠도 잤었지.
無端交道熟 (무단교도숙)	무단히 교제 길은 깊어져서,
不覺到忘年 (불각도망년)	나도 몰래 망년(忘年)의 나이 되었다네.

| 주해(註解) |

* 책건(策蹇) - 절룩거리는 말에 채찍을 가함. 즉 재능과 역량이 모자란 자신에게 채찍을 가한다 는 말.
* 건려(蹇驢) - 다리를 저는 나귀라는 뜻으로, 쓸모없는 사람을 비유적으로 이르는 말.
※ 호연(浩然) - 둔촌의 자, 당의 시인 맹호연(孟浩然, 689~740)과 견주어 자칭 '후호연(後浩然)' 이라 하였음. 맹호연은 40년을 양양(襄陽)의 녹문산(鹿門山)에 숨었다가 나왔는데, 특히 고시(古詩)에 능했고 풍류로 일컬어지고 있다.
* 명주(明主) - 총명한 임금.

* 명주기(明主棄) - 맹호연의 '不才明主棄'(재주 없는 이몸 밝으신 임금님께서 내버리셨다네!)의 뜻을 딴 것임.
* 직려(直廬) - 지금의 숙직실 같은 곳.
* 교도(交道) - 벗을 사귀는 도리(道理).
* 망년(忘年) - 망년지교(忘年之交). 나이에 거리끼지 않고 허물없이 사귄 벗.

(209) 영흥으로 전 동년[영수[1]]을 찾아갔으나 만나지 못하였다 (尋永興田同年不遇)

同年田知州 동 년 전 지 주	과거 동기생인 전 사또님을,
不見數十年 불 견 수 십 년	수십 년 동안 만나지 못하였다네.
枉道不辭遠 왕 도 불 사 원	돌고 돌아서 가는 길 멀다 하지 아니하고,
悠悠催著鞭 유 유 최 저 편	유유히 말 채찍을 재촉하여 그대를 찾아왔네.
天寒日云暮 천 한 일 운 모	날씨는 차고 해는 이미 저물었는데,
茅屋依山前 모 옥 의 산 전	초가집 하나 산을 의지하고 있네.
適値採藥去 적 치 채 약 거	마침 약초 캐러 가고 없어,
不得共被眠 부 득 공 피 면	이부자리 함께하고 잘 수가 없었다네.
淵明早歸去 연 명 조 귀 거	도연명(陶淵明) 같이 일찍 시골 마을로 돌아갔으나,
應有招隱篇 응 유 초 은 편	응당 숨어사는 은자를 찾는 글이 있으리다.
可憐蘇季子 가 련 소 계 자	가련하다, 소계자(蘇季子) 같은 사람이,

---

1) **전영수(田永需)** - 고려 말에 벼슬이 함경도 영흥(永興)의 지주사(知州事, 고을 원님. 주(州)를 맡아 다스리는 장관)에 이르렀는데, 일찍 벼슬을 그만두고 그곳에 물러나 살았다. 위의 시의 또 다른 번역문은 국역 <신증동국여지승람>(제 48권, 함경도 영흥)에 수록되어 있다.

| 邪無負郭田 | 어이하여 성곽을 등진 전택(田宅)이 없었단 말인가?
나 무 부 곽 전

| 卜隣素有約 | 당초에 이웃에서 집짓고 살기로 언약하였으니,
복 린 소 유 약

| 歲晚相攀緣 | 나이 늙거든 서로 묵은 인연을 찾아보세나.
세 만 상 반 연

| 주해(註解) |

※ 소계자(蘇季子, ?~?) - 전국시대의 유세가 소진(蘇秦). 계자(季子)는 그의 자. 귀곡자(鬼谷子)에게 종횡가의 학설을 배워 세상에 나아가 진(秦)에 대항하여 산동(山東, 함곡관 동쪽)의 6국인 연(燕), 조(趙), 한(韓), 위(魏), 제(齊), 초(楚)의 합종(合從)을 설득하여 성공했다.
* 지주(知州) - 고을의 수령.
* 왕도(枉道) - 돌아서 가는 길.
* 채약(採藥) - 약재(藥材)를 캐서 거두는 일.
* 초은편(招隱篇) - 세상을 피해 숨은 현사를 초빙하는 글. <회남자(淮南子)>의 편명.
* 부곽전(負郭田) - 성곽 중에서 가장 가까운 거리에 있는 좋은 전답.
  • <사기(史記)> 「소진전(蘇秦傳)」: "내게 낙양의 부곽전이 있었다면 내 어찌 6국의 상인(相印, 재상의 관인)을 함께 찰 수 있겠는가?" 라는 대목이 있음.
* 반연(攀緣) - 서로 돕다, 서로 힘입다, 서로 손을 잡다 등의 뜻으로 함께 어울린다는 말.

(210) 동은(東隱)을 찾아갔으나 만나지 못하였다(訪東隱不遇)

睡餘扶杖訪隣翁　　잠을 깨어 막대 짚고 이웃 노인 찾아갔는데,
수 여 부 장 방 린 옹

剝喙敲門日過中　　똑똑 문을 두드리기 한나절이 지났다네.
박 훼 고 문 일 과 중

對榻何須傾榼酒　　자리 맞대고 꼭 술잔을 기울여야 하는가?
대 탑 하 수 경 합 주

淸談已與阿戎同　　청담(淸談)은 이미 왕융(王戎)과도 비슷한걸.
청 담 이 여 아 융 동

| 주해(註解) |

※ **동은(東隱)** - 미상. 충주목사를 역임한 여주이씨 이천백(李天白)으로 추정.

* 탑(榻) - 평상. 걸상. 책상.
* 합(榼) - 통. 뚜껑.
* 청담(淸談) - 세속을 떠난 풍류적인 이야기.
* 아융(阿戎) - 아는 상대방을 가깝게 부를 때 쓰는 말. 죽림칠현의 한 사람인 왕융(王戎)을 지칭 한 말.

(211~214) 다시 앞의 시운을 써서 여러 군자께 드리다 4수 (復用前韻呈諸君子四首)

〈첫째 시(其一)〉

※ 제공에게 드리다(右呈諸公)

遁村深處一衰翁　　나 둔촌(遁村)은 깊이 묻힌 한 늙은이인데,
둔 촌 심 처 일 쇠 옹

也忝諸公氣槩中　　제공(諸公)의 기개(氣槪) 가운데 욕되게 끼였도다.
야 첨 제 공 기 개 중

雪鬢愧非前日見　　하얀 귀밑털은 부끄럽게 지난날 몰골은 아니지만,
설 빈 괴 비 전 일 견

風情尙與少年同　　풍정(風情)은 아직도 소년과 같다네.
풍 정 상 여 소 년 동

| 주해(註解) |

* 개(槩) - 절개. 개(槪)와 동자.
* 설빈(雪鬢) - 눈과 같이 하얗게 센 귀밑털.
* 풍정(風情) - 풍치가 있는 정회.

〈둘째 시(其二)〉

※ 포은[정몽주]에게 드리다(右呈圃隱)

谷口前頭老圃翁	산골짝 어귀 앞에 늙은 포옹(圃翁)은,
곡 구 전 두 노 포 옹	
沈潛醉著六經中	틀어박혀 육경(六經) 속에 취해 있다네.
침 잠 취 저 육 경 중	
旣修天爵從人爵	천작(天爵)을 이미 닦으니 인작(人爵)이 따랐는데,
기 수 천 작 종 인 작	
看似尋常調不同	평범한 듯 보이지만 격조는 다르다오.
간 사 심 상 조 부 동	

| 주해(註解) |

* 천작(天爵) - 하늘에서 받은 벼슬이라는 뜻으로, 남에게서 존경을 받을 만한 선천적인 덕행을 이르는 말. 인작(人爵)의 대(對)
* 인작(人爵) - 공경대부 등 높은 벼슬.
※ <맹자집주(孟子集註)>「천작인작장(天爵人爵章)」: "천작(天爵)이 있고 인작(人爵)이 있으니, 인의(仁義)와 충신(忠信)과 선(善)을 좋아하여 게을리하지 않음은 이것이 천작(天爵)이요, 공경 (公·卿)과 대부(大夫)는 이것이 인작(人爵)이다."
* 심상(尋常) - 대수롭지 않고 예사(例事)로움. 평범.
* 격조(格調) - 사람의 품격과 지취.

⟨셋째 시(其三)⟩

※ 도은[이숭인]에게 드리다(右呈陶隱)

暮年京國識陶翁 모 년 경 국 식 도 옹	늘그막에 서울에서 도옹(陶翁)을 알았는데,
文彩風流翰墨中 문 채 풍 류 한 묵 중	우아한 문채(文彩), 풍류, 한묵(翰墨, 서예)을 두루 갖추었지.
却臥遁村心有愧 각 와 둔 촌 심 유 괴	물러나 둔촌(遁村)에 사는 게 부끄럽지만,
詩壇酒席每相同 시 단 주 석 매 상 동	시단(詩壇)이건 주석(酒席)이건 늘 함께 했다오.

| 주해(註解) |

* 경국(京國) - 서울.
* 문채(文彩) - 문장(文章)의 멋.
* 한묵(翰墨) - '문한(文翰)과 필묵(筆墨)'이라는 뜻으로, 글을 짓거나 쓰는 것을 이르는 말.

〈넷째 시(其四)〉

※ 약재[김구용]에게 드리다(右呈若齋)

驪江昔日釣魚翁 지난날 여강(驪江)에서 고기 낚던 늙은이는,
여 강 석 일 조 어 옹

詠月吟風樂在中 풍월만을 읊었으나 낙은 그 속에 있었다오.
영 월 음 풍 락 재 중

雷雨一聲龍欻起 한바탕의 뇌우(雷雨) 소리에 용은 홀연히 일어났으니,
뇌 우 일 성 용 훌 기

可憐樵客與誰同 가련하구나! 나 같은 나무꾼은 누구와 함께 어울릴까?
가 련 초 객 여 수 동

| 주해(註解) |

* 뇌우(雷雨) - 천둥소리가 나며 내리는 비.
* 훌(欻) - 1. 문득. 2. 일어나다.
* 초객(樵客) - 나무꾼.

부 29-33) 포은[정몽주]의 차운시 5수(附次韻 圃隱五首)

〈첫째 시(其一)〉

※ 둔촌[이집]에게 드리다(右遁村)

瀟灑行裝似野翁 소 쇄 행 장 사 야 옹	조촐한 차림새는 마치 촌 늙은이 같지만,
新詩如錦滿囊中 신 시 여 금 만 낭 중	비단 같은 새로운 시는 주머니 속에 가득하다네.
漢江可以濯吾足 한 강 가 이 탁 오 족	한강 물은 내 발을 씻을 만한 것인데,
何日言歸與子同 하 일 언 귀 여 자 동	어느 날에나 돌아가 그대와 함께할까.

| 주해(註解) |

※ 국역 <포은집> (제2권)에 <둔촌의 시에 차운하여 네 군자께 드리다(次遁村韻, 呈四君子)> 란 제목의 시가 보임.

* 소쇄(瀟灑) - 맑고 깨끗함.
* 탁오족(濯吾足) 내발을 씻다. 탁족(濯足) : 발을 씻음. 어지러운 세상을 피한다는 의미.
* 언귀(言歸) : 여기서 언(言) 자는 조사(助辭)로 별 뜻이 없음.

〈둘째 시(其二)〉

※ 동은에게 드리다(右東隱)

昨日童卝成兩翁	어제의 어린 사내아이들이 두 늙은이 되었으니,
작 일 동 관 성 양 옹	
相從扶策憶山中	지팡이 짚고 상종하면서 산중에 살던 일 생각하네.
상 종 부 책 억 산 중	
卜隣咫尺眞天賦	지척 간에 이웃하였으니 정녕 하늘이 내린 행운이 아니던가?
복 린 지 척 진 천 부	
來往何辭嘯詠同	오가면서 시 읊는 걸 무엇 때문에 사양하겠나?
내 왕 하 사 소 영 동	

| 주해(註解) |

※ 동은(東隱) - 국역 <포은집>에는 '동창(東窓)'으로 되어 있으며, 미상이라고 하였다.

* 동관(童卝) - 어린 사내아이. '관(卝)'은 머리를 두 가닥으로 나누어 땋아서 묶은 모양이다.
* 소영(嘯詠) - 시가(詩歌) 따위를 읊음.

〈셋째 시(其三)〉

※ 도은[이숭인]에게 드리다(右陶隱)

獨擅文章繼牧翁　　문장을 홀로 잡고 흔듦은 목은 늙은이를 이어받아,
독 천 문 장 계 목 옹

粲然星斗列胸中　　찬연(粲然)한 별들을 가슴속에 벌려놓았네.
찬 연 성 두 열 흉 중

更將六籍牕前讀　　다시 육경을 들고 창 앞에서 읽으며,
갱 장 육 적 창 전 독

手自研朱考異同　　손수 붉은 먹을 갈아 맞고 틀림을 고찰하네.
수 자 연 주 고 이 동

| 주해(註解) |

* 독천(獨擅) - 제 마음대로 쥐고 흔듦.
* 목옹(牧翁) - 목은(牧隱) 이색을 지칭함.
* 찬연(粲然) - 조출하고 산뜻한 모양.
* 성두(星斗) - 별. 북두(北斗)와 남두(南斗).
* 六籍(육적) - 중국 춘추시대의 여섯 가지 경서(經書). ≪역경(易經)≫, ≪서경(書經)≫, ≪시경(詩經)≫, ≪춘추(春秋)≫, ≪예기(禮記)≫, ≪악기(樂記)≫를 이르는데, ≪악기(樂記)≫ 대신 ≪주례(周禮)≫를 넣기도 한다.

〈넷째 시(其四)〉

※ 약재[김구용]에게 드리다(右若齋)

狂歌數載伴田翁 _{광 가 수 재 반 전 옹}	몇 해를 촌 늙은이와 어울려 허튼 노래 부르더니,
珥筆重遊諫院中 _{이 필 중 유 간 원 중}	이필(珥筆)하고 다시 간원(諫院)에서 노니네.
傾蓋相逢還一笑 _{경 개 상 봉 환 일 소}	서로 만나 수레덮개 열고 반겨 웃는데,
風流眞態往時同 _{풍 류 진 태 왕 시 동}	풍류의 참모습은 옛날과 똑같다네.

| 주해(註解) |

* 광가수재(狂歌數載) : 김구용이 고향 여흥(驪興)으로 쫓겨 가서 7년 동안 야인으로 지낸 것을 말함.
* 이필(珥筆) - 붓을 관(冠)의 옆쪽에 끼웠다가 필기할 때 씀. 옛날에 사관(史官)은 조정에 들어 갈때 언제나 이와 같이 하여 기사(記事)할 때를 대비하였음.
* 경개(傾蓋) - 가까이 만나 서로 거개(車盖:수레 위를 덮는 덮개)를 쳐들고 잠시 이야기하는 것.

〈다섯째 시(其五)〉

※ 자신을 읊다(右自敍)

衣冠縛束二毛翁	의관으로 속박된 반백 늙은이가,
의 관 박 속 이 모 옹	
觸熱行香佛寺中	열기에 시달리며 절간에서 행향(行香)을 하네.
촉 열 행 향 불 사 중	
安得斯文二三子	어찌하면 사문(斯文)의 몇몇 친구들과,
안 득 사 문 이 삼 자	
松風一榻晤言同	소나무 바람 부는 평상에 앉아 정다운 이야기 나누어볼까?
송 풍 일 탑 오 언 동	

| 주해(註解) |

※ 국역 <포은집> (권 2)에서는 "당시 법왕사에서 분향하였기 때문에 말한 것이다." 라고 주석을 달고 있다.

* 이모(二毛) - 센 머리와 검은 머리, 즉 반백.
* 박속(縛束) - 속박. 묶여 있음.
* 행향(行香) - 향을 피움. 부처를 섬기는 예로서 향로를 들고 불전 가운데를 도는 의식.
* 오언(晤言) - 남을 만나 얼굴을 마주하고 진정을 토로하는 것.
  • <시경(詩經)>「진풍(陳風)」 '동문지지(東門之池)' : '어여쁜 저 아가씨와 노래하고 싶어라' '어여쁜 저 아가씨와 말을 하고 싶어라' '어여쁜 저 아가씨와 얘기하고 싶어라'라고 하여 오가(晤歌)·오어(晤語)·오언(晤言)이라 나오는 것이 이 말의 어원이다. 선인들은 대개 남들과의 오언(晤言)을 통해서 자신의 정신세계를 구축해 나갔다.

| 해설(解說) |

　중국 고대 초(楚)나라의 시인인 굴원(屈原)이 지은 <어부사(漁父詞)>에는 '창랑지수탁혜 가이탁오족(滄浪之水濁兮 可以濯吾足)'이라는 구절이 나온다. 이 말은 '창랑의 물이 맑으면 나의 갓끈을 씻을 것이요, 창랑의 물이 흐리면 나의 발을 씻을 것이다'라는 뜻이다. 둔촌은 세상이 맑으면 맑게 살고 세상이 흐리면 흐리게 살라는 '청탁자적(淸濁自適)'의 삶을 영위하였다.
　포은은 '첫째 시'에서 한강 변에서 은둔하고 있는 둔촌처럼 살고 싶다며 "한강은 탁오족(濯吾足) 할 만한 곳인데, 어느 날에나 돌아가 그대(둔촌)와 함께할까?"라고 읊었다.

(215~217) 권규헌[주]을 찾아 창성사로 갔는데 만나지 못하였다 3수(訪權葵軒[鑄]於彰聖寺不遇三首)

〈첫째 시(其一)〉

出城四日到淸溪　　도성을 나선지 나흘 만에야 청계(淸溪)에 온 것은,
출 성 사 일 도 청 계

不是泥塗惜馬蹄　　진흙길에 말발굽을 아껴서가 아니었다네.
불 시 이 도 석 마 제

幷轡笑談殊未足　　말고삐 나란히 하며 담소함이 특히 부족하였고,
병 비 소 담 수 미 족

更尋彰聖路多迷　　다시 창성사(彰聖寺) 찾아왔건만 길이 엇갈려 버렸다네.
갱 심 창 성 로 다 미

| 주해(註解) |

* 이도(泥塗) - 미천한 위치 또는 천한 지위, 자신의 겸칭.
* 마제(馬蹄) - 1. 말굽. 2. 말굽추녀.
* 병비(幷轡) - 말고삐를 잡고 나란히 섰다는 말인데, 함께 마주한다는 말.

〈둘째 시(其二)〉

宿雨初晴日在西　　여러날 내리는 비 갓 개이고 해는 지려 하는데,
숙 우 초 청 일 재 서

獨行尋寺路高低　　혼자 가면서 절을 찾으려니 길이 높아졌다 낮아졌다
독 행 심 사 로 고 저　　하는구나.

僧牕不作同年會　　절간 방문 안에서 동년(同年)과 만남은 이루지 못하고,
승 창 부 작 동 년 회

自酌村醪醉似泥　　촌 막걸리 자작(自酌)하니 곤죽과 같이 되었다네.
자 작 촌 료 취 사 니

| 주해(註解) |

* 숙우(宿雨) - 지나간 밤부터 오는 비 또는 계속하여 여러 날 내리는 비.
* 촌료(村醪) - 촌 막걸리. 촌탁(村濁).
* 취사니(醉似泥) - 술에 취하여 곤드레 만드레 된 상태.

〈셋째 시(其三)〉

憶昔少年爲客日
억 석 소 년 위 객 일
옛날 소년으로 나그네 되었던 시절이 생각나는데,

當時此院正新修
당 시 차 원 정 신 수
그때에 이 절은 한창 새롭게 꾸미고 있었지.

堂前鴨脚依然在
당 전 압 각 의 연 재
불당 앞의 은행나무는 조금도 변함없으나,

自愧書生白了頭
자 괴 서 생 백 료 두
서생의 세어버린 머리털이 부끄럽구려.

| 주해(註解) |

* 억석(憶昔) - 옛일을 돌이켜 생각에 잠김.
* 압각(鴨脚) - 은행나무. 잎새의 생김새가 오리발과 비슷하므로 일컬음.

(218) 윤 정당의 방문에 감사하다(謝尹政堂見訪)

昨日高軒枉遠方 어제 각하께서 먼 곳까지 왕림하시니,
작 일 고 헌 왕 원 방

門前草樹摠生光 문 앞의 풀과 나무들도 모두 빛이 났지요.
문 전 초 수 총 생 광

但無喝道驚村巷 다만 갈도(喝道)로 시골마을 놀라게 아니한 것은,
단 무 갈 도 경 촌 항

此是都堂舊政堂 이것은 도당(都堂)이 옛 정당(政堂)이었기
차 시 도 당 구 정 당 때문이었겠지요.

| 주해(註解) |

※ 윤정당(尹政當) - 미상.

* 고헌(高軒) - 남의 「수레」의 높임말.
* 갈도(喝道) - 높은 벼슬아치가 나다닐 때 길을 인도하는 하인이 앞에서 "어리 비켜라, 대감님 나가신다" 같은 소리를 질러 행인(行人)들을 비키게 하던 일.
* 도당(都堂) - 의정부의 딴 이름.
* 정당(政堂) - 고려 때의 최고 의정기관.

(219) 다시 앞의 운을 써서 짓다(復賦前韻)

家在蒹葭水一方　　집은 갈대 우거진 물 저편에 있는데,
가 재 겸 가 수 일 방

客遊京國費年光　　나그네 되어 서울에 노닐며 세월을 허송한다오.
객 유 경 국 비 연 광

淹留不是貪恩寵　　오래 머무르고 있음은 은총(恩寵)을 탐내서가 아니라,
엄 류 불 시 탐 은 총

自愛龍巒構草堂　　스스로 용만(龍巒)이 사랑스러워 초당을 지어볼까
자 애 용 만 구 초 당　　함이로다.

| 주해(註解) |

* 겸가(蒹葭) - 갈대.
* 엄류(淹留) - 오래 머무름.
* 은총(恩寵) - 임금의 은혜를 입어 벼슬을 얻는 것.

| 해설(解說) |

　둔촌은 은둔을 표방하면서도 수도인 개경에 머무르기도 하였다. 이는 몸을 감추면서도 세상에 쓰이는 용(用)이 있어야 한다는 <중용(中庸)>의 사고와 연관된 것이었다. 둔촌은 사회 현실에 끊임없는 관심을 두는 한편, 관직에 있으면서도 은사적(隱士的)인 자세를 버리지 않았다. 그는 출처(出處)를 표리관계로 본 중용적 선택을 하였다는 것이 이 시에 잘 나타나 있다.

(220~221) 중암을 증산사로 찾았으나 만나지 못하였다 2수
(訪中菴於甑山寺不遇 二首)

〈첫째 시(其一)〉

淺山松末有僧家　　나직한 산 솔밭 끝에 한 절집이 있는데,
천 산 송 말 유 승 가

過了淸川一徑斜　　맑은 개울 건너서 비탈길 이어졌네.
과 료 청 천 일 경 사

此是吾兒讀書處　　여기는 바로 우리 아이 글 읽던 곳이어서,
차 시 오 아 독 서 처

夜深情話落燈花　　밤 깊도록 정다운 이야기 나누는데 불꽃만 튀었지.
야 심 정 화 락 등 화

| 주해(註解) |

※ **중암(中菴)** - 고려 말에 사절로 온 일본 승려. 보우 스님과 많은 교유를 하였고, 시를 잘 지었다.

* 증산사(甑山寺) - 개성 궁성 서쪽에 있던 절. 921년(태조 4) 창건.
* 정화(情話) - 정답게 주고받는 이야기.

〈둘째 시(其二)〉

思與高人對榻眠 고상한 친구와 더불어 나란이 절간에서 자볼까 하고,
사 여 고 인 대 탑 면

悠悠跨馬夕陽邊 유유자적하게 해질 때까지 말등에 걸터앉아 왔건만.
유 유 과 마 석 양 변

吾生萬事每如此 나의 일생 모든 일이 매양 그러하듯이,
오 생 만 사 매 여 차

安用相違苦悵然 엇갈려 못 만났으나, 괴롭도록 섭섭할거야 있겠는가?
안 용 상 위 고 창 연

| 주해(註解) |

* 탑(榻) - 평상. 걸상.
* 과마(跨馬) - 말을 타다.
* 안용(安用) - 어디에 쓰려 하였나.
* 창연(悵然) - 몹시 서운하고 섭섭함.

(222~223) 눈이 갠 뒤에 야당[허금]을 찾았다 2수
(雪霽訪埜堂二首)

〈첫째 시(其一)〉

雪後尋詩訪埜堂　눈이 개인 뒤에 시를 지을 궁리하다가 야당(埜堂)을
설 후 심 시 방 야 당　찾았는데,

相携入室酒盈觴　얼싸안고 방에 드니 술이 잔에 넘치는구려.
상 휴 입 실 주 영 상

平生每笑山陰客　평소에 늘 산음객(山陰客)을 비웃더니,
평 생 매 소 산 음 객

霽景銜盃興最長　비 그친 뒤의 경치에 술잔드니 흥이 더할 나위 없구나.
제 경 함 배 흥 최 장

| 주해(註解) |

* 심시(尋詩) - 시인이 풍경에 이끌리어 그 풍경을 소재로 하여 시를 짓는 것.
* 산음객(山陰客) - 산음야설(山陰夜雪). 산음승흥(山陰乘興) : 山陰(산음) 땅에서 흥이 일었다는 말. 친구를 만나러 가는 것을 뜻함. 출전 <세설신어(世說新語)> '임탄편(任誕篇)'.
* 제경(霽景) - 비가 그친 뒤의 경치.

〈둘째 시(其二)〉

飮酒論文復幾多	술 마시고 글 논한 게 몇 번이던가,
음 주 논 문 부 기 다	
百年光景半消磨	백년의 세월에서 절반을 소비했구려.
백 년 광 경 반 소 마	
黃花已老何嗟及	국화꽃이 이미 시들었다 한탄하여 무엇하리,
황 화 이 로 하 차 급	
雪月無辭一再過	설월(雪月)마저 말이 없이 한두 번 지나갔는걸.
설 월 무 사 일 재 과	

| 주해(註解) |

* 소마(消磨) - 닳아서 없어짐. 닳아서 없어지게 함.
* 황화(黃花) - 1. 국화. 2. 국화의 꽃.
* 차 (嗟) - 탄식하다. 감탄하다.

(224) 포은[정몽주], 경지[김구용]와 함께 술을 가지고 해임되어 서울[개성]로 온 이 좌윤을 맞아서 제공의 시운을 따라서 짓다 (與圃隱敬之携酒, 迎李左尹解任 赴京, 次諸公詩韻)

畫堂風景有餘淸 화당(畫堂)의 풍경은 매우 맑고 시원함이 있는데,
화 당 풍 경 유 여 청

尊酒相逢笑語聲 주전자 술로 서로 만나 담소를 하네.
존 주 상 봉 소 어 성

旣已把杯看日落 기왕 술잔을 들었으니 해지는 것 보고서,
기 이 파 배 간 일 락

直須秉燭到天明 곧바로 등불 켜고 밤을 새웠다네.
직 수 병 촉 도 천 명

鍾情共喜君西笑 정을 모아 그대의 서행(서울 행차) 함께 즐기나,
종 정 공 희 군 서 소

寄信誰憑雁北征 소식 전하는 건 뉘라서 북으로 간 기러기를 믿겠나?
기 신 수 빙 안 북 정

爲報尋春年少客 봄을 찾는 젊은 사람들에게 이르노니,
위 보 심 춘 년 소 객

衰遲莫訝一書生 쇠약하고 늙었다고 한 꽁생원으로 맞지는 말라.
쇠 지 막 아 일 서 생

| 주해(註解) |

※ 이좌윤(李左尹) - 미상

* 화당(畫堂) - 채색으로 단장한 집.
* 여청(餘淸) - 매우 맑고 시원함.
* 준주(尊酒) - 친구들끼리 놀면서 마시는 술.

* 종정(鍾情) - 매우 사랑함.
* 서소(西笑) - 장안, 즉 서울 또는 서울로 가다. 부질없는 일을 즐기다. 헛된 일을 즐기다. 후한 (後漢) 환담(桓譚)의 <신론(新論)>에 "장안(長安)에 갈 수 없는 사람이 서쪽을 바라보며 웃었다"라고 한 고사에서 나온 말이다.
* 안북정(雁北征) - 기러기가 북으로 갈 때 안서(雁書, 편지)를 전한다는 뜻을 암유한 말. ≪한서 (漢書)≫ <소무전(蘇武傳)>에 나오는 말로, 한무제(漢武帝) 때 한나라의 사신 소무(蘇武)가 흉노 (匈奴)에게 붙잡혀 있을 당시 기러기의 다리에 편지(便紙)를 매어 한나라로 보냈다는 고사에서 유래한다.
* 아(訝) - 1. 맞이하다. 2. 의심하다.

(225~226) 허 야당[금]의 방문에 사례하며 겸하여 우 양호당[현보]에 드리다 2수 (謝許埜堂見訪兼呈禹養浩堂二首)

《첫째 시(其一)》

乘興時時訪埜堂 승 흥 시 시 방 야 당	흥이 나면 때때로 야당(埜堂)을 찾아서,
淹留永夕費壺觴 엄 류 영 석 비 호 상	밤새도록 머물며 술 항아리 축을 내었다네.
忻然握手登東閣 흔 연 악 수 등 동 각	정답게 손을 잡고 동각(東閣)에도 올랐고,
醉着忘形共一床 취 착 망 형 공 일 상	흠뻑 취하여 제 몸도 잊고 침상을 같이 하였다네.
厚祿不曾遺故舊 후 록 부 증 유 고 구	많은 녹봉 받았으나 일찍이 옛친구 저버림 없었고.
高軒復此問荒凉 고 헌 부 차 문 황 량	지체 높은 분 타는 수레 타고 다시 이렇게 쓸쓸한 곳 찾아주었네.
誰能世路終靑眼 수 능 세 로 종 청 안	누가 세로(世路)를 청안(靑眼)으로만 마칠 수 있을까마는,
試得文休喜欲狂 시 득 문 휴 희 욕 광	시험 삼아 문휴(文休)를 만나보니 미치도록 기쁘구려.

| 주해(註解) |

* 흔연(忻然) - 기쁜 듯이. 기뻐하는 모양.
* 후록(厚祿) - 많은 녹봉(祿俸).
* 세로(世路) - 세상을 겪어나가는 길.
* 청안(靑眼) - 남을 좋은 마음으로 보는 눈. 백안(白眼)의 반대.
※ 문휴(文休) - 촉한(蜀漢) 허청(許淸)의 자. 허청은 촉한의 태부(太傅)를 지냈으나 후진들을 아끼고 청담을 좋아하였는데, 허 야당을 허청에 비유하여 쓴 말.

〈둘째 시(其二)〉

臨溪何日構茅堂	개울가에 언젠가 띠집을 지을까?
임 계 하 일 구 모 당	
日對佳賓進酒觴	날마다 반가운 손님 맞아 술잔을 권해보리.
일 대 가 빈 진 주 상	
秋盡菊花餘古道	가을은 다했어도 국화꽃은 묵은 길섶에 남았는데,
추 진 국 화 여 고 도	
天寒木葉滿空床	날씨 차가우니 나뭇잎만 빈 평상에 가득하구나.
천 한 목 엽 만 공 상	
九遷今寓勉齋冷	아홉 번을 옮긴 지금에도 썰렁한 면재(勉齋)에 부쳐사는데,
구 천 금 우 면 재 냉	
三伏曾經蕭寺凉	삼복더위는 서늘한 절간에서 보냈다오.
삼 복 증 경 소 사 량	
世上少年休笑我	세상 소년들아! 나를 비웃지 말아주오.
세 상 소 년 휴 소 아	
原功終不棄疎狂	원공(原功)은 끝내 이 소광(疎狂)을 버리지 않는다네.
원 공 종 불 기 소 광	

| 주해(註解) |

※ **면재(勉齋)** - 고려 후기 정당문학, 찬성사, 광양감무 등을 역임한 정을보(鄭乙輔, ?~?)의 호. 본관은 진주.

* 임계(臨溪) - 개울에 임하다. 개울을 내려다 보다.
* 소사(蕭寺) - 통칭 절을 말함인데 양무제(梁武帝)가 불교를 좋아하여 소자운(蕭子雲)을 시켜 부도(浮屠)를 만들고 비백체(飛白體)로 크게 소사(蕭寺)라 써 붙였다. 후세에 와서 이 때문에 절을 말할 제 통칭 소사라 하게 되었다.
* 원공(原功) - 우현보(禹玄寶)의 자
* 소광(疎狂) - 소탈하고 광간(狂簡)함. 직선적이고 꾸밈새가 없음. 허술하고 광기가 있음. 자기의 겸칭.

(227) 한양에 있는 시골집으로 정삼봉[도전]을 찾다
(訪鄭三峯漢陽村居)

欲訪三峯隱者居	삼봉의 은거한 거처 찾으려고
욕 방 삼 봉 은 자 거	
亂山深處跨征驢	난산(亂山) 깊은 곳을 정여(征驢)로 왔네.
난 산 심 처 과 정 려	
數年遠別容顔改	몇 년을 헤어졌더니 얼굴 모습 변했지만,
수 년 원 별 용 안 개	
一笑相逢意態餘	웃으며 서로 만나니 태도는 여유로웠네.
일 소 상 봉 의 태 여	
榮辱有時何慘憾	영욕(榮辱)이 때 있나니 어찌 슬퍼하겠는가?
영 욕 유 시 하 참 척	
行藏信命且躊躇	진퇴(進退)는 명에 맡겼다 해도 또 망설여지겠지.
행 장 신 명 차 주 저	
邇來吾亦忘人世	근래에는 나도 세상을 잊었는지라,
이 래 오 역 망 인 세	
須向城南問草廬	모름지기 성남으로 내려와 내가 사는 초려나 물어주게나.
수 향 성 남 문 초 려	

| 주해(註解) |

* 난산(亂山) - 높낮이가 고르지 않게 어지러이 솟은 산들.
* 정여(征驢) - 도중마로 여관에 있는 말. 먼길 가는 당나귀.
* 의태(意態) - 마음의 모양. 마음의 표시. 정.
* 영욕(榮辱) - 명예와 수치.
* 행장(行藏) - 진퇴(進退). 세상에 나가는 것과 물러가서 숨는 것.

(228) 한양 부윤 류공[원][2]의 석상에서 구호하다 공은 원수의 행차에 잘 지원하고 대응하였으므로 선위의 명이 있었다(漢陽府尹柳公[源]席上口號公能支應諸元 帥之行故有宜慰之命)

留守南都治具張
유 수 남 도 치 구 장
남도의 유수(留守)님이 손님 대접할 채비를 벌였는데,

上尊應是爲忠良
상 존 응 시 위 충 량
상등주(上等酒)는 틀림없이 충량(忠良)한 사람들을 위함이겠지.

金杯瀲灩歌雲遏
금 배 염 염 가 운 알
금술잔 넘실넘실 노래소리는 가는 구름을 멈추게 하고,

銀燭燦煌舞袖長
은 촉 영 황 무 수 장
은촉대 번쩍번쩍 춤추는 소매 너울거리네.

邂逅盛筵今夜永
해 후 성 연 금 야 영
성대한 연회에서 만났으니 이 밤만은 길어지는데,

風流高會少年狂
풍 류 고 회 소 년 광
넘치는 풍류의 품격인지라 소년들 같은 기세를 보이네.

當今功在諸元帥
당 금 공 재 제 원 수
지금의 공로(功勞)야 여러 원수(元帥)님들에게 있으나,

須識恩光及漢陽
수 식 은 광 급 한 양
모름지기 은광(恩光)이 한양까지 미침을 알아야 할지니라.

---

2) 류원(柳源, 1341~1392) -고려 말의 문신. 본관은 진주(晉州). 삼중대광 진천군(三重大匡晉川 君)에 봉해진 류지정(柳之淀)의 아들로, 정몽주 등과 함께 북방 수비에 공을 세우는데 진력하였고, 지공거(知貢擧)로서 과거를 관장하였다. 정몽주가 1392년 4월 2일, 죽은 전 판개성부사 류원의 문상(問喪)을 갔다가 집으로 돌아가는 길에 선죽교에서 변을 당했다.

| 주해(註解) |

* 구호(口號) - 즉석에서 구두로 시구를 지어내다.
* 선위(宜慰) - 어떤 일을 치른 뒤에 임금의 명을 받고 그 노고를 위로받는 것.
* 유수(留守) - 고려 때 삼경[(三京 : 중경(개성) 서경(평양) 동경(경주))을 다스리는 고위 관직.
* 치구(治具) - (주로 손님 대접을 하기 위하여) 사물(事物)을 준비하는 일.
* 상준(上尊) - 제사 시에나 행사 때에 상위에 놓인 주준(酒樽). 또는 상등주(上等酒).
* 충량(忠良) - 충의심이 두텁고 선량한 사람.
* 염염(瀲灩) - 잔물결이 조용히 일렁이며 빛나는 모양. 염(灩) : (물결이) 출렁거리다.
* 알(遏) - 막다. 가리다. 끊다.
* 노래소리.....구름을 멈추고 - 공중에 떠가는 구름을 멈추게 할 만한 노래. 설담(薛譚)이라는 사람이 진청(秦靑)에게 노래를 배웠다. 아직 진청의 기교를 다 배우지도 않고 배울 게 없노라 하고 떠나려는데 진청은 말리지 않고 교가(郊街)에까지 나아가 전송을 하면서 지팡이를 만지며 구슬픈 가락으로 노래를 불렀다. 그 노래소리에 산천이 진동하더니 하늘에 지나가는 구름이 멈췄다. 이를 본 설담은 평생을 돌아가지 않고 다시 노래를 배웠다 함. <열자(列子)> '탕문(湯問)'
* 고회(高會) - 성대한 모임

12. 송별(送別)

(229) 김 경상도 안렴사를 전송하면서(送慶尙金廉使)

嶺南金按部 영 남 김 안 부	영남의 김 안렴사는,
知我暗回腸 지 아 암 회 장	나의 구곡간장(九曲肝腸) 알 수 있을까?
羅峴孤墳在 나 현 고 분 재	나현(羅峴)엔 외로운 무덤 하나 있는데,
源村一曲荒 원 촌 일 곡 황	원촌(源村)의 황폐한 모퉁이에 있다오.
飛飛魂夢苦 비 비 혼 몽 고	날고 나는 나의 꿈속 영혼은 괴롭기만 한데,
望望道塗長 망 망 도 도 장	아물아물 찾아가는 길 멀기만 하다네.
拜掃及秋晚 배 소 급 추 만	가을이 늦기 전에 성묘해야 할텐데,
黃花映酒觴 황 화 영 주 상	국화꽃 술잔 위에 잎 비치고 있을 때 맞추어.

| 주해(註解) |

※ **金廉使** - 미상

* 안부(按部) - 관할 지역을 다스린다는 뜻으로, 안렴사(按廉使) 등의 도신(道臣)을 이르는 말.
* 회장(回腸) - 마음속에 여러 가지를 생각하는 것. 마음이 편치 않은 모양.
* 나현(羅峴) - 경북 영천시에 있는 지명. 천곡(泉谷) 최원도(崔元道)가 살던 마을.

* 원촌(源村) - 복숭아꽃이 만발했던 나현을 지칭. 도원(桃源).
* 비비(飛飛) - 이리저리 나는 모양.
* 혼몽(魂夢) - 꿈속의 넋. 몽혼(夢魂).
* 도도(道塗) - 사람이나 동물이 지나갈 수 있게 땅 위에 낸 일정한 너비의 공간.

| 해설(解說) |

경상도로 부임하는 김 안렴사(누구인지 알 수 없음)를 전송하는 시인데, 둔촌의 효심이 잘 나타나 있다. 둔촌이 42세 때인 1368년(공민왕 17)에 신돈(辛旽)의 비행을 논박하다가 화(禍)를 당할 위기를 맞았을 때, 그는 노부(老父)를 등에 업고 몰래 도망쳐 경상도 영천으로 갔다. 그때 사간(司諫)의 직에 있던 동년(同年) 최원도(崔元道)의 도움으로 4년간이나 머물 수 있었고, 그동안 부친상을 당하자 최원도가 자기 부친의 상례(喪禮)처럼 정성스럽게 상례를 치르도록 도와주었다.

둔촌은 최원도의 후의(厚意)를 회상하면서 당시의 애타는 마음을 '암회장(暗回腸)'으로 표현했고, '고분(孤墳)'과 '일곡(一曲)'이 좋은 대(對)를 이루고 있다. 여주에서 영천까지 천 리 머나먼 길을 가을이 가기 전에 성묘해야겠다는 마음을 '비비(飛飛)'와 '망망(望望)'의 대(對)를 이용해서 잘 나타내고 있다.

(230~231) 일본 통신사로 가는 포은[정몽주]을 전송하다 2수 (送日本通信使二首)

〈첫째 시(其一)〉

結髮四方志 결 발 사 방 지	소년 시절에는 천하 경영에 뜻을 두었는데,
何曾守一丘 하 증 수 일 구	어떻게 한 고장만을 지킬 수 있었으리.
遠遊憐季子 원 유 연 계 자	멀리 돌아다니면서 노는 것이라면 소진(蘇秦)을 생각하게 되고,
博望問張侯 박 망 문 장 후	넓게 전망하는 것은 장건(張騫)에게 물어봐야지.
渺渺扶桑曉 묘 묘 부 상 효	아득하고 아득한 일본 땅에서 새벽이 동틀 것이요,
蕭蕭析木秋 소 소 석 목 추	쓸쓸한 동쪽 별자리에서도 가을이 오리라.
江山雖信美 강 산 수 신 미	강산이 혹시 정말 아름다울지라도,
愼勿久淹留 신 물 구 엄 유	부디 오래도록 머물지는 말아 주오.

| 주해(註解) |

* 결발(結髮) - 소년 시절.
* 사방지(四方志) - 천하의 모든 나라를 유력하면서 천하를 경영해 보고자 하는 뜻.
* 일구(一丘) - 한 고장이라는 말.
※ 계자(季子) - 전국시대 소진(蘇秦, ?~기원전 317?)의 자.
※ 장건(張騫) - 한나라 때 외교관. 탐험으로 실크로드 개척에 큰 공헌을 하였다.
* 박망(博望) - 넓은 지역의 풍토를 바라만 보고도 살펴 안다는 말.

* 부상(扶桑) - 해가 뜨는 동쪽 바다 속에 있는 큰 뽕나무. 밤이 되면 해를 이 나무에 묶어둔다는 전설이 있음. 여기서는 동쪽 나라 일본을 비유.
* 석목(析木) - 옛날 사람들이 해, 달, 별의 운행을 관측하기 위하여 하늘을 12 분야로 나눈 것을 '성차(星次)'라고 하는데, 12 분야 중에 한 분야로 '석목(析木)'이라는 성차가 있으며, 중국에서 정동쪽에 해당한다.

| 해설(解說) |

    둔촌이 1377년(우왕 3년)에 지은 시이다. 대사성 정몽주는 우왕 3년인 1377년 9월에 일본 통신사로 출발해서 다음 해 7월에 돌아왔다는데, 왜구 단속을 요청하고, 많은 고려인 포로를 데리고 귀환하는 공을 세웠다. 정몽주의 뛰어난 외교 능력은 훗날 조선의 통신사들에게 귀감이 되었다. 둔촌은 미련(尾聯. 7.8구) "강산이 혹시 정말 아름다울지라도, 부디 오래도록 머물지는 말아주오."라며 목숨을 걸고 왜구를 만나러 규수(九州)로 향한 정몽주의 안위를 염려하는 우정을 표현했다.

〈둘째 시(其二)〉

吾子方持節 오 자 방 지 절	그대는 바야흐로 사절(使節)로 떠나는데,
秋風落木初 추 풍 낙 목 초	가을 바람에 나뭇잎 지기 시작하는구려.
雲皇開國地 운 황 개 국 지	운황(雲皇)이 나라를 세운 땅이요,
漢使泛槎墟 한 사 범 사 허	장건(張騫)이 뗏목 띄웠던 곳이라오.
名振登科後 명 진 등 과 후	명성은 등과(登科) 후로 줄곧 떨쳐왔는데,
功高報國餘 공 고 보 국 여	공(功)은 보국(報國)함으로써 더욱 높아지리라.
水程知幾許 수 정 지 기 허	물길이 얼마나 되는지는 몰라서,
杳杳正愁予 묘 묘 정 수 여	아득하고 아득하기만 하여 나를 근심케 하네.

| 주해(註解) |

* 오(吾) - 1. 나. 2. 그대. 3. 우리
* 방(方) - 바야흐로. 장차.
* 지절(持節) - 1. 사절로서 외국에 파견되다. 2. 지조(志操)를 지키다.
* 운황(雲皇) - 왜의 개국시조(開國始祖)를 말함.
* 한사(漢使) - 장건(張騫)을 이르는 말. 장건이 직접 왜국을 간 것은 아니고 그의 부하 가운데 각국의 무역 사절로 파견된 사람이 많았다.
* 사(槎) - 떼.
* 허(墟) - 터.

(232) 충주에 귀성하는 정 선달 준을 보내면서, 붓을 빨리 놀려 그 아버지인 나의 동년에게 부치다(送鄭先達峻,歸覲忠州,走筆寄乃父同年)

聞君挈家室 문 군 설 가 실	듣자 하니 그대는 온 가족 이끌고,
避賊寓忠州 피 적 우 충 주	적을 피해 잠시 충주에 산다는데.
忠州問幾里 충 주 문 기 리	충주는 얼마나 먼 곳인지,
東望心悠悠 동 망 심 유 유	동쪽을 바라보니 마음만 착잡하구려.
賢郎告歸覲 현 랑 고 귀 근	그대 자제가 귀성(歸省)을 알리는데,
忽忽增離憂 홀 홀 증 리 우	허둥지둥 이별의 슬픔만 더해지네.
忠州連太白 충 주 연 태 백	충주는 태백산에 연해 있어,
盜賊尙未休 도 적 상 미 휴	아직도 도적들이 날뛴다고 하니.
郞歸丁寧語 랑 귀 정 녕 어	아드님 귀성하거든 신신당부하게나,
愼勿苟淹留 신 물 구 엄 유	제발 오래도록 머물지 말라고.
我亦患寇至 아 역 환 구 지	나도 역시 도적들 닥칠까 봐 걱정되어,

| **都下已經秋** | 서울 언저리에서 이미 가을을 보냈다오.
도 하 이 경 추

都城人如海 도성에는 사람이 많기도 하지만,
도 성 인 여 해

衣食猶可謀 의식은 그런대로 꾸려간다오.
의 식 유 가 모

| 주해(註解) |

* 선달(先達) - 무과에 급제하고 아직 벼슬하지 않은 사람을 일컫는다.
* 귀근(歸覲) - 귀성(歸省).
* 설(挈) - 거느리다. 이끌다.
* 현랑(賢郎) - 남의 아들에 대한 존칭.

(233) 제공들과 쌍청정에서 도은[이숭인]을 전별하기로 언약했으나 병 때문에 가지 못하고 시로써 사과하다(約諸公,餞陶隱於雙淸亭,以病未赴,以詩謝之)

菊花開遍酒盈巵 국화꽃 만발하고 술은 잔에 넘치리니,
국 화 개 편 주 영 치

願與諸公話別離 제공(諸公)과 어울려 이별을 나누려 했는데.
원 여 제 공 화 별 이

堪恨老夫衰病甚 그저 한스럽도다 노부 쇠병(衰病)이 심하여,
감 한 노 부 쇠 병 심

雙淸亭上負佳期 쌍청정(雙淸亭)의 좋은 기약 저버리고 말았네.
쌍 청 정 상 부 가 기

| 주해(註解) |

* 개편(開遍) - 만발하다.
* 치(巵) - (술)잔.
* 감한(堪恨) - 그저 한스럽다. 堪 : 견디다. 참다. 감당하다.
* 쇠병(衰病) - 늙고 쇠약(衰弱)하여 든 병(病).
* 쌍(雙) - 쌍(雙).

(234~235) 광릉에서 정삼봉[도전]을 이별하고 겸하여 중원의 최전주에게 부치다 2수(廣陵別鄭三峯兼寄中原崔全州二首)

〈첫째 시(其一)〉

天涯流落兩書生
천 애 유 락 양 서 생

하늘의 끝에 떠도는 두 서생(書生)이라,

身世還如水上萍
신 세 환 여 수 상 평

그 신세 마치 부평초(浮萍草) 같구려.

且飲離亭一杯酒
차 음 이 정 일 배 주

이별하는 정자에서 한잔 술 또 마시게 되었는데,

勸君莫學屈原醒
권 군 막 학 굴 원 성

그대에게 권하노니 굴원(屈原)의 성(醒)일랑 배우지 마오.

| 주해(註解) |

※ **최 전주(崔全州)** - 최청하(崔淸河)가 전주원을 지냈으므로 하는 말.

* 광릉(廣陵) - 광주를 말함
* 중원(中原) - 고구려 때의 10도의 하나. 995년(성종 14)에 국내를 10도로 나눌 때 충주, 청주 등의 주현을 합하여 중원도라 한다.
* 천애(天涯) - 하늘의 끝. 아주 멀음을 의미하는 말.
* 유락(流落) - 고향을 떠나 타향에 삶.
* 환여(還如) - 도리어~와 같다. 마치. 흡사
* 이정(離亭) - 이별 잔치를 베푼 정자.
※ 굴원(屈原) - 전국시대(戰國時代) 초(楚) 나라 사람. 이름은 평(平). 호는 영균(靈均). 학문이 깊었으며 뜻이 곧았다. 회왕(懷王) 때에 삼여대부(三閭大夫)가 되어 국정을 맡아 신임을 얻었는데 동열(同列)의 대부(大夫)에게 참소를 당하여 왕과

사이가 벌어졌다. 그때 <이소경(離騷經)>을 지어 왕의 감오(感悟)를 바랐으며, 회왕의 아들 양왕(襄王) 때에 또 참소를 당하여 장사(長沙)로 귀양을 갔다. 그 곳에서 <어부사(漁夫辭)>를 지어 자기의 뜻을 표시하고 돌을 안고 멱라수(汨羅水)에 몸을 던졌다.〈사기(史記)〉

- 굴원의 <어부사(漁父辭)> : "온 세상이 다 혼탁한데 나만 맑고, 뭇사람이 다 취해 있는데 나만 깨어 있었기에 내침을 당하였다"(擧世皆濁, 我獨淸, 衆人皆醉, 我獨醒, 是以見放·거세개탁 아독청 중인개취 아독성 시이견방)

* 성(醒) - 깨닫다. (술이) 깨다. (병이) 낫다.

| 해설(解說) |

 둔촌이 정도전과 교유를 갖게 된 것은 둔촌이 신돈의 화(禍)에서 돌아온 후로 추정된다. 두 사람의 교유는 정도전의 곡절 많은 관직 생활 내내 지속적으로 이어진 것으로 볼 수 있다. 정도전이 한양 삼각산 밑에 있을 때는 직접 그를 찾아가기도 하였고, 이 시에서는 자리를 잡지 못하고 떠도는 정도전의 생활에 대해 "그 신세 마치 부평초(浮萍草) 같구려" 라며 자신의 처지와 빗대기도 하였다.

 마지막 구에 "굴원(屈原)의 성(醒)일랑 배우지 마오"라고 읊으며 "굴원 같은 결벽(潔癖)에는 걸리지 말라"고 당부했는데, 역설적으로 정도전은 그 반대로 이성계(李成桂)의 막하로 들어가 권부의 최고 정점까지 올라 비극적인 생애를 마쳤으니 미래를 내다보는 둔촌의 예지력(叡智力)이 놀라울 따름이다.

〈둘째 시(其二)〉

遁村多病愛山林 둔촌이야 병이 많아 산과 숲을 좋아하지만,
둔 촌 다 병 애 산 림

何事淸河久陸沈 청하(淸河)는 무슨 일로 오래도록 속세에 묻혀 있는가.
하 사 청 하 구 육 침

應向中原重會面 반드시 중원으로 가서 다시 만나리니,
응 향 중 원 중 회 면

丁寧說與老夫心 노부와 더불어 정녕코 마음을 말하여 보자꾸나.
정 녕 설 여 노 부 심

| 주해(註解) |

* 청하(淸河) - 최전주(崔全州) 최청하를 지칭.
* 육침(陸沈) - 세상을 피하여 숨지 못하고 본의 아니면서도 속세에 삶.
* 정녕(丁寧) - 조금도 틀림없이 꼭.

(236) 우계로 어머님 뵈러가는 이생원 우를 보내며
(送李生員[愚]覲母羽溪)

流離數歲足憂傷　　여러 해 떠돌이에 이렇게도 서글픈데,
유 리 수 세 족 우 상

況復連年見二喪　　설상가상 해를 이어 두 분 상을 당했구려.
황 부 연 년 견 이 상

堪羨君今兄弟具　　부럽구려, 그대는 그래도 형제들이 다 있고,
감 선 군 금 형 제 구

春風綵服覲高堂　　춘풍에 색동옷 입고 어머님 뵙게 되리니….
춘 풍 채 복 근 고 당

| 주해(註解) |

* 우계(羽溪) - 강원도 강릉에 있는 지명.
* 유리(流離) - 떠돌이 생활.
* 수세족(數歲足) - 족히 여러 해.
※ 세(歲) - 다른 한 판본에는 재(載)로 되어 있다.
* 우상(憂傷) - 서글프다.
* 황(況) - 설상가상. 하물며.
* 부연년(復連年) - 연이어서.
* 견이상(見二喪) - 두 분 상을 당하다.
* 감선(堪羨) - 부러워마지 않는 건.
* 군(君) - 그대.
* 형제구(兄弟具) - 형제들 모두.
* 채복(綵服) - 색동옷 입다.
* 근(覲) - 뵙다.
* 고당(高堂) - 어머님(남의 부모를 높여 부르지만 여기선 자기 모친).

| 해설(解說) |

　우리나라가 세계에 자랑할 수 있는 전통문화는 효(孝)가 으뜸이라 해도 과언이 아니다. 효심 속에서 인간성이 길러졌고 가족 의식과 국가 의식이 싹텄다. 이 시를 읽고 있노라면 나이 70세에도 부모님을 기쁘게 해 드리기 위해 색동옷 입고 춤췄다는 춘추시대(春秋時代) 초나라의 현인(賢人) '노래자(老萊子)의 고사'가 생각난다.
　시의 첫 구에서 화란을 피해 떠도는 생활의 서글픔을 서술하고, 둘째 구에서 잇따라 두 번의 상을 당한 자신의 불행한 처지를 읊고 있다. 돌아가신 부모에 대한 그리움은 종신토록 평생을 품고 살아야 하므로 종신지통(終身之痛)이라 했다. 둔촌은 어머님을 뵙기 위하여 고향으로 가는 이우를 부러워하며 어릴 때 색동옷을 입었던 시절을 회상하며 부모님에 대한 효를 생각한다. 일 년에 두 번씩 추석과 설 명절에 고향을 찾아가는 우리네 미풍(美風)을 생각하게 하는 시문이다.

(237~239) 강릉도 안렴사 서 좌랑[견]³⁾을 보내다 3수
(送江陵道廉使徐佐郞[甄]三首)

〈첫째 시(其一)〉

邇來郡縣病瘡痍
이 래 군 현 병 창 이
요즈음 군현(郡縣)들이 상처 투성이라니,

按部風流異昔時
안 부 풍 류 이 석 시
안렴사님의 풍류도 예전과는 다르리다.

庭樹固知隨處好
정 수 고 지 수 처 호
정원의 나무들이야 가는 곳마다 아름다운 줄 알지만,

後車且莫載娥眉
후 거 차 막 재 아 미
부디 뒤에 가는 수레에다 미인만은 싣지를 마오.

| 주해(註解) |

* 안렴사(按廉使) - 안찰사, 순찰사와 같은 말.
* 안부(按部) - 관할지역을 다스린다는 뜻으로, 안렴사 등의 도신(道臣)을 이르는 말.
* 후거(後車) - 뒤에 가는 수레
* 아미娥眉 - 아름다운 여자.

---

3) 서견(徐甄, ?~?) - 고려 말, 조선 초의 문신. 호는 여와(麗窩). 고려 말기에 조준·정도전을 탄핵하다가 유배되었고, 조선 개국 후에 청백리에 뽑혔으나 금천에 은거하며 벼슬을 하지 않았다. 시조 한 수가 ≪청구영언≫에 전한다.

〈둘째 시(其二)〉

題柱何人畵錦行	어떤 사람 다리 기둥에 맹세 적고 금의주행(錦衣畫行)
제 주 하 인 주 금 행	하는가,
鄕閭爭看是光榮	고을마다 이 광영(光榮)을 다투어 구경하겠지.
향 여 쟁 간 시 광 영	
江城八十應無恙	군께서는 팔십이라도 틀림없이 정정하시리니,
강 성 팔 십 응 무 양	
鏡浦松亭管送迎	경포(鏡浦) 송정(松亭)에서 원님 맞이함을
경 포 송 정 관 송 영	주관하시겠지.

| 주해(註解) |

* 제주(題柱) - 다리 기둥에 글을 적다. 한(漢)의 사마상여(司馬相如)가 출세를 다짐하면서 고향인 성도(成都)를 떠나 장안(長安)으로 가려고 할 때 승선교(昇仙橋) 다리 기둥에 "고거사마(高車駟馬)를 타지 않고는 이 다리를 건너지 않겠다."고 다짐하는 글을 적었던 고사. 〈성도기(成都記)〉
* 금의주행(錦衣晝行) - '비단옷을 입고 대낮에 고향에 돌아온다.'는 뜻으로, 출세를 하여 고향에 돌아옴을 비유적으로 이르는 말.
※ 강성(江城) - 그때에 강성군(江城君) 최공(崔公, 이름 미상)은 강릉에서 물러나 살고 있었기에 이른 말. : <원본의 주석>

〈셋째 시(其三)〉

攬轡之東玉露秋 맑은 이슬 내리는 가을 말고삐 잡고 동쪽으로 가시려니,
남 비 지 동 옥 로 추

海山渺渺思悠悠 산과 바다는 아득하고 생각 또한 착잡하시겠지.
해 산 묘 묘 사 유 유

風塵不見同年面 풍진(風塵) 속이라 동년(同年)의 얼굴을 보지는
풍 진 불 견 동 년 면 못하였으나,

料得如今各白頭 생각건대 지금쯤은 각자가 백두(白頭)일걸세.
요 득 여 금 각 백 두

| 주해(註解) |

* 남비(攬轡) - 고삐를 잡다. 말에 오르다. 어지러운 정치를 쇄신할 뜻을 품고 임소(任所)로 가는 것. 후한(後漢)의 범방(范滂)이 문란한 기주(冀州)의 정정(政情)의 안찰을 명 받고 천하를 깨끗하게 해보려는 뜻을 품고 출발했다는 고사.〈후한서(後漢書) '범방열전'〉
* 요득(料得) - 상상하여 앎.

(240~243) 계림의 배 부윤을 전송하다 4수(送雞林裴府尹四首)

〈첫째 시(其一)〉

聞說鷄林異昔時 듣자 하니 계림(雞林)은 옛날과 다르다 하니,
문 설 계 림 이 석 시

可憐遺俗賴城池 가련하도다 남은 전통을 다만 성곽과 해자 같은
가 련 유 속 뢰 성 지 것으로만 짐작할 뿐이겠지.

倚風樓上鳴琴坐 다락에서 바람 등지고 거문고를 타노라면,
의 풍 누 상 명 금 좌

玉笛應敎月下吹 틀림없이 달빛 아래서 옥피리 소리 들려오리라.
옥 적 응 교 월 하 취

| 주해(註解) |

※ 배 부윤(裴府尹) - 미상

* 계림(鷄林) - 1. 신라의 다른 이름. 2. 경주의 옛 이름. 3. 우리나라를 이르던 말.
* 유속(遺俗) - 후세에 끼친 풍속(風俗).

| 해설(解說) |

　첫째 시는 옛날 신선 소사(簫史)와 농옥(弄玉)의 고사를 인용하였다. 진 목공(秦穆公)의 딸 농옥은 퉁소의 명인 소사와 결혼하여 그에게서 봉황의 소리 내는 법을 배웠으며, 십수 년이 지나자 퉁소를 불면 봉황 소리와 비슷해서 봉황이 날아와 그 집에 머무를 정도가 되었다. 진 목공이 봉대를 지어주자 소사와 함께 그 위에 머물면서 먹거나 마시지도 않고 수년 동안 내려오지 않았으며, 어느 날 소사와 함께 봉을 타고 하늘로 올라갔다.

〈둘째 시(其二)〉

金海鷄林水一方   김해(金海)와 계림은 물의 이쪽 저쪽이라,
김 해 계 림 수 일 방

此間來往不相妨   이 사이 오가는 방해로움 없으리라.
차 간 내 왕 불 상 방

春風載酒堪行樂   봄바람에 술을 싣고 즐거움을 누릴만도 한데,
춘 풍 재 주 감 행 락

況是慈親在北堂   하물며 어머님께서 아직도 북쪽 방에 앉아 계심에랴.
황 시 자 친 재 북 당

| 주해(註解) |

* 감(堪) - 견디다. 감당하다. 평정하다.
* 행락(行樂) - 재미있게 놀고 즐겁게 지냄.

| 해설(解說) |

    둘째 시는 어머님이 아직 살아계시니, 위로하기 위하여서라도 임지에서 즐거운 행사를 더러 하라는 것이다.

〈셋째 시(其三)〉

羅峴東南是月城	나현(羅峴)의 동남쪽이 바로 월성(月城)인데
나 현 동 남 시 월 성	
幾回回首獨含情	몇 번이나 바라보며 홀로 마음 아파했던가?
기 회 회 수 독 함 정	
淸明拜掃應須及	청명(淸明) 때 벌초하고 성묘하려 했는데,
청 명 배 소 응 수 급	
裵相公爲府尹行	더군다나 배(裵) 상공(相公)께서 부윤(府尹) 되어가신다니....
배 상 공 위 부 윤 행	

| 주해(註解) |

* 월성(月城) - 경주의 옛 지명.
* 회수(回首) - 머리를 돌린다.
* 함정(含情) - 정을 품다. 운치가 있다.
* 배소(拜掃) - 조상의 묘를 소제(掃除)하고 성묘(省墓)하는 것.

| 해설(解說) |

　셋째 시는 이 시의 작자인 둔촌의 아버지 묘소가 영천의 나현에 있는 것을 밝히며, 청명에 성묘가지 못한 불효를 자책했지만, 그래도 월성과 계림은 지척인데 배 상공이 부윤으로 부임하여 가신다니 성묘도 하고 친구도 만나기 위하여 오는 청명 때에는 반드시 영천과 경주에 들리겠다고 다짐한다.

〈넷째 시(其四)〉

不見髥全已十秋 수염 새까만 사람을 못 본 지 벌써 십년이라,
불 견 염 전 이 십 추

邇來多難雪渾頭 그 뒤로는 화란(禍亂)도 많았으니 머리 다 세었을걸세.
이 래 다 난 설 혼 두

遙知喜迓熊軒至 백성들 웅헌(熊軒)의 도임(到任)을 반가이 맞으리라
요 지 희 아 웅 헌 지   짐작하는데,

豈許澹臺謁子游 담대(澹臺)는 몇 번이나 자유(子游)를 찾게 될 것인지?
기 허 담 대 알 자 유

| 주해(註解) |

※ 담대(澹臺) : 춘추시대 노(魯) 나라 사람. 이름은 멸명(滅明). 공자(孔子)의 제자 자유(子遊)가 그가 살고 있는 무성(武城) 고을의 원님이 되어갔는데, 공사(公事)가 아니면 찾아가지 않았다 함. 〈논어(論語) '옹야(雍也)'〉

※ 자유(子遊) - 춘추시대 오(吳)나라 사람. 성은 언(言), 이름은 언(偃), 자는 자유(子遊)이다. 공자의 애제자. 노(魯) 나라에 벼슬하여 무성재가 되었고, 뒤에 오중문학(吳中文學)의 비조(鼻祖)가 되었다.

* 염전(髥全) - 수염이 온전하다. 흰 수염이 없다는 뜻. 젊은 모습.
* 아(迓) - 영접하다. 마중하다.
* 웅헌(熊軒) - 앞가리개에 곰의 모양을 그린 수레. 지위가 높은 사람이 탐.
* 알(謁) - 뵈다. 알현하다.

| 해설(解說) |

넷째 시는 동년(同年) 김사경(金思敬)이 그 당시 계림(鷄林)에 있었는데, "김사경이 배 상공을 몇 번이나 찾을 것인가" 라고 노래했다. 김사경을 담대(澹臺)에, 배 상공을 자유(子游)에 비유하여 훌륭한 원님과 인격자인 현지의 선비가 서로 친하게 지낼 것을 바라고 있다.

(244~245) 광주 고을 원님으로 부임하여 가는 박봉익을 전별하다 2수(送光州朴奉翊二首)

〈첫째 시(其一)〉

乞得魚符奉老親 어부(魚符)를 빌어 얻어 노친(老親)을 받들게 되었으니,
걸 득 어 부 봉 노 친

光州風俗可還淳 광주(光州)의 풍속이 원님의 효심 때문에 순박해지겠네.
광 주 풍 속 가 환 순

遙知永日甘棠下 생각건대 진종일 감당(甘棠) 나무 아래에서,
요 지 영 일 감 당 하

靜坐平反一笑春 조용히 앉아 공정한 판결하며 웃고 즐기겠지.
정 좌 평 반 일 소 춘

| 주해(註解) |

※ 박봉익(朴奉翊) - 미상

* 봉익(奉翊) - 종2품 하(下)의 봉익대부(奉翊大夫). 이러한 품계를 지니고 광주 고을 원님으로 나가는 사람에게 지어준 전별시이다.
* 어부(魚符) - 발병(發兵)이나 징발(徵發)을 하거나 주부 장관(州部長官)을 교체하는 소명(召命)에 응할 때에 신표(信標)로 사용하던 물고기 모양의 부신(符信).
* 노친(老親) - 나이 많은 어버이. 이 구절의 뜻은 늙은 부모님을 잘 모시기 위하여 중앙 정부 직을 사양하고 지방 고을의 원님으로 나간다는 뜻임.
* 감당(甘棠) - 팥배나무. 민정(民情)을 살피러 다니다가 잠시 머무른 곳. 중국 주(周)나라 백성들이 소공(召公)의 선정(善政)에 감격하여 소공이 머물렀던 감당 나무를 중히 여겼던 고사에서 나온 말.
* 평반(平反) - 유죄를 무죄로 변안함. 공정한 판결을 함.
* 일소춘(一笑春) - 한(漢)나라 때 준불의(雋不疑)가 경조윤(京兆尹, 수도 서울의 으뜸 벼슬)이 되었을 적에, 그가 죄수들을 많이 살려주었다는 말을 들을 적마다 그의 모친이 기뻐하며 웃었다는 데서 온 말이다.

〈둘째 시(其二)〉

光州南國最雄藩
광 주 남 국 최 웅 번
광주는 남도에서 가장 큰 고을이라,

耆舊風流今尙存
기 구 풍 류 금 상 존
연세 많고 덕있는 분들과 풍류들 오히려 남아 있겠지.

請念坡翁詩一句
청 념 파 옹 시 일 구
청하니 소동파 어른의 시 한 구절 생각해 보시구려!

訟庭無事數開尊
송 정 무 사 수 개 준
재판정에 일 없으니 자주 주전자를 여는구나.

| 주해(註解) |

* 기구(耆舊) - 연로하고 덕이 있는 사람.
* 파옹(坡翁) - 송나라의 소동파.
* 송정(訟庭) - 송사(訟事)를 처리하던 곳.

(246~247) 한양 장부윤[덕량[4]]을 전별하다 2수
(送漢陽張府尹[德良]二首)

〈첫째 시(其一)〉

熊軒出自上東門	우리 사또님이 큰 수레 타고 상동문(上東門)으로부터
웅 헌 출 자 상 동 문	부임하러 나가는데,
撫字心忙孰肯援	백성들 자애롭게 어루만져줄 마음 바쁜 분을 누구가
무 자 심 망 숙 긍 원	지원하려고 하고 있는가?
分政西都歌美化	서쪽 도읍[평양]을 맡아 다스릴 때는 훌륭한 교화를
분 정 서 도 가 미 화	구가했었고,
濟民南國詠遺恩	남쪽 나라[한양]에서 백성들 구제하면 남길 은혜
제 민 남 국 영 유 은	노래하게 되리라.

| 주해(註解) |

* 웅헌(熊軒) - 수레 앞의 횡목이 웅크린 곰처럼 되어있는 고관의 수레로, 지방장관을 지칭하는 용어로 사용됨.
* 상동문(上東門) - 한나라 수도 장안의 동도문(東都門).
* 무자(撫字) - 백성을 어루만져 자애를 베푼다. 자는 자(慈)의 뜻.
* 서도(西都) - 평양을 말함.
* 미화(美化) - 훌륭한 교화.
* 남국(南國) - 한양, 지금의 서울을 이르는 말.
* 유은(遺恩) - 고인(故人)이 남긴 은혜.

---

4) **장덕양(張德良)** - 조선 전기 문신. 1369년(공민왕 18) 문과에 급제하여 관직에 나갔다. 조선 건국 이후 계속 출사하여 1402년(태종 2) 성균관 대사성에 임명되었다. 역학(易學)에 조예가 깊었던 까닭에 당시 <주역(周易)>을 배우고 있던 태종의 명을 받들어 날마다 입궐하여 자문에 응하였다. 관직은 한성부우윤에 이르렀다.

〈둘째 시(其二)〉

三峯已奉君王見 삼봉(三峯)은 이미 임금님의 완상(玩賞)을 받았는데,
삼 봉 이 봉 군 왕 견

百里應聞父老言 일백리 고을 안에서는 늙은 백성들의 칭송 듣게 되리라.
백 리 응 문 부 노 언

匹馬往來何敢憚 내 어찌 보잘 것 없는 말타고 축하하러 감을 꺼려하리?
필 마 왕 래 하 감 탄

吾廬正在漢陰村 나의 집은 바로 한음촌(漢陰村)에 있다네.
오 려 정 재 한 음 촌

| 주해(註解) |

* 삼봉(三峯) - 삼각산. 임금의 행재소가 되었으니 이미 임금이 두루 살펴본 곳이란 뜻.
* 완상(玩賞) - 좋아서 구경함.
* 백리(百里) - 지방 백리. 고을 전체란 뜻.
* 한음(漢陰) - 한강, 또는 한양의 남쪽이라는 뜻도 있고, <장자(莊子)> '천지(天地)'에 나오는 도르레 같은 간단한 기계조차 사용하는 것을 싫어한 한음장인(漢陰丈人)이라는 노인이 살던 곳과 같은 마을이라는 뜻도 있다.

13. 정훈(庭訓)

(248) 세 아들에게 보여주다(示三子)

遺子滿籯金 유 자 만 영 금	자식에게 금을 광주리로 준다 해도,
不如敎一經 불 여 교 일 경	경서(經書) 한 권 가르침만 같지 못하느니라.
此言雖淡薄 차 언 수 담 박	이 말은 비록 담담한 말이나,
爲爾告丁寧 위 이 고 정 녕	너희들을 위해 간곡히 일러두노라.

| 주해(註解) |

* 정훈(庭訓) - 가정의 교훈. <논어(論語)>의 '계씨편(季氏篇)'에서 공자가 아들 이(鯉)가 뜰을 달려갈 때 불러 세우고 시(詩)와 예(禮)를 배워야 한다고 가르친 데서 유래한다.
* 영(籯) - 1. 광주리. 2. 저통
* 담박(淡薄) - 희박하다. 담담하다.
* 정녕(丁寧) - 간곡함

| 해설(解說) |

　위 시는 둔촌이 아들들에게 학문에 힘쓰도록 당부하는 내용을 담고 있다. 그는 부귀한 것보다는 학문을 통한 도덕의 수신이 중요하다고 여겼다. 이와 같은 학문 탐구는 경서(經書)의 이해에서 출발하고 있는데, 이는 격물치지(格物致知)와 성의정심(誠意正心)으로 표방되던 당대 유학자들의 일반적인 수신론(修身論)과 일맥상통하고 있다.
　위 내용만 보더라도 둔촌의 곧은 성품과 지조를 느낄 수 있다. 안중근(安

重根, 1879~1910) 의사(義士)가 자식 교육의 중요성에 대하여 언급한 말인 '황금백만냥 불여일교자(黃金百萬兩, 不如一敎子, 황금 백만 냥보다 자식을 제대로 가르치는 것이 중요하다)'는 둔촌의 가르침과 다름없다 할 것이다.

둔촌은 아마도 고려 전기 최충(崔沖, 984~1068) 선생이 그 두 아들 최유선(崔惟善)과 최유길(崔惟吉)에게 내린 유훈(遺訓)인 '계이자시(戒二子詩)'에서 모티브를 얻었을 수도 있다. '계이자시'는 권력보다는 학문의 길에 종사하라는 내용으로 해주최씨의 정신적 규범이 되고 있다.

최충은 문종대 고려 유학을 꽃피운 학교 교육의 아버지요, 명재상이다. '해동공자(海東孔子)'로 칭송되었던 그가 세운 9재학당(九齋學堂)은 사학교육의 원조였고, 고려시대 문신 배출의 산실이었다. 본관은 해주, 호는 성재(惺齋), 자는 호연(浩然), 시호는 '문헌(文憲)'이다.

吾今戒二子 오 금 계 이 자	내가 두 아들에게 훈계하노니
付與吾家珍 부 여 오 가 진	우리 집안의 보배로 삼아라
淸檢銘諸己 청 검 명 제 기	청렴하고 검소함을 각자 몸에 새기고
文章繡一身 문 장 수 일 신	문장으로 몸을 장식하여라
傳家爲國寶 전 가 위 국 보	이런 뜻을 집안에 전하여 나라에 보배가 되고
繼世作王臣 계 세 작 왕 신	대를 이어 훌륭한 임금님의 신하가 되어라
莫學粉華子 막 학 분 화 자	사치와 허영을 배우지 마라
花開一餉春 화 개 일 향 춘	꽃은 봄철 한때만 피느니라

(249) 큰아들이 불국사에 유학하게 되어 시를 지어 보여 주다
(長兒遊學佛國寺以 詩示之)

讀書可以悅親心　　독서는 어버이의 마음을 기쁘게 할 수 있는 것이니,
독 서 가 이 열 친 심

勉爾孜孜惜寸陰　　너는 시간을 아껴서 부지런히 공부하여라.
면 이 자 자 석 촌 음

老矣無能徒自悔　　늙어서 무능하면 공연히 후회만 되느니,
노 의 무 능 도 자 회

頭邊歲月苦駸駸　　머리맡의 세월은 괴롭도록 빠르기만 하느니라.
두 변 세 월 고 침 침

| 주해(註解) |

* 자자(孜孜) - 꾸준하게 부지런함.
* 침침(駸駸) - 나아감이 썩 빠름.

| 해설(解說) |

　둔촌은 자신이 출사(出仕)했다 은거(隱居)했지만, 자손들에게도 그것을 바라지는 않았다. 둔촌이 세 아들에게 지어준 이름인 지직(之直), 지강(之剛), 지유(之柔)와 그들의 자(字)인 백평(伯平), 중잠(仲潛), 숙명(叔明)은 모두 <서경(書經)>에 근거한 것으로 대개 성인(聖人)의 다스림을 기리는 뜻이 담겨있었다.
　이를 보면 둔촌이 자손들에게 기대하는 꿈이 얼마나 원대했는지 알 수 있다. 그것은 곧 자신과는 달리 세상에 나아가 국리민복(國利民福)의 도(道)를 실현하라는 가르침이기도 하였다. 그 결과 세 아들은 여말선초의 혼란기에도 모두 과거(科擧)에 급제하여 관직에 나아갔고, 그 후 수많은 후손이 고관, 대작, 훈신이 되어 조선 초기에 광주이씨 가문의 성세(聲勢)를 구가했다.
　학문은 쉬지 않고 열심히 노력하는 것 외에 왕도(王道)가 없음을 강조한 가르침이다. 날과 달은 가서 세월은 나를 위하여 기다려주지 않는다. 젊어서

공부하지 않으면, 어느 사이에 늙고 말아 아무것도 이룬 바가 없게 된다. 큰아들 이지직(李之直, 1354~1419)과 후손에게 주는 경구(警句)이다. 둔촌의 이 같은 가르침을 받은 이지직은 27세가 되는 1380년(우왕 6) 전구서승(典廐署丞)으로 과거에 2등으로 급제하고, 한림·교리를 거쳐 관동과 호서지방의 관찰사 등 고려말과 조선초의 정치적 격변기에 고위직을 역임하였다. 청백리(淸白吏)에 올랐으며 영의정(領議政)에 추증되었다.

당나라의 대문호인 한유(韓愈, 字는 退之, 768~824)는 장안성 남쪽으로 글공부하러 가는 아들 부(符)에게 <부독서성남(符讀書城南)>이란 시를 지어주었다. '등화가친(燈火可親)'이라는 유명한 고사성어를 남긴 이 시는 배우면 군자가 되고, 배우지 않으면 소인이 된다는 것을 깨우쳐 주려는 일종의 권학시(勸學詩)다.

人不通古今 인 불 통 고 금	사람으로서 과거와 현재의 일에 통하지 않으면,
馬牛而襟裾 우 마 이 금 거	소나 말에 옷을 입혀놓은 것 같다.
時秋積雨霽 시 추 적 우 제	때는 가을이라 마침내 장마도 개어,
新凉入郊墟 신 량 입 교 허	다시 산뜻한 기운이 들판에 가득하다.
燈火稍可親 등 화 초 가 친	이제 등불을 더 가까이 할 수 있으니,
簡編可舒卷 간 편 가 서 권	책을 펴보는 것도 좋지 않겠는가.

(250) 아들 도에게 부쳐 보여 주다(寄示子途)

志學區區但可哀	배움에 뜻을 두고 부지런히 하니 안쓰럽기는 하다마는,
지 학 구 구 단 가 애	
豈無文擧薦英材	설마하니 문과 과거에 영재 천거 없을까 보냐?
기 무 문 거 천 영 재	
黃驪江北秋風起	황여강 북쪽에 가을바람 이니,
황 려 강 북 추 풍 기	
念爾無端首重回	무단(無端)히 네 생각에 머리가 자꾸만 돌아가는구나.
염 이 무 단 수 중 회	

| 주해(註解) |

* 구구(區區) - 1. 정성을 다하는 모양. 2. 보잘것 없는 모양.
* 무단(無端) - 아무 사유(事由)가 없음.

| 해설(解說) |

    천녕(川寧) 도미사(道美寺)에 있을 때에 지은 작품이다. 도(途)는 큰아들 이지직(李之直)의 초명이다. 가을바람 소슬하게 부니 공부하는 큰아들에 대한 안쓰러움에 속절없이 아들이 공부하는 곳으로 머리가 향한다는 부성애(父性愛)를 나타내고 있다.

(251) 천녕에 어머니를 뵈러 온 둘째 아이를 이별한 뒤에 짓다. 첫째와 막내는 먼저 어미의 곁에 있었다(仲兒覲母川寧別後有作,伯季先在母側)

兄弟三兒未克家 아이들 삼형제가 아직은 극가(克家)치 못하고,
형 제 삼 아 미 극 가

讀書南北閱年華 남과 북에 공부하며 세월을 보내고 있네.
독 서 남 북 열 년 화

遙知將母川寧曲 짐작건대 천녕 외진 곳에서 어미와 함께,
요 지 장 모 천 녕 곡

握手怡怡笑語譁 얼싸안고 즐겁게 웃고 얘기하고 떠들리라.
악 수 이 이 소 어 화

| 주해(註解) |

* 극가(克家) - 집안을 잘 다스림.
- <주역(周易)> '몽괘(蒙卦) 구이(九二)' : "몽매함을 포용해 주면 길하고, 부인의 말을 받아들이면 길할 것이니, 자식이 집안 일을 잘 하도다."(包蒙吉, 納婦吉, 子克家·포몽길 납부길 자극가)
* 열년화(閱年華) - 세월만 가다.
* 이이(怡怡) - 기쁘고 좋음. 이연(怡然).
* 화(譁) - 시끄럽다. 떠들썩하다.

(252) 둘째 아이가 어미의 병 때문에 휴가를 얻어 한음에 머물다가 해를 넘기고 서울로 돌아왔기에 절구 한 수를 지어 보여주다(仲兒以母病請告在漢陰閱歲 歸京書一絶示之)

將母歸來見歲華 장 모 귀 래 견 세 화	어미를 봉양하러 돌아갔다 해를 넘겼으니,
歸京此日路非賒 귀 경 차 일 노 비 사	귀경하는 오늘은 길이 멀다 여겨지진 않았겠지.
閱書堂上春無事 열 서 당 상 춘 무 사	책 읽는 집에는 봄 동안 아무 일 없을테니,
好讀詩書莫念家 호 독 시 서 막 념 가	시서(詩書) 즐겨 읽으며 집안일일랑 생각지 말라.

| 주해(註解) |

* 장(將) - 받들다. 지키다.
* 세화(歲華) - 흘러가는 시간.
* 사(賒) - (거리가) 멀다.
* 열서당(閱書堂) - 책을 읽는 집. 서재.

14. 예하(禮賀)

(253) 조서사 장학록[부][5]에게 드리다(呈詔書使張學錄[溥])

曆數千齡啓 역 수 천 령 계	천년의 역수(曆數) 열리니,
車書四海同 거 서 사 해 동	수레바퀴의 폭과 문자는 모든 천하에 다름이 없네.
詞臣持使節 사 신 지 사 절	문신이 명나라 사신의 부절(符節)을 가지고 왔는데,
國俗慕華風 국 속 모 화 풍	이 나라 풍속도 중국풍을 흠모했다오.
經術諸生服 경 술 제 생 복	경술(經術)은 많은 선비를 감복케 하고,
才名一世雄 재 명 일 세 웅	재명(才名)은 한 세상에 으뜸이었네.
他年幸相憶 타 년 행 상 억	훗날 다행이 서로 생각나거들랑,
書札寄飛鴻 서 찰 기 비 홍	기러기 편에 편지 한 장 보내자구려.

| 주해(註解) |

* 예하(禮賀) - 하례. 축하하여 예를 차림.
* 조서사(詔書使) - 조사(詔使). 중국에서 오던 사신. 옛날 중국 천자(天子)의 조칙(詔勅)을 가지고 온다 하여 이르던 말.

---

[5] **장부(張溥)** - 명나라에서 주탁(周倬)과 함께 우왕 3년(1385년, 명 홍무 18년)에 고려에 왔던 사신의 이름.

* 학록(學錄) - 관명. 송대 국자감에 학정, 학록, 각 5인을 두었는데, 명·청 대에도 모두 이를 치함.
* 역수(曆數) - 일월이 운행하는 순서. 임금이 천명을 받고 제위에 오르는 운을 말함.
* 거서사해동(車書四海同) - 통일된 세상에는 천하가 같은 궤폭(軌幅)의 수레를 사용하고 같은 문자를 쓴다는 말. <중용(中庸)>의 '영천하궤서동문(令天下軌書同文)'의 뜻과 같음.
* 사신(詞臣) - 문사(文詞, 문장에 나타난 말)를 담당한 신하.
* 화풍(華風) - 중국의 문물과 사조.
* 경술(經術) - 유교의 경전을 바탕으로 하여 얻어온 정치상의 재능.

(254) 고명사 주 전부[탁][6]에게 드리다(呈誥命使周典簿[倬])

天使傳新命 천 사 전 신 명	천자(天子)의 사자(使者)가 새로운 고명(誥命)을 전해오니,
邦君荷聖恩 방 군 하 성 은	우리 임금 성은에 감사하였네.
忠誠懸日月 충 성 현 일 월	충성은 해와 달처럼 빛나고,
喜氣塞乾坤 희 기 색 건 곤	기쁨은 하늘과 땅에 가득하도다.
竹帛書難盡 죽 백 서 난 진	대나무와 비단에 쓴 역사 기록은 다함이 없을지며,
山河誓不諼 산 하 서 불 훤	산과 강물을 대하고 한 맹서는 잊음이 없으리라.
至尊如有問 지 존 여 유 문	지존(至尊)께서 혹시라도 물으신다면,
敢請獻吾言 감 청 헌 오 언	나의 이 말 여쭙기를 감히 청하노라.

| 주해(註解) |

* 고명(誥命) - 황제가 내리는 명령. 또는 그 명령을 적은 글.
* 전부(典簿) - 국자감에 딸린 벼슬. 주로 여러 가지 문서를 관장함.
* 천사(天使) - 천자(天子)의 사자(使者).
* 죽백(竹帛) - 죽간과 비단. 종이가 없던 옛날에는 죽백에다 글씨를 썼으며 '죽백의 공(功)'이란 역사에 그 공을 기록하여 길이 전한다는 말.
* 훤(諼) - 잊다. 망각하다.
* 지존(至尊) - 황제를 공경(恭敬)하여 이르는 말.
* 감청(敢請) - 감히 청함.

---

6) **주탁(周倬)** - 명나라에서 장부(張溥)와 함께 고려에 왔던 사신의 이름.

(255~256) 조사 고명 받은 정사의 두 부관인에게 드리다 2수
(呈詔使誥命兩副官人二首)

〈첫째 시(其一)〉

遠頌{頒}天詔海東頭	천자의 조서를 멀리 해동(海東)에 반포하고,
원 반 천 조 해 동 두	
馹騎悤悤去不留	역마(驛馬)를 재촉하여 머물지 않고 총총히 떠나가네.
일 기 총 총 거 불 류	
誰謂小邦居僻陋	누가 이 작은 나라를 일러 문화가 뒤떨어졌다고 하였는가?
수 위 소 방 거 벽 루	
使華來往亦風流	사화(使華)로 오가는 이 모두 풍류가 넘친다네.
사 화 래 왕 역 풍 류	

| 주해(註解) |

* 조서(詔書) - 천자의 명을 쓴 문서.
* 고명(誥命) - 관리를 임명할 때, 또는 소국(小國)의 임금을 책봉할 때 수여하는 직첩.
* 천조(天詔) - 중국 천자의 조서.
* 일기(馹騎) - 역마.
* 벽루(僻陋) - 궁벽한 곳이라 문화가 뒤떨어짐.
* 사화(使華) - 사신의 높임말. <시경(詩經)>의 '소아(小雅)' 편에 '황황자화(皇皇者華, 천자가 사신을 보내는 잔치 및 연회 따위에서 부른 노래)'의 시가 사자를 보내는 것이기에 여기에서 연유 한 말.

〈둘째 시(其二)〉

天眷偏深雨露渾 　황제의 사랑이 유달리 깊어 비와 이슬처럼 흠뻑 젖는데,
천 권 편 심 우 로 혼

歌聲亦是感皇恩 　노래 소리조차 역시 황은(皇恩)에 감사할 뿐이네.
가 성 역 시 감 황 은

明朝宣室應前席 　명나라 선실(宣室)에서는 으레히 전석(前席)이
명 조 선 실 응 전 석 　열리리니,

須記三韓父老言 　우리나라 원로들의 말씀을 꼭 기억하였다가 전해
수 기 삼 한 부 로 언 　올리시구려.

| 주해(註解) |

* 천권(天眷) - 임금의 사랑.
* 선실(宣室) - 궁궐의 정전(正殿).
* 전석(前席) - 군신이 응대하는 자리, 한문제(漢文帝)의 앞에서 가의(賈誼)가 귀신의 이치에 대하여 이야기를 하던 중에 문제가 자꾸만 자리를 앞당겨 앉은 데서 연유한 말.

15. 영연(榮宴)

(257) 도은[이숭인] 학사의 영친 석상에서 짓다
(陶隱學士榮親席上韻)

秋來病骨稍寧康	가을 들어 병든 몸이 조금 편해져서,
추 내 병 골 초 영 강	
也忝華筵共詠觴	빛난 잔치 자리 더럽히며 함께 읊고 마시네.
야 첨 화 연 공 영 상	
座主少年腸作錦	소년에 좌주(座主)된 사람은 금수장(錦繡腸) 지녔기에,
좌 주 소 년 장 작 금	
家尊垂老頰浮光	그 어르신네 볼 위에는 화색이 돌고 있다네.
가 존 수 노 협 부 광	

| 주해(註解) |

* 영연(榮宴) - 성대한 연회.
* 영친(榮親) - 벼슬 자리를 얻은 사람이 부모를 영화(榮華)롭게 하기 위하여, 찾아가서 잔치를 베푸는 것.
* 병골(病骨) - 병(病)이 몸에 배다시피 하여 허약한 사람.
* 초(稍) - 1. 점점. 2. 벌써.
* 첨(忝) - 1. 더럽히다. 2. 욕보이다.
* 화연(華筵) - 빛난 잔치 자리.
* 좌주(座主) - 과거의 급제자가 시관(試官)을 이르던 말. 평생 스승으로 모셨다.
* 금수장(錦繡腸) - 시문(詩文)에 뛰어난 재주가 있어 지은 글이 비단결 같이 고운 것.
* 가존(家尊) - 남의 아버지를 높이어 이르는 말.
* 협(頰) - 1. 뺨. 2. 곁.

| 해설(解說) |

  도은은 23세에 목은 이색과 함께 과거시험을 주관하는 고시관(考試官)인 지공거(知貢擧)가 되었다. 소년등과(少年登科)처럼 '소년좌주(小年座主)'도 가문의 영광이고 자랑스러운 일이다. 둔촌은 아끼는 후배인 도은이 시문에 뛰어난 인물이라는 것을 한껏 추켜세우며 "소년에 좌주(座主)된 사람은 금수장(錦繡腸) 지녔기에"라고 읊었다.

(258~259) 장원한 고헌의 영친 석상에서 짓다 2수
(壯元古軒榮親席上作二首)

〈첫째 시(其一)〉

自從丁亥旣同盟	정해(丁亥年)부터 이미 깊은 정분을 가져,
자 종 정 해 기 동 맹	
到處偏承委曲情	가는 곳마다 유달리 완곡한 돌봄을 받았다네.
도 처 편 승 위 곡 정	
更覺吾兒緣分厚	다시 생각건대 우리 아이와는 인연이 두터우니,
갱 각 오 아 연 분 후	
壯元門下作門生	장원(壯元)님 문하(門下)의 문생(門生)이 된 셈이네.
장 원 문 하 작 문 생	

| 주해(註解) |

* 문생(門生) - 고려시대 과거의 급제자가 고시관(考試官, 知貢擧)을 '은문(恩門)'이라 부르는데 대하여 그 급제자들을 이르는 말. 자기를 선발해 준 고시관을 스승처럼 여겨 양자 사이에는 '좌주·문생제(座主門生制)'가 성립하였다.
또한 같은 과거에 급제한 사람들끼리는 '동년(同年)'이라 하여, 고시관을 중심으로 단결하는 것이 일반적이었다. 고려 후기로 갈수록 더욱 중시되어 사제관계를 맺는데 그치지 않고 정치 세력을 형성하는 계기가 되기도 하였다.

〈둘째 시(其二)〉

甲第華筵舞袖斜　갑제(甲第)의 빛나는 자리에 춤자락 너울거리누나,
갑 제 화 연 무 수 사

遯夫此句豈虛誇　나 둔부의 이 글귀 어찌 허풍을 떪이던가?
둔 부 차 구 기 허 과

醉歌玉筍爲誰舞　취하여 노래하는 옥같은 인재들 누구 위해 춤추는가?
취 가 옥 순 위 수 무

三峴前頭學士家　삼현의 맨 앞쪽의 학사님댁 위함이지.
삼 현 전 두 학 사 가

| 주해(註解) |

* 갑제(甲第) - 크고 넓게 아주 잘 지은 집.
* 수사(袖斜) - 소매자락을 휘저음. 덩실덩실.
* 옥순(玉筍) - 죽순같이 많은 인재라는 뜻.
* 삼현(三峴) - 지명.

(260~261) 이차점의 진사 합격을 하례하다 2수
(賀李次點擢進士二首)

〈첫째 시(其一)〉

咄嗟熱飯豈華筵	(쯧쯧) 이까짓 노상 먹는 밥상을 차려놓고서 무슨 좋은 잔치한다고?
돌 차 열 반 기 화 연	
謂語陶翁不計錢	도옹(陶翁)더러 돈 좀 아끼지 말라 일렀는데….
위 어 도 옹 불 계 전	
明日堂前仙桂發	내일이면 대청 앞에서 다시 신선 세계의 계수나무가 피게 될 것이니,
명 일 당 전 선 계 발	
更將新酒醉陶然	다시금 새로운 술 마시면서 거나하게 취해보세나.
갱 장 신 주 취 도 연	

| 주해(註解) |

※ **이차점(李次點)** - 도은 이숭인의 아들 이름.

* 탁(擢) - 뽑다. 빼내다. 버리다.
* 돌차(咄嗟) - 혀를 차며 애석(哀惜)하게 여김.
* 열반(熱飯) - 먹기엔 익숙해진 밥. 노상 먹는 밥, 신통찮은 음식이란 뜻.
* 도옹(陶翁) - 도은(陶隱) 이숭인.
* 명일(明日) - 내일.
* 당전(堂前) - 당(堂)의 앞, 대청(大廳)의 앞.
* 선계(仙桂) - 달에 있다는 계수나무. 월계(月桂). 과거(대과)에 급제함을 비유하는 말. 계방(桂榜) : 과거의 대과(大科)에 급제한 사람의 성명을 적은 방목(榜目). 연방(蓮榜) : 소과(小科)인 생원과, 진사과의 향시(鄕試), 회시(會試)에 합격한 사람의 명부.

  * 도연(陶然) - 술이 거나하게 취한 모양.

〈둘째 시(其二)〉

家訓傳來轉逼眞 가 훈 전 래 전 핍 진	전해 내려온 가훈은 더욱더 진실해져 가는데
世間兒子謾勞神 세 간 아 자 만 로 신	세상의 아이들 정신을 수고롭게 하도다.
卽今十五能詩賦 즉 금 십 오 능 시 부	아드님 이제 겨우 열다섯 나이로 시부(詩賦)에 능했는데,
誰是當年第五人 수 시 당 년 제 오 인	그 누가 그 나이에 제오인(第五人) 됐었던가.

| 주해(註解) |

* 전(轉) - 더욱 더.
* 핍진(逼眞) : 1. 진실하여 거짓이 없음. 2. 실물에 가까움. 선비의 참 도리를 말함.
* 만로신(謾勞神) - 정신을 수고롭게 하다.
* 제오인(第五人) - 과거에 급제한 서열에서 다섯째.

| 해설(解說) |

　도은 이숭인의 아들이 소과인 진사과(進士科)에 합격해, 그 축하연이 변변찮지만, 곧 대과에 급제할 터이니, "그대(도은)는 실컷 술이나 마시면 된다."는 해학적인 시이다. 이차점이 겨우 열다섯 나이로 시부(詩賦)에 능했고, 소과(小科)에 5등으로 뽑힌 것을 칭찬했다.

(262) 이 우사의 집에서 취해 돌아온 뒤에 지은 시를 기록해 보내다
(李右使家醉後 作錄呈)

甲第深深酒滿尊　　깊고 깊은 갑제(甲第)에는 술도 많았는데,
갑 제 심 심 주 만 준

琵琶一曲日將曛　　비파(琵琶) 소리 한 곡조에 날이 저무려 한다.
비 파 일 곡 일 장 훈

歸來茅屋寒燈下　　띳집의 쓸쓸한 등잔 아래 돌아와 보니,
귀 래 모 옥 한 등 하

只是孤懷在令君　　다만 외로운 생각에는 오로지 그대 아들뿐이었네.
지 시 고 회 재 영 군

| 주해(註解) |

※ 이 우사(李右使) - 미상

* 우사(右使) - 고려 때 중앙과 지방의 전곡(錢穀, 돈과 곡식)을 총괄하던 부서인 삼사(三司)의 벼슬. 정이품.
* 주만준(酒滿尊) - 주전자 가득 담겨있는 술.
* 훈(曛) - 1. (날이) 어둡다. 2. 황혼.
* 고회(孤懷) - 외롭고 쓸쓸한 생각.

16. 애뢰(哀誄)

(263~264) 동년 최 산기를 곡하다 2수(哭同年崔散騎二首)

堪恨茅堂叟 감 한 모 당 수	한스러워할 만하구나! 띳집에 사는 늙은이,
人來今已亡 인 래 금 이 망	금방 죽었다고 사람이 왔네.
琴床秋寂寞 금 상 추 적 막	거문고 타던 책상에는 가을이 쓸쓸하고,
棋榻月荒涼 기 탑 월 황 량	바둑 두던 평상에는 달빛만 처량하겠지.
百歲足悲惋 백 세 족 비 완	백 살을 산다 해도 못내 서럽거늘,
五旬何天殤 오 순 하 천 상	쉰 살에 어쩌다가 꺾어지고 말았는가.
家聲知不墜 가 성 지 불 추	집안의 명성은 무너지지 않으리니,
幹蠱有賢郞 간 고 유 현 랑	집안일을 맡아 볼 어진 자제 있으니까.
同年九十九 동 년 구 십 구	동년(同年)이 아흔아홉 명이었으나,
之子最情親 지 자 최 정 친	그대가 가장 정다웠네.
出處榮枯異 출 처 영 고 이	출세와 은둔으로 성함과 쇠함은 달랐지만,
興居問訊頻 흥 거 문 신 빈	기거(起居)의 문안은 자주 했었지.

| 褫官是誰使 | 벼슬을 그만둔 건 누가 그렇게 했으며,
치 관 시 수 사

| 感疾亦何因 | 병에 걸린 것은 또 무슨 원인이었던가?
감 질 역 하 인

| 病枕聞哀訃 | 병상에서 부음을 받고 보니,
병 침 문 애 부

| 無從涕滿巾 | 걷잡을 수 없는 눈물로 수건을 적시네.
무 종 체 만 건

| 주해(註解) |

※ 최 산기(崔散騎) - 미상. 최씨로 산기상시(散騎常侍) 벼슬을 함. 앞의 7언절구 시 (67~68) '동년 최 산기에게 부치다(寄同年崔散騎二首)'의 주인공과 동일인으로 보임.

* 애뢰(哀誄) - 죽은 이를 애도(哀悼)하며, 살았을 때의 공덕(功德)을 칭송하여 지은 글.
* 수(叟) - 늙은이. 어른.
* 금상(琴床) - 거문고를 받치는 도구.
* 기탑(棋榻) - 바둑판.
* 완(惋)- 한탄하다. 탄식하다.
* 상(殤) - 일찍 죽다.
* 가성(家聲) - 한 집안의 명성(名聲). 한 가정의 좋은 평판.
* 불추(不墜) - 무너지지 않는다.
* 간고(幹蠱) - 집안을 맡아 봄.
* 영고(榮枯) - 성함과 쇠함.
* 치관(褫官) - 관직을 박탈하다. 치(褫) : 면직되다. 옷벗기다.

(265) 양 판사 [이시⁷⁾]를 곡하다(哭楊判事[以時])

漢江西畔有田廬 한강의 서쪽 언덕에 농막이 있어,
한 강 서 반 유 전 려

來往閒餘必問予 틈만 나면 오가며 꼭 나를 찾았지.
내 왕 한 여 필 문 여

因與相交十年久 그렇게 서로 사귄 지 십 년도 넘었는데,
인 여 상 교 십 년 구

傷心此日送靈車 오늘은 영거를 보내자니 마음 아프네.
상 심 차 일 송 영 거

| 주해(註解) |

* 전려(田廬) - 농사를 본업으로 하는 사람의 집.
* 한여(閒餘) - 틈이 나다. 한 판본에는 '여한(餘閒)'으로 되어 있다.
* 영거(靈車) - 혼백과 향로를 실은 수레.

---

7) **양이시(楊以時)** - 1353년(공민왕 2) 생원시에 장원을 하였으며, 1355년(공민왕 4) 문과시에 동진사 10위로 급제하였다. 이후 국자감 학유(國子監學諭), 추밀원 지신사(樞密院知申事), 집현전 대제학 등을 역임하였다. 지신사 시절 공민왕의 명을 받고 우왕을 보살펴 기른 공이 커서, 우왕이 즉위한 뒤에 포상을 받기도 하였다. 1377년(우왕 3)에 세상을 떠났다.

17. 사관(寺觀)

(266~267) 도미사에서 병중에 잡영하다 2수
(道美寺病中雜詠二首)

〈첫째 시(其一)〉

老來非昔日 (노래비석일)	늘그막에는 옛날과 다른데,
夢覺是他鄕 (몽교시타향)	꿈을 깨니 바로 타향이구려.
地僻雲煙古 (지벽운연고)	땅이 후미지니 구름과 연기도 고색(古色)을 띠고,
院深松菊荒 (원심송국황)	절간 깊숙한데 소나무와 국화마저 거칠구나.
吾衰穩枕簟 (오쇠온침점)	몸이 쇠약하니 베개자리만이 안온하고,
客至懶衣裳 (객지라의상)	손님이 와도 의관 갖추기 귀찮구나.
聊喜庭前樹 (료희정전수)	그런대로 즐거운 건 뜰 앞의 나무들이,
吟風送晩凉 (음풍송만량)	바람에 읊조리며 저녁 서늘함 보내줌이라.

| 주해(註解) |

* 도미사(道美寺) - 여주시 금사면(川寧·천녕)에 있던 사찰.
* 잡영(雜詠) - 여러 가지 사물을 읊은 시가(詩歌).
* 노래(老來) - 늘그막. 만래(晩來).

* 교(覺) - 1. 깰 교. 2. 깨달을 각.
* 운연(雲煙) - 구름과 연기(煙氣). 운치가 있는 필적(筆跡)의 형용(形容).
* 원우(院宇) - 서원(書院), 사우(祠宇), 정사(精舍), 영당(影堂) 따위를 통틀어 이르던 말.
* 침점(枕簟) - 베개자리. 누울 자리.

〈둘째 시(其二)〉

秋風滿天地 가을바람 천지(天地)에 가득하니,
추 풍 만 천 지

久客不勝悲 오랜 나그네 슬픔을 이기지 못하겠네.
구 객 불 승 비

迷路何多日 미로(迷路)는 어찌 이리도 길까?
미 로 하 다 일

還家復幾時 집에 돌아감이 다시 어느 때나 될까?
환 가 부 기 시

病閒甘寂寞 병중에도 적막함은 감수하겠는데,
병 한 감 적 막

年去見衰遲 해가 가니 약하고 굼뜸 저절로 눈에 띠누나.
연 거 견 쇠 지

信美非吾室 참으로 좋기는 하다마는 내집은 아니고 보니,
신 미 비 오 실

沈吟有所思 나지막하게 "못내 그립구나"를 읊조리네.
심 음 유 소 사

| 주해(註解) |

* 구객(久客) - 오랜 나그네.
* 쇠지(衰遲) - 늙어 쇠약하고 행동이 굼뜸.
* 신미(信美) - 참으로 아름다운 것.
* 유소사(有所思) - 생각하는 바가 있다.
- 두보의 〈추흥(秋興)〉 8수 중 제4수의 마지막 두 구절 : "어룡은 적막하고 가을 강이 차가운데, 고향 땅에서 편히 지내던 그때가 그립구나."(魚龍寂寞秋江冷, 故園平居有所思·어룡적막추강냉 고원평거유소사)

부 34-35) 목은[이색]의 차운시 2수(附次韻 牧隱)

〈첫째 시(其一)〉

怠念忘機事
태 념 망 기 사
생각을 덜하는게 속세를 잊는 일이요,

安心卽故鄕
안 심 즉 고 향
마음을 편히 하면 그게 바로 고향이지요.

兵戈猶未戢
병 과 유 미 집
전쟁은 아직도 그치지 않았는데,

田野儘多荒
전 야 진 다 황
들판은 많이도 황폐해졌구려.

山好常扶杖
산 호 상 부 장
산을 좋아하니 늘 지팡이 짚고 나설테고,

風寒欲綻裳
풍 한 욕 탄 상
바람 매서우니 옷깃이 터지려 하겠지.

誰歟偕遁老
수 여 해 둔 노
그 누가 둔촌 노인과 함께하여

隨分送炎涼
수 분 송 염 량
분수에 따라 염량세태(炎涼世態)를 보낼 런고?

| 주해(註解) |

※ 병과(兵戈) - 전쟁. 무기.

* 집(戢) - 거두다. 그치다.

* 둔노(遁老) - 은둔한 노인. 이집 선생을 가리킴.

〈둘째 시(其二)〉

否傾仍遇泰 부 경 잉 우 태	비색한 운세가 기울면 여전히 태평한 운세를 만나고,
興盡却來悲 흥 진 각 래 비	즐거움 다하면 도리어 슬픔이 오는 법.
國步方艱際 국 보 방 간 제	나라의 운명은 바야흐로 어려운데,
天心未定時 천 심 미 정 시	천심(天心)은 아직도 확정함이 없다네.
已驚梅綻早 이 경 매 탄 조	이미 터진 매화송이에 놀랐는데,
又見菊開遲 우 견 국 개 지	또 늦게 피는 국화꽃도 보겠네.
遁老今何似 둔 로 금 하 사	둔로(遁老)는 지금 그 어떠하신지?
悠悠勞我思 유 유 로 아 사	오래도록 나의 마음 달랠 길 없다네.

| 주해(註解) |

※ 국역<포은집> (권2)에서는 "이상은 <도미사에 제하다(題道美寺)> 시에 차운한 것이다."라고 주석하고 있다.

* 망기(忘機) - 속세의 일이나 욕심을 잊음.
* 병과(兵戈) - 전쟁. 무기.
* 집(戢) - 거두다. 그치다.
* 탄(綻) - 1. (옷이)터지다. 2. (꽃이)피다.
* 염량(炎凉) - 더위와 추위. 즉 고르지 못한 세상.
* 국보(國步) - '나라의 걸음걸이'라는 뜻으로, 나라의 운명(運命)을 비유적으로 이르는 말.
* 천심(天心) - 하늘의 뜻.

(268) 정토사에서 경지[김구용]만 남겨두고 떠나다
(淨土寺留別敬之)

江海三年別 강 해 삼 년 별	강호에 돌아다니는 동안 삼년을 이별하였다가,
招提一夜同 초 제 일 야 동	객지의 절간에서 하룻밤을 같이 했네.
對床言不盡 대 상 언 부 진	침상을 마주하니 이야기 끝이 없고,
握手意無窮 악 수 의 무 궁	손을 맞잡으니 반가운 정 한이 없다네.
掩亂愁千緖 엄 란 수 천 서	어지럽게 덮치는 근심은 일천 가닥이오,
飄蕭兩鬢蓬 표 소 양 빈 봉	쓸쓸히 나부끼는 두 귀밑머리 쑥대같도다.
干戈何日解 간 과 하 일 해	전쟁은 언제나 끝이 날 것인가?
旅泊又秋風 여 박 우 추 풍	나그네살이에 가을바람 또 불어온다.

| 주해(註解) |

* 정토사(淨土寺) - 충청도 충주 동량면에 있던 절. 지금은 터만 남아 있음.
* 강해(江海) - 강과 바다. 강호(江湖)와 비슷한 뜻으로 조정이 아닌 재야라는 뜻.
* 초제(招提) - 사방의 중이 모여 사는 곳. 즉 사원.
* 표소(飄蕭) - 나부끼는 바람에 따라서 정처없이 날아다니는 쑥대.

| 해설(解說) |

　둔촌은 김구용 보다 11살 연상이지만, 동년(同年) 급제자로서 절절한 친분을 유지하였다.

　이 시는 둔촌이 천녕 도미사에 우거(寓居)하다가 잠시 전라도의 정토사에 들렀다가, 뜻밖에 거기서 3년만에 김구용을 만나 하룻밤을 같이 자고 다시 이별하는 모습을 그린 시이다. 전쟁이 그치지 않아 불안한 현실을 보여주고 있다.

　김구용도 여강(驪江)에서 여묘살이하면서 둔촌이 있던 천녕에서 멀지 않은 곳에 있으면서 서신을 교환하고, 한유(韓愈)와 두보(杜甫)의 시를 읽으면서 둔촌과 교유하던 터였다.

부 36) 척약재[김구용]의 차운시(附次韻 惕若齋)

奔走雖相遠	바쁘다 보니 서로가 떨어져 있었지만,
분 주 수 상 원	
艱難亦自同	고생을 겪기는 매한가지였다네.
간 난 역 자 동	
仲宣悲世亂	왕중선(王仲宣)은 세상 어지러움을 슬퍼하였고,
중 선 비 세 란	
阮籍哭途窮	완적(阮籍)은 길이 막히면 울었다네.
완 적 곡 도 궁	
江海孤飛雁	강호(江湖)에 외롭게 나는 기러기요,
강 해 고 비 안	
乾坤一轉蓬	천지에 한 줄기 굴러다니는 쑥대 넝쿨이지.
건 곤 일 전 봉	
悤悤又離別	총총히 또 헤어지게 되었으니,
총 총 우 이 별	
回首碧溪風	푸른 개울에 이는 바람결만 뒤돌아 보노라.
회 수 벽 계 풍	

| 주해(註解) |

※ ≪척약재집≫ (권 하)에서는 "둔촌이 시 몇 편을 보냈는데, 차운하여 기록하여 보내드린다. 호연은 천녕의 도미난야에 우거하고 있다."고 적고 있다.

※ 중선(仲宣) - 삼국시대 위(魏)나라 사람. 왕찬(王粲)의 자.
※ 완적(阮籍) - 진(晋)의 죽림칠현(竹林七賢)의 한 명. 자는 사종(嗣宗). 노장(老莊)을 좋아하고 술을 즐겨 마셨다. 홀로 수레를 몰고 길을 가다가 길이 끝나 수레가 갈 수 없는 곳에서 통곡을 하며 돌아왔다는 고사가 있음.
* 전봉(轉蓬) - '가을에 쑥이 뿌리째 뽑히어 여기저기 굴러다닌다'는 뜻으로, 고향을 떠나 이리저리 떠돌아다님을 이르는 말.

(269) 산사에서 죽림사로 가는 주지를 전송하다(山寺送竹林住持)

鍾動靑山曉 종 동 청 산 효	종소리는 푸른 산의 새벽을 울리고,
錫飛紅樹秋 석 비 홍 수 추	스님의 지팡이는 가을 단풍 숲을 오르도다.
竹林是新住 죽 림 시 신 주	죽림(竹林)은 새로 머물 곳이요,
金洞已前遊 금 동 이 전 유	금동(金洞)은 이전에 노닐던데라.
路遠月相照 노 원 월 상 조	길은 멀어도 달은 서로를 비출 것이요,
心閑雲共浮 심 한 운 공 부	마음이 한가하니 구름도 함께 떠 있네.
襄陽趙太守 양 양 조 태 수	양양(襄陽) 고을의 조태수(趙太守)는,
應問李寧州 응 문 이 영 주	틀림없이 이 영주(李寧州)의 안부를 물어 보겠지.

| 주해(註解) |

* 석장(錫杖) - 중이 짚은 지팡이.
* 홍수(紅樹) - 단풍에 물든 숲.
* 죽림(竹林) - 지명. 죽림은 양양(襄陽)에 있는데, 여기서는 거기에 있던 절 이름으로 보임. 이 때에는 조석간(趙石澗)이 다스리고 있었다.
* 영주(寧州) - 충남 천안(天安)의 고려시대 이름. 둔촌이 영주 군수로 재임할 때 지은 시다.

(270~272) 도미사에서 병중에 이것 저것 읊다 3수
(道美寺病中雜詠三首)

- 이때 왜구를 피해 이 절에 우거하면서 짓다(時避海寇寓此寺作)

〈첫째 시(其一)〉

江頭野寺似村居 강 머리 촌구석 절은 촌집 같아서,
강 두 야 사 사 촌 거

久寓還疑是我廬 오래 머물자니 되레 내 집인 듯 싶구나.
구 우 환 의 시 아 려

獨坐不愁無伴侶 혼자 앉았어도 친구 없음을 근심할 것 없으니,
독 좌 불 수 무 반 려

往來荒徑有樵漁 거친 오솔길을 오가는 나무꾼도 있고, 어부도 있도다.
왕 래 황 경 유 초 어

| 주해(註解) |

* 반려(伴侶) - 짝이 되는 것. 동려(同侶).
* 초어(樵漁) - 물고기를 잡는 일과 땔나무를 하는 일. 또는 그런 일을 하는 사람.

〈둘째 시(其二)〉

欲向前村買釣舟 앞마을 찾아가 낚시배라도 사볼까 하는데,
욕 향 전 촌 매 조 주

此身只合臥滄洲 이 몸은 오직 창주(滄洲)에 있는게 합당할테니까.
차 신 지 합 와 창 주

留連剩得蓴鱸興 오래 머물자니 순로(蓴鱸)의 흥 실컷 맛보는데,
유 연 잉 득 순 로 흥

寶德灣頭八月秋 보덕만(寶德灣) 어귀에는 벌써 팔월달 가을이구려.
보 덕 만 두 팔 월 추

| 주해(註解) |

* 창주(滄洲) - 물가에 있는 은사(隱士)의 거처. 그윽한 선경(仙境).
* 순로(蓴鱸) - 고향을 잊지 못하고 그리워하는 정. 진(晉)나라의 장한(張翰)이 자기 고향의 명물인 순챗국(蓴菜)과 농어(鱸)회를 먹으려고 관직을 사퇴하고 고향으로 돌아갔다는 고사(故事)에서 유래한다.
* 보덕만(寶德灣) - 둔촌이 은거하던 천녕현(川寧縣)에 속한 도미사(道美寺) 근처의 물굽이의 하나로 짐작됨.

〈셋째 시(其三)〉

美景艮{良}辰奈病何
미 경 량 진 내 병 하
때도 좋고 경치도 좋은데 병 있으니 어찌할까?

枕書聊復夢還家
침 서 료 부 몽 환 가
책을 베고 있노라니 시름없이 꿈은 집으로 가네.

覺來隔屋聞農語
각 래 격 옥 문 농 어
깨어나니 이웃에서 농사 얘기 들리는데,

雨過籬邊豆結花
우 과 리 변 두 결 화
비 뿌린 울타리엔 콩꽃이 맺는구나.

| 주해(註解) |

* 료부(聊復) - 애오라지 다시.
* 각래(覺來) - 잠에서 깨어 ·來 : 이래, 그 이후로, ~고 나서.
* 격옥(隔屋) - 이웃집.

부 37) 목은[이색]의 차운시(附次韻 牧隱)

避世誰從鳥獸居　　세상을 피한다고 누가 조수(鳥獸)와 어울려
피 세 수 종 조 수 거　　살겠는가만,
不妨眠食寄精廬　　침식(寢食)을 절간에 의탁함은 무방하리라.
불 방 면 식 기 정 려
心中無地更容俗　　마음속에 다시는 속정(俗情)을 용납할 여지는 없어질테고,
심 중 무 지 갱 용 속
手裏有竿還可漁　　손에는 낚시대 있으니 도리어 고기는 잡을 수 있으리라.
수 리 유 간 환 가 어

| 주해(註解) |

※ ≪목은시고≫(제12권)

* 면식(眠食) - 잠자는 일과 먹는 일. 침식(寢食).
* 정려(精廬) - 불사(佛舍). 정사(精舍). 절.
* 속정(俗情) - 1. 세속적(世俗的)인 생각. 2. 세간(世間)의 인정(認定).

(273~274) 정토사에서 경지[김구용]를 남겨놓고 떠나다 2수 (淨土寺留別敬之二首)

〈첫째 시(其一)〉

人生聚散幾時休
인 생 취 산 기 시 휴
인생의 만남과 헤어짐은 어느 때나 그칠 것인가,

落日將歸更上樓
낙 일 장 귀 갱 상 루
해는 지려는데 돌아가다 말고 다시 누각(樓閣)에 올랐네.

棹進帆張解携去
도 진 범 장 해 휴 거
노 젓고 돛을 펴 서로 헤어져 가는데,

江天漠漠使人愁
강 천 막 막 사 인 수
강에 닿은 하늘만 막막하여 사람을 시름에 들게하네.

| 주해(註解) |

* 취산(聚散) - 만나고 헤어짐.
* 갱상루(更上樓) - 다시 누각에 오르다.
· 당나라 왕지환(王之渙)의 '등관작루(登鸛雀樓)' : 欲窮千里目(욕궁천리목) : 천리 너머를 다 보려고 하면서, 更上一層樓 (갱상일층루) : 다시 한 층 누각을 올라간 다네.
* 해휴(解携) - 서로 떨어져서 작별함. 분몌(分袂). 분수(分手).

〈둘째 시(其二)〉

邇來世故可嗚呼
이 래 세 고 가 오 호
요즘의 세상 형편 몹시도 한심하지만,

愛惡君看屋上烏
애 오 군 간 옥 상 오
곱고 미움도 그대는 옥상오(屋上烏)를 볼지니라.

肥遯江湖眞有味
비 돈 강 호 진 유 미
강호에 비돈(肥遯)함이 정말 재미가 있으리니라,

不須辛苦著潛夫
불 수 신 고 저 잠 부
반드시 고생스럽게 잠부론(潛夫論)을 지을 필요는 없으리라.

| 주해(註解) |

* 옥상오(屋上烏) - 옥조(屋鳥). 지붕 위의 까마귀. 무왕(武王)이 은사(隱士) 많음을 걱정하여 강태공(姜太公)에게 물으니 대답이 "사람을 사랑하는 사람은 옥오(屋烏)까지 사랑하게 되고 사랑하지 않는 자는 서여(胥餘, 마을의 담장)까지 미워하게 됩니다" 하였다.
* 비돈(肥遯) - 세상을 피하여 관유자적(寬裕自適)하는 것.
* 잠부론(潛夫論) - 책 이름. 동한(東漢)의 왕부(王符)는 성질이 곧아 시속(時俗)과 어울리지 않자 울분하여 숨어서 책을 지어 당시의 득실을 논했는데 이름은 밝히기 싫어 <잠부론>이라 하였다. 잠부(潛夫)는 세상을 숨어 사는 사람을 이른다.

부 38-39) 척약재[김구용]의 차운시 2수(附次韻 惕若齋二首)

〈첫째 시(其一)〉

東走西馳未肯休	동분서주(東奔西走)하되 쉬려고 아니하고,
동 주 서 치 미 긍 휴	
可憐王粲賦登樓	가련한 왕찬은 <등루부(登樓賦)>를 지었다네.
가 련 왕 찬 부 등 루	
迢迢江水流人恨	아득하고 아득한 강물은 사람의 한을 흘려보냈건만,
초 초 강 수 류 인 한	
嫋嫋秋風動客愁	산들산들 부는 가을바람 나그네 시름 자아내네.
뇨 뇨 추 풍 동 객 수	

| 주해(註解) |

※ ≪척약재집≫ (하). 왕찬은 젊을 때 난을 피하여 형주(荊州)의 유표(劉表)에게 의지하면서, 강릉(江陵)의 성루에 올라가서 지은 <등누부(登樓賦)>에서 고향을 그리워하였다.

* 왕찬(王粲) - 삼국시대 위(魏)의 고평(高平) 사람.
* 초초(迢迢) - 까마득히 멀다.
* 뇨뇨(嫋嫋) - 산들거리는 바람이 부드러움.

〈둘째 시(其二)〉

醉中往往仰天呼　　취중에 이따금씩 하늘 보고 부르짖으면,
취 중 왕 왕 앙 천 호

驚動園林起宿烏　　정원숲이 경동하여 잠든 까마귀 일으키네.
경 동 원 림 기 숙 오

幸有江山容我輩　　다행스럽게 강과 산에 나를 받아줄 친구 있어,
행 유 강 산 용 아 배

相從漁叟與樵夫　　고기를 잡는 노인이건 나무꾼이건 함께 어울리리라.
상 종 어 수 여 초 부

| 주해(註解) |

* 경동(驚動) - 놀라서 움직임.
* 어수(漁叟) - 고기를 잡는 노인. 어옹(漁翁).
* 초부(樵夫) - 나무꾼.

(275) 도미사에 처음와서 용두사의 주지 스님에게 부치다
(初到道美寺, 寄龍頭住老)

避賊山中作逸民	도적을 피해 산중에 들어와서 일민(逸民)이 되었는데,
피 적 산 중 작 일 민	
干戈滿地足風塵	창과 방패가 온 천지에 가득하니 풍진(風塵)
간 과 만 지 족 풍 진	세상이라고 할만하다네.
蒼苔古寺殘僧少	푸른 이끼 낀 옛 절에는 남아 있는 스님도 적어,
창 태 고 사 잔 승 소	
獨對庭梅憶主人	홀로 정원의 매화 바라보면서 주지를 기억하노라.
독 대 정 매 억 주 인	

| 주해(註解) |

* 주로(住老) - 주지. 한 절을 주장하는 중.
* 일민(逸民) - 세상을 피해 사는 백성. 학문과 덕행이 있으면서도 세상에 나서지 아니하고 민간에 파묻혀 지내는 사람.
* 창태(蒼苔) - 푸릇푸릇한 이끼.

| 해설(解說) |

둔촌의 생애에 깊은 영향을 끼친 것은 왜구(倭寇)의 침입과 노략질이었다. 이것은 홍건적(紅巾賊)의 두 차례에 걸친 대규모 침입보다 더욱 고려 사회를 병들게 하였다. 왜구의 침략은 처음 삼남 지방과 경기도의 연해 지역에 그 피해를 주었지만, 공민왕 후기-우왕 대에 이르면 전국 도처의 내륙 지방까지도 그 피해가 확산되었다.

설상가상으로 강화의 교동과 예성강, 한강 지역에까지 출몰해 수도 개경의 치안을 위협하게 되었다. 이 때문에 철원 등지로 천도설(遷都說)이 거론되기도 하였다. 우왕 때는 공민왕 때와는 비교할 수 없을 만큼 왜구의 침입이 극심하여 그의 재위 14년 동안 무려 378회의 왜구침입이 기록되어 있다.

둔촌은 왜구를 피해서 고향인 광주(廣州)보다 상류 지역인 여주 천녕(川寧)의 도미사에 은거하였는데, 도미사를 창건한 용두(龍頭) 주지에게 시를 지어 보냈다. 전쟁의 참상을 "창과 방패가 온 천지에 가득하니 풍진(風塵) 세상이라고 할만하다네."(干戈滿地足風塵) 라고 읊었고, 스님들도 피난을 가고 없어 창태(蒼苔) 낀 옛 절이 쓸쓸한데, 정원의 매화를 보며 절을 창건한 주인을 생각하는 시이다.

(276) 미타사에 써붙이다(題彌陀寺)

黃花漠漠照深秋　　국화꽃(黃花)은 쓸쓸히 늦은 가을을 비추는데,
황 화 막 막 조 심 추

爲愛繁英徙倚樓　　많이 핀 꽃송이 사랑스러워 다락에 옮겨와 기대섰네.
위 애 번 영 사 의 루

日暮遊人各歸去　　해 저물자 구경꾼들 제각기 돌아가고,
일 모 유 인 각 귀 거

天寒古寺獨遲留　　날씨 차가운 옛 절에 홀로 머물고 있네.
천 한 고 사 독 지 유

| 주해(註解) |

* 막막(漠漠) - 고요하고 쓸쓸함.
* 번영(繁英) - 많이 피어 있는 꽃.
* 지유(遲留) - 오랫동안 머무름.

18. 선로(禪老)

(277) 용두사의 주지를 전송하다(送龍頭住持)

送客東郊路 송 객 동 교 로	동쪽 교외 길목에서 손님을 보내는데,
時秋積雨晴 시 추 적 우 청	마침 가을인데 장마비 막 개였다네.
繫官如醉夢 계 관 여 취 몽	얽매인 벼슬살이 취하여 꾸는 꿈만 같은데,
挽袖更離情 만 수 경 이 정	소매 잡고 만류하니 이별의 감정이 되솟아나네.
山下稻粱熟 산 하 도 량 숙	산 아래에는 벼와 기장이 잘 익어가고,
亭前沙水淸 정 전 사 수 청	정자 앞에는 모래와 물 맑기도 하네.
料應人事少 요 응 인 사 소	그대는 정녕 인간사(人間事) 적으리니,
高興臥前楹 고 흥 와 전 영	고상한 흥취로 정자 앞 마루에서 누워지내시리라.

| 주해(註解) |

* 용두사(龍頭寺) - 청주에 있는 절로, 고려 초에 혜원(惠園)이라는 스님이 경내에 철당간(鐵幢竿)을 세웠다고 하는데, 지금 절 건물은 없어졌으나, 그 당간은 국보 제41호로 지정되어 있음.
* 선로(禪老) - 노승.
* 이정(離情) - 이별의 감정.
* 영(楹) - 기둥. 전영(前楹) : 앞 마루.

(278) 김생사로 돌아가는 침상인[8]을 전송하다(送砧上人歸金生寺)

少年書記處 소 년 서 기 처	소년 시절 공부하던 곳이라,
臨老每懷歸 임 노 매 회 귀	늘그막에는 자꾸만 돌아가고 싶다네.
風月娛遊足 풍 월 오 유 족	풍월(風月)은 즐기기에 족하고,
江山景物奇 강 산 경 물 기	강산(江山)은 경치가 뛰어났었지.
瀾亭今似夢 난 정 금 사 몽	난정(瀾亭)은 이제 꿈만 같은데,
錫杖去如飛 석 장 거 여 비	석장(錫杖)은 나는 듯이 가는구려.
住老舊相識 주 로 구 상 식	주지(住持)는 오래인 친구라,
悠悠勞我思 유 유 로 아 사	끝없이 내 마음 위로하리라.

| 주해(註解) |

* 김생사(金生寺) - 충주시 금가면에 있었던 통일신라의 서예가 김생이 만년에 창건한 사찰.
* 침(砧) - 다듬잇돌.
* 식(識) - 잘 아는 벗.
* 주로(住老) - 주지.

---

8) **침상인(砧上人)** - 의침(義砧) 상인(스님)이라기도 하며, 그가 금산사로 돌아가는 것을 환송한 시로, 권근·한수·김구용 등의 작품이 남아 있다.

(279~280) 천태의 원 장로에게 부치다 2수(寄天台圓長老二首)

〈첫째 시(其一)〉

陶隱先生獨愛僧
도 은 선 생 독 애 승
도은(陶隱) 선생은 유달리도 스님을 사랑했는데,

天台長老好詩朋
천 태 장 로 호 시 붕
천태장로(天台長老)는 좋은 시짓는 친구였다오.

南池三笑還如夢
남 지 삼 소 환 여 몽
남쪽 못에서의 삼소(三笑)는 도리어 꿈만 같은데,

夜雨何時共一燈
야 우 하 시 공 일 등
어느 때 밤비 소리 들으며 함께 등잔불 앞에서
옛날이야기 나눌 수 있을까?

| 주해(註解) |

※ **천태장로(天台長老)** - 천태는 종이 아니라 산명(山名)이나 사명(寺名)인 듯함. 승려를 말할 때 교파(敎派)를 명기한 예는 드물다.
* 남지(南池) - 남쪽 못.
* 삼소(三笑) - 진(晉)나라의 혜원(惠遠) 법사가 여산(廬山)의 동림사(東林寺)에 은거하면서, 호계(虎溪)를 건너지 않기로 하였으나 도연명(陶淵明), 육수정(陸修靜, 도교 지도자)을 배웅할 때 무심코 건너 버렸다. 갑자기 호랑이의 울음소리를 듣고서야 안거금족(安居禁足)의 맹서를 파괴한 것에 생각이 미쳐 세 사람이 서로 돌아다보며 웃었다는 고사.
※ 공일등(共一燈) - 한 판본에는 '共'이 '對'로 되어있다.
* 야우하시(夜雨何時) - 밤비 내리는 어느 때.
• 소동파가 동생 소철과 헤어지고 나서, 그에게 부친 시 <辛丑十一月十九日 旣與子由別於鄭州西門之外 馬上賦詩一篇寄之> : "차가운 등불 아래 서로 마주하고 떠올린 예전의 밤, 밤비 내리던 어느 때에 소슬한 그 정경을 언제 다시 들을 수 있을까?"(寒燈相對記疇昔, 夜雨何時聽蕭瑟·한등상대기주석 야우하시청소슬)

〈둘째 시(其二)〉

高達西峯近遁村
고 달 서 봉 근 둔 촌
고달(高達)의 서쪽 봉우리는 둔촌(遁村)과 가까운데,

山前一徑接柴門
산 전 일 경 접 시 문
산 앞의 오솔길 하나 저의 집 사립문으로 이어졌다네.

若爲禪老下缾錫
약 위 선 로 하 병 석
만약에 노승께서 탁발하러 내려오신다면,

日日相過奉笑言
일 일 상 과 봉 소 언
날이면 날마다 저에게 들려주신다면 웃고 얘기하며 잘 모시겠습니다.

| 주해(註解) |

* 선로(禪老) - 노승.
* 병석(缾錫) - 항아리와 석장. 탁발(托鉢)한다는 말.

| 해설(解說) |

　둔촌은 비록 천태장로와 밤새도록 불교의 교리를 얘기하며 세속의 번뇌를 떨쳐버릴 수는 있었지만, 불교 자체가 그에게 정신적 귀의처가 될 수는 없었던 것 같다. 둔촌이 불문(佛門)에 귀의하고 싶은 생각은 없으면서 승려들과 교유한 것은 그들도 자연에 묻혀 살면서 무위(無爲)의 생활을 하는 도인인데다 은둔한 선비와 상종할 수 있는 지식인들이었기 때문이다.

(281) 천왕당두를 찾아갔다가 만나지 못하고서 희롱삼아 짓다
(訪天王堂頭不遇戱 作)

松下苔扉白晝關	소나무 아래 이끼 낀 사립문 대낮부터 잠겼는데,
송 하 태 비 백 주 관	
居僧何處只靑山	거처하는 중은 어디 갔노? 푸른 산 뿐이네.
거 승 하 처 지 청 산	
書生狂宕君休怪	서생(書生)의 광탕(狂宕)을 그대는 괴이쩍다 하지마오.
서 생 광 탕 군 휴 괴	
畢卓當年醉甕間	필탁(畢卓)은 당년에 술독 사이에서 취해 잤다네.
필 탁 당 년 취 옹 간	

| 주해(註解) |

* 광탕(狂宕) - 소탈하고 호탕함. 한 판본에는 '宕'이 '妄'으로 되어 있음.
* 필탁(畢卓) - 진(晉) 나라의 이부랑(吏部郞). 술을 즐겨하여 옆집의 술을 훔친 일이 있으며 "술을 수백 곡(斛) 드는 배에 가득 채워 띄워 두고, 오른손으로는 술잔을 잡고, 왼손으로는 게의 집게발을 잡아, 거기서 한평생을 마칠 수 있었으면 족하겠다."(拍浮酒船中 右手持酒杯 左手持蟹螯, 便足了一生矣·박부주선중 우수지주배 좌수지해도 편족료일생의)라 했음.

(282) 천태스님에게 주다(贈天台僧)

邂逅談空到月斜	만나게 되면 공(空)을 이야기하다가 달 기울 때까지,
해 후 담 공 도 월 사	
年來吾亦已忘家	연래에는 나 또한 집안 일 잊었다오.
연 래 오 역 이 망 가	
雖言結習消磨盡	누가 말할 수 있는가 결습(結習)을 없애버렸다고,
수 언 결 습 소 마 진	
猶恐染他天女花	오히려 저 천녀화(天女花)에 물들까봐 두렵구려.
유 공 염 타 천 녀 화	

| 주해(註解) |

* 담공(談空) - 불리(佛理)의 공(空)을 이야기함.
* 결습(結習) - 번뇌에 묶여 벗어나지 못하는 것.
* 천녀화(天女花) - 유마힐실(維摩詰室)의 천녀(天女)가 천화(天花)를 가지고 여러 보살(菩薩)들에게 뿌렸다. 보살들의 몸에서는 천화가 떨어져버리고 대제자(大弟子)한테서는 꽃이 떨어지지 아니하니 천녀가 말하기를 결습(結習)이 남아 있기에 꽃이 떨어지지 않는다 했다.〈유마경(維摩 經)〉

(283) 송 대선사에게 띄우다(寄宋大禪師)

합포영에서 짓다(在合浦營作)

年去年來西復東	해가 가나 해가 오나 이리저리 떠도는 신세,
연 거 년 래 서 부 동	
如今亦在柳營中	지금은 또 유영(柳營) 가운데에 머무네.
여 금 역 재 류 영 중	
賦詩橫槊吾何敢	횡삭부시(橫槊賦詩)를 내 어이 감당하겠는가,
부 시 횡 삭 오 하 감	
回首廬山憶遠公	여산(廬山)을 회상하며 원공(遠公)을 그리노라.
회 수 여 산 억 원 공	

| 주해(註解) |

※ 송 대선사(宋大禪師) - 미상

* 유영(柳營) - 장군의 주둔지. 한(漢)의 주아부(周亞夫)가 세류(細流)란 곳에 주둔하고 있었는데 그 군영의 규율이 다른 장수들의 진영보다 몹시 엄했기 때문에 한 문제(文帝)가 크게 감동했기에 '세류영(細柳營)'이란 이름이 생겼다.
* 횡삭부시(橫槊賦詩) - 창을 비껴들고 글을 짓는다는 말. 즉 문무를 겸함을 말하는데, 소동파의 <적벽부>에서 조조(曹操)를 이렇게 표현하였음.
* 여산(廬山) - 중국 강서성에 있는 높이 1,600미터의 산. 유·불·선 3교 모두에게 의미가 있는 지역.

※ 원공(遠公) - 속세의 성은 가(賈)이고, 법명은 혜원(慧遠)이다. 동진(東晉)의 정토종(淨土宗) 고승(高僧)이다. 그는 저명한 고승 도안(道安)의 후계자로 정토법문(淨土法門)을 크게 진작시켜서 '정토종초조(淨土宗初祖)'로 일컬어졌다. 여산(廬山) 동림사(東林寺)에 거주했으며, 당시 사람들은 그를 '원공(遠公)'으로 일컬었다.

| 해설(解說) |

    이 시는 전녹생(田祿生)의 문집 <야은일고(野隱逸稿)>의 부록에도 수록되어 있는데, '합포영에 있으면서 지은 것이다'(在合浦營作) 라는 제목의 주석과, "아마도 송 대선사가 여산 송씨로 그쪽에 주석하고 있었던 듯 하다"는 역주가 달려 있다. 이로 보면 둔촌이 공민왕 16년 7월에 왜구를 소탕하기 위하여 나갔던 전녹생의 참모로 종군하였을 때 송 대선사를 만난 것이다.

(284~285) 형암의 천택 스님을 전송하다 2수
(送兄巖天澤上人二首)

〈첫째 시(其一)〉

自識吾師已十年	나는 스님을 안 지가 벌써 10년이 되었는데,
자 식 오 사 이 십 년	
幾回相訪躡雲煙	몇 번이나 찾아가며 구름 속을 밟았던가?
기 회 상 방 섭 운 연	
從今獨往安和路	이제부턴 홀로 안화사(安和寺)로 가는 길 걸어야 하겠는데,
종 금 독 왕 안 화 로	
却望兄巖正渺然	형암(兄巖)을 바라보면 참으로 아득하기만 하구려.
각 망 형 암 정 묘 연	

| 주해(註解) |

※ **천택(天澤)** - 일월사(日月寺)와 안화사(安和寺) 같은 절에 있던 스님. 충주 청룡사지 '보각국사탑비'의 글씨를 썼다.

* 섭(躡) - 밟다. 뒤쫓다. 따르다.
* 안화사(安和寺) - 개성시 송악산 자하동에 있는 왕립 사찰. 930년(태조13)에 창건하였다.
* 일월사(日月寺) - 개성시 송악산에 있었던 사찰. 922년(태조5)에 궁성 서북쪽에 창건하였다.
* 각망(却望) - 돌려 바라봄.

〈둘째 시(其二)〉

伽倻南畔伯巖山 가야산(伽倻山) 남쪽 끝의 백암산(伯巖山)에는,
가 야 남 반 백 암 산

中有兄巖紫翠間 중간쯤 자주빛과 녹색 사이에 형암(兄巖)이 있지.
중 유 형 암 자 취 간

淨几明牕塵事少 깨끗한 책상과 밝은 창에는 세속의 일 없으리니,
정 궤 명 창 진 사 소

筆端蘭竹發天慳 붓끝의 난죽(蘭竹)은 하늘이 아낌을 들춰내리라.
필 단 난 죽 발 천 간

| 주해(註解) |

* 자취(紫翠) - 자줏빛과 녹색. 자주빛과 푸른빛 산의 경치를 형용한 말.
* 정궤(淨几) - 깨끗한 책상.
* 진사(塵事) - 세속의 일.
* 필단(筆端) - 붓끝.
* 천간(天慳) - 하늘이 아낌. 신비로운 솜씨 또는 운치.

19. 누관(樓館)

(286~288) 송도로 올라와서 객지 생활의 첫 가을에 여러 분에게 드리다 3수(松都客居初秋呈諸公三首)

〈첫째 시(其一)〉

神州積雨霽 신 주 적 우 제	신성한 고을에 장마비 개이니,
客舍早凉生 객 사 조 량 생	객사(客舍)에 서늘한 기운 생겨난다네.
情話思親戚 정 화 사 친 척	정다운 이야기는 친척들 생각나고,
恩覃愧聖明 은 담 괴 성 명	깊은 은총은 임금님께 부끄럽도다.
五更孤鶴唳 오 경 고 학 려	오경(五更) 되자 외로운 학 울음 울고,
四壁百蟲聲 사 벽 백 충 성	사방의 벽(四壁)에는 온갖 벌레소리 들려오네.
抱病欲安往 포 병 욕 안 왕	병(病) 걸머지고 어디로 가려고 하겠는가?
東西{南}尙甲兵 동 남 상 갑 병	동남(東南) 지방에는 아직도 전쟁이 그치지 않았다는데....

| 주해(註解) |

* 누관(樓館) - 화려한 가옥이나 객사(客舍).
* 신주(神州) - 경기(京畿).
* 적우제(適雨霽) - 장마비가 개다.

* 신량(新涼) - 초가을의 서늘한 기운. 음력 7월을 달리 부르는 말.
  - 당나라 한유(韓愈)의 <부독서성남(符讀書城南)> : "가을 되어 긴긴 장마 개이고 초가을의 서늘한 기운[新涼] 들판에서 들어오네. 등불을 점차 가까이할만하니 책들을 읽을 만하다(時秋 積雨霽 新涼入郊墟 燈火稍可親 簡編可卷舒)."
* 정화(情話) - 정담(情談). 정답게 주고받는 이야기.
* 담(覃) - 깊다. 크다.
* 성명(聖明) - 임금의 총명. 임금을 이르는 말.
* 오경(五更) - 새벽 세 시에서 다섯 시 사이.
* 갑병(甲兵) - 갑옷을 입은 병사. 전쟁.

〈둘째 시(其二)〉

已去復來此 (이 거 부 래 차)
이미 떠났다가 다시 이곳에 와서 보니,

生涯漸覺難 (생 애 점 각 난)
산다는 게 갈수록 어려움을 알겠다네.

病妻愛床褥 (병 처 애 상 욕)
병든 아내는 눕기만을 좋아하고,

老婢苦盤餐 (노 비 고 반 찬)
늙은 계집종은 상보기를 괴로워하네.

日月蟻旋磨 (일 월 의 선 마)
일월(日月)은 개미가 맷돌을 도는 것 같고,

功名魚上竿 (공 명 어 상 간)
공명(功名)이란 고기가 장대에 오름과 같구나.

可憐豚犬輩 (가 련 돈 견 배)
가엾도다! 저 어리석은 무리들은,

碌碌戀微官 (녹 록 연 미 관)
애쓰고 애쓰면서 낮은 벼슬에 연연하는구려.

| 주해(註解) |

* 상욕(床褥) - 침대에 까는 요.
* 의선마(蟻旋磨) - 왼쪽으로 돌아가는 맷돌 위를 개미는 반대 방향인 바른 쪽으로 돌아감을 이름. 출전 : <晉書(진서)>ㆍ'天文志(천문지)'. 蟻:개미. 旋:돌다. 磨:갈다.
* 녹록(碌碌) - 쉬거나 게을리하지 않고 애쓰고 애쓰는 모양.

〈셋째 시(其三)〉

潦倒一狂夫 료 도 일 광 부	폭삭 늙은 한 미친 사내는,
星星白鬢鬚 성 성 백 빈 수	희끗희끗 구레나룻과 수염 다 세었다네.
交遊已渙散 교 유 이 환 산	사귀던 친구들 이미 뿔뿔이 다 흩어지고,
身世再嗚呼 신 세 재 오 호	가련한 신세를 다시 한탄하누나.
舊業荒三徑 구 업 황 삼 경	옛 터전에는 삼경(三徑)마저 황폐해지고,
僑居近九衢 교 거 근 구 구	서울 셋집은 번화가에 가깝다네.
却慚無寸廩 각 참 무 촌 름	도리어 적은 녹봉조차도 없어진 것이 부끄러운데,
歲晚客京都 세 만 객 경 도	개경에서 길손이 되어 한 해가 저물었다네.

| 주해(註解) |

* 요도(潦倒) - 노쇠하여 아무것도 못하게 생긴 모양을 슬프게 묘사하는 의태어.

* 수(鬚) - 1. 수염. 2. 술(장식으로 다는 여러 가닥의 실).
* 삼경(三徑) - 은자(隱者)의 문 안에 있는 뜰. 또는 은자가 사는 곳. 한(漢)의 은자 장후(蔣詡)가 정원에 세 개의 좁은 길을 내고 소나무, 대나무, 국화를 심었다는 데서 유래한다.
* 구구(九衢) - 사통팔달한 길.
* 촌름(寸廩) - 매우 적은 녹봉(祿俸). 작은 늠봉(廩俸).

| 해설(解說) |

    둔촌의 은거는 난세(亂世)에 은인자중(隱忍自重)하는 선비의 모습을 보여준다. 둔촌은 부귀를 탐하지는 않았지만, 현달(顯達)한 사람들과 비교하여 자신의 가난을 한탄하기도 하였다. 이러한 비교는 그가 개경의 용수산 아래 은거하고 있을 때 자주 나타난다.
    이 시 '舊業荒三徑(구업황삼경) 却慚無寸廩(각참무촌름)'에서 보듯이 둔촌의 개경 생활은 매우 곤궁했던 것으로 보인다.

(289) 영호루에서 유별하다(映湖樓留別)

花山客半月	화산(花山)에서 반달 동안 나그네 되었다가,
화 산 객 반 월	
今日向他州	오늘은 다른 고을로 향하여 가네.
금 일 향 타 주	
縱有重來約	비록 다시 온단 약속이야 했지만,
종 유 중 래 약	
那堪惜別愁	이별의 설움 어찌 견디겠는가?
나 감 석 별 수	
船開芳草渡	방초도(芳草渡)에 배를 풀어놓았는데,
선 개 방 초 도	
酒盡夕陽樓	해지는 누각에 술도 다 되었구나.
주 진 석 양 루	
行役何時了	객지 생활은 언제나 끝날거나?
행 역 하 시 료	
風塵滿馬頭	바람에 날리는 티끌은 말머리에 가득하다네.
풍 진 만 마 두	

| 주해(註解) |

* 화산(花山) - 경북 영천시(永川市) 신녕(新寧)의 옛 이름.
* 영호루(映湖樓) - 안동시 정하동 낙동강변에 위치. 진주의 촉석루(矗石樓), 밀양의 영남루(嶺南樓), 남원의 광한루(廣寒樓)와 함께 한수(漢水) 이남의 대표적인 누각으로 이름났다. 고려 공민왕이 홍건적의 침입으로 복주(福州: 지금의 안동)로 몽진(蒙塵)하여 70일 동안 머물렀다. 공민왕은 백성들의 환대에 고마움을 담아 친필 금자현판(金子懸板)을 내려 누각에 달았다.
누각 중앙 좌우로는 '낙동 상류 영좌명루'(洛東上流 嶺左名樓)라고 쓴 큰 현판이 걸려있다. 1860년 훼손된 영호루를 중수한 당시 안동부사 김학순(金學淳)이 쓴

현판이다. 누각을 사방으로 둘러가면서 주세붕, 우탁, 정몽주, 정도전, 권근, 김종직, 이이, 이현보 선생 등 당대의 내로라하는 문인들의 한시가 편액으로 빼곡하게 걸려있다.

* 행역(行役) - 공무로 인하여 외부로 나가는 일. 또는 객지 생활.

(290~291) 도미사 다락 위에서 금산의 새 주지를 송별하다 2수 (道美寺樓上, 送金山新住老二首)

〈첫째 시(其一)〉

聞道金山寺 문 도 금 산 사	듣자하니 금산사(金山寺)는,
全羅大道場 전 라 대 도 장	전라도의 큰 도량이라.
峯巒橫疊翠 봉 만 횡 첩 취	산봉우리들은 겹겹이 푸르게 비껴섰고,
樓殿入穹蒼 누 전 입 궁 창	누각과 전단은 하늘 높이 솟아 있겠지….
迎候旌麾盛 영 후 정 휘 성	마중 나온 깃발들 굉장할거고,
奔馳父老忙 분 치 부 로 망	달려나온 어르신네들 부산하겠지.
甄城見吾友 견 성 견 오 우	견성(甄城)에서 혹시 내 친구들 만나더라도,
且莫說悲凉 차 막 설 비 량	부디 슬프고 처량한 이 모습은 말하지 마오.

| 주해(註解) |

* 금산사(金山寺) - 전북 김제군 금산면 모악산(母岳山)에 있다. 백제 제29대 법왕(法王) 원년(599)에 창건하였으며, 신라 혜공왕(惠恭王) 2년(766) 진표율사(眞表律師)가 중창하였고, 고려 태조(太祖) 18년(935)에 후백제의 신검(神劍)이 그 아버지 견훤(甄萱)을 가두었던 일이 있다. 임진왜란 때에 왜병의 방화로 전소되었다가 인조(仁祖) 13년(1635)에 복원하여 지금에 이르고 있다.

* 봉만(峯巒) - 꼭대기가 뾰족뾰족하게 솟은 산봉우리.
* 궁(穹) - 하늘. 높이 솟다.
* 창(蒼) - 푸르다. 하늘
* 견성(甄城) - 후백제의 시조 견훤(甄萱)이 완주(完州)에 도읍을 정했으므로 이르는 말.

〈둘째 시(其二)〉

遠隨征雁下南州
원 수 정 안 하 남 주
멀리 기러기 따라 남쪽 고을로 가는데,

天地凄凉玉露秋
천 지 처 량 옥 로 추
천지도 처량한 맑은 이슬 내리는 가을일세.

手酌一杯相別處
수 작 일 배 상 별 처
한잔 술 손수 따라 이별을 하는 곳은,

黃驪江北寺東樓
황 려 강 북 사 동 루
황여강(黃驪江) 북쪽 절의 동루(東樓)라네.

| 주해(註解) |

* 정안(征雁) - 먼 곳으로 날아가는 기러기.
* 처량(凄凉) - 슬프고 처량하다.
* 상별(相別) - 서로 갈리어 떨어짐.

(292~294) 팔관대회 날 도은[이숭인] 판서님께 드리다 3수
(八關大會日呈陶隱判書 三首)

〈첫째 시(其一)〉

張樂毬庭尙早朝	격구장에 풍악 벌렸으나 아직 아침은 이른데,
장 락 구 정 상 조 조	
委蛇紫陌曉雞呼	태평스런 궁궐 앞 대로에는 새벽 닭 울어대네.
위 이 자 맥 효 계 호	
欲知陶隱誇豪氣	도은(陶隱)님 호기(豪氣) 과시함 알고 싶지만,
욕 지 도 은 과 호 기	
兵部門前喝道高	병부(兵部) 문전에 길 막는 소리 높으네.
병 부 문 전 갈 도 고	

| 주해(註解) |

* 팔관대회(八關大會) - 고려 때 매년 중경(中京, 개경)과 서경(西京, 평양)에서 토속신에게 제사 지내는 의식. 태조부터 시작되어 성종 때에 다시 부활되어 국가적인 중요한 행사로서 중경에서는 추수 이후 11월에, 서경에서는 10월에 술과 다과를 성대하게 베풀고 가무와 여러 유희를 하면서 나라와 왕실의 태평을 빌었음.
* 구정(毬庭) - 격구장.
* 위이(委蛇) - 1. 구불구불 구부러진 모양. 2. 침착하고 느긋한 모양. 蛇 : 1. 구불구불 갈 이. 2. 뱀 사. 3. 땅이름 지. 4. 자벌레 타.

〈둘째 시(其二)〉

期子匡時到白頭 그대가 백수(白首)가 되도록 시절을 바로 잡기를
기 자 광 시 도 백 두 기대하노니,

應知費盡大官羞 응당 비용을 소진하면 대관의 수치인 줄 아시겠지요.
응 지 비 진 대 관 수

老夫但願身無事 노부야 다만 한 몸 무사함을 바랄 뿐이라서,
노 부 단 원 신 무 사

不覺尊前歲月流 존경하는 분 앞에서 세월 흐름도 깨닫지 못하노라.
불 각 존 전 세 월 류

| 주해(註解) |

* 자맥(紫陌) - 궁궐 정면의 대로
* 광시(匡時) - 시폐(時弊)를 바로잡다.
* 대관수(大官羞) - 궁중의 선수(膳羞, 제사음식) 보수를 뜻함.
* 준전(尊前) - 존경하는 사람의 앞.

〈셋째 시(其三)〉

儀鳳樓前萬壽山　　의봉루(儀鳳樓) 앞 만수산(萬壽山)에는,
의 봉 루 전 만 수 산

千官環列古衣冠　　모든 벼슬아치 옛날 의관 갖추고 줄지어 둘러섰네.
천 관 환 열 고 의 관

君臣此樂何窮已　　군신(君臣) 간의 이 즐거움 어찌 끝이 있을 것인가?
군 신 차 락 하 궁 이

白首他年對御看　　백수(白首) 된 훗날에도 임금님 마주 대하게 될 걸세.
백 수 타 년 대 어 간

| 주해(註解) |

* 의봉루(儀鳳樓) - 개성 연경궁(延慶宮)에 있었던 고려 때의 누대.
* 환열(環列) - 바퀴와 같이 둥글게 둘러친 것.
* 백수(白首) - 허옇게 센 머리.

(295~296) 앞의 운을 써서 정삼봉[도전]에게 주다 2수 (用前韻贈鄭三峯二首)

〈첫째 시(其一)〉

數年流落始歸朝   몇 해를 유락(流落)타가 처음으로 조정에 돌아갔는데,
수 년 유 락 시 귀 조

妻子山中尙怒號   산중의 처자식들 아직도 굶주림에 울부짖는다오.
처 자 산 중 상 노 호

三復詩書眠不得   시서(詩書)를 세 번이나 읽느라 잠도 이루지 못했건만,
삼 복 시 서 면 부 득

主人牕外日空高   주인의 창밖에는 해만 공연스레 높았구려.
주 인 창 외 일 공 고

| 주해(註解) |

* 유락(流落) - 고향을 떠나 타향에 삶.
* 상(尙) - 1. 오히려. 2. 더욱이.
* 노호(怒號) - 성내어 소리를 지름. 또는 그 소리.

〈둘째 시(其二)〉

聖恩曾許老江山	성은(聖恩)이 일찍이 강산에서 늙도록 허락하셔서,
성 은 증 허 노 강 산	
神武門前早掛冠	신무문(神武門) 앞에다 갓을 걸고 물러났다데.
신 무 문 전 조 괘 관	
何事復遊京輦下	어쩐 일로 다시 서울 아래 노닐게 되었으냐,
하 사 부 유 경 연 하	
二毛羞殺衆人看	남들이 보는 반백의 머리가 정말 부끄럽구료.
이 모 수 살 중 인 간	

| 주해(註解) |

* 신무문(神武門) - 고려 왕궁의 궁문 이름. 이성계는 이 문에서 즉위하였다. ※ 한 판본에는 '武'가 '虎'로 되어 있음.
* 계관(掛冠) - '괘관이거(掛冠而去)', '괘관귀거(掛冠歸去)'. 벼슬아치가 벼슬을 내놓고 물러나던 일. 후한(後漢)의 봉맹(逢萌)이 벼슬을 그만두고 관(冠)을 벗어 성문(城門)에 걸어 놓고 떠났다 는 고사(故事)에서 유래한다.
* 경연(京輦) - 서울. 임금이 타는 수레.
* 이모(二毛) - 반백(半白). 검은 털과 흰 털을 아울러 이르는 말.
* 수살(수殺) - 정말 부끄럽다.

| 해설(解說) |

둔촌은 신돈(辛旽)의 화(禍)를 피해 영천의 최원도(崔元道)의 집에서 3년 동안 은거하다가 1371년(공민왕 20)에 신돈이 주살되자 개경으로 돌아왔다. 이후 더러 왜구를 소탕하러 나가는 사령관의 참모로 임시로 발탁되어 종군하기도 하다가, 판전교시사(判典校寺事, 전교시의 으뜸 벼슬, 정3품의 판사)라는 요직에 임용되기도 하였지만, 오래 재직한 것 같지는 않아 보인다.

그래서 개성에 있는 동안 대개 살림은 궁핍하였던 것 같다. 이 시는 판전교시사에 임명된 후 지은 시로 보이며, 반백(半白)의 나이에 이룬 것이 없음을 한탄하는 내용이다. 둔촌은 복직 후 곧 사직하고 은둔한다.

20. 화목(花木)

(297~300) 포은[정몽주]과 함께 난파[이거인9)]의 사영시를 차운하다 4수(次蘭坡四詠與圃隱四首)

- 선생의 손자 인손10)이 우연히 난파의 시권을 열람하다가 이글을 얻었기로 추가하여 적는다(盆種 ○先生孫仁孫偶閱蘭坡詩卷得此作追錄之)

〈첫째 시(其一)〉- 솔(松)을 읊다

- 난파는 일찍이 어사를 지냈기에 제2귀에서 언급한 것이다[蘭坡嘗爲御史]

栽培尺寸地	좁은 땅에서 가꿔졌으나,
재 배 척 촌 지	
歲久美能長	해가 묵으니 아름다움이 커졌구나.
세 구 미 능 장	

---

9) **이거인(李居仁, ?~1402)** - 본관은 청주(淸州), 자는 수부(壽父), 호는 난파거사(蘭坡居士)다. 아버지는 문간공(文簡公) 이정(李挺)이며, 우왕 초부터 밀직부사, 경상도도순문사, 상만호, 문하평리를 거쳤다. 조선이 건국되자 진위사(陳慰使)가 되어 명나라에 다녀오고, 뒤에 청천백(淸川伯, 淸城伯)에 봉하여졌다. 1399년에는 조박(趙璞) 살해 음모에 연루되어 청주에 유배되고, 이듬해 판삼사사(判三司事)로 은퇴하였다. 시호는 공절(恭節)이다.

10) **이인손(李仁孫, 1395~1463)** - 조선의 문신이다. 본관은 광주(廣州), 자는 중윤(仲胤), 호는 풍애(楓厓)이다. 1417년(태종 17) 식년문과에 급제하여 검열에 등용되고, 이어 사헌부 감찰을 지냈다. 1429년(세종 11) 천추사(千秋使)의 서장관으로 명(明)에 다녀온 후 형조좌랑과 대사헌 등을 역임하였다. 1454년(단종 2) 수양대군(首陽大君)이 계유정난(癸酉靖難)을 일으켜 정권을 잡게 되자 호조판서에 승진되었고, 이듬해 세조의 즉위와 함께 원종공신(原從功臣) 2등에 봉해졌다. 이후 판중추부사와 우찬성을 거쳐 1459년(세조 5) 우의정에 오른 뒤 곧 치사(致仕)하였다.
시호는 충희(忠僖)이다. 성품이 침착하고 강직하여 과단성이 있었으며, 전례(典禮)와 고사를 간단없이 간하여 세인의 숙망(宿望), 오래된 명망이 지대할 뿐 아니라 덕망 또한 대단하여 조정 중신들도 풍애의 말을 경청하는 바 컸었다.

| 常沐蘭坡露 | 언제나 난파(蘭坡)의 이슬로 목욕을 하고,
상 목 난 파 로

| 曾經柏府霜 | 일찍이 사헌부의 서리도 겪었다네.
증 경 백 부 상

| 性非宜糞壤 | 성질이 더러운 흙을 좋아하지 않기에,
성 비 의 분 양

| 容不改炎凉 | 모습은 더위와 서늘함에도 변함이 없었다오.
용 불 개 염 량

| 爾節本高直 | 너의 절조 본디 높고 곧은데,
이 절 본 고 직

| 肯隨桃李傍 | 아기자기한 복숭아와 자두나무 곁을 가까이 하려 하겠는가.
긍 수 도 리 방

| 주해(註解) |

* 사영시(四詠詩) - 송죽매난 4가지를 읊은 시
* 척촌(尺寸) - '한 자 한 치'라는 뜻으로, 얼마 되지 않는 조그마한 것을 이르는 말.
* 난파(蘭坡) - 여말 선초 이거인(李居仁)의 호(號).
* 백부(柏府) - 사헌부의 별칭.
* 분양(糞壤) - 더러운 흙.

〈둘째 시(其二)〉 - 대(竹)를 읊다

竹君非俗物 _{죽 군 비 속 물}	죽군(竹君)은 속물(俗物)이 아니라서,

竹君非俗物　　죽군(竹君)은 속물(俗物)이 아니라서,
죽 군 비 속 물

勁節有廉隅　　굳은 절개에 청렴한 구석까지 지녔다네.
경 절 유 염 우

揷棘遠童稚　　가시(棘)를 꽂아 어린 아이들을 멀리하고,
삽 극 원 동 치

澆盆煩僕夫　　분(盆)을 씻느라 종 녀석들 애를 쓰네.
요 분 번 복 부

題詩錦里杜　　금리(錦里)의 두보(杜甫)는 너를 가지고 시부(詩賦)를 지었고,
제 시 금 리 두

作記雪堂蘇　　설당(雪堂)의 소식(蘇軾)은 기문(記文)을 썼었다네.
작 기 설 당 소

獨愛娟娟淨　　홀로 아리땁고 조촐한 네가 좋아서,
독 애 연 연 정

朝昏信杖扶　　조석(朝昏)으로 지팡이 삼아 믿고 의지하네.
조 혼 신 장 부

| 주해(註解) |

* 염우(廉隅) - 모서리. 변하여 청렴 방정한 것.
* 금리(錦里) - 당(唐) 대의 성도(成都)에 있었던 지명.
* 두보(杜甫)의 시 - <종위이명부속처멱금죽(從韋二明府續處覓綿竹·위속 현령에게 면죽을 구하다)의 시를 말함.
* 작기설당소(作記雪堂蘇) - 송의 소식(蘇軾)이 호북성 황강현의 동쪽에다 설당(雪堂)을 세우고 기문(記文)을 지었음.

〈셋째 시(其三)〉 - 매화(梅)를 읊다

和靖有梅癖 (화정유매벽)	임화정(林和靖)은 매화를 좋아하는 버릇이 있어,
書牕向水開 (서창향수개)	서재의 창문 물을 향해 만들었다네.
肯同塵俗尙 (긍동진속상)	어찌 지저분한 속된 세상에서 숭상하는 바를 함께 하겠는가?
自擬玉仙來 (자의옥선래)	스스로 옥 같은 신선에 비겨 왔거늘.
酷愛氷容瘦 (혹애빙용수)	얼음 같은 모습의 파리함 몹시도 사랑했지만,
還愁雪骨摧 (환수설골최)	눈 같은 맑은 기골이 꺾일까봐 되레 근심했다오.
黃昏倚杖立 (황혼의장립)	황혼(黃昏)에 지팡이 짚고 서서,
素月共徘徊 (소월공배회)	흰 달과 함께 그대 곁에 맴도노라.

| 주해(註解) |

※ **임포(林逋, 967~1028)** - 북송 항주(杭州) 전당(錢唐, 절강성) 사람. 자는 군복(君復)이고, 시호는 인종(仁宗)이 내린 화정선생(和靖先生)이다. 불구자로 부귀공명을 추구하지 않고, 어린 나이에 강회(江淮)를 떠돌다가 서호(西湖)의 고산(孤山)에서 20년 동안 은거하며, 매화를 심고 학을 사랑하면서 독신으로 생애를 마쳤다. 매화를 아내로 삼고 학을 자식으로 삼았다(梅妻鶴子·매처 학자). 행서(行書)를 잘 썼고, 그의 시는 풍화설월(風花雪月)에 대해 평담(平淡)한 표현이 많다.

* 매벽(梅癖) - 매화를 좋아하는 버릇.
* 진속(塵俗) - 지저분한 속(俗)된 세상. 진세(塵世).
* 옥선(玉仙) - 신선의 이름. 달 속에 있는 건수나무의 잎을 먹고 신선이 되었다 함.
* 빙용(氷容) / 설골(雪骨) - 매화를 형용한 말.

〈넷째 시(其四)〉 - 난초(蘭)를 읊다

叢蘭誰是種 총 란 수 시 종	떨기의 난초를 누가 심었던가?
李氏德馨香 이 씨 덕 형 향	이씨의 덕이 향기롭도다.
九畹已爲盛 구 원 이 위 성	구완(九畹)에서 이미 무성했는데,
三閭何所傷 삼 려 하 소 상	삼여(三閭)는 마음 아파할 것 있는가?
浴薰身旣潔 욕 훈 신 기 결	향기로 목욕했으니 몸은 이미 깨끗하여졌고,
握直袖應長 악 직 수 응 장	곧은 꽃대 잡으려니 소맷자락 길어야 했겠지.
白露下庭草 백 로 하 정 초	흰 이슬 정원의 풀에 내리니,
猗猗尤有光 의 의 우 유 광	생기 있고 무성한 네 모습 더욱 빛나도다.

| 주해(註解) |

* 총란(叢蘭) - 군생(群生)한 난.
* 구완(九畹) - 전국시대 초(楚) 나라의 굴원(屈原)이 난초를 심은 곳.
* 삼여(三閭) - 굴원(屈原)이 삼여대부였기에 이르는 말.
* 의의(猗猗) - 생기가 있고 무성한 모양.

(301) 도미사의 늦 국화(道美寺晩菊)

鮮鮮霜菊慰幽懷 선 선 상 국 위 유 회	산뜻한 서리맞은 국화 그윽한 시름 달래 주기 위하여,
一日東籬繞幾回 일 일 동 리 요 기 회	하루에도 몇 번씩 동쪽 울타리를 맴도는가?
旣與老夫俱隱逸 기 여 노 부 구 은 일	이미 나 같은 늙은이가 함께 은일(隱逸)한터라,
天寒古寺亦能開 천 한 고 사 역 능 개	날씨 차가운 고사(古寺)에서 또다시 피었구나.

| 주해(註解) |

* 선선(鮮鮮) - 선명한 모양.
* 상국(霜菊) - 서리 올 때 핀 국화(菊花).
* 동리(東籬) - '동쪽 울타리'라는 뜻으로, 국화를 심은 곳을 이르는 말. 도연명(陶淵明)의 시(詩) <음주(飮酒)>에 '채국동리하 유연견남산(採菊東籬下 悠然見南山 : 동쪽 울타리에서 국화를 따며 유연히 남산을 바라보네'라는 구에서 유래하였다.

(302~303) 매화를 읊은 시 2수를 도재[이숭인]에게 드리다 (賦梅二首呈陶齋)

〈첫째 시(其一)〉

見說寒梅發一枝 　듣자하니 매화 한 가지 피었다는데,
견 설 한 매 발 일 지

陶齋詩興與誰期 　도재(陶齋)는 시흥(詩興)을 누구와 함께
도 재 시 흥 여 수 기 　나누려하시는가?

丁寧急辦看花會 　정녕코 간화회(看花會) 서둘러 마련할 터인데,
정 녕 급 판 간 화 회

冷豔幽香苦暫時 　냉염 유향(冷豔幽香) 그리워 잠시나마 괴롭구려.
냉 염 유 향 고 잠 시

| 주해(註解) |

* 판(辦) - 1. 갖추다. 2. 힘들이다.
* 간화회(看花會) - 꽃을 구경하는 모임.
* 냉염유향(冷豔幽香) - 차갑고 고운 맵시와 그윽한 향기. 매화를 이르는 말.

〈둘째 시(其二)〉

雪厭園林歲暮天 설 염 원 림 세 모 천	눈 쌓인 원림(園林)에 세밑 날씨에도,
梅花粲粲故依然 매 화 찬 찬 고 의 연	찬찬(粲粲)한 매화는 옛 모습 그대로라네.
君家知有藏春塢 군 가 지 유 장 춘 오	그대 집에 아마도 장춘오(藏春塢) 같은 전원 있기에,
一樹能開臘日前 일 수 능 개 납 일 전	한 그루의 매화 납일(臘日) 전에 필 수 있었겠지.

| 주해(註解) |

* 찬찬(粲粲) - 빛이 울긋불긋하고 아름다운 모양.
* 장춘오(藏春塢) - 송(宋)의 문인 조약(刁約)의 동산 이름, 전하여 꽃동산.
* 납일(臘日) - 민간이나 조정에서 조상이나 종묘·사직에 제사(祭祀) 지내던 날.

(304~307) 다시 앞선 시와 같은 각운자로 짓다 4수

〈첫째 시(其一)〉 - 매화를 읊은 시 두 수를 도재[이숭인]에게 드리다(復賦前韻呈陶隱二首)

見得來時開萬枝	앞으로 일만 가지에 활짝 필줄 아는데,
견 득 래 시 개 만 지	
賞心應與故人期	감상하는 마음은 틀림없이 친구들과 함께 하겠지.
상 심 응 여 고 인 기	
勸君秉燭醉花下	그대에게 권하노니 밤새워 꽃 아래서 취하고,
권 군 병 촉 취 화 하	
莫待落梅歌唱時	낙매가(落梅歌) 부를 때까지 기다리지는 말아주시오.
막 대 락 매 가 창 시	

| 주해(註解) |

* 상심(賞心) - 경치(景致)를 즐기는 마음.
* 병촉(秉燭) - 촛불을 손에 잡는다. 촛불을 켬.
* 낙매가(落梅歌) - 적곡(笛曲)을 이르는 말. 진(晉)의 환이(桓伊)가 만들었다 함.

〈둘째 시(其二)〉

陶翁觀物別藏天   도옹(陶翁)은 도(道)로 감추어진 각도에서 사물을
도 옹 관 물 별 장 천   관찰하는데,

一朶初開更淡然   한 송이 처음 피자 더더욱 담연(淡然)하구나.
일 타 초 개 갱 담 연

誰向江南看萬樹   뉘라서 강남(江南)가서 만 가지를 구경하리,
수 향 강 남 간 만 수

未如安坐對尊前   편안히 앉아 술주전자 대하는 것만 못한 것을.
미 여 안 좌 대 존 전

| 주해(註解) |

* 관물(觀物) - 풍물을 완상함.
* 담연(淡然) - 담담한 모양.
* 존(尊) - 술그릇. 높다.

《셋째 시(其三)》 - 매화를 읊은 시 두 수를 포은[정몽주]에게 드리다(復賦前韻呈圃隱二首)

宛如臨水看橫枝	완연(宛然)히 물에 다달은 횡지(橫枝)를 보는 듯한데,
완 여 임 수 간 횡 지	
忽此相逢本不期	홀연히 여기에서 만날 줄 짐작도 못했노라.
홀 차 상 봉 본 불 기	
旣與主人同皎潔	기왕에 주인과 교결(皎潔)을 같이 했는데,
기 여 주 인 동 교 결	
肯隨桃李豔陽時	그 어찌 도리(桃李) 따라 봄이 한창일 때를 즐기겠는가.
긍 수 도 리 염 양 시	

| 주해(註解) |

* 교결(皎潔) - (달이)밝고도 맑음.
* 도리(桃李) - 복숭아와 자두(꽃). 남이 천거한 어진 사람.
* 염양(豔陽) - 봄이 한창일 때.

〈넷째 시(其四)〉

占斷風情向臘天   풍정(風情)을 독차지하고 섣달그믐날을 향해 필 제,
점 단 풍 정 향 납 천

尋詩和靖倍忻然   시를 찾는 임화정(林和靖)은 갑절이나 기뻐하였니.
심 시 화 정 배 흔 연

暗香疎影儂家興   숨은 향 성긴 그림자는 나의 흥취라서,
암 향 소 영 농 가 흥

我愛孤芳席更前   고방(孤芳)을 사랑하여 자리 앞으로 당기네.
아 애 고 방 석 경 전

| 주해(註解) |

* 풍정(風情) - 풍류다운 정회.
* 납천(臘天) - 섣달그믐날.
* 화정(和靖) - 송의 시인 임포(林逋)의 호, 자는 군복(君復).
* 고방(孤芳) - 고고절속(孤高絶俗)의 향기.

(308) 국화를 청하는 시 한 구절을 규헌[권주]에게 드리다 (乞菊一絶呈葵軒)

新居未暇種黃花 새 거처에는 국화를 심을 겨를이 없었다네,
신 거 미 가 종 황 화

況是重陽病裏過 더구나 중양절(重陽節)을 병중에 보내다니,
황 시 중 양 병 리 과

安得軒前金蕊嫩 어찌하면 처마 앞의 아리따운 금빛 꽃술 얻어,
안 득 헌 전 금 예 눈

吹香細嚼療沈痾 풍기는 향기 잘게 씹어 해묵은 병을 고쳐볼거나.
취 향 세 작 료 침 아

| 주해(註解) |

* 예(蕊) - 꽃술.
* 눈(嫩) - 어리다. 연약하다.
* 침아(沈痾) - 고질(痼疾). 지병.

(309) 규헌[권주]이 국화를 보내준 데 대하여 감사하다
(謝葵軒惠菊)

秋深門巷鎖苔花　　늦가을 골목길엔 이끼꽃만 엉켰는데,
추 심 문 항 쇄 태 화

除却葵軒孰肯過　　규헌(葵軒) 말고는 그 누가 찾으려 하겠는가?
제 각 규 헌 숙 긍 과

枉寄寒叢情更重　　차가운 국화 떨기를 보내주니 정은 더더욱 두터운데,
왕 기 한 총 정 경 중

小牕相對滌煩痾　　작은 창에서 마주보며 번울증(煩鬱症)을 씻는다오.
소 창 상 대 척 번 아

| 주해(註解) |

* 제각(除却) - 사물이나 현상을 없애거나 사라지게 하는 것.
* 한총(寒叢) - 차갑게 보이는 국화 떨기.
* 척(滌) - 씻다. 닦다.
* 번아(煩痾) - 번민과 질병.

(310~311) 국화꽃을 바라보며 규헌을 생각하다 2수 (對菊憶葵軒二首)

- 이 국화도 규헌이 보내준 것이다(菊是葵軒所寄)

〈첫째 시(其一)〉

朱朱白白與黃黃	붉은 송이 흰 송이 그리고 노랑 송이,
주 주 백 백 여 황 황	
共一盆中滿院香	화분 가운데 어울려 피니 울안이 온통 향기로세.
공 일 분 중 만 원 향	
宛對玉人茅屋裏	모옥(茅屋) 속에서 완연히 미인을 대한 듯하여,
완 대 옥 인 모 옥 리	
不知身臥一藜床	몸이 명아주 침대에 누워 있음도 잊어버렸다네.
부 지 신 와 일 려 상	

| 주해(註解) |

* 완(宛) - 1. 완연하다. 2. 동산.
* 옥인(玉人) - 모양(模樣)과 마음이 아름다운 사람.
* 여상(藜床) - 명아주로 엮어 만든 침대.

〈둘째 시(其二)〉

故人誠信病中知	옛 친구의 정성스럽고 참됨은 병 앓을 때에 알았는데,
고 인 성 신 병 중 지	
此是前賢一句詩	이는 바로 전현(前賢)의 한 구절 시이던가.
차 시 전 현 일 구 시	
不獨有時頻問訊	틈만 나면 자주자주 찾아줄 뿐 아니라,
부 독 유 시 빈 문 신	
每將嘉惠慰衰羸	번번이 좋은 선물로 쇠한 몸 위로하여 주시네.
매 장 가 혜 위 쇠 리	

| 주해(註解) |

* 성신(誠信) - 1. 정성스럽고 참됨. 2. 성실한 신앙.
* 전현(前賢) - 예전의 현인.
* 부독(不獨) - ~뿐만 아니라.
* 쇠리(衰羸) - 쇠약해지다.

(312) 국화를 아끼는 시 한 수를 하 첨서에게 드리다
(惜菊一首呈河簽書)

遁翁樗散已華巓 쓸모없는 재목 같은 둔옹(遁翁)은 머리 이미 세어서,
둔 옹 저 산 이 화 전

種菊看花只自憐 국화 심고 꽃이나 보며 다만 스스로 위안삼는다네.
종 국 간 화 지 자 련

晩歲也宜偕隱逸 만년에는 또한 은일(隱逸)을 함께 하니 마땅하고,
만 세 야 의 해 은 일

殘秋最愛獨芳姸 늦가을에는 홀로 향기로움이 사랑스럽다네.
잔 추 최 애 독 방 연

繁英粲粲嚴霜後 탐스러운 꽃봉오리는 엄상(嚴霜) 뒤에 곱고,
번 영 찬 찬 엄 상 후

嫩蕊煌煌落照前 연약한 꽃술은 석양 앞에 반짝이네.
눈 예 황 황 낙 조 전

世上少年誰見賞 세상 소년들이야 그 누가 관상하리,
세 상 소 년 수 견 상

姚黃魏紫照瓊筵 목단(牧丹)이 있어 화려한 연석을 빛내주는데.
요 황 위 자 조 경 연

| 주해(註解) |

※ 하 첨서(河簽書) - 미상

* 첨서(簽書) - 첨서 밀직사사의 준말. 고려 때 밀직사의 종2품 벼슬.
* 저산(樗散) - 저력산목(樗櫟散木)의 약칭인데 쓸모없는 나무.
* 전(巓) - 산꼭대기. 산마루.
* 방연(芳姸) - 향기롭고 아름다움.
* 엄상(嚴霜) 늦가을에 아주 되게 내리는 서리.
* 요황 위자(姚黃魏紫) - 목단(牧丹)의 이칭. 낙양의 요씨 위씨 집에서 명화(名花)가 나왔기 때문에 붙여진 이름.
* 경연(瓊筵) - 화려한 연석(宴席)

(313) 규헌[권주]의 소나무를 읊다(詠葵軒松樹)

亭亭秀色蔭庭墀 정 정 수 색 음 정 지	높이 솟은 빼어난 빛깔은 정자(亭子)를 덮었는데,
似與高人素有期 사 여 고 인 소 유 기	고상한 사람과는 본디부터 기약(期約)을 한 듯하구나.
中立不隨時世態 중 립 불 수 시 세 태	가운데 우뚝 서서 세속 작태(作態) 따르지 않고,
後凋方見歲寒姿 후 조 방 견 세 한 자	뒤늦게 시드니 바야흐로 추워진 뒤의 모습 보겠도다.
風來蕭瑟頻驚夢 풍 래 소 슬 빈 경 몽	바람 불면 소슬(蕭瑟)하여 자주 꿈을 깨우고,
月上分明自入詩 월 상 분 명 자 입 시	달 오르면 분명하여 저절로 시상(詩想)에 들어오네.
知爾宏材扶大廈 지 이 굉 재 부 대 하	너는 큰 목재라서 큰 집을 지탱할 줄 내 아나니,
丁寧莫恨獨於斯 정 녕 막 한 독 어 사	정녕코 이곳에 홀로 서 있다고 한스러워하지는 말라.

| 주해(註解) |

* 수색(秀色) - 산과 들의 맑고 아름다운 경치.
* 정지(庭墀) - 뜰에 있는 정자.
* 후조(後凋) - 1. 뒤늦게 시듦. 2. 간난(艱難)에 견뎌 굳게 절조(節操)를 지킴.
* 굉재(宏材) - '큰 목재(木材)'. 뛰어나게 훌륭한 인물을 비유적으로 이르는 말.
* 대하(大廈) - 크고 넓은 집.

■ 둔촌선생유고 재간 발문(遁村先生遺稿再刊跋)

　선조(先祖) 둔촌 선생의 유고(遺稿)는 일찍이 공주(公州)에서 판각한 적이 있었다. 그러나 세월이 오래되어 판목(版木)이 훼손되어 형적(形跡, 남은 흔적)이 아주 없어져 전할 수 없게 될까 두려웠다. 내가 이제 경상도의 관찰사(觀察使)로서 다행히도 영중(營中)에 누판(鏤板) 여재(餘材)가 있기에 장인(匠人)에게 개간(開刊)을 명하여 길이 없어지지 않기를 도모하였다.

　경태(景泰, 명 태종의 연호) 2년(조선 문종 1년 1451) 이른 봄에 통정대부(通政大夫) 경상도 관찰출척사(觀察黜陟使) 겸 감창안집전수권농관학사제조형옥병마공사(監倉安集轉輸勸農管學事提調刑獄兵馬公事) 겸 상주목사(尙州牧使) 손자 인손(仁孫)은 삼가 발문(跋文)을 쓰다.

遁村先生遺稿再刊跋

　先祖遁村遺稿, 嘗刊在公州. 歲久板刓泯, 而不傳, 是懼焉. 余今觀察慶尙, 幸營中有鏤板餘材, 遂命工開刊, 以圖不朽云.

　景泰二年, 孟春有日, 通政大夫慶尙道觀察黜陟使兼監倉安集轉輸勸農管學事提調刑獄兵馬公事兼尙州牧使孫仁孫, 謹跋.

| 주해(註解) |

* 완(刓) - 닳다. 새기다.
* 민(泯) - 망하다. 죽다. 민몰(泯沒). 민멸(泯滅) : 형적(形跡)이 아주 없어짐
* 누판(鏤板) - 목판에 글이나 그림 등을 새기는 행위. 글이나 그림 등이 판각된 목판.
* 개간(開刊) - 신문, 책 등을 처음으로 간행(刊行)함.

III

둔촌선생유고 제3권

遁村先生遺稿卷之三

III. 둔촌선생유고 제3권
遁村先生遺稿卷之三

■ 둔촌선생에 대한 친구들의 글

(1) 이호연[이집]이 내방하다(李浩然見訪)

- 목은 이색(牧隱 李穡)

夏遇驪江上 하 우 여 강 상	여름에는 여강(驪江) 가에서 만났는데,
秋逢鵠嶺前 추 봉 곡 령 전	가을에는 송악산(松嶽山) 앞에서 만났다네.
君狂猶矍鑠 군 광 유 확 삭	그대는 오히려 씩씩하게 생기가 도는데,
我弱更沈綿 아 약 갱 침 면	나는 약해빠져 병에만 시달리네.
陋巷煙浮地 누 항 연 부 지	누추한 마을엔 연기 땅에 떠 있고,
高樓峀際天 고 루 수 제 천	높다란 다락은 산봉우리 하늘에 닿았네.
何如兩無事 하 여 양 무 사	어찌하면 두 사람 아무 탈 없이,
到處共飄然 도 처 공 표 연	이르는 곳마다 함께 어울려 훨훨 날아볼까.

| **주해(註解)** |

* ≪목은시고≫(제22권)

* 곽(钁) - 괭이. 큰 호미. 쪼개다.
* 확삭(矍鑠) - 원기가 왕성하고 몸이 날램. 노당익장(老當益壯) 矍: 두리번거릴 확. 鑠: 녹일 삭.
* 침면(沈綿) - 병이 깊숙이 들어 중함.
* 누항(陋巷) - 누추(陋醜)하고 좁은 마을.
* 수(峀) - 산봉우리. 산굴.
* 표연(飄然) - 바람에 가볍게 팔랑 나부끼는 모양.

(2) 둔촌[이집]이 와서 이르기를 『도은[이숭인]과 같이 영은사 중암의 거처에서 한 해를 보내려고 한다』 하였다(遁村來過云將與陶隱守歲靈隱寺中菴所居也)

- 목은 이색

中菴出日本 　중암(中庵)은 일본에서 나오면서부터,
중 암 출 일 본

道氣絶纖塵 　도를 닦는 기상엔 잔 티끌마저 털어 버렸다네.
도 기 절 섬 진

二李慰獨夜 　두 분 이씨께서 홀로 지내는 밤을 위로하는데,
이 이 위 독 야

三韓知幾春 　삼한(三韓) 땅에서 몇 번의 봄을 지났던가?
삼 한 지 기 춘

氷崖紆犖确 　얼음 덮인 벼랑엔 바위 길 울퉁불퉁하고,
빙 애 우 낙 학

雲嶺聳嶙峋 　구름 잠긴 산봉우리 깎아지른 듯 솟아 있겠네.
운 령 용 인 순

偃臥想高會 　드러누워 고상한 모임을 상상해보니,
언 와 상 고 회

如聞佳句新 　아름다운 새로운 시 구절들 내 귀에 들리는 듯.
여 문 가 구 신

| 주해(註解) |

* ≪목은시고≫(제31권)

* 수세(守歲) - 섣달 그믐날 밤에 자지 않고 밤을 새움.
* 중암(中菴) - 윤중암(允中菴). 일본 출신 승려. 호는 식목(息牧)
* 도기(道氣) - 도를 닦는 기상.
* 이이(二李) - 둔촌 이집과 도은 이숭인.

* 섬진(纖塵) - 매우 잔 티끌.
* 위(慰) - 위로하다. 원망하다.
* 독야(獨夜) - 홀로 지내는 밤.
* 이이(二李) - 둔촌(遁村) 이집과 도은(陶隱) 이숭인
* 삼한(三韓) - 마한, 진한, 변한.
* 우(紆) - 굽다. 얽히다.
* 낙학(犖确) - 산이 험하고 바위가 많아 울퉁불퉁한 모양.
• 당나라 한유(韓愈)의 <산석(山石)> : "산에 돌이 어지럽고 작은 오솔길인데, 황혼에 절에 오니 박쥐들 날아다니네."(山石犖确行徑微 黃昏到寺蝙蝠飛)
* 용(聳) - 솟다.
* 인순(嶙峋) - 깎아지른 듯한 산 벼랑이 솟은 모양.
• 신숙주(申叔舟)의 <제일본승수인시축(題日本僧壽蘭詩軸)> : "일본 서울 경도·京都는 백리 넓이에 산으로 성을 삼았고, 서북쪽으로 산이 높고 험하며 동쪽으로는 인순일세."(王都百里山作城 西北嵯峨東嶙峋)
* 언와(偃臥) - 편안히 누움.
* 고회(高會) - 성대한 모임.

(3) 삼가 둔촌[이집]에게 화답하다(奉答遁村)   - 목은 이색

牧翁衰也甚 목 옹 쇠 야 심	목옹(牧翁) 나는 몹시도 늙어 쇠약하여,
久已忘行藏 구 이 망 행 장	벼슬길에 나아가고 물러남을 잊어버린지 오래라네.
雪興因安道 설 흥 인 안 도	눈의 흥취는 안도(安道)를 인연하여 일어나고,
花神憶趙昌 화 신 억 조 창	꽃의 정신은 조창(趙昌)을 생각나게 되는구나.
扶衰唯有酒 부 쇠 유 유 주	노쇠(老衰)를 막는데는 오직 술이 있을 뿐이고.
作戱每逢場 작 희 매 봉 장	유희를 펴는 데는 매양 장소를 찾게 되지.
贈策荷深意 증 책 하 심 의	좋은 대책 보내주니 깊은 뜻이 고마운데,
知君猶崛强 지 군 유 굴 강	그대는 아직도 정정함을 알겠네 그려.

| 주해(註解) |

※ ≪목은시고≫(제27권)

* 행장(行藏) - 용행사장(用行舍藏). '용지즉행(用之則行) 사지즉장(舍之則藏)'의 약어로 쓰임을 받으면 세상에 나와 자기의 도(道)를 행하고 버림을 받으면 물러가 은퇴함. 출처(出處)와 진퇴(進退)를 때에 맞추어 적절히 함.
* <논어(論語)·술이(述而)> : "(공자가 안연에게) 쓰임을 받으면 행하고, 놓임을 받으면 숨어 버리는 것은, 오직 나와 너만 할 수 있을 것이다"(用之則行 舍之則藏 唯我 與爾 有是夫·용지즉행 사지즉장 유아여이 유시부)

※ **안도(安道)** - 진(晉)나라 대규(戴逵)의 자.
- 방대야산음(訪戴夜山陰, 밤에 산음에 있는 대규를 방문하다) - 진나라의 문인 왕휘지가 눈 오는 밤에 갑자기 흥이 생겨 밤새 배를 타고 산음에 사는 친구 대규(戴逵, 자 安道)를 만나러 갔으나, 날이 새자 흥이 식어 대안도를 만나지도 않고, 그대로 돌아온 고사.

※ **조창(趙昌, ?~?)** - 중국 오대(五代) 말에서 북송 초기의 화가. 자는 창지(昌之). 화려한 색채를 사용한 화조화의 양식을 확립하였으며 절지화(折枝畫)에도 뛰어났다. 그의 사생(寫生) 법칙은 매우 핍진하여, 꽃에 정신을 불어넣는다고 하였음. 작품에 <죽충도(竹蟲圖)>가 있다.

* 화신(花神) - 꽃의 신. 꽃의 기품.
* 책(策) - 지팡이. 여기서는 대책(對策).
* 하(荷) - 은혜를 입다.
* 굴강(崛强) - 억세다. 고집이 세다.
* 작희(作戲) : 봉장(逢場) 작희, 장소에 따라서 지니고 다니던 막대기를 돌리면서 유희를 편다 는 뜻. 세속에 따라서 임기응변 한다는 뜻으로도 씀.

(4) 삼가 둔촌[이집]께서 검은콩 씨앗을 보내준 데 대하여 사례하다 (奉謝遁村送黑豆種)

- 목은 이색

黑豆遍中原 흑 두 편 중 원	검은콩은 중원에만 널려 있는데,
何從出遁村 하 종 출 둔 촌	어떻게 해서 둔촌(遁村)에서 나왔을까?
煎湯解酒毒 전 탕 해 주 독	탕(湯)으로 달이면 주독(酒毒)도 푸나니,
政可倒金樽 정 가 도 금 준	바로 금주전자를 기울일만도 하겠네.
芳草欲侵轍 방 초 욕 침 철	방초(芳草)는 수레바퀴 자국을 메우려 하고,
落花方掩門 낙 화 방 엄 문	지는 꽃잎은 바야흐로 문앞을 가리네.
小畦秋必熟 소 휴 추 필 숙	작은 밭이랑에도 가을은 반드시 익을 터이니,
儻或枉高軒 당 혹 왕 고 헌	혹시 고귀한 행차가 왕림하여 주시려나?

| 주해(註解) |

※ 국역 ≪목은시고≫(권21)
※ 문헌에 보이는 검은콩은 둔촌이 최초로 재배하였다.

* 휴(畦) - 밭두둑. 지경.
* 당(儻) - 1. 혹시(허사·虛詞). 2. 빼어나다.
* 고헌(高軒) - 1. 높은 처마. 2. 남의 '수레'의 높임말.
* 왕(枉) - 왕림(枉臨).

(5) 둔촌[이집]이 햅쌀을 보내왔기에 사례하다(謝遁村送新米)

- 목은 이색

漢江江上又秋風	한강의 강가에 또다시 가을바람 이는데,
한 강 강 상 우 추 풍	
高臥黃雲靄靄中	뭉게뭉게 피어오르는 누런 곡식 속에 누워 계시겠지.
고 와 황 운 애 애 중	
玉粒分來問何意	옥립(玉粒)을 나눠보냈으니 무슨 뜻일까!
옥 립 분 래 문 하 의	
秪應惱殺未歸翁	다만 틀림없이 돌아가지 못한 이 늙은이를 괴롭게만 한 것일세.
지 응 뇌 쇄 미 귀 옹	

| 주해(註解) |

※ 국역<목은시고> (제 25권) <편지 대신 [이 시로서] 햅쌀을 보내 준 이둔촌에게 사례하다(代書謝李遁村送新米·대서사이둔촌송신미)>

* 황운(黃雲) - 곡식 익은 것.
* 애애(靄靄) - 안개나 구름이나 아지랑이 같은 것이 많이 끼어 있는 모양.
* 뇌쇄(惱殺) - 애가 타도록 몹시 괴로워함.

(6) 이호연[이집]에게 보내다(贈李浩然)

- 목은 이색

强揩病目讀韓文 강 개 병 목 독 한 문	억지로 병든 눈 닦고 한 문공의 문장을 읽으며,
擬向殘年敎子孫 의 향 잔 년 교 자 손	남은 생애에 자손들을 가르치려 한다오.
最是一篇原道在 최 시 일 편 원 도 재	그 중에 가장 중요한 원도(原道) 한 편이 있어,
且從格物更燖溫 차 종 격 물 갱 심 온	우선 격물(格物)에서부터 다시 연구를 거듭한다오.

| 주해(註解) |

* 한문(韓文) - 당(唐)의 한문공(韓文公: 한유(韓愈))의 문장.
* 잔년(殘年) - 늙어서 죽기까지 얼마 남지 않은 나머지 나이.
* 최시(最是) - 가장~하다. 최고로~하다.
* 원도(原道) - 한유(韓愈)가 지은 문장의 이름. 「원도(原道)」는 한유의 주요 논문이다. 원(原)이라 함은 물(物)의 본원이며 또 그의 근원을 찾는 일인데, 여기서 동사로 사용되어 본원의 도(道)를 탐구한다는 것이다. 한유는 한(漢)대부터 현재(당나라)까지 도가 및 불교의 이단사상에 의해 유가의 정치원리나 사회도덕인 도(道)가 어지러워졌다고 생각하였다. 그리하여 그는 본원의 도에 의하여 인의(仁義)를 내용으로 하는 유교적인 사회·정치사상을 명확하게 다시 밝혀내려고 하였다.
그 논지는 도덕·인의의 정의(定義)에서 시작하여, 도가의 무정부적인 원시생활의 동경이라든가, 불교의 출세간적(出世間的)인 태도를 다 같이 봉건사회의 군주신민(君主臣民)이나 부자(父子)의 신분과 사회질서를 파괴하는 것이라고 비판한다.
* 격물(格物) - 사물의 이치를 연구함. ≪대학(大學)≫의 8조목 중, 첫째 조목.
* 심온(燖溫) - 배운 것을 되풀이해서 다시 익힘.

| 해설(解說) |

목은 이색은 당시 성리학이 정착하는 시기에 맹자를 깊이 탐구하였고, 특히 격물치지(格物致知)를 강조하는 면을 이 시에서 볼 수 있다.

(7~9) 제현(諸賢)의 시운에 차운하여 이아원(李亞元, 之直)을 하례하고, 그다음은 그의 부친인 둔촌(遁村)[이집]에게 부치고, 그 다음은 회포를 서술하였다 3수[次諸賢韻, 賀李亞元(之直), 次寄乃翁遁村, 次述懷三首]

- 목은 이색

〈첫째 시(其一)〉

殿上傳臚日色新 전상(殿上)의 호명 소리에 햇빛도 화사로워라.
전 상 전 려 일 색 신

賜花香動滿街春 어사화 향기 풍기니 거리 가득 봄이로세.
사 화 향 동 만 가 춘

君心未必知吾恨 그대 마음은 내 한을 꼭 알진 못하겠지.
군 심 미 필 지 오 한

恨不前頭更有人 그대가 제일인자 안 된 게 바로 한이라네.
한 부 전 두 갱 유 인

| 주해(註解) |

* 국역 <목은시고> (제24권). <여러분들이 사용한 각 운자를 사용하여 이 아원을 축하하고, 다음에 그의 아버지 둔촌에게 지어 부치고, 그 다음은 회포를 서술하였다. 모두 3수이다.>

* 전려(傳臚) - 과거 때에 전시(殿試)를 마친 뒤에 합격한 사람의 과(科), 등(等) 및 이름을 하나 하나 부르는 것.
* 어사화(御賜花) - 문무과에 급제한 사람에게 임금이 주던 종이로 만든 개나리꽃, 관(冠)에 꽂음.
* 만가(滿街) : 유가(遊街). 어사화를 머리에 꽂은 급제자들이 말을 타고 자축 행진을 하는 것.

〈둘째 시(其二)〉

遁村長歎世情新
둔 촌 장 탄 세 정 신

둔촌(遁村)은 무상한 세정을 길이 탄식하거니,

病樹前頭幾度春
병 수 전 두 기 도 춘

병든 나무(자칭)가 앞으로 몇 봄이나 지낼런고.

今日好懷開盡未
금 일 호 회 개 진 미

오늘 이 좋은 회포를 다 펴지 않으려나?

一郞猶是可憐人
일 랑 유 시 가 련 인

큰 자제가 그래도 어여쁜 사람이고말고.

| 주해(註解) |

* 전두(前頭) - 지금부터 다가오게 될 앞날.
* 기도(幾度) - 몇 번.
* 일랑(一郞) - 큰 아들.

〈셋째 시(其三)〉

種種年來白髮新	연래(年來)에는 모자라진 백발 자꾸만 더해 가는데,
몽 종 연 래 백 발 신	
夢中猶記曲江春	꿈속에선 아직도 곡강(曲江)의 봄을 기억한다네.
몽 중 유 기 곡 강 춘	
文章未必能經國	문장(文章)으로 반드시 국가 경영하는 건 아닌데,
문 장 미 필 능 경 국	
厚祿深慚荷主人	주상께 후한 은택 입었음이 마냥 부끄럽다네.
후 록 심 참 하 주 인	

| 주해(註解) |

* 종종(種種) - 머리가 모자라서 짧아진 모양.
* 곡강(曲江) - 당나라의 수도였던 장안에 있는 물 이름, 당시에 과거 합격자들이 3일 유가한 뒤에 이곳으로 가서 바위 돌에 이름을 새기고, 즐겁게 논 것을 '곡강연(曲江宴)'이라고 함.

| 해설(解說) |

　이아원(李亞元)은 둔촌(遁村)의 큰아들로, 우왕 6년 경신년(1380)에 갑과(甲科) 제2인으로 급제한 이지직(李之直)을 가리킨다. "몽중유기곡강춘(夢中猶記曲江春, 꿈속에선 아직도 곡강의 봄을 기억한다네)" 구절은 목은이 일찍이 원(元)나라의 제과(制科)에 급제했을 때의 일을 가리킨다. 곡강(曲江)은 바로 당송(唐宋) 시대에 급제자를 방방(放榜, 방목(榜目)에 적힌 과거 급제자의 이름을 부름)한 다음, 이들을 곡강정(曲江亭)에 모아 놓고 주연(酒宴)을 크게 베풀었던 데서 온 말인데, 이것을 곡강회(曲江會) 또는 문희연(聞喜宴)이라고도 한다.

(10) 이호연[이집]이 아들 한림을 데리고 음식을 가지고 왔다가 밤이 되어 돌아간다기에 한 수를 읊다(李浩然携子翰林以酒食來入夜而歸吟成一首)

- 목은 이색

浩然豪氣蓋儒林 호연(浩然)의 호방한 기개 유림(儒林)을 뒤덮더니,
호 연 호 기 개 유 림

蹭蹬風塵直至今 험난한 풍진(風塵) 세상 지금에 이르렀네.
층 등 풍 진 치 지 금

只有斯文恩義在 오직 사문(斯文) 있어 은의(恩義)를 간직했는데,
지 유 사 문 은 의 재

每談迎日淚沾襟 매양 영일 사람 말할 때면 눈물이 옷깃을 적셨다네.
매 담 영 일 루 첨 금

論交我又非他比 교분으로 말하자면 나도 다른 이에 비할 바 아니지만,
논 교 아 우 비 타 비

得句誰能與子吟 시구(詩句)를 짓는데는 누가 능히 그대와 같이 읊을 수 있을까.
득 구 수 능 여 자 음

牛酒特過情更重 쇠고기와 술 갖고 찾아주신 정 더없이 두터운데,
우 주 특 과 정 갱 중

携來況復是千金 더구나 천금(千金) 같은 아들까지 데리고 왔음에랴?
휴 래 황 복 시 천 금

| 주해(註解) |

※ 국역 <목은시고> (제33권). <정포은 추상과 이도은, 이둔촌이 방문해 준 것을 감사하다.(謝鄭圃隱樞相與李陶隱李遁村見放·사정포은추상여이도은이둔촌견방)

* 층등(蹭蹬) - 1. 발을 잘못 디뎌 길을 잃음. 2. 권세(權勢)를 잃고 어정거림.
* 치(直) - 만나다, 당하다.
* 지유(只有) - 오직~만 있다.

* 사문(斯文) - 문장, 학문, 유학의 뜻으로 쓰이지만 문사나 학자를 높혀서 부른 호칭으로도 쓰인다. 여기에서는 둔촌을 지칭한 말.
* 영일(迎日) : 영일 정씨인 정 포은.
* 은의(恩義) - 갚아야 할 만한 은혜와 의리.
* 루첨금(淚沾襟) - 눈물이 옷깃을 적시다.
* 우주(牛酒) - 쇠고기와 술.

(11) 포은[정몽주], 도은[이숭인], 둔촌[이집]의 내방에 감사하다
(謝圃隱陶隱遁村見訪)
- 목은 이색

淡交今復幾人存
담 교 금 부 기 인 존
담박하게 사귄 친구들 지금은 몇이나 남았는가,

里巷蕭條晝掩門
이 항 소 조 주 엄 문
골목길은 쓸쓸한데 낮에도 문을 닫고 지내노라.

只爲數公頻倒屣
지 위 수 공 빈 도 사
오직 몇 분만을 맞으려 자주 신발 거꾸로 신고 나가는데,

每於佳節共傾樽
매 어 가 절 공 경 준
좋은 계절마다 어울려 술잔을 기울였지.

文章正印誰相援
문 장 정 인 수 상 원
문장(文章)의 정통성을 누구와 주고 받으려 하는가,

道德餘光世所尊
도 덕 여 광 세 소 존
도덕의 여광(餘光)은 세상이 존중한 바일세.

自幸病翁蒙齒錄
자 행 병 옹 몽 치 록
병든 내가 등용의 은총을 입음 스스로 다행스럽게 여기지만,

負暄墻下對高軒
부 훤 장 하 대 고 헌
부훤(負暄)의 담장 아래 높은 수레를 맞는구려.

| 주해(註解) |

※ 국역 <목은시고> (권31).

* 담교(淡交) - '물과 같은 담박(淡泊·澹泊)한 사귐'이라는 뜻. 교양이 있는 군자의 교제.
* 도사(倒屣) - 찾아온 사람을 급히 맞이하려고 신을 거꾸로 신고 나간다는 말.
* 정인(正印) - 정종(正宗, 창시자의 정통을 이어받은 종파)과 같은 뜻.
* 여광(餘光) - 해나 달이 진 뒤에 은은하게 남는 빛.

* 치록(齒錄) - 1. 등용하다. 2. 과거의 동방 급제자의 명부. 광의로 과방록(科榜錄)의 뜻으로도 쓰임.
* 부훤(負暄) - '햇볕을 쬐는 일'이라는 뜻으로, 부귀(富貴)를 부러워하지 아니하는 마음을 이르는 말. 송나라의 한 가난한 농부가 봄볕에 등을 쬐면서 세상에 이보다 더 따스한 것은 없으리라는 생각에 이를 임금에게 아뢰었다는 데서 유래한다. 여기에서는 그 농부처럼 꾀죄죄하게 지내고 있는 자기의 처지라는 뜻으로 쓰였음.

(12) 이호연[이집]이 구거로 돌아가려 한다기에 나도 따라가고 싶은 마음에서 장가를 읊다(李浩然將歸舊居, 僕欲從之, 發爲長歌)

- 목은 이색

浩然志雄才又雄
호 연 지 웅 재 우 웅
호연(浩然)은 포부도 크고 재주도 뛰어났는데,

老矣始知時不容
노 의 시 지 시 불 용
늙어서야 비로소 시대와 맞지 않음을 알았나니.

携持婦兒長固窮
휴 지 부 아 장 고 궁
가족을 거느리고 오랜 세월 고궁(固窮)하면서,

高談睥睨諸鉅公
고 담 비 예 제 거 공
높은 벼슬아치들을 흘겨보면서 고담준론을 폈다오.

春風吹來土脈融
춘 풍 취 래 토 맥 융
봄바람 솔솔 불어 토맥(土脈)이 풀어지니,

又欲歸田尋老農
우 욕 귀 전 심 노 농
또다시 시골로 돌아가 늙은 농사꾼을 찾겠다네.

自幸虛職籍不通
자 행 허 직 적 불 통
헛된 직위에 통적(通籍) 못됨을 되레 다행으로 여기고,

笑彼棧豆麋追風
소 피 잔 두 미 추 풍
하찮은 봉록에 얽매여 시류(時流)에 추종함을 비웃는다네.

靑山丹丹雲淡濃
청 산 단 단 운 담 농
청산(靑山)은 둥실둥실 구름은 엷고짙은데,

驪江之水何溶溶
여 강 지 수 하 용 용
여강(驪江) 물은 어찌 저리도 출렁이는지,

江邊野僧詩語工
강 변 야 승 시 어 공
강가에 야승(野僧)은 시어(詩語)에 뛰어나서,

示有諸過心則空
시 유 제 과 심 칙 공
많은 허물 있지만 마음은 비어 있음을 보이네.

芒鞋竹杖日相從 망 혜 죽 장 일 상 종	대지팡이와 짚신으로 날마다 상종하며,
逃禪引滿琉璃鍾 도 선 인 만 류 리 종	유리잔(琉璃鍾)에 넘치도록 마시며 도선(逃禪)하겠지.
老牧邇來廢前功 노 목 이 래 폐 전 공	늙은 목은(牧隱)은 그동안 해오던 노력도 흐지부지하고,
黑白中間探舊蹤 흑 백 중 간 탐 구 종	시비(是非)와 선악(善惡)의 중간에서 옛 자취를 더듬는다네.
甚矣衰也病在躬 심 의 쇠 야 병 재 궁	지금은 너무도 쇠해져서 병까지 걸린 몸이지만,
自有豪傑扶儒宗 자 유 호 걸 부 유 종	원래는 호걸(豪傑)의 기상으로 유종(儒宗)을 옆에서 도왔다오.
風從虎兮雲從龍 풍 종 호 혜 운 종 용	바람이 범을 따르는 듯 구름이 용을 따르는 듯,
魚躍鳶飛開闢雝 어 약 연 비 개 벽 옹	국학을 활짝 열자 물고기 뛰고 솔개 날고,
斯文萬世耀天東 사 문 만 세 요 천 동	사문이 이에 만세토록 우리 동쪽나라를 비추게 되었는데,
我身去就鴻毛同 아 신 거 취 홍 모 동	이 몸의 거취는 이제 와서 터럭처럼 가볍다 할까.
毛輶有倫我在有無中 모 유 유 륜 아 재 유 무 중	깃털은 그래도 비교가 되지만 나는 있는 둥 마는 둥 하나니,
殘生哀哉如蠛蠓 잔 생 애 재 여 멸 몽	애닲은 잔생(殘生)이여 하루살이 신세로다.
浩然往矣修釣筒 호 연 왕 의 수 조 통	호연(浩然)은 돌아가 낚시통 손보아 두게나,
我行亦趁桃花紅 아 행 역 진 도 화 홍	이 사람도 복사꽃 붉기 전에 따라가겠네.

| **주해(註解)** |

※ 국역 <목은시고> (제31권).

* 고궁(固窮) - 곤궁한 것을 잘 견디어 천명(天命)에 맡김.
* 비예(睥睨) - 눈을 흘겨봄.
* 거공(鉅公) - 존귀한 사람. 일정한 분야에서 특별히 뛰어난 사람.
* 토맥(土脈) - 땅속에 있는 토양의 줄기. 즉 토양.
* 허직(虛職) - 실속이 없는 헛된 지위.
* 통적(通籍) - 궁문(宮門)의 출입을 허락받음.
* 잔두(棧豆) - 말의 사료로 쓰인 콩. 하찮은 봉록(俸祿)에 비유한 말.
* 죽장망혜(竹杖芒鞋) - 대지팡이와 짚신
* 도선(逃禪) - 선(禪)을 도피한다는 말. 술을 마시고서 불계(佛戒)를 떠나는 것.
* 흑백(黑白) - 시비(是非)와 선악(善惡). 불가(佛家)의 선악양업(善惡兩業).
* 유종(儒宗) - 유가(儒家)의 종사(宗師). 유교를 말함.
* 부(扶) - 떠받치다.
* 어약연비(魚躍鳶飛) - '물고기가 펄펄 뛰고 솔개가 하늘 높이 난다'는 뜻으로, 매우 박력 있고 활달한 상태를 비유적으로 이르는 말.
* 벽옹(辟雍) - 주대(周代) 천자의 태학(太學)의 이름. 고려의 국학(國學) 또는 성균관(成均監)을 말함.
* 유륜(有倫) - 비교할 데가 있다.
* <중용(中庸)> : "덕은 가볍기 털과 같다. 털은 그래도 비교가 되지만, 하늘의 일은 소리도 없고 냄새도 없다."(德輶如毛 毛猶有倫 上天之載 無聲無臭)
* 멸몽(蠛蠓) - 하루살이. 눈에놀이.
* 진(趁) - 뒤쫓다. 따르다.

| **해설(解說)** |

　목은 이색이 둔촌이 뜻도 높고 재능도 뛰어난데 시세에 용납되지 못함을 아쉬워하며 둔촌을 위로하는 시이다.

(13) 둔촌[이집]의 종이 두루마리에 적다(遁村卷子)

- 포은(圃隱) 정몽주(鄭夢周)

箕子以明夷 기 자 이 명 이	기자(箕子)는 명이(明夷)로서,
萬世訓皇極 만 세 훈 황 극	만세(萬世)에 황극(皇極)을 가르쳤고.
重耳嘗險阻 중 이 상 험 조	중이(重耳)는 일찍이 역경을 겪었기에,
諸侯宗晉國 제 후 종 진 국	제후들이 진(晉) 나라를 받들게 하였다네.
乃知古之人 내 지 고 지 인	이로써 옛날 사람들이,
處困斯有益 처 곤 사 유 익	고난(苦難)에 처하면 지혜가 더했음을 알겠노라.
先生昔避仇 선 생 석 피 구	선생도 지난날에 원수를 피해,
崎嶇竄荊棘 기 구 찬 형 극	험악한 가시밭에 숨으셨도다.
觀者爲酸辛 관 자 위 산 신	보는 이들 몹시도 안타까워 했지만,
惟子若自得 유 자 약 자 득	선생만은 오히려 태연하였지.
愈挫氣愈厲 유 좌 기 유 려	꺾으면 꺾을수록 기개(氣慨) 더욱 가다듬었으니,
烈火知良玉 렬 화 지 양 옥	세찬 불에서라야 좋은 옥을 알게 되나니라.

天敎群邪輩 천 교 군 사 배	하늘은 사악한 무리들로 하여금,
一朝斂蹤迹 일 조 렴 종 적	하루아침에 종적을 감추게 하니.
却來尋遁村 각 래 심 둔 촌	홀연히 돌아와선 둔촌(遁村)을 찾아가,
盤桓撫松菊 반 환 무 송 국	한가롭게 거닐며 소나무와 국화를 어루만지셨다네.

| 주해(註解) |

※ 국역 ≪포문집≫ (제2권) <둔촌의 권축에 적은 시(遁村卷子詩·둔촌권자시)>.

* 권자(卷子) - 글을 적어놓는 종이 두루마리.
* 기자(箕子) - 이름은 서여(胥餘), 기는 국명, 자는 자작(子爵)의 뜻. 은(殷)의 주왕(紂王)의 숙부로 은나라가 멸망한 뒤에는 숨어 있다가 주(周) 무왕(武王)의 청을 받아들여 무왕에게 홍범구주 (洪範九疇)를 일러주었다. 뒤에 무왕이 기자를 조선에 봉했다[(封箕子于朝鮮·봉기자우조선 - 사기(史記)]했는데, 이설(異說)이 있다.
* 명이(明夷) : 역경(易經)의 괘명(卦名)으로서 밝은 해가 지중(地中)으로 들어가 밝음을 잃었다는 상(象)인데, 기자의 명이라 함은 지극히 어두운 세상에서도 능히 그 뜻을 바로 하여 밝음을 상하지 아니했음을 뜻함.
* 황극(皇極) - 임금이 왕위에 오름. 중앙에서 극을 세워 사방의 표준이 되며 만민의 법칙을 정함을 뜻함. 또한 지극(至極)을 뜻하기도 함.
* 중이(重耳) - 춘추시대 진(晋) 나라 헌공(獻公)의 차자(次子). 태자(太子) 신생(申生)의 제(弟). 시(諡)는 문(文), 헌공(獻公)이 여희(驪姬)의 사랑에 빠져 태자 신생을 죽이자 중이는 적(狄) 땅으로 도망하여 나라 밖에서 19년을 피해 살다가 헌공이 죽고 수전(數傳)하여 회공(懷公) 때에 이르러 진목공(秦穆公)의 힘을 빌려 진나라에 돌아왔다. 그때 호언(狐偃)·조쇠(趙衰) 등 어진 신하들을 만나 제 환공(齊桓公)에 이어 제후의 패자(覇者)가 되었다. - <사기(史記)>

* 험조(險阻) - 지세가 가파르거나 험하여 막히거나 끊어져 있다.
* 기구(崎嶇) - 1. 산길이 험함. 2. 세상살이가 순탄하지 못하고 가탈이 많음.
* 찬(竄) - 숨다. 달아나다.
* 반환(盤桓) - 머뭇머뭇거리면서 그 자리에서 멀리 떠나지 못하고 서성이는 모습. 도연명의 <귀거래사(歸去來辭)> : 저녁 해가 뉘엿뉘엿 장차 지려고 하는데, 외로운 소나무 어루만지며 서성이노라(影翳翳以將入, 撫孤松而盤桓·영예예이장입, 무고송이반환)
* 송국(松菊) - 어떤 판본에는 '국(菊)'이 '죽(竹)'으로 되어 있다.

(14) 이 호연[이집]의 종이 두루마리에 적다(浩然卷子)

- 포은 정몽주

皇天降生民 황 천 강 생 민	황천이 사람을 만드실 때에,
厥氣大且剛 궐 기 대 차 강	크고 굳센 기운 주셨건만.
夫人自不察 부 인 자 불 찰	아! 사람들이 제 스스로를 살피지 않아서,
乃寓於尋常 내 우 어 심 상	이에 평범한 것으로만 여기고 말았네.
養之固有道 양 지 고 유 도	이를 기르는데에도 참으로 도가 있나니,
浩然誰敢當 호 연 수 감 당	호연지기를 그 누가 감당하랴.
恭承孟氏訓 공 승 맹 씨 훈	맹자의 가르침을 삼가 받들어,
勿助與勿忘 물 조 여 물 망	보태지도 말고 잊지도 말아야지.
千古同此心 천 고 동 차 심	천고(千古)를 두고 이 마음은 같나니,
鳶魚妙洋洋 연 어 묘 양 양	솔개와 물고기가 묘하게 날고 뛰네.
斯言知者少 사 언 지 자 소	이 말을 아는 이가 적으련만,
爲子著此章 위 자 저 차 장	그대 위해 이 글귀 짓나이다.

| 주해(註解) |

※ 국역 ≪포문집≫ (제2권) <호연의 권축에 적다(浩然卷軸·호연권축)>.

* 황천(皇天) - 하늘에 대한 경칭(敬稱). 상제(上帝).
* 호연(浩然) - 도의(道義)에 뿌리를 박고 공명정대(公明正大)하여 조금도 부끄러울 바 없는 도덕적인 용기, 호연지기(浩然之氣).
* 맹씨(孟氏) - 맹자(孟子). ≪맹자·공손추(公孫丑)≫: 반드시 기운을 기르는 일을 중시하고 효과를 미리 기대하지도 말고, 마음에 잊지도 말고, 억지로 조장하지도 말아야 한다(必有事焉而勿正, 心勿忘, 勿助長也·필유사언이물정, 심물망, 물조장야).
* 연어(鳶魚) - 솔개와 고기. 솔개는 하늘에 날고 고기는 물에서 뛴논다. 이 모두가 도(道)의 작용인데 만물이 자연의 이치에 의하여 타고난 성품대로 움직이며 스스로 그 낙(樂)을 얻는다. ≪중용(中庸)≫즉 천지간 어디에서나 도가 없지 않다는 것을 말함.
* 양양(洋洋) - 충만한 모양.

(15~17) 이태상이 지은 시 각운자를 받아서, 이 둔촌[집]의 아들 지직의 등과를 하례하다 3수(次李太常韻, 賀李遁村子[之直]登第三首)

- 포은 정몽주

〈첫째 시(其一)〉

遁村三子鳳毛新	둔촌(遁村)의 세 아들 뛰어난 풍채와 글재주 새롭더니,
둔 촌 삼 자 봉 모 신	
伯氏先攀桂苑春	맏이가 먼저 대과 급제의 봄을 당겨 잡았네.
백 씨 선 반 계 원 춘	
莫道飛揚只如此	이름을 높이 날리는 것이 여기에 그칠거라 말하지 말라,
막 도 비 양 지 여 차	
君王仄席讀書人	임금이 독서인(讀書人) 위해 자리를 비워놓고 기다린다네.
군 왕 측 석 독 서 인	

| 주해(註解) |

※ ≪포은집≫ (제3권)

* 봉모(鳳毛) - 1. 자식의 재주가 아버지나 할아버지에 뒤지지 아니함을 이르는 말.
  2. 뛰어난 풍채(風采) 또는 글재주를 칭찬하여 이르는 말.
* 계원(桂苑) - 계수로 꾸며진 동산. 대과에 급제함을 뜻함.
* 비양(飛揚) - 이름을 높이 날리는 것.
* 측석(仄席) - 측석(側席)과 같음. 임금이 유용한 신하를 맞기 위하여 옆자리를 비워놓고 기다린다는 뜻.

〈둘째 시(其二)〉

問學吾門藻思新   내 문하에서 공부할 때부터 문재(文才)가 새롭더니,
문 학 오 문 조 사 신

題名榜眼少年春   소년 시절에 과거 합격자 명부에 둘째로 이름 올랐구나.
제 명 방 안 소 년 춘

不材幸遇文明代   재주 없는 나도 다행히 문명 세상 만나서,
부 재 행 우 문 명 대

愧殺當時第一人   부끄럽게도 그 당시에 장원 급제하였다오.
괴 살 당 시 제 일 인

| 주해(註解) |

* 조사(藻思) - 시문(詩文)을 잘 짓는 재주. 문재(文才). 문사(文思).
* 방안(榜眼) - 전시(殿試)의 갑과(甲科)에 둘째로 급제한 사람. 방목(榜目) : 과거 합격자 명부. 신방안 : 새로 급제.

〈셋째 시(其三)〉

錦衣南去彩衣新 금의(錦衣)로 고향을 가니 채색옷도 새로운데,
금 의 남 거 채 의 신

堂上雙親鬢尙春 대청 위의 양친님네 귀밑털 아직 청춘일세.
당 상 쌍 친 빈 상 춘

生子當如李家子 아들 낳으려면 이씨 집 아들처럼 낳으라고,
생 자 당 여 이 가 자

丁寧題語廣陵人 정녕코 광릉(廣陵) 사람들에게 화제(話題)가 되라고 이
정 녕 제 어 광 릉 인 시를 지어주노라.

| 주해(註解) |

* 채의(彩衣) - 색동옷. 늙은 부모를 위로하기 위하여 색동옷을 입고 재롱 잔치를 여는 것.
* 당상(堂上) - 1. 대청 위. 2. 당상관. 정삼품 이상의 벼슬. 둔촌의 마지막 벼슬이 정3품인 판전교시사(判典校寺事)였기 때문에 중의법임.
* 광릉(廣陵) - 둔촌의 고향인 광주(廣州).

(18~20) 이호연[이집]을 곡하다 3수(哭李浩然[三首])

- 포은 정몽주

〈첫째 시(其一)〉

高才見忌古如斯 　뛰어난 재주가 시샘을 당함은 예전에도 이러하였지만,
고 재 견 기 고 여 사

當日憐君兩鬢絲 　그날은 그대의 양쪽 귀밑털 희게 됨이 가련도 했었네.
당 일 연 군 양 빈 사

賴有蘭孫慰人意 　다행히도 뛰어난 자손 있어 사람의 마음 위로되나니,
뢰 유 난 손 위 인 의

誰言天道是無知 　그 누가 하늘의 도는 무지하다고 말하였는가.
수 언 천 도 시 무 지

| 주해(註解) |

※ ≪포은집≫ (제2권)

* 고재(高材) - 뛰어난 재주. 재주가 뛰어난 사람.
* 뢰유(賴有) - ~하니 다행이다. ~이 있어 의지하다. ~의 덕분인가.
* 난손(蘭孫) - 남의 자손의 미칭.
* 천도(天道) - 하늘의 도. 여기서는 하늘의 도가 있기 때문에 비록 본인은 일시 불운을 겪었지만, 후손들이 복을 받아 잘 되고 있다고 보았음.

〈둘째 시(其二)〉

屈指論交三十年 굴 지 논 교 삼 십 년	손가락 꼽아보니 가까이 사귄 지 삼십 년인데,
淸談幾度共燈前 청 담 기 도 공 등 전	몇 번을 청담(淸淡)으로 등잔 앞에 마주했던가.
白頭失此知心友 백 두 실 차 지 심 우	백두(白頭)에 이 마음 통한 벗을 잃었는데,
誰謂無從涕泫然 수 위 무 종 체 현 연	그 누가 까닭 없이 눈물 흘려댄다 이르리?

| 주해(註解) |

* 논교(論交) - 사귀어 가까이 함.
* 청담(淸談) - 명리(名利)를 떠난 풍류적인 이야기.
* 무종(無從) - 따를 바가 없음(無所隨從). 어쩔 도리가 없다.
* 현연(泫然) - 눈물이 줄줄 흐르는 모양.

〈셋째 시(其三)〉

華山西畔雪漫天 화산(華山)의 서쪽 기슭 눈은 하늘을 덮었는데,
화 산 서 반 설 만 천

驢背高吟興渺然 나귀 등에서 크게 읊으니 흥취 아득했었지.
여 배 고 음 흥 묘 연

留得詩名配郊島 시명(詩名)은 맹교(孟郊)와 가도(賈島)와
유 득 시 명 배 교 도 견주어지나니,

當時句句盡堪傳 당시에 지은 글귀마다 빠짐없이 전해질만 하구려.
당 시 구 구 진 감 전

| 주해(註解) |

* 화산(華山) : 당나라의 수도 장안에서 멀지 않은 곳에 있는 명산. 서울의 삼각산을 이렇게 부르기도 함. 맹호연(孟浩然)이라는 당나라 시인이 장안의 서쪽에 있는 파수(灞水) 위의 파교(灞橋) 위에서 눈오는 날 시상에 잠겨있던 모습을 소동파는 <모습 그대로 적어 하수재에게 증정한다(贈寫眞何允秀才·증사진하충수재)> 라는 시에서 "또 보지 못하였는가? 눈 속에 나귀타고 가는 맹호연의 모습을 읊조리느라 어깨 산처럼 솟은 것을[又不見雪中騎驢孟浩然?皺眉吟詩肩聳山·우불견설중기려맹호연?추미음시견용산]이라고 읊은 시구가 있다. 이로보면 여기 나오는 '화산서반(華山西畔)'을 맹호연이 시상에 잠겨있던 "파교"로 보아도 무방할 것 같다.
* 묘연(渺然) - 깊은 모양.
* 시명(詩名) - 시(詩)를 잘 지어서 얻은 명예. 시인으로서의 명예.
* 교도(郊島) - 당(唐)의 시인 맹교(孟郊)와 가도(賈島). 교한도수(郊寒島瘦, 맹교는 차고, 가도는 여위었음)의 평을 들었다.

(21) 금성역에서 송경의 벗들을 생각하며(金城驛懷松京諸友)

- 포은 정몽주

- 이 다음 10수는 <포은 시집>에서 뽑아서, 지금 새롭게 추가한다[自此十首出圃隱詩卷 而今爲新增]

※ 중국에 사신 나간 길에서 짓다(天朝路作)

夫人美如玉 부 인 미 여 옥	저 여러 사람들 옥처럼 아름다운데,
第宅在松京 제 택 재 송 경	사는 집들은 모두 송경(松京)에 있다네.
爲祿曾同仕 위 록 증 동 사	봉록을 위해 일찍이 같이 벼슬하였고,
題詩每共評 제 시 매 공 평	시 지으며 매양 함께 논평하였었지.
夢回燈吐艶 몽 회 등 토 염	꿈을 깨니 등불은 빛을 토하는데,
更盡鼓添聲 경 진 고 첨 성	오경(五更) 다하니 북은 소리를 더하네.
欹枕金城驛 의 침 금 성 역	금성역(金城驛)에 베개 베고 누워 있는데,
誰知此夜情 수 지 차 야 정	그 누가 이 밤 내 심정을 알 수 있겠나?

| 주해(註解) |

* 토염(吐艶) - 아름다움을 드러내다.
* 고각(鼓角) - 통행금지 해제를 알리는 북소리.
* 의침(欹枕) - 베개를 베다.
* 금성역(金城驛) - 남경 근처인 강소성(江蘇省)의 회안부(淮安府) 청하현(淸河縣)에 있음.

(22) 둔촌[이집]의 운을 차하다(次遁村韻)

- 포은 정몽주

輔國功微去國遲
보 국 공 미 거 국 지
나라 도운 공은 적고 도성 떠남은 더디니,

聊將身世託明時
요 장 신 세 탁 명 시
에오라지 이내 몸을 밝은 시대에 맡기고자 하노라.

腹中萬卷渾無用
복 중 만 권 혼 무 용
뱃 속의 만권의 책은 도무지 소용이 없고,

只可拈來作小詩
지 가 념 래 작 소 시
다만 끄집어내어 짧은 시구나 지을 뿐이라네.

| 주해(註解) |

※ ≪포은집≫ (제2권)

* 명시(明時) - 평화스러운 세상. 임금이 정치를 잘 할 때.
* 요장(聊將) - 의지하다. 애오라지~을 하려함.
* 념(拈) - (손으로)집다. 집어 들다.

(23) 삼가 둔촌[이집]의 유월 보름달[유두날] 시에 화답하다
(謹和遁村六月十五日之 作)   - 포은 정몽주

遊人歌管樂天晴   놀러다니는 사람 노래와 악기로 좋은 날씨 즐기는데,
유 인 가 관 낙 천 청

紫洞淸奇不可名   자동(紫洞)의 청기(淸奇)함은 형용할 수 없구려.
자 동 청 기 불 가 명

土俗由來重今夕   토속(土俗)은 본래부터 오늘 저녁 소중하게 여기는데,
토 속 유 래 중 금 석

誰能過我作閑行   어느 사람 날 찾아와 한가로운 산책을 즐길건가?
수 능 과 아 작 한 행

| 주해(註解) |

※ 이 시는 ≪포은집≫에는 보이지 않음.

* 유인(遊人) - 놀러 다니는 사람.
* 가관(歌管) - 노래와 악기(樂器).
* 자동(紫洞) - 송악산 동쪽 산기슭에 있는 경치 좋은 골짜기. 자하동(紫霞洞) : 신선은 붉은 노을(紫霞)를 타고 다닌다고 이르는 데서 자하동은 곧 신선이 사는 곳을 말한다.
* 청기(淸奇) - 청결하고 기이함.
* 토속(土俗) - 그 지방의 특유한 습관이나 풍속.
* 한행(閑行) - 한가(閑暇)롭게 산책하다.

(24) 차운하여 둔옹[이집]에게 드리다(次韻呈遁翁)

- 포은 정몽주

經旬獨臥困陰霏　　열흘이 넘도록 궂은 비에 시달리며 홀로 누웠었으니,
경 순 독 와 곤 음 비

疎懶人間似我稀　　사람치고는 나 같은 게으른 사람도 드물겠네.
소 나 인 간 사 아 희

遁老莫辭來一訪　　둔로(遁老)는 한 번쯤의 방문을 사양말게나,
둔 노 막 사 래 일 방

君家自有綠簑衣　　그대 집에는 푸른 도롱이 있기 마련이니까.
군 가 자 유 녹 사 의

| 주해(註解) |

※ 《포은집》에 보이지 않음.

* 비(霏) - 눈 펄펄 내리다.
* 소나(疎懶) - 허술하고 게으르다.
* 녹사의(綠簑衣)- 푸른 도롱이(짚을 엮어 만든 농부들이 비옷).

(25) 삼가 『우중독좌시』를 화답하여 빨리 이 둔촌[집]을 맞아 보내 주셨던 술을 대작하려 하다(謹和雨中獨坐詩走邀李遁村欲以對酌所惠名醞也)

- 포은 정몽주

日長庭院雨聲宜
일 장 정 원 우 성 의

긴긴날 정원에 빗소리가 좋은데,

深喜田家不失時
심 희 전 가 부 실 시

농가들 때를 놓치지 않아 더욱 기쁘네.

騎馬無辭踏泥濘
기 마 무 사 답 니 녕

말타고 진흙탕길 밟음을 사양치 마오,

酌君之酒詠吾詩
작 군 지 주 영 오 시

그대의 술 따르며 나의 시를 읊어보세나.

| 주해(註解) |

※ ≪포은집≫에 보이지 않음.

* 전가(田家) - 농사를 본업으로 하는 사람의 집.
* 이녕(泥濘) - 진창. 땅이 질어서 질퍽질퍽하게 된 곳.

(26~27) 원일에 보내준 시에 화답하며 한바탕의 웃음을 터뜨린다 2수(和元日見寄 詩以發一粲二首)
- 포은 정몽주

〈첫째 시(其一)〉

已是無功報國家 이미 나라를 위해 갚은 공로는 없었는데,
이 시 무 공 보 국 가

那堪兩鬢得年多 어찌 해묵은 두 귀밑털을 견딜 수가 있으리?
나 감 양 빈 득 년 다

相逢飮酒眞良計 서로 만나 술이나 마시자니 참으로 좋은 생각이오.
상 봉 음 주 진 양 계

君看春風漸欲和 그대는 날로 화창해지는 봄바람을 보셨는지요?
군 간 춘 풍 점 욕 화

| 주해(註解) |

※ ≪포은집≫에 보이지 않음.

* 원일(元日) - 정월 초하룻날.
* 나감(那堪) - 어찌 견디다. 어떻게 참다.
* 양계(良計) - 좋은 계책이나 뛰어난 책략.

〈둘째 시(其二)〉

老去詩名逈絶鄰	늙어갈수록 높아지는 시인의 명성 이웃사람들보다 출중한데,
노 거 시 명 형 절 린	
世人曷可少斯人	세상 사람들 어찌 이 분을 과소 평가 할 수 있으리오?
세 인 갈 가 소 사 인	
況聞蘭玉年來盛	더구나 훌륭한 자제들 해가 갈수록 명성이 높아가니,
황 문 난 옥 년 래 성	
富貴誰能及子貧	부귀한 사람들이라고 하더라도 그 누가 가난한 당신을 당해낼 수 있으리오!
부 귀 수 능 급 자 빈	

| 주해(註解) |

※ ≪포은집≫에 보이지 않음.

* 형(逈) - 1. 멀다. 2. 요원하다.
* 형절(逈絶) - 멀리 떨어져 있다.
* 갈(曷) - 어찌, 어찌하여.
* 난옥(蘭玉) - 훌륭한 자제.

(28) 삼가 이둔촌[이집]의 하례시에 화답하여 좌우에게 드리다
(謹和李遁村賀詩, 呈左右)
― 포은 정몽주

雪埋草屋碧山重 설 매 초 옥 벽 산 중	눈은 초가집을 묻고 푸른 산은 겹겹인데,
梁甫吟高繼臥龍 양 보 음 고 계 와 룡	양보음(梁甫吟) 높게 읊조리니 제갈량을 이었다네.
每獨騎驢忽來往 매 독 기 려 홀 내 왕	매양 홀로 보잘 것 없는 나귀를 타고 홀연히 왔다갔다 하시니,
誰能薦鶚爲從容 수 능 천 악 위 종 용	누가 능히 이 어진 사람 조용하게 천거할 수 있을까?
尊前晤語無多日 존 전 오 어 무 다 일	술주전자 앞에서 이야기 나누는 일 많지 않았는데,
別後相思又一冬 별 후 상 사 우 일 동	이별한 뒤로 생각하다가 또 한해 겨울 보냈다네.
只愧知賢猶竊位 지 괴 지 현 유 절 위	어진 이를 알고도 나 혼자 높은 자리를 차지하고 있다는 게 오직 부끄러울 뿐,
敢將非分託奇逢 감 장 비 분 탁 기 봉	감히 내 분수에 맞지 않게 임금님과 좋은 만남 도모할 수 있겠는가?

| 주해(註解) |

※ ≪포은집≫에 없음.

* 좌우(左右) - 좌우에 모시고 있는 사람들. 높은 사람들이나 나이 많은 사람들에게 무엇을 보낼 때, 직접 그 분들에게 보내는 것이 아니라, 그러한 분들을 모시고 있는 사람에게 '윗분에게 올리라'는 뜻으로 써서 드려 상대방에 대한 예의를 나타냄.
* 양보음(梁甫吟) - 양보는 산동성 태산 아래에 있는 나지막한 산 이름으로, 옛사람들의 묘가 많았는데, 이 산을 소재로 읊은 이 시는 영웅, 지사가 뜻을 못 이루고 죽

은 것을 애도하는 의미를 담고 있다. 촉한(蜀漢)의 승상 제갈량(諸葛亮)이 출사(出仕)하기 전 남양(南陽)에서 몸소 농사를 지을 때 매일 새벽과 저녁에 무릎을 감싸 안은채 길게 불렀다는 노래이기 때문에, <포슬음(抱膝吟)>이라고도 한다.

* 와룡(臥龍) - 제갈량(諸葛亮).
* 천악(薦鶚) - 현인을 조정에 추천함을 비유하는 말. 양나라 소명태자가 지은 <문선(文選)>에 후한의 공융(孔融)이 <미형을 조정에 천거하는 글(薦禰衡表·천미형표)> : "사나운 새가 몇백 마리 있다고 하더라도 징경이 한 마리만 못할 것이니, 미형이를 조정에서 벼슬하게 한다면 반드시 볼만한 성과가 있을 것입니다.(鷙鳥累百不如一鶚·지조누백불여일악, 禰衡立朝必有加觀·미형입조 필유가관). 이 미형에 관한 이야기가 소설<삼국지>에도 나옴.
* 종용(從容) - 성격이나 태도가 차분하고 침착함.
* 오어(晤語) - 마주 대하여 얼굴을 보면서 터놓고 이야기함.
* 절위(竊位) - '지위를 훔친다'는 뜻으로, 재덕(才德)이 없으면서 벼슬자리에 오름을 비유적으로 이르는 말.
* 비분(非分) - 분수에 맞지 않음. '分' 자는 '份'(빛날 빈) 자와 통용됨.
* 기봉(奇逢) - 임금과의 기이한 지우(知遇).

(29) 이도은[이숭인]·정삼봉[정도전]·이둔촌[이집] 세 군자를 그리워하다(有懷李陶隱 鄭三峯李遁村三君子)

- 포은 정몽주

日長濃綠滿園林 일 장 농 록 만 원 림	해 길어지니 녹음이 짙어지고 뜰에는 나무가 가득한데,
想見陶翁坐獨吟 상 견 도 옹 좌 독 음	도옹(陶翁)을 생각하여 보니 홀로 앉아 시를 읊고 있겠네.
每遇鄭生留講學 매 우 정 생 류 강 학	정 선생[삼봉]은 만날 때마다 머물러 앉아서 학문을 연구하였고,
時邀李老共論心 시 요 이 노 공 논 심	이따금 둔촌 어른 맞이하여 함께 마음을 논하였다네.
月臨屋角思顔色 월 임 옥 각 사 안 색	처마 끝에 달 떠오르니 그대들 얼굴빛이 떠오르고,
風動簾鉤訝足音 풍 동 염 구 아 족 음	바람이 커튼 갈고리를 흔들면 그대들 발자국 소리인 듯 의아하여지네.
後會何時說今夜 후 회 하 시 설 금 야	뒷날 어느 때에 만나 오늘 밤의 일을 이야기할까?
明朝驅馬向淮陰 명 조 구 마 향 회 음	내일 아침에는 말을 몰아서 회음(淮陰) 땅으로 가야 하는데.

| 주해(註解) |

※ ≪포은집≫ (제1권).

* 요(邀) - 맞이하다. 만나다.
* 논심(論心) - 마음속에 품은 생각을 서로 탁 터놓고 이야기함.
* 옥각(屋角) - 지붕의 모서리. 용마루 끝.
* 안색(顔色) : 당나라 두보의 <이백을 꿈꾸다[夢李白·몽이백]>에 "지는 달빛 들보

에 가득 비치니, 오히려 그대 얼굴인가 의심한다오 (落月滿屋樑, 猶疑見顏色·낙월만옥량, 유의견안색)"
* 염구(簾鉤) - 발을 거는 갈고리.
* 아(訝) - 의심하다. 맞이하다.
* 회음(淮陰) - 남경 근처의 회음시 회음구 지역에 있었던 역참(驛站).

(30) 양주 죽서정에서, 송경[개성]의 벗들을 생각하며
(楊州竹西亭, 懷松京諸友)   - 포은 정몽주

※ 명나라 사신으로 나간 길에서 짓다[天朝路作]

大王堂壓石流淸 대 왕 당 압 석 류 청	거기 대왕당(大王堂)은 바위돌 위로 흐르는 맑은 물을 짓누르고 있을 것인데,
煬帝堤連草色靑 양 제 제 연 초 색 청	여기 수양제(隋煬帝)가 이어놓은 운하의 제방에는 풀빛이 푸르구나.
月夜故人松下路 월 야 고 인 송 하 로	달밤에 친구들은 소나무 아래 길을 걸을테고,
春風孤客竹西亭 춘 풍 고 객 죽 서 정	봄바람에 외로운 나그네는 죽서정(竹西亭)에 올라와 있구나.
遠遊自識爲心苦 원 유 자 식 위 심 고	먼 곳에 다니며 마음 고생하는 걸 스스로 알지만,
臨老欣逢至治馨 임 노 흔 봉 지 치 형	노년에 좋은 정치 향기로움을 즐겁게 만났다네.
寄語諸君莫相憶 기 어 제 군 막 상 억	여러분 들에게 말을 전하노니 나를 그리워하지 말게나.
梯航來往接東溟 제 항 래 왕 접 동 명	산 넘고 물 건너 오가는 길이 동해에 이어져 있다네.

| 주해(註解) |

※ ≪포은집≫ 제1권.

* 죽서정(竹西亭) - 강소성 양주(楊州)의 서남쪽에 해당하는 강도현(江都縣) 북쪽에 있는 정자 이름. 북송 구양수(歐陽脩)의 <죽서정>에 "10리나 이어진 누대(樓臺)에 노래소리 번화로우니, 저 양주는 다시 전날 같지 못해"라는 구절이 있음.
* 대왕당(大王堂) - 개성 근처에 있던 신상(神像)을 모시던 사당.

* 압(壓) - 가로막다. 누르다.
※ **수양제(隋煬帝, 569~618, 재위:604~618)** - 수나라의 제2대 황제. 성은 양(楊). 이름은 광(廣). 대운하를 비롯한 토목 공사를 크게 일으켰고, 대군을 보내어 고구려를 침입하였다가 을지문덕에게 패배하였다.
* 고객(孤客) - 포은 정몽주.
* 지치(至治) - 잘 다스려진 정치. 여기서는 명나라 초기의 정치
  • <서경(書經)·군진(君陳)> : "지극한 정치는 향기로워서 신명을 감동시키니, 서직이 향기로운 것이 아니라 밝은 덕이 향기로운 것이다.(至治馨香, 感于神明. 黍稷非馨, 明德惟馨·지치형향 감우신명 서직비형 명덕유형)"
* 기어(寄語) - 말을 전하여 달라고 부탁함.
* 제항(梯航) – 사다리를 타고 산에 오르고 배를 타고 바다를 건넌다는 뜻으로, 산을 넘고 물을 건너 먼 곳에 감을 이르는 말.

(31~32) 둔촌[이집] 선생에게 드리다 2수(寄遁村先生二首)

- 도은(陶隱) 이숭인(李崇仁)

〈첫째 시(其一)〉

想得遁村叟	생각컨대 우리 둔촌(遁村) 노인은,
상 득 둔 촌 수	
秋來興味賖	가을되면 흥미가 넘치리라.
추 래 흥 미 사	
清江多白鳥	맑은 강엔 흰 물새 많이 날 것이고,
청 강 다 백 조	
幽墅滿黃花	그윽한 농막에는 누런 국화꽃 가득차리라.
유 서 만 황 화	
引客向蓬戶	오는 손님 이끌고 초가집으로 향하고,
인 객 향 봉 호	
尋僧鳴筍車	스님 찾아갈 때는 가마도 울리리라.
심 승 명 순 거	
何時卜隣去	어느 때나 나도 이웃해 가서,
하 시 복 린 거	
一笑達生涯	한바탕 웃으며 생애를 달관하여 볼거나.
일 소 달 생 애	

| 주해(註解) |

* 국역 ≪도은집≫(제2권)

* 서(墅) - 농막.
* 봉호(蓬戶) - 1. '쑥으로 지붕을 인 문(門)'. 가난한 사람이나 숨어 사는 사람의 집. 2. 자기 집을 낮추어 이르는 말.
* 순거(筍車) - 순여(筍輿). 대나무를 엮어서 만든 아주 소박한 가마. 견여(肩輿) 앞뒤로 2명이 들쳐매고 가면서 "어영차 어영차" 소리를 냄.
* 복린(卜隣) - 이웃이 되다.

〈둘째 시(其二)〉

杜門五六日 두 문 오 륙 일	문 닫고 들어앉은 지 대엿새,
鞍轡已生埃 안 비 이 생 애	말안장과 고삐에는 이미 먼지가 덮였겠네.
餘子亦何怪 여 자 역 하 괴	여자(餘子) 같은 얼빠진 녀석들을 어찌 탓하랴만.
故人猶不來 고 인 유 불 래	오래된 벗들도 오히려 찾아오지 않는데….
山光入簷隙 산 광 입 첨 극	산빛은 처마 틈 사이로 비치어 들어,
苔色上墻隈 태 색 상 장 외	푸른 이끼 빛은 담장 벽 위에 떠오르네.
寂寞誰能問 적 막 수 능 문	적막한 여기서 누가 안부 물어줄까?
遺篇手自開 유 편 수 자 개	선생이 남긴 글들만 스스로 펼쳐본다네.

| 주해(註解) |

* ≪도은집≫에 보이지 않음.

* 두문(杜門) - 두문불출(杜門不出). '문을 닫고 나가지 않는다'는 뜻으로, 집에만 틀어박혀 사회의 일이나 관직에 나아가지 않음을 이르는 말.

* 안비(鞍轡) - 말안장과 고삐.

* 애(埃) - 티끌. 먼지. 더러움.

※ **여자**(餘子) - 초나라 수능(壽陵) 사람인데 조(趙)나라의 도읍인 한단(邯鄲)에 가서 그 도시 사람들의 걸음걸이를 도읍민에게 배웠다가, 본래의 걸음걸이를 잊어버리고 엉금 엉금 기어서 돌아왔다는 사람. 여기서 함부로 자기를 버리

고 남의 행위를 따라 하면 두 가지 모두 잃는다는 뜻을 지닌 '한단지보(邯鄲
之步)'라는 고사성어가 생겨남. 출전 : ≪장자(莊子)·외편추수(外篇秋水)≫
* 괴(怪) - 의심하다. 기이하다.
* 장외(墻隈) - 담장 벽.
* 유편(遺篇) - 이집 선생의 '둔촌집'

(33) 이호연[이집]이 당시를 보내주어 시로서 답하다 2수 (李浩然送唐詩以詩答之二首)

- 도은 이숭인

〈첫째 시(其一)〉

漢山南望路逶迤　　한산을 남으로 바라보니 길은 구불구불,
한 산 남 망 로 위 이

有底花時久別離　　어떻게 꽃시절에 오래 헤어져 있단 말인가?
유 저 화 시 구 별 리

二月已過三月盡　　이월은 벌써 가고 삼월도 다 지나가는데,
이 월 이 과 삼 월 진

苦吟多是憶君詩　　괴로운 읊조림에는 그대 그린 시 가장 많다오.
고 음 다 시 억 군 시

| 주해(註解) |

* ≪도은집≫ 제3권.

* 한산(漢山) - 백제의 두 번째 도읍지였던, 경기도 광주(廣州)의 옛 읍과 남한산성(南漢山城). 온조왕(溫祚王) 14(5)년에 이곳으로 옮겼음.
* 위이(逶迤) - (에두른 길이)구불구불함.
* 유저(有底) - 1. 자신이 있다. 2. 준비가 있다.
* 고음(苦吟) - 고심하여 시가(詩歌)를 지음. 괴로이 읊다.

〈둘째 시(其二)〉

令子傳書慰所思 영 자 전 서 위 소 사	아드님 시켜 편지 전하여 주시니 그리던 마음에 위안이 되는데,
仍携數帙盛唐詩 잉 휴 수 질 성 당 시	아울러 몇 질의 책 가져왔으니 성당(盛唐)의 시였구려.
杜門終日高聲讀 두 문 종 일 고 성 독	문 닫고 종일토록 소리 높여 읽었더니,
人道陶齋一段奇 인 도 도 재 일 단 기	사람들 말하기를, 도은(陶隱)이 한층 더 높아졌다나.

| 주해(註解) |

* 영자(令子) - 영식(令息). 영윤(令胤). 남의 아들을 높여 이르는 말.
* 기(奇) - 1. 기특하다. 2. 대단하다.
* 잉(仍) - 1. 인하다. 2. 그대로 따르다.
* 성당(盛唐) - 사당(四唐)의 둘째 시기. 현종 2년(713)에서 대종 때까지의 시기로 이백(李白), 두보(杜甫), 왕유(王維), 맹호연(孟浩然)과 같은 위대한 시인이 나왔다. 이 시기에 당나라 시가 가장 융성하였다.
* 도재(陶齋) - 도은(陶隱).

(34) 광주를 지나면서 현재 천녕 강촌에 머물고 있는 이호연[이집]을 생각하다(過廣州, 憶李浩然, 時在川寧之江村)

- 도은 이숭인

一年兩過漢山邊 한 해에 두 차례 북한산 곁을 지나면서,
일 년 양 과 한 산 변

復憶吟詩李浩然 시를 읊으며 거듭 이호연(李浩然)을 생각하네.
부 억 음 시 이 호 연

宦路向來翻覆甚 예로부터 벼슬길엔 번복이 심하였기에,
환 로 향 래 번 복 심

好將身世付漁船 고깃배에 부친 신세(身世) 얼마나 부러운지?
호 장 신 세 부 어 선

| 주해(註解) |

* ≪도은집≫ 권3.

* 환로(宦路) - 벼슬아치 노릇을 하는 길.
* 향래(向來) - 저번 때.
* 어선(漁船) - 도연명의 <도화원기(桃花源記)>에 나오는 어부가 탄 배같이 이상향을 찾아가는 배.

(35) 이도가 그 아버지의 편지를 전하기로 시로서 화답하다
(李途傳乃翁書以詩答之)
― 도은 이숭인

途也來傳一封書 도 야 래 전 일 봉 서	도(途)야가 와서 한 통의 편지를 전하였는데,
知君又向江村居 지 군 우 향 강 촌 거	그대 다시 강촌으로 가서 머문 줄을 알았네.
江村十里樹木疎 강 촌 십 리 수 목 소	십리 강마을엔 수목(樹木)들 듬성듬성한데,
回汀曲渚相縈紆 회 정 곡 저 상 영 우	돌고 구부러진 모래톱으로 감싸였지.
應從野叟共叉魚 응 종 야 수 공 차 어	시골 노인들 따라 함께 고기도 작살질하고,
或伴山僧同跨驢 혹 반 산 승 동 과 려	산승(山僧)과 어울려 같이 나귀도 타겠지.
淸遊豈啻圖畫如 청 유 기 시 도 화 여	한가로이 유람하는게 어찌 그림만 같을 뿐이겠는가?
逸興直到鴻濛初 일 흥 직 도 홍 몽 초	고상한 흥치는 바로 홍몽(鴻濛)의 경지일걸세.
乾坤此生即棲苴 건 곤 차 생 즉 서 저	하늘과 땅 사이에 말라붙은 물풀 같은 이 인생,
且問誰毀仍誰譽 차 문 수 훼 잉 수 예	또 물어보세. 누구를 훼방하고 누구를 기릴 것인가.
淵明晚歲愛吾廬 연 명 만 세 애 오 려	도연명도 만년에 자신의 오두막집을 사랑했듯이,
不羨於我乎渠渠 불 선 어 아 호 거 거	임금님이 주시는 넓고 큰 집을 부러워하지 않는다네.
君不見陶齋學士讎校萬卷儲 군 불 견 도 재 학 사 수 교 만 권 저	그대는 보지 못했는가? 도재(陶齋) 학사가 만권 책 교정하느라,

| 翺翔祕閣紅雲衢 | 비각(祕閣)의 홍운가(紅雲街)를 허둥지둥
| 고 상 비 각 홍 운 구 | 헤매는 것을.
| 又不見圃隱先生金章映華裾 | 또 보지 못했는가? 포은(圃隱) 선생이 금도장
| 우 불 견 포 은 선 생 금 장 영 화 거 | 비친 옷깃으로,
| 醉詠芍藥翻階除 | 작약주(芍藥酒)에 취해 흥얼대면서 궁정 뜰
| 취 영 작 약 번 계 제 | 오르내리는 것을.
| 功名自古憂患餘 | 공명이란 예로부터 우환 끝에 얻어지는 법,
| 공 명 자 고 우 환 여 |
| 却被遁翁長噓噓 | 나도 문득 둔옹(遁翁) 따라서 장탄식을 하게
| 각 피 둔 옹 장 허 허 | 되었소이다.

| 주해(註解) |

* 국역 ≪도은집≫ (제3권).

* 내옹(乃翁) - 그이의 아버지.
* 도(途) - 둔촌선생의 장자 지직(之直)의 초명.
* 정저(汀渚) - 물이 있는 곳의 가장자리.
* 영우(縈紆) - 감돌다. 맴돌다.
* 야수(野叟) - 야옹(野翁). 촌로
* 과려(跨驢) - 나귀 등에 올라탐.
* 청유(淸遊) - 한가로이 유람하다
* 기시(豈啻) - 어찌~만이겠는가.
* 홍몽(鴻濛) - 하늘과 땅이 아직 나누어 지지 않은 상태. 혹은 그와 같은 혼돈 상태를 가리키는 말인데, 인간의 본성을 회복하여 외물에 구애되지 않은 이상적인 무애(無碍), 해탈의 경지를 뜻 하기도 함.
* 초(初) - 이 경우에는 "~할 때(時)" 라는 뜻이 있기는 하나, 가끔 어떤 시구의 끝자락에 '시 (時)'자나 '처(處)'자 같은 글자가 놓이면, 그냥 글자 수만 채우기 위하여 쓴 것이지, 별 뜻이 없는 것으로 보기도 한다.
* 서저(棲苴) - 물이 빠져서 나무 위에 말라붙어 있는 물풀.
* 애오려(愛吾廬) : 도연명의 <산해경을 읽다(讀山海經)> :"새들도 깃들 곳 있어 좋

겠지만, 나도 내 오두막을 사랑한다오(衆鳥欣有托, 吾亦愛吾廬·중조흔유탁, 오역애오려)"

* 어아호거거(於我乎渠渠) : ≪시경(詩經)·진풍(秦風·權輿)≫의 『내게 큰집의 거거함을 주더니 (於我乎夏屋渠渠·어아호하옥거거)』에서 나온 말로 임금의 융숭한 예우를 뜻함. 渠渠 : 깊고 넓은 모양. 은근한 모양. 夏 : 大의 뜻.
* 도재(陶齋) - 도은(陶隱) 이숭인.
* 고(翶) - 날다. 비상하다.
* 비각(秘閣) - 고려 때 궁내의 도서를 간수한 왕실 도서관인 어서원(御書院)의 이름인데 비서성 (秘書省)에 딸려 있기에 하는 말.
* 홍운(紅雲) - 대궐, 혹은 조정. 선인(仙人)이 사는 곳에는 항상 붉은 구름이 잘 돈다는 전설에서 나온 말.
* 금장(金章) - 금으로 만든 안장인데 진한(秦漢) 때에 재상들이 찬 데서 유래함.
* 작약주(芍藥酒) - 작약을 삶은 물로 담근 술.

(36~39) 붓을 달려 삼가 둔옹[이집]에게 부치다 4수 (走筆奉寄遁翁四首)

- 도은 이숭인

〈첫째 시(其一)〉

途也游學芹館中	그대의 아들 도(途)는 성균관에 유학하고 있는데,
도 야 유 학 근 관 중	
咀嚼經史要奇功	경학·역사책을 두루 연구하며 특별한 진취를 거두려 하네.
저 작 경 사 요 기 공	
有時叩腹聲隆隆	때때로 배를 두드리면 큰 소리 나오고
유 시 고 복 성 융 융	
文章應律鳴商宮	문장(文章)이 가락에 맞춰 궁상(宮商) 등 5음을 울리지.
문 장 응 율 명 상 궁	
耆生拱立頭冬烘	늙은 서생인 나는 팔짱끼고 머리가 겨울인데도 맑지 못하니,
기 생 공 립 두 동 홍	
豈敢抗衡仍趨風	어찌 감히 겨루리오, 꽁무니만 따를 뿐이라네.
기 감 항 형 잉 추 풍	

| 주해(註解) |

* ≪도은집≫ (권1).

* 근관(芹館) - 성균관(成均館)의 별칭.
* 경사(經史) - 경서(經書)와 역사책.
* 저작(咀嚼) - 음식을 씹듯이 책을 되풀이하여 읽음. 음미하다.
* 기공(奇工) - 보기드문 진취를 뜻함.
* 융융(隆隆) - 소리가 큰 모양. 세력이 융성한 모양.
* 상궁(商宮) - 궁상각치우(宮商角徵羽)와 더불어 오음(五音). 이 구절은 젊은 사람의 뱃속에 학식이 가득차 있으니, 시도 음률에 맞게 잘 지어낸다는 것을 대견스럽게 여기면서, 해학조로 표현하였음.

* 공립(拱立) - 공경하는 뜻을 표하기 위하여 두 손을 마주 잡고 서 있음.
* 항형(抗衡) - 서로 지지 않고 대항함.
* 두동홍(頭冬烘) - 두뇌태동홍(頭惱太冬烘)의 약칭으로 당(唐)의 정훈(鄭薰)이 시험관(試驗官)이 되었을 때 안표(顔標)를 노공(魯公) 안진경(顔眞卿: 장로이면서 서예가)의 후예로 잘못 알고서 장원으로 뽑았을 적에 당시의 사람들이 조롱했던 말인데, 겨울에는 당연히 차가워야 할 것인데 열기가 있어 머리가 충혈되어 명랑하지 못하다는 뜻. 사상이 진부(陳腐)하여 시세(時世)에 어두운 스승을 나무라는 말.

〈둘째 시(其二)〉

遜也今又來相從 손 야 금 우 래 상 종	지금은 또 딴 아들 손(遜)이 와서 상종하게 되었는데,
不問便覺眉目同 불 문 변 각 미 목 동	묻지 않고도 즉각 얼굴이 닮았음을 알겠네.
雖然年弱心不童 수 연 년 약 심 부 동	나이는 어리지만 마음은 아이 같지 않아,
解念四書意頗通 해 념 사 서 의 파 통	사서(四書)를 이해하여 자못 뜻을 통했고.
自言餘力師文公 자 언 여 력 사 문 공	스스로 말하기를 여가로는 한문공(韓文公)을 스승 삼아,
原道諸篇研且窮 원 도 제 편 연 차 궁	<원도(原道)> 등 여러 편을 연구하고 또 끝까지 추궁한다 하네.

| 주해(註解) |

* 추풍(趣風) - '급히 달려간다'는 뜻. 공경을 나타내기 위해 상대방의 앞을 바람처럼 빨리 지나가 지체하지 않는 일.
* 변각(便覺) - 즉각. 문득.
* 미목(眉目) - 얼굴 모습. 눈썹과 눈이 얼굴 모습을 좌우한다고 하여 이르는 말이다.
* 파(頗) - 자못. 꽤. 매우.
※ 문공(文公) - 한문공(韓文公) 유(愈)를 말함. 한유(韓愈, 768~824) : 당나라를 대표하는 문장가·정치가·사상가이다. 당송 8대가의 한 사람으로 자(字)는 퇴지(退之), 호는 창려(昌黎)이며 시호는 문공(文公)이다.
* 원도(原道) - 한유(韓愈)가 지은 문장(文章). 본래의 의미에 있어서의 도(道)란 무엇인가를 논한 것으로, 회남자(淮南子) 중의 원도훈(原道訓)을 좇아 도(道)가 도가(道家)나 불교(佛敎)의 도에 의하여 어지럽혀져 있다고 비난하고, 본래의 도는 인의(仁義)의 가르침을 중심으로 하는 유교(儒敎)에 있음을 명백히 하고자 한 논문임.

〈셋째 시(其三)〉

氣焰欻翕蟠長虹 기 염 훌 흡 반 장 홍	불꽃같은 기세 솟구쳐 긴 무지개 발 서리고,
鸞鵠停峙棲梧桐 난 곡 정 치 서 오 동	난새와 고니가 산마루에 머물러 있는 듯 오동나무에 깃든 듯,
人間富貴石火紅 인 간 부 귀 석 화 홍	인간 세상 부귀(富貴)는 부싯돌에 반짝하는 불꽃처럼 반짝하다가 말아서,
甲第往往生蒿蓬 갑 제 왕 왕 생 호 봉	거대한 저택이 이따금씩 쑥대밭 된다네.
誰如廣陵李遁翁 수 여 광 능 이 둔 옹	어느 누가 광릉(廣陵)의 이 둔옹(李遁翁)만 하겠는가,
眼前雙璧新磨礱 안 전 쌍 벽 신 마 롱	눈앞의 두 구슬 같은 형제들 새롭게 갈고 닦여가고 있구나.

| 주해(註解) |

* 기염(氣焰) - 불꽃처럼 대단한 기세.
* 훌흡(欻翕) - 재빠른 모양. 기운이 갑자기 일어나는 모양.
* 난곡정치(鸞鵠停峙)- (봉황 종류인) 난새와 고니가 산마루에 머물러 있음.
- 한유(韓愈)의 〈전중소감 마군 묘명(殿中少監馬君墓銘)〉: "북평군왕(北平君王) 마수(馬遂) 장군을 뵙고 물러나 그 자제인 소부(少傅) 공을 보매 푸른 대 푸른 오동에 난새와 고니가 우뚝 선 듯하였으니, 능히 그 가업을 지킬 만한 이였다.(退見少傅 翠竹碧梧 鸞鵠停峙 能守其業者也·퇴견소부 취죽벽오 난곡정치 능수기업자야)" 하였다. 여기 이 말은 명사(名士)들 집안의 뛰어난 자제(子弟)들을 비유하여 한 것이다.《古文眞寶 後集 卷4》
* 석화(石火) - 부싯돌을 칠 때 나는 불. 몹시 빠름을 비유하여 일컫는 말.
* 호봉(蒿蓬) - 가을 바람에 정처 없이 굴러다니는 쑥넝쿨.
* 벽(璧) - 구슬. 둥근 옥.
* 마롱(磨礱) - 갈고 닦다.

〈넷째 시(其四)〉

我觀漢山撑蒼空	내가 보건대 한산(漢山)이 창공을 떠받치면서
아 관 한 산 탱 창 공	
磅礴所鍾多英雄	크고 단단한 기운 모아 많은 영웅을 내었듯이
방 박 소 종 다 영 웅	
此兒終當食千鍾	이 아이들도 마침내 천종의 봉록을 누리리니,
차 아 종 당 식 천 종	
場屋伎倆俱已工	과거 시험장에서 겨룰 기량을 이미 두루 닦았다네.
장 옥 기 량 구 이 공	
君不見星山李氏起於農	그대는 보지 못하였는가? 성산 이씨가 농촌에서 몸 일으켜,
군 불 견 성 산 이 씨 기 어 농	
爲子必孝爲臣忠	아들로서 효자되고 신하로서 충신이 된 가운데
위 자 필 효 위 신 충	
一門冠蓋光顯融	온 집안 고관대작 나와서 빛이 현저하게 된 것을.
일 문 관 개 광 현 융	

| 주해(註解) |

* 방박(磅礴) - 돌이 크고 단단한 모양.
* 천종(千鍾) - 매우 많은 연봉. (곡식이) 매우 많음. 鍾 : 말(斗)의 단위. 1鍾은 10 가마.
* 장옥(場屋) - 과거 시험장.
* 기량(伎倆) - 기술상의 재주.
* 성산 이씨(星山李氏) - 도은 이숭인 자신을 지칭함.
* 관개(冠盖) - 관복과 덮개가 있는 수레. 고관대작.

(40) 둔촌 선생을 곡하노라(哭遁村先生)   - 도은 이숭인

屈指誰知我 굴 지 수 지 아	손가락 꼽아보니 누가 나를 알았던가?
傷心欲問天 상 심 욕 문 천	아픈 마음 하늘에 묻고 싶다네.
若齋曾萬里 약 재 증 만 리	척약재(惕若齋)는 일찍이 만리를 떠나버렸고,
遁老又重泉 둔 노 우 중 천	둔로(遁老) 또한 황천(黃泉)에 가셨구나.
慷慨驚人語 강 개 경 인 어	강개한 말씀은 사람을 놀라게 하셨고,
淸新絶俗篇 청 신 절 속 편	청신한 글은 세속을 벗어나셨다네.
卽今俱已矣 즉 금 구 이 의	이제는 모두 끝이 났으니,
烏得不潛然 오 득 불 잠 연	어떻게 눈물 줄줄 흘리지 않고 배기겠는가?

| 주해(註解) |

* ≪도은집≫ (권2).

* 굴지(屈指) - 1. 손가락을 꼽음. 2. 수많은 가운데서 손꼽힘.
* 중천(重泉) - 사람이 죽은 뒤에 그 혼(魂)이 가서 산다고 하는 세상.
* 오(烏) - 어찌.
* 잠연(潛然) - 말없이 가만히 있다.

(41~42) 동년 이전상의 운을 빌어 동년 이둔촌[이집]의 아들 지직의 급제를 하례하다 2수(次同年李典像韻賀同年李遁村之子[之直]登第小詩二首) - 척약재(惕若齋) 김구용(金九容)

〈첫째 시(其一)〉

黃金榜上姓名新 황금빛 과방 위에 성명이 새로우니,
황 금 방 상 성 명 신

指李家中雨露春 이씨 집안엔 우로(雨露)의 봄 맞았도다.
지 이 가 중 우 로 춘

更使兩郞登甲第 또다시 두 아들이 갑제(甲第)에 오른다면,
갱 사 양 랑 등 갑 제

夫人應得大夫人 부인은 응당 대부인(大夫人)이 되리라.
부 인 응 득 대 부 인

| 주해(註解) |

※ 이전상(李典像) - 미상
※ ≪척약재집≫(권 하)

* 방(榜) - 방문(榜文, 사람이 많이 모이는 곳에 써 붙이는 글)
* 지이(指李) - 초서(草書)를 전사(傳寫, 서로 돌려가며 베끼어 씀)하는 과정에서 도리(桃李)를 그렇게 오기함인 듯.
* 갑제(甲第) - 과거 시험에서 1등으로 장원급제.

〈둘째 시(其二)〉

麻衣換得錦衣新
마 의 환 득 금 의 신
베옷을 벗고 바꾸어 입은 비단옷 새롭기도 한데,

斷織高堂一笑春
단 직 고 당 일 소 춘
길쌈 멈춘 고당(高堂)엔 웃음꽃이 피었네.

爲報廣陵須洗眼
위 보 광 릉 수 세 안
광릉에 알리려면 모름지기 눈을 씻어야지

丙科人後乙科人
병 과 인 후 을 과 인
병과 한 사람 뒤에 을과한 사람 나왔다네.

| 주해(註解) |

* 고당(高堂) - 남의 집 어머니의 높임말.
* 세안(洗眼) - 눈을 씻고 자세히 봄. 광릉 사람을 만나면 이 사실을 알리려고 눈여겨본다는 뜻.
* 병과인후을과인(丙科人後乙科人) - 둔촌 선생은 병과(丙科)에 합격했기에 이른 말이다.

(43) 동년 이 둔촌[이집]의 맏아들 지직은 진사과에 제 2등으로 합격하고, 둘째 아들 지강은 감시에 제 6등으로 합격하니, 참으로 이 세상에 흔하지 않은 장한 일이다 오늘 그들을 거느리고 집으로 돌아간다기에 앞의 운을 써서 선물로 삼았다(同年李遁村長子[之直]擧進士第二名, 仲子[之剛]應監試第六名, 眞希 世之盛事 今日率之歸家, 復用前韻以爲贐行)

- 척약재 김구용

與君交契免如新	그대와 사귄 정분 초임(初任) 신고 할 때부터 셈이지,
여 군 교 계 면 여 신	
共步蟾宮廿六春	나란히 과거시험장을 거닌 지 26년이나 되었구려.
공 보 섬 궁 입 육 춘	
衣錦兩郎隨杖屨	비단옷 입은 두 아들이 지팡이 짚고 짚신 신은 아버지 따라가니,
의 금 양 랑 수 장 구	
一時歆艶屬吾人	한 세상 부러움이 그대에게 모였구려.
일 시 흠 염 속 오 인	

| 주해(註解) |

※ ≪척약재집≫에는 보이지 않음.

* 신행(贐行) - 먼 길을 떠나는 사람에게 주는 시문(詩文)이나 물건.
* 교계(交契) - 사귄 정분(情分).
* 면신(免新) - 면신례, 여기에서는 겸손하게 얼굴을 잘못 알아봄은 면했다는 뜻.
  면신례(免新禮) - 새로 부임한 관원(官員)이 선임자들을 청하여 음식을 대접하는 일.
* 섬궁(蟾宮) - 과거시험장. 달. 섬궁절계[蟾宮折桂, 두꺼비 하는 궁궐(달)에서 계수나무를 꺾는다]라 하여 과거에 급제한 것을 이르는 말.

* 의금(衣錦) - '비단옷을 입는다.'는 뜻으로, 부귀한 몸이 됨을 이르는 말. 과거에 급제하여 평민의 복장인 갈(葛) 옷을 벗고 관리의 복장인 비단(緋緞) 옷으로 갈아입음. 금의환향(錦衣還鄕).
* 입(廿) - 스물. 이십.
* 장구(杖屨) -지팡이를 짚고 짚신을 신고 시골에 삶. 그런 삶을 즐기는 사람.
* 흠염(歆艶) - 부러워 함.
* 오인(吾人) - 우리 자네. 친구를 다정하게 부르는 말.

(44~46) 이호연[이집]의 운을 빌어서 짓다 3수(次李浩然韻三首)

- 척약재 김구용

호연이 천녕의 도미 난야(절)에 임시 거처하고 있었다.(○浩然寓居川寧道美蘭若])

〈첫째 시(其一)〉

衡門茅屋可棲遲 형 문 모 옥 가 서 지	허술한 문과 보잘 것 없는 집에 느긋하게 머물만한데,
秋色山光共陸離 추 색 산 광 공 육 리	가을 경치와 산 색깔이 어울려 함께 눈부심에랴.
終日無人來剝啄 종 일 무 인 래 박 탁	진종일 아무도 문을 똑똑 두드리는 사람 없어,
倚牕閑和浩然詩 의 창 한 화 호 연 시	창에 기대 한가롭게 호연의 시에 화답하네.

| 주해(註解) |

* 형문모옥(衡門茅屋) - 두 개의 기둥에다 한 개의 횡목을 가로 질러서 만든 허술한 문과 띠로 지붕을 인 보잘 것 없는 집. 은자가 사는 집.
* 육리(陸離) - 여러 빛이 뒤섞여 눈이 부시게 아름다운
* 박탁(剝啄) - (문을 열라고 문을) 똑똑 두드림.

〈둘째 시(其二)〉

觸熱常嫌畏日遲 촉 열 상 혐 외 일 지	더위에 부딪치기 싫어 긴긴 해가 두렵더니,
秋來病骨尙支離 추 래 병 골 상 지 리	가을이 와도 병든 몸은 지루할 뿐이로구나.
睡餘懶向南牕下 수 여 나 향 남 창 하	부시시 잠에서 깨자 게으르게 남창 밑으로 다가가서
讀破韓文與杜詩 독 파 한 문 여 두 시	한유의 글과 두보(杜甫)의 시 읽어 가네.

| 주해(註解) |

* 병골(病骨) - 병이 몸에 배다시피 하여 매우 허약한 몸. 또는 그런 사람.
* 지리(支離) - 같은 상태가 너무 오래 계속되어 따분함.
* 독파(讀破) - 많은 분량의 책이나 글을 처음부터 끝까지 다 읽음.

〈셋째 시(其三)〉

隔江秋日憶心知 　가을 되니 강 건너 그리운 벗 생각이 나서,
격 강 추 일 억 심 지

朝夕無端爲賦詩 　아침 저녁으로 끝없이 시만 짓고 있다네.
조 석 무 단 위 부 시

短棹何時窮兩岸 　짧은 노로 어느 때나 양쪽 강둑 끝까지 저어 가 볼까?
단 도 하 시 궁 양 안

翠巖無處不幽奇 　푸른 암벽 어디나 그윽하고 기이하지 않는 곳 없을 것을.
취 암 무 처 불 유 기

| 주해(註解) |

* 심지(心知) - 좋은 친구.
* 궁(窮) - (극에) 달하다(達).
* 도(棹) - 노. 배.

(47) 둔촌[이집]에게 부치다(寄遁村) - 척약재 김구용

庭前碧梧秋露棲	뜰앞의 벽오동에 가을 이슬 맺히는데,
정 전 벽 오 추 로 서	
草底喞喞寒蟲啼	풀 밑에는 찬 벌레들 찌르륵 찌르륵 울고 있네.
초 저 즉 즉 한 충 제	
怊悵何須效兒女	서글프다고 반드시 아녀자 본뜰 수야 있겠는가?
초 창 하 수 효 아 녀	
只爲年來無與語	다만 연래에는 더불어 말할 사람도 없는 것을…
지 위 연 래 무 여 어	
閉門欹枕一燈靑	문 닫고 베개 베니 등불만이 푸른데,
폐 문 의 침 일 등 청	
夜半蕭蕭萬山雨	한밤중 깊은 산에 빗소리 쓸쓸도 하네.
야 반 소 소 만 산 우	

| 주해(註解) |

※ ≪척약재집≫(권 하)

* 즉즉(喞喞) - 풀벌레가 우는 소리.
* 초(怊) - 슬퍼하다.
* 창(悵) - 1. 원망하다. 2. 한탄하다.
* 아녀(兒女) - 1. 여자를 낮잡아 이르는 말. 2. 어린이와 여자를 아울러 이르는 말.
* 의침(欹枕) - 베개를 베다.

| 해설(解說) |

    이 시는 칠언 6구인데 누락이 많은 듯하다. 서(棲)와 제(啼)는 상평성(上平聲)의 제자운통(齊字韻通)에서 각운 자를 땄으나, 뒤에 보이는 어(語)와 우(雨)자는 측성(仄聲)이라서 운이 맞지 않는다.

(48~49) 운을 빌어 새 차석 합격자 이지직을 하례하다 2수(次韻賀新榜眼李之直二首)

- 유항(柳巷) 한수[1](韓脩)

〈첫째 시(其一)〉

狄門桃李幾番新	적인걸 가문의 후진들은 몇 번이나 새로워질 것인가?
적 문 도 리 기 번 신	
不似乾坤萬物春	이 세상 만물의 매년 봄 바뀜과 같지는 않겠지.
불 사 건 곤 만 물 춘	
自古文章憎名達	예로부터 문장이란 이름만 높이 나는 것을 싫어하였다는데,
자 고 문 장 증 명 달	
喜君天合不違人	즐겁게도 그대는 천리(天理)에도 맞고 인도(人道)에도 어김이 없구려.
희 군 천 합 불 위 인	

| 주해(註解) |

※ 《유항시집》

※ 적문(狄門) - 적인걸의 문하(門下)라는 뜻. 적인걸(狄仁傑, 630~700) : 중국 측천무후 시대의 재상. 무후(武后)를 물러나게 하고 중종을 복위시켜 당(唐) 왕조를 중흥시켰으며, 어진 선비를 등용하여 사람들이 '천하의 도리(桃李)가 모두 공(公)의 문(門)에 있다'고 했음. 봉호(封號)는 양공(梁公).

* 명달(名達) - 실상은 없이 이름만이 드러나는 것을 말함.

---

[1] 한수(韓脩, 1333~1384) - 고려 말기의 문신. 명필가. 자는 맹운(孟雲), 호는 유항(柳巷), 본관은 청주이다. 15세에 문과에 급제하여 수문전학사 밀직제학(密直提學)이 되고 상당군(上黨君)에 봉해졌다. 공민왕에게 신돈을 조심하라고 밀계(密啓)한 것이 적중하여 칭송을 받았다. 지행(志行)이 고결하고 식견이 탁월하였으며, 초서(草書)와 예서(隸書)를 잘 썼다. 작품에 <유항시집(柳巷詩集)>이 있고, 공민왕의 현릉(玄陵) 비문, 노국대장공주(魯國大長公主) 묘비, 안심사(安心寺) 사리탑비(舍利塔碑)에 필적(筆跡)이 전한다. 시호는 문경(文敬)이다.

〈둘째 시(其二)〉

積德之門慶事新 적 덕 지 문 경 사 신	적선한 집안이라 경사도 새롭게 나타나서,
亞元名動禮闈春 아 원 명 동 예 위 춘	차석 합격의 명예 예조에서 주관한 고시장을 뒤흔드네.
二郞眊瞵應天意 이 랑 모 삼 응 천 의	둘째 아들 실의하여 번민함은 하늘의 뜻에 따름일지니,
來榜榮親要有人 내 방 영 친 요 유 인	다음 과거(科擧)에 부모님 영광스럽게 할 사람 있어야 하니까....

| 주해(註解) |

* 아원(亞元) - '버금 장원(壯元)'이라는 뜻으로, '방안(榜眼)'을 달리 이르던 말.
* 예위(禮闈) - 예조를 이르는 말인데, 과거를 예조에서 시행하였기에 하는 말.
* 모삼(眊瞵) - 흔히 모삼으로 쓰이는데. 모조(眊燥, 실의하여 번민한다)의 오기인 듯.
* 내방(來榜) - 다음 번에 보는 과거를 말함.
* 영친(榮親) - 부모(父母)를 영화(榮華)롭게 함.

(50) 둔촌[이집]에게 드리다(贈遁村) - 사간(司諫) 최원도[2](崔元道)

慷慨傷時淚滿襟
강 개 상 시 루 만 금
강개하게 시국을 한탄하여 눈물로 옷깃 적셨는데,

流離孝懇達幽陰
유 리 효 간 달 유 음
정처 없이 떠돌아다니는 중에도 지극한 효성은 산소까지 이르렀노라.

漢山迢遞雲煙阻
한 산 초 체 운 연 조
한산(漢山)은 멀고 멀어 구름과 연기만이 아득한데,

蘿峴盤回草樹深
나 현 반 회 초 수 심
나현(蘿峴)은 굽이 돌아 풀과 나무도 그윽하구나.

天占後先雙馬鬣
천 점 후 선 쌍 마 렵
앞뒤의 두 말갈퀴는 하늘이 가려준 것인데,

誰知君我兩人心
수 지 군 아 양 인 심
그 누가 그대와 나 두 사람의 마음을 알 것인가?

願言世世長如此
원 언 세 세 장 여 차
바라건대 대대로 길이 이와같이 하여,

須使交情利斷金
수 사 교 정 리 단 금
모름지기 우리 두 집안 사귀는 정의 예리함이 쇠라도 끊도록 하자구나.

---

2) **최원도(崔元道)** - 본관은 영천(永川). 자는 백상(伯常), 호는 천곡(泉谷)이다. 공민왕 때 문과에 급제하여 벼슬이 남대 사간(南臺司諫)에 이르렀고, 둔촌과는 동년(同年)의 의리로 교유했다. 조선조에 좌사간(左司諫)에 제수하였으나 나아가지 않고 영천 구룡산(九龍山) 천곡(泉谷)에 은거하여 두 나라의 임금을 섬기지 않는 절개를 지켰다.
1368년(공민왕 17) 둔촌이 신돈(辛旽)에게 무고를 당해 아버지 이당(李唐)을 업고 피신하여 몸을 의탁하니, 최원도는 그들 부자를 여러 해 숨겨 주었다. 그리고 이듬해 이당이 졸하자 염빈(殮殯, 시체를 염습하여 관에 넣어 안치함)의 차비(준비)를 그 부모 때와 똑같이 마련하고 자신의 어머니 산소 아래 묘소를 쓰도록 하였는데, 이가 바로 광주 이씨(廣州 李氏) 시조공 묘소이다.

| **주해(註解)** |

※ ≪용재총화 (慵齋叢話)≫ (제4권)에 보임.
※ 중고의 간본에는 수구의 상시(傷時)가 당년(當年)으로, 2구의 운연(雲烟)이 강만(岡巒)으로 실려 있었는데 뜻이 달라진 듯하기에 이번에는 「동화시집(東話詩輯)」대로 개정하였다.

* 강개(慷慨)했던 날 - 신돈의 악정에 의분을 느껴 항거했음을 형용함.
* 유리(流離) - 유리표박(流離漂泊)의 준말. 일정한 집과 직업이 없이 이곳저곳으로 떠돌아다님.
* 유음(幽陰) - 깊고 고요함을 뜻한 말인데 신명을 이르는 말.
* 나현(蘿峴) : 둔촌선생의 아버지를 장사지낸 곳 - ≪용재총화≫

(51) 둔촌[이집]에게 답하는 서간 2수(答遁村書二首)

- 포은(圃隱) 정몽주(鄭夢周)

- 기일＜其一＞

　7월 스무하룻날 문득 가장(佳章, 좋은 글)을 받았습니다. 두 번 세 번 읽는 동안, 물외(物外, 바깥세상)에 초연한 사람은 그 하시는 말씀도 쇄연(灑然, 깨끗한 모양)하여, 속인(俗人, 속된 사람)들의 미칠 바가 아니란 것을 알았습니다.

　여강(驪江)은 나의 좋아한 바요, 선생 역시 아시는 바이지만, 선생께서 나보다 먼저 착편(著鞭, 손을 대다)하실 줄은 몰랐습니다. 남쪽을 바라보니, 불각(不覺, 깨닫지 못함) 중에 서운하고 섭섭한 마음이 듭니다. 더구나 세상에는 새로운 일들이 해마다 달라지고 달로 달라지니 오죽하겠습니까?

　요즈음 약재(若齋, 김구용)는 여모(廬墓)를 산다고 들었는데, 다행히도 지금은 관청 일도 틈이 나기에 도은(陶隱, 이숭인)과 함께 필마(匹馬, 한 필의 말)로 가서 조문(弔問)할까 합니다. 정말 그렇게만 된다면 천녕(川寧)에 들러 하룻밤 묵으며 이야기를 나누게 될 것입니다. 해마다 보내주신 햅쌀은 참으로 고맙습니다.

　저는 유월부터 이질(痢疾)에 걸려 달포나 되어갑니다. 요즈음은 조금 나아서 다행히도 이렇게 아뢰오며, 나머지는 도(途, 이지직, 포은 문하에서 수업)가 돌아갈 때 전해드리겠습니다. 가을 날씨 서늘한데 부디 몸을 천만진중(千萬珍重) 하십시오. 이만 줄이오며 정몽주는 돈수(頓首)합니다.

七月二十一日, 忽奉佳章, 讀之再三, 乃知超然於物外者, 其出語亦能灑然, 非俗人之所可及也. 驪江吾所樂也, 亦先生之所知, 不圖先生之先吾著鞭也. 南望, 不覺爲之悵然. 況世間新事, 歲異而月不同矣. 近聞若齋廬墓, 幸今官閑, 欲與陶隱匹馬往弔. 果得如願, 川寧當作一夜話也. 歲受新米之惠, 敢不銘感僕. 自六月患痢疾, 將三十日矣. 比來少愈幸亦照及, 餘在途[遁村長子少名受業於圃隱門]歸時. 秋凉, 千萬珍重. 只此, 鄭夢周頓首.

| 주해(註解) |

※ ≪포은집≫(권 3) <습유(拾遺)> <둔촌께 답한 편지(答遁村書·답둔촌서) 4통>

* 여묘(廬墓) - 상주(喪主)가 무덤 근처에 여막(廬幕)을 짓고 살면서 무덤을 지키는 일.
* 도(途) - 둔촌의 장자 지직(之直)의 어릴 때 이름인데, 포은의 문하에서 수업하였다.
* 천만진중(千萬珍重) - 천만보중(千萬保重). 보중(保重) : 몸을 아끼어 잘 가짐.
* 돈수(頓首) - 편지의 첫머리나 끝에 상대편에 대한 경의를 표하기 위하여 쓰는 말.

- 기이<其二>

　8월 초닷새 날 문득 보내주신 가장(佳章, 잘 지은 좋은 글)을 받았습니다. 두 번 세 번 펼치고 읽어보니 마치 얼굴을 마주 대한 듯한데, 친히 위문(慰問)까지 하여 주시니 기쁘고 위안(慰安)됨을 느낍니다.

　환정(宦情, 관리가 되고 싶은 뜻)은 내가 즐기는 바가 아닙니다. 매양 가을을 맞게 되면 산수의 흥을 마음속에 한층 더 느끼곤 합니다. 선생께서는 어떠한 분이기에 혼자만 능히 이를 차지하셨는지?

　인편이 돌아간다니 민망함을 이기지 못하겠습니다. 그러면 절서(節序)에 따라 자옥(自玉, 스스로 건강을 조심)하시기를 바라옵고 이만 줄입니다. 날이 어두워져 대강 줄입니다.

　八月五日, 忽承惠示佳章. 披閱再三, 如對面目, 親賜慰問, 喜慰可知也. 宦情非予樂也. 每逢秋至, 山水之興, 尤有感於中心. 先生何人, 能獨辦此? 人回, 不勝惘惘, 餘希順序自玉. 只此. 昏黑草草.

≪포은선생문집≫ (권 3)

| 주해(註解) |

* 망망(惘惘) - 망연. 실의에 빠짐. 마음이 허전함.
* 절서(節序) - 절기의 차례. 또는 차례로 바뀌는 절기.
* 자옥(自玉) - 자애하다. 자중하다.
* 혼흑(昏黑) - 캄캄하게 어두움. 시간이 촉박하다는 말.

(52) 둔촌[이집]에게 보내는 서간(與遁村書)

- 포은(圃隱) 정몽주(鄭夢周)

이별한 뒤로 궁금함이 많았습니다. 요즈음은 동지(動止, 기거)가 어떠하신지요. 변변찮은 이 사람도 탈은 없으니 염려하지 마십시오. 저는 이달 19일 밀직제학(密直提學)에 초배(超拜: 직급을 뛰어넘어 임명됨) 되었는데, 항만(亢滿, 지위가 높은 것)이 몹시 두려워 밤낮으로 마음이 편치 않습니다. 오직 선생만은 이 마음을 아실 것입니다.

남은 바람은 부디 만만진중 하시기를 바라옵니다. 이만 줄이며 정몽주는 재배(再拜)합니다. 동짓날 스무나흘날.

최단(崔鄲)의 딸의 모족(母族, 어머니 계열) 또한 참다운 양반이었습니다. 제가 삼촌 이경지(李敬之) 판서에게 들었습니다.

別後懸渴多也. 卽辰動止何如. 區區亦無恙, 毋勞念. 及僕於今月十九日, 超拜密直提學, 深懼亢滿日夜不安. 惟先生想察此意. 餘冀, 萬萬珍重. 只此, 鄭夢周再拜. 十一月二十四日.
崔鄲之女之母族, 亦眞兩班也. 余聞之三寸李敬之判書....

| 주해(註解) |

※ <포은집>에서는 위의 2통의 편지 뒤에 이 편지를 3번째 편지로 묶었음.

* 동지(動止) - 1. 움직임과 멈춤을 아울러 이르는 말. 2. 몸을 움직여 하는 모든 짓.
* 여기(餘冀) - 남은 바람은.
* 재배(再拜) - 1. 두 번 절함. 또는 그 절. 2. 웃어른에게 쓰는 편지에서, 사연을 끝

낸 뒤 자기 이름 뒤에 쓰는 말. '두 번 절을 한다'는 뜻으로, 상대편을 높이는 표현이다.

* 최단(崔鄲)의 딸의 – 이 부분을 <포은집>에서 네 번째 편지의 일부(앞 뒤 내용은 보이지 않음)로 적었음.

최단은 고려말에 밀직부사, 안동원수 같은 무신 벼슬을 하였고, 조선에 들어와서는 개국원종공신, 회군공신 3등에 책독 되었음.

(53) 둔촌기(遁村記) － 목은(牧隱) 이색(李穡)

  광주(廣州) 이씨가 이미 <맹자>에 나오는 '집의(集義)'의 집(集) 자를 취하여 이름을 정하고, 호연지기(浩然之氣)의 호연(浩然)을 취하여 자(字)로 삼았다. 이에 성산(星山, 성주의 옛이름) 이자안(李子安, 이숭인)이 그 뜻을 해설하는 글을 짓고, 내가 또 그 뒤에다 한마디 말을 붙여서 그에게 주었다.

  그러자 호연(浩然)이 또 말하기를, "나의 이름과 자에 대해서는 이미 가르침을 받았습니다. 그런데 내가 거친 들판으로 도망쳐 숨어서 취성(鷲城)의 패거리가 꾸며 낸 화(禍)를 피했는데, 그때 온갖 고생을 겪은 정상으로 말하면, 아무리 흉악하고 잔인한 자가 듣는다 해도 얼굴빛이 변하지 않을 수 없을 것입니다. 그런데도 내가 오늘같은 날이 있을 수 있게 된 것은 바로 그때 이 둔(遁, 도망쳐 숨은 것)의 힘이라고 해야 할 것이다. 옛날에 숙손(淑孫)은 적군을 이기고 나서 적장(敵將)의 이름으로 아들의 이름을 지었으니, 이것은 대개 그 기쁨을 표시하기 위한 것이다. 자식은 자기의 분신인데도 오히려 그렇게 이름을 지어서 자신의 기쁨을 나타냈는데, 하물며 나의 이 한몸이야 더 말해 무엇하겠는가?

  이제 내가 이미 이름과 자를 모두 고쳤으니 이것은 내가 다시 태어난 것과 다름이 없다고 하겠다. 그러나 둔(遁)이 나에게 덕이 되게 하였으니, 장차 이 몸이 다할 때까지 나로서는 잊을 수가 없다. 그런 까닭에 내가 사는 곳을 둔촌(遁村)이라고 이름 지었다. 이것은 둔(遁)을 덕(德)이라고 생각한 까닭이며, 또한 위험한 곳에서 빠져나왔어도 위험함을 잊지 않으려는 뜻에 붙여서 스스로 노력하고자 하는 것이다. 대게 둔(遁)이란 것은 지언(知 言, 도리에 맞는 말) 중의 하나이지만, 내 나름대로는 그 뜻을 이렇게 긍정 적으로 풀어 보았다. 그러니 오직 선생께서는 가엾고 애달프게 여기시어, 내가 자꾸만 귀찮게 군다고 생각하지 마시고 끝까지 은혜를 베풀어 주시 기 바랍니다." 하였다.

나는 다음과 같이 말하였다. "그대가 추(鄒) 나라의 글에 대해서 진실로 음미하며 즐기고 있으니, 성인(聖人)의 도를 구해 본다고 하는 측면에서 볼 때 나 역시 정말 바람직한 일이라고 하겠다." 그런 까닭에 내가 딴 글을 인 용하지 않고 <맹자>의 글을 가지고 나의 말을 끝맺으려 한다.

어떤 사람이 "순(舜)은 천자(天子)이고 고요(皐陶, 순임금의 신하)는 옥 (獄)을 맡은 관원이 되었는데, 고수(瞽瞍, 순임금의 아버지)가 사람을 죽 였다면, 순이 어떻게 이것을 어떻게 처리하였겠는까?"하고 물었다. 맹자 는 대답하기를, "남몰래 아버지를 업고 도망가서 바닷가에 살면서 흔연 (欣然)히 기뻐하며 천하 일을 잊었을 것"이라 하였다. 이것은 비록 가정하 고 한 말이기는 하다. 그렇지만 이런 처지를 당했다면 이렇게밖에는 할 수 없었을 것이다.

호연(浩然)이 화를 당한 것은 비록 자기 자신이 저지른 일이라 하지만, 부모는 늙고 자식은 어린데 늙으신 아버이를 등에 업고 어린 자식의 손을 잡고, 낮에는 숲속에 숨어 있고 밤에는 비와 이슬을 맞으면서 험한 산골짜 기 속을 헤맸을 것이며, 그런 와중에서도 추격하는 자가 있을까 두려워하 여 숨을 죽이고 몸을 움츠려 아내나 아들을 보고 숨소리도 내지 못하도록 경계시켰을 것이니, 그가 도망쳐 숨은 것은 역시 참혹했다 하겠다. 이는 마땅히 꿈속에서도 놀라고 깨어서도 놀랄 일이다.

그런데도 그때에 그는 의기가 양양하여 안으로는 스스로 즐거워하고 밖으로는 이것을 남에게 자랑으로 여겼다. 그러니 호연(浩然)이야말로 참으로 비상한 사람이다. 그 마음속에는 반드시 확고한 주관이 서 있어서 가능한 것일 테니 그대의 명성은 참으로 그냥 얻은 것이 아닌 것이다.

맹자는 말하기를 "하늘이 장차 어떤 사람에게 큰 사명을 맡기려면 반드시 그 육신을 굶주리게 하고, 하는 일마다 뜻대로 되지 않게 하여, 그의 능하지 못한 바를 더욱 능하게 해준다"고 하였다. 호연(浩然)이야말로 이미 그 몸은 굶주리고 그 행하는 길을 어지럽힘 당하였으니 그에게 큰 책임을 내린다는 것을 아마도 반드시 그렇게 되리라고 확신할 수가 있을 것이다. 나는 호연(浩然)이 이 둔촌에서 몸을 마치지 못할까 두렵기도 하구나 했다.

이밖에 그곳의 강산이나 풍경의 아름다운 경치, 그리고 그가 낮에는 밭 갈고 밤에는 글 읽는 즐거움에 대해서는 호연이 스스로 즐기고 있는 처지가 있을 터이니 여기에서는 자세히 기록하지 않겠다. 정사년(1377, 우왕 3) 9월에 한산 목은 이색 쓰다.

廣李氏, 旣取孟子'集義'之集爲名, 而取'浩然之氣'爲字, 星山李子安說其義. 予又題辭其後, 以與之浩然曰: "吾名吾字, 旣受敎矣. 吾之遁于荒野, 以避鶯城之黨之禍, 艱辛之狀, 雖鷙忍者聞之, 不能不動乎色. 雖然, 吾之所以得至今日, 遁之力也. 夫叔向勝敵, 以名其子, 蓋喜之也. 子, 身之分也, 猶且名之, 以志其喜, 況吾一身乎? 今吾旣皆更之, 則我之再初也. 遁之德于我也, 將終吾身而不可忘焉者. 故名吾所居曰;'遯村'所以德其遯也, 亦欲寓其出險不忘險之意, 以自勉焉. 蓋遯者, 知言之一也, 而義則竊取之如是, 惟先生哀憐之, 忘其再三之瀆, 以終惠焉."

予曰:"子於鄒國之書, 誠味而樂之矣, 其求觀聖人之道, 殆庶幾乎!" 予故不徵他書, 就'孟子'以畢其說. 或問 "舜爲天子, 皐陶爲士, 瞽瞍殺人, 則如之何?" 孟子曰:"竊負而逃, 遵海濱而處, 訢然樂而忘天下." 此雖設辭, 處之不過如此爾.

浩然之禍, 雖自其身致之, 親老子幼, 抱負携持, 晝藏榛莽, 夜犯雨露, 崎嶇山谷之中, 猶恐追者踵至, 屛氣縮縮, 戒妻子無敢出聲, 其遯也亦慘矣. 是宜夢驚而悟愕也. 方且揚揚焉, 內以樂於己, 外以誇於人. 浩然信非常人矣. 其中必有所主, 而名不虛得矣. 孟子曰;"天將降大任於是人也, 必將餓其體膚, 行拂亂其所爲, 增益其所不能." 浩然, 信乎餓其體膚矣, 拂亂其所爲矣, 則其降大任也, 又信乎其可必也. 予恐浩然之不得終身於遯村也.

若其江山風物之勝, 朝耕夜讀之樂, 浩然自有地矣, 故不詳著云.

歲丁巳九月日記.

주해(註解)

※ ≪묵은문고≫(권1)

* 집의(集義) - ≪맹자 공손추(公孫丑) 상(上)≫에 호연지기(浩然之氣)를 설명하는 대목이 있는데, 그 중에 "그 기운은 의리가 안에서 축적된 결과 나오는 것이다(是集義所生者·시집의소생자)"라는 말이 나온다. 맹자는 당대 혁신적인 개념인 '호연지기(浩然之氣)'를 주창하여 생명활동 에너지인 '혈기'를 도덕 에너지인 호연지기로 전환시켰다. 그 과정에서 '집의(集義)'를 제시하며, '집의'를 통해서만 호연지기가 생겨난다고 주장한 것이다. '집의'는 맹자 7편을 통틀어 철학적으로 중

요한 개념 중 하나이다.
* 제사(題辭) - 책의 첫머리에 그 책과 관계되는 노래나 시(詩) 따위를 적은 글.
* 취성(鷲城) - 경남 창녕군 영산(靈山)의 옛이름. 신돈의 본관이 "영산"이므로 여기에서는 '신돈'을 말한 것임.
* 숙향(叔向) - 노나라의 숙손득신(叔孫得臣)이 북적(北狄)의 침략을 당했을 적에, 그 군주를 장적교여(長狄僑如)라고 불렀다. 이 장적교여와 싸워 이긴 숙손씨는 뒤에 아들 선백(宣伯)을 낳자, 그 이름을 교여(僑如)라고 지었다는 고사가 있다. - ≪좌전·문공11년≫
* 진망(榛莽) - 더부룩하게 난 초목. 가시덤불(=蓁莽).
※ 관성인지도(觀聖人之道) - 성인의 도를 구해본다: 당나라 한유의 <송왕훈서(送王塤序)> 끝 부분에 "성인의 도를 구해 보려면, 반드시 <맹자>에서부터 시작해야 한다[求觀聖人之道 必自孟子始·구관성인지도 필자맹자시]"라는 말이 나온다.

(54) 호연이라는 애칭[字]의 뜻을 밝히는 좌우명(浩然字銘)

浩然字銘

虛無汗漫,　　텅 비고 등한히 한 마음에서라야,
惟道之誕　　　오직 도 이것이 생겨나는 것이니라,
허 무 한 만,
유 도 지 탄

褊心鑿智,　　편협(偏狹)한 마음과 천착(穿鑿)된 지혜에서는,
惟道之否　　　오직 도, 이것이 막히나니라.
편 심 착 지,
유 도 지 부

一心之微,　　한 마음 이것은 희미하지만,
聖賢是希　　　성현(聖賢)도 이를 이룸이 드무니라.
일 심 지 미,
성 현 시 희

曰求其正,　　그 올바름을 구하고, 크게 말하여야
惟去其非　　　오직 그릇됨은 버리게 되느니라.
왈 구 기 정,
유 거 기 비

廓爾四達,　　확연하게 그것이 사방으로 통달하면,
用之不竭　　　아무리 그것을 써도 다함이 없느니라.
확 이 사 달,
용 지 불 갈

塞乎天地,　　크게는 천지를 꽉 채우고,
入乎毫髮　　　작게는 가는 터럭 속에도 스며들게 되느니라.
색 호 천 지,
입 호 호 발

而況彝倫,　　하물며 이는 사람의 떳떳한 도리일진대,
孰梗于馴　　　뉘라서 자연스럽게 이룸을 막으랴?
이 황 이 윤,
숙 경 우 순

處之泰然,	그것을 마음에 새겨둠이 태연하면,
克全其天	능히 천성을 온전히 할 수도 있으리라.
처 지 태 연,	
극 전 기 천	

惟廣李氏,	오직 광주(廣州)의 이씨(李氏)는,
慷慨君子	그럴만한 강개(慷慨)한 군자이니,
유 광 이 씨,	
강 개 군 자	

字曰浩然,	자를 호연이라 했기에,
敢述厥旨	감히 그 뜻을 풀이하노라.
자 왈 호 연,	
감 술 궐 지	

| 주해(註解) |

※ <둔촌잡영·부록> - 둔촌이 자신의 자를 호연으로 명명(命名)하고, 넉 자를 한 구씩으로 하여 안쪽 구와 바깥쪽 구 곁에 각운자를 맞추어 단 연(聯)이 많다.
이러한 형식은 "좌우명(座右銘)" 체다. 이 글은 둔촌이 직접 쓴 것으로 보인다. 왜냐하면 이 글이 그의 친구들의 문집에는 보이지 않기도 하고, 또 이 "호연(浩然)"이라는 자를 사용한 것은 그가 중년(中年) 나이 이후이기 때문에, 누구에게 꼭 부탁하여 받을 필요는 없을 것 같기 때문이다.

* 허무(虛無) - 텅 비어 실상(實相)이 없음.
* 한만(汗漫) - 산만하게 내버려 두고 등한히 함.
* 병이(秉彝) - 인간 본연의 변하지 않는 도리(道理)를 굳게 지키거나, 지키는 사람. 또는 인간의 항상적(恒常的)인 도리 자체를 뜻하기도 함.
* 순치(馴致) - 목적한 상태로 차차 이르게 함.
* 처심(處心) - 마음에 새겨 두고 잊지 아니함.

(55) 이씨의 세 아들의 이름과 자(字, 애칭)에 대한 해설(李氏三子 名字說)
― 목은(牧隱) 이색(李穡)

광릉(廣陵) 이호연(李浩然)이 유사(有司)에 뽑혔다. 그는 <서경(書經)>의 뜻을 알기로 이름이 났었다. 내가 일찍이 그에게 그 서론(緒論)을 듣기를 원했으나 이루지 못하였다. 어느날 그는 나에게 와서 말하기를 "나에게 세 자식이 있는데 첫째는 이름이 지직(之直)인데 자는 백평(伯平)이며, 둘째는 이름이 지강(之剛)인데 자가 중잠(仲潛)이며, 셋째는 이름이 지유(之柔)인데 자는 숙명(叔明)"이라 했다. 이것은 대개 성인(聖人)의 총명을 사모해서이다.

대체로 세 가지 덕(德)이라는 것은 성인이 세상을 무마하고 사물에 순응하는 것이 때에 따라서 마땅하도록 제정해서 백성들의 풍속을 황극(皇極)으로 이끌어가는 것이다. 사람이 날 때 성품을 하늘에서 받아서, 중(中)과 화(和)의 체용(體用, 사물의 본체와 그 작용)이 갖추어진다. 강충(降衷)이니 수성(綏性)이니 하는 말이 바로 그것이다. 그러나 처음에 받은 기품이 변하고, 나중에 더러운 습속(習俗)을 받게 되어, 부득불 중(中)도 아니요, 화(和)도 아닌 곳으로 나가게 되는 것이다.

그러므로 성인(聖人)이 하늘을 계승해서 극(極)을 세워 임금으로서 다스리고 스승으로서 가르치니, 여기에서 삼덕(三德)의 명목이 서서, 세상길이 평탄해지고 편안해져서 집집마다 제후로 봉해도 될 만큼 착하게 되었던 것이다. 그러니 성인[군주]은 대체 무엇을 더 할 일이 있겠는가? 또한 그런 착한 임금님들은 바르게 하고 곧게 하여 그 떳떳한 일을 순하게 할 뿐이다. 옷을 드리우고 아무런 하는 것이 없어도 잘 다스려지는 것을 볼 수가 있다.

"그러므로 큰 자식의 이름을 지직(之剛)이라 하고 자를 백평(伯平)이라 함은 요순(堯舜)의 백성이 되게 하고자 함입니다. 또 이것은 성인이 곧은 것을 평탄하고 편안한 세상에 쓴 것입니다.

세도(世道)가 점점 낮아져 백성들이 퇴폐해지고 후퇴하여 중(中)에 미치지 못하게 되었습니다. 이에 이들을 돕고 붙들어주어 그 쓰러져 가는 기운을 진작(振作)시켜 중화(中和)로 돌아오게 하고야 마니. 이것은 성인이 강(剛)한 것을 쇠퇴한 세상에 쓰는 것입니다. 그런 까닭에 내 둘째 자식의 이름을 지강(之剛)이라 하고 자를 중잠(仲潛)이라 한 것입니다.

세도가 올라가서 백성이 고명(高明)해져서 중에 지나치게 되면, 이에 적시고 갈고 하여 그 강하고 뻣뻣한 기운을 덜어주어 중화(中和)에 돌아오게 하고야 마니, 이것은 부드러운 것을 고명한 세상에 쓴 것입니다. 그래서 내 끝 자식의 이름을 지유(之柔)라 하고 자를 숙명(叔明)이라 하였습니다.

아아! 성인이 중(中)을 백성에게 쓴 것이 이와 같습니다. 이리하여 백성이 진실로 중(中)으로 돌아오게 된다면 이것은 바로 요순(堯舜)의 세상인 것입니다. 이름은 비록 다르지만 그 귀결(歸結)되는 바는 모두 같습니다. 부모가 자식을 사랑하는 마음은 조금도 편벽(偏僻)됨이 없기 때문입니다.

지금 내가 내 자식의 이름을 짓는 데에 반드시 이러한 것으로 한 것은 장차 세상이 변하는 것을 살피고 성인의 교화(敎化)를 사모하여, 밭두덕 사이에서 스스로 즐기려는 것뿐입니다. 문 밖에 나가지 않고서도 천하를 안다는 것은 나를 두고 한 말입니다. 청컨대 선생은 자설(字說)을 지어 주십시오." 한다.

나는 말하기를 "알겠도다. 진실로 그대가 <서경(書經)>을 잘 아는 것을. 그러나 나는 늙었다. 황극(皇極)의 행하는 것과 삼덕(三德)의 다스림을 볼 수가 없다. 그러나 아들 세 사람은 모두 훌륭한 바탕이 있다. 그러니 훗날 성취하는 것을 진실로 측량할 수가 없을 것이다. 부디 아버지의 가르침을 저버리지 않도록 하라. 이것이 나의 바라는 바이니 그대들은 힘쓸지어다." 하였다.

李氏三子名字說

廣陵李浩然, 擧於有司, 以'書'義著稱. 予嘗願聞緖論, 而未之果. 一日來謂予曰: "吾有三子, 一曰之直, 字伯平, 二曰之剛, 字仲潛, 三曰之柔, 字叔明. 蓋有慕於聖人之乂用焉耳.

夫三德者, 聖人之撫世酬物因時制宜, 所以納民俗於皇極者也. 人之生, 稟乎天, 中和之體, 用具焉, 降衷·綏性之說, 是已, 然氣稟變之於初, 汚俗驅之於後, 不得不趨於不中·不和之域焉.

是以, 聖人繼天·立極, 君以治之, 師以敎之, 於是乎, 三德之目立焉, 世道平矣, 康矣, 比屋可封矣. 聖人復何爲哉? 亦曰正焉·直焉, 順乎其常而已, 垂衣無爲之治, 可見矣.

故名吾長子曰: "之直", 字 "伯平", 欲其爲堯舜之民也. 此聖人之用直於平康之世也. 世道降矣, 民之潛退, 而不及乎中矣. 於是乎, 輔之翼之, 振作其頹靡之氣, 歸於中和, 而後已. 此聖人之用剛, 於沈潛之世也.

故名吾仲子曰: "之剛"字 "仲潛". 世道升矣, 民之高明而過乎中矣, 於是乎, 漸之摩之, 消耗其强梗之氣歸於中和而後已. 此用柔於高明之世也.

故名吾季子曰: "之柔"字 "叔明". 嗚呼! 聖人之用中於民也如此, 民苟歸于中, 則是堯舜之世也.

名之雖異, 其歸則同. 父母愛子之心, 無或小偏故也. 今吾名吾子, 必以此, 將以察世變, 慕聖化, 以自樂於畎畝之中而已. 不出戶庭, 知天下, 吾之謂矣. 請先生爲之說."

予曰: "信乎, 子之善說 '書' 也. 予老矣. 皇極之行也, 三德之乂用也, 不可見矣. 令嗣三人, 皆有美名. 異日所就, 誠未可量. 無廢父敎, 吾之望也, 其勉旃."

| 주해(註解) |

* 명자설(名字說) - 이름은 어릴 때부터 항렬에 맞추어 짓는 경우가 많고, 자(字)는 성인(成人:20세)에 되었거나, 결혼식을 앞두고 짓는 것이 보통이고, 호는 나이도 들고 사회적 명망을 얻거나, 문인이나 예술가가 되었을 때 스스로 짓거나 누가 지어 주기도 한다. 이런 글을 지어주면서도 인생 목표와 실천 방안을 설명하는 경우가 많은데, 여기서는 명설(名說)과 자설(字說)도 아울러 지어주었다.
* 유사(有司) - 어떠한 단체의 사무를 맡아보는 직무.
* 황극(皇極) - 홍범(洪範)의 구주(九疇)로서 가장 소중히 여겨진 치세(治世)의 요도(要道). 皇은 大(대), 極(극)은 中(중)으로서 곧 대중지정(大中至正)의 뜻. 요순 이래로 제왕이 서로 전하는 큰 법도이다.
* 강충(降衷) - 한쪽으로 치우치지 않는 바른 덕(德)과 진심(眞心)을 하늘로부터 받은 것을 말함.
* 수성(綏性) - 사람의 마음에 본래부터 있는 양심.
* 삼덕(三德) - 직(直), 강(剛), 유(柔)를 이름.

(56) 이호연[이집]을 합포의 병영으로 환송하며 지어준 전별문(送李浩然赴合浦幕 序)　- 도은(陶隱) 이숭인(李崇仁)

　　이문충공(李文忠公, 이공수)과 안문경공(安文敬公, 안보)은 도덕과 문장이 일세의 사표(師表)이며, 사람을 알아보는 밝음과 선비를 구하는 급함에 있어서는 비록 옛 사람이라도 미칠 수 없다. 이 때문에 호걸과 영준(英俊)들이 그 문하에서 많이 나왔다. 이 두 공이 애지중지하는 자는 광주이군(廣州李君)이 그중에서도 제일이다.

　　내 이군의 이름을 들음이 제법 오래되었으나 한 번도 만나서 정답게 이야기해 보지 못하였다. 내가 벼슬길에 나아가 서울에 와서 목은(牧隱) 선생의 문하에서 배울 때에, 하루는 선생을 뵈려고 찾아온 손님이 있었다. 용모가 번듯하고 기색(氣色)과 언사(言辭)가 놀라웠고 선생님이 예로써 접대하였다. 내 이를 기이하게 여겨 좌우에 물어보았더니, 이가 바로 광주(廣州) 이군(李君)이었다.

　　이로부터 우리 두 사람은 대개 서로 떨어져 있지 않고 날마다 강습(講習)과 토론으로 일을 삼았다. 혹 인물을 평하다가 기개 높은 고세(高世, 세상에서 뛰어남)의 선비를 얻게 되면 이마에 손을 얹고 탄복했으며, 옹졸하고 진부한 자에 대해서는 침을 뱉으며 꾸짖기를 그만두지 아니하였으니, 대개 우뚝한 절의(節義)로 자처한 것이로다.

　　무신년 가을에 역적 신돈(辛旽)에게 미움을 받아서 그 문객(門客)중에 모략하는 자가 군(君)을 불측한 데에 빠뜨리고자 하니, 군(君)은 의복을 변장하고 늙은 어버이를 업고 처자(妻子)를 이끌고 남쪽 경상도로 도주하여 우거진 숲속 시내 골짜기의 궁벽하고 험악한 지대에 숨어 사슴 무리와 벗하여 살았다. 오래되지 않아서 세도 부리던 자는 죽고, 또 4년 뒤인 신해년(辛亥年)에 신돈이 처형되었다.

그해 겨울에 이군(李君)은 경상도로부터 현화리(玄化里)의 내 집을 찾아왔기에 내가 그의 고생을 위로하고 묻기를 "유리(流離)하여 헤맬 때는 하루를 지나는 것도 견디기 어려울 텐데 하물며 4년이란 오랜 세월이야 말해 무엇하리오? 그런데 그대의 얼굴이나 말 기운은 어디 조금도 쇠하지 아니하였소?"라 하였다.

이에 이군(李君)은 한바탕 웃더니 이윽고 말하기를 "내가 오늘 서울에 들어와서 여러 친구와 더불어 모이게 되니 어렴풋이 꿈에서 깨어난 것 같고 죽었다가 살아난 것 같다. 참으로 내 몸이 다시 태어난 것만 같다. 몸이란 이름이 붙어 깃들어 있는 곳이니 지금 재생(再生)한 마당에 이름만 유독 옛것을 지켜야 하는고! 내 이름이 원령(元齡)이었는데 지금은 집(集)으로 고치고 자는 호연(浩然)이라 하였으니, 그대는 이 이름과 자에 대한 서문(序文)을 지어 주시게" 하므로 나는 이를 수락하였으나 곧 짓지는 못하였다.

금년 여름에 재상(宰相) 전 선생(전녹생)의 추천에 따라 합포(合浦)로 간다면서 나를 보고 말하기를, "이번에는 지어줌 즉 하다." 하므로 내가 말하기를 "사람이 이름과 자를 짓는 데는 성현(聖賢)의 격언을 따오지만 다 그 행실을 상고해 보면 반드시 서로 합당하지는 못하다. 맹자(孟子)가 호연지기(浩然之氣)를 논하면서 이는 의(義)가 모여서 그 속에서 생겨나는 것이다"고 하였다.

군(君)은 이것으로서 평거(平居, 보통 때)의 일 없을 때부터 길렀고, 험난하여 변을 당한 날에 시험하였다. 또 일찍이 문충공(文忠公, 이제현)과 문경공(文敬公, 안보)의 강론을 들었으니 그 기운을 기름에 있어 깊이 얻은 바가 있었을 것인데 내 무슨 말을 하겠소? 비록 그러하나 시험 삼아 군(君)을 위하여 들은 바를 외우노라.

　대저 대화(大化, 광대한 덕화)가 유행하여 이오(二五, 음양오행)의 정(精)이 읽히고 읽히어 사람이 생겨나니, 그 생겨나는 것이 즉 천지(天地)의 기(氣)이다. 그러므로 그 기(氣) 된 것이 지극히 크고 지극히 굳세다. 오직 지극히 크기 때문에 천지에 퍼져서 법칙을 같이하고, 지극히 굳센지라 쇠나 돌에 부딪혀도 뚫게 되며, 그 체(體)는 본디 스스로 호연(浩然)한 것이니 다만 잘 기르는 데 있을 뿐이다. 기르는 것이 제대로 되면 나의 기(氣)가 곧 천지일 따름이다. 저 풀이 죽어서 충만하지 못한 것은 기르는 것이 제대로 되지 못한 탓이다. 여기서 제대로 되는 길이란 오직 의(義)를 모으는 일이니, 의(義)를 모은다는 것은 하는 일마다 의(義)에 합치됨을 이름이다. 의(義)란 것은 나의 고유한 것이니 잠시도 떠나지 못할 것이요, 나의 하는 바가 이에 위배 된다면 내가 어찌 만족하겠느냐? 털끝만치라도 마음에 부족한 것이 있다면 기(氣)는 여기서 죽는 것이다. 비록 한 번 움직이고 한 번 말하는 사이일지라도 조금도 부끄러움이 없이 마음이 활발하고 신체가 윤택하면 이른바 호연(浩然)이라는 것이 유동하고 충만하여 어디서나 발현되어 장차 다 쓰지 못할 것이다. 그러므로 이르기를 "이는 의(義)가 모여 생기는 것이다"라고 한 것이다.

지금 사람이 그 얼굴을 보면 분명 보통 사람인데 대절(大節)에 부딪칠 때 확고하여 어느 힘으로도 뽑아내지 못하여, 도거(刀鋸, 형구)와 정확(鼎鑊, 사람을 삶는 가마)도 그 위력을 상실하게 되고, 헌면(軒冕, 높은 관직)과 규조(珪組, 벼슬자리에 있는 것)도 그 귀(貴)함을 잃게 되고, 천사(千駟, 사두마차 천 대)와 만종(萬鍾, 매우 많은 녹봉)도 그 부(富)를 잃게 되니 이 무슨 까닭인가? 이는 나에게 있는 의(義)가 저 사람이 가진 모든 것을 이겨내기 때문이다.

슬프다! 사람이 이에 이르면 가히 지극하다 이르겠다. 군(君)이 평일의 행동은 논하지 않고라도 그 환난을 겪은 4년 동안이란 사람치고 견딜 수 없는 일인데도, 군(君)은 무난하게 처한 것을 보면 반드시 이 호연지기(浩然之氣)를 기른 소치요, 절대로 우연이 아니다. 지금 나의 말이 과연 성현의 취지에 어긋남이 있는지 모르겠으나, 나는 양공(兩公, 이제현과 안보)의 문하(門下)에 미쳐서 바로 잡음을 구하게 되지 못함을 한하는 바이다.

비록 그러하나 군(君)은 이번 걸음에 전(田) 선생을 뵐 터이니 내 말을 들어 질문하여 선생의 일언(一言)을 구해서 나의 그릇되고 망령됨을 바로 잡아 주기를 바라노라. 나도 호연(浩然)에 관해서는 관심이 지극한 편이다. 유악(帷幄, 유막) 안에서 참모로 지혜를 발휘하여 승리로 이끄는 일에 있어서는 호연(浩然)이 참으로 잘 해낼 것이다. 하물며 전(田) 선생이 주장(主將)이 되었음에 있어서랴? 호연이여 떠날지어다.

送李浩然赴合浦幕序　陶隱

李文忠公·安文敬公, 道德文章, 師表一世, 而知人之明, 求士之急, 雖古人莫及. 是以, 豪俊多出其門焉. 兩公所愛重者, 廣李君其尤也.

予聞李君名頗久, 未得一接慇懃之懽及. 予筮仕來京都, 遊牧隱先生之門, 一日客有謁先生者, 容貌充充, 無歉餒色, 出辭氣警策, 先生禮貌之, 余奇之訪之左右, 則廣李君也.

自是予二人者, 率不相離, 日以講習討論爲事. 或至可否人物, 得偶儻高世士, 手加額歎, 賞其罷駑腐爛者, 唾罵不能休, 蓋落落以節義自許去.

戊申秋, 忤逆旽門客之用事者, 欲陷之不測, 君微服, 負老親, 携持婦子, 南走慶尙道, 竄匿榛莽磵谷, 窮荒險阻之地, 群麋鹿以居.

不久, 用事者死, 又四年辛亥, 而旽伏誅. 其冬, 君自慶尙來, 見予玄化里第. 予勞苦之, 且問曰:"流離顚沛人處之, 一日不堪, 況四年之久哉? 而君之容貌辭氣, 何不少衰也." 但一笑耳, 旣而曰: "吾今日, 得以入京都, 與諸友會, 怳若旣夢而覺, 旣死而甦, 實吾身之再初也. 身者名所寄也, 而今再初矣, 名獨可以仍舊乎? 吾名元齡, 今改以集, 字浩然, 吾子其著名字序", 予諾之, 不卽爲也.

今年夏, 從宰相田先生辟, 將之合浦[今昌原府], 則見予曰: "茲可爲矣." 予曰: "人之命名字, 摘取聖賢之格言皆是, 夷考其實, 未必相當也. 孟子論浩然之氣, 是集義所生也."

君以此, 養之於平居無事之時, 驗之於屯難遭變之日. 又嘗聞文忠·文敬之論, 其於養氣, 深有得也. 予奚庸說? 雖然, 試爲君, 誦所聞.

夫大化流行, 二五之精, 絪縕轇轕, 人乃生焉. 所以生者, 卽天地之氣也. 故其爲氣也, 至大至剛. 夫惟至大也, 放諸天地, 而準至剛也, 觸諸金石而貫, 其體本自浩然, 第在乎善養之爾. 養之得其道, 則吾之氣, 天地而已矣. 彼餒焉, 而不充者, 養之失其道也. 於此, 有道焉, 惟集義乎集義者, 事皆合義之謂也.

義吾固有也, 不可須臾離也, 而吾所爲反乎, 是則吾豈慊乎哉? 有毫髮不慊於心, 氣斯餒矣. 雖一動靜語默之間, 無少愧怍, 心廣體胖, 則所謂浩然者, 流動充滿, 隨處發見, 將不可勝用矣. 故曰:"是集義所生"也.

今有人視其貌, 固常人耳, 至於臨大節, 確乎其不可拔, 刀鉅鼎鑊失其威, 軒冕珪組失其貴, 千駟萬鍾失其富, 是何也? 在吾之義, 有以勝夫在彼者也.

噫! 人至此, 可謂極矣. 君之平日姑不論, 其涉難四年, 人不堪焉, 而君處之無難者, 必有以養此, 而致之非適然也. 今予之說, 果無戾於聖人之旨否乎, 予恨不得及門於兩公, 求正是焉.

雖然, 今君之行謁田先生矣, 間以予說, 求先生一言, 以正予謬妄. 予於浩然, 寬惓惓也. 若參謀帷幄中, 出奇制勝, 浩然固優爲矣. 況得田先生爲之主乎? 浩然, 行矣哉.

| 주해(註解) |

※ ≪도은집≫(권4)

* 군(君) - 군이란 말은 현재 통용되고 있는 아랫 사람의 성이나 이름 밑에 붙이는 의존명사가 아니라 옛글에서는 어진이 군자의 높이는 뜻으로 쓰여졌던 일종의 경칭을 말함인 듯.
* 척당(倜儻) - 뜻이 크고 기개(氣槪)가 있음.
* 파노(罷駑) - '지쳐서 아주 둔(鈍)하여진 말'이라는 뜻으로, 쓸모없는 둔재(鈍才)를 이르는 말.
* 부란(腐爛) - 썩어 문드러짐.
* 타매(唾罵) - '더러운 놈이라며 침을 뱉어가며 꾸짖는다'는 뜻으로, '몹시 더럽게

생각하거나 욕함'을 이르는 말.
* 찬닉(竄匿) - 몰래 달아나 숨음.
* 간곡(磵谷) - 산골짜기. 磵: 1. 산골의 물. 2. (시내가 있는) 산골짜기
* 험조(險阻) - 지세(地勢)가 높고 가파르며 험하여 막히고 끊어져 있음.
* 미록(麋鹿) - 고라니와 사슴.
* 전패(顚沛) - 엎어지고 자빠지는 것.
* 황(怳) - 어슴푸레하다, 분명하지 않다.
* 소(甦) - 1. 깨어나다. 2. 소생하다.
* 대화(大化) - 광대(廣大)한 덕화(德化).
* 이오(二五) - 음양오행(陰陽五行)을 말함.
* 인온(絪縕) - 하늘과 땅의 기운이 서로 잘 어울림. 온(縕) : 1. 헌솜. 2. 솜옷.
* 교갈(轇轕) - 거마(車馬)가 어지럽게 달리는 시끄러운 모양.
* 뇌(餒) - 주리다.
* 대절(大節) - 대의(大義)를 위하여 목숨을 바쳐 지키는 절개(節概).
* 도거(刀鋸) - 칼과 톱. 즉 형구(刑具).
* 정확(鼎鑊) - 큰 솥. 처음에는 고기를 삶는데 사용했으나 후세에는 처형하는 형기구로 사용했다. 사람을 삶는 가마.
* 헌면(軒冕) - 귀인이 타는 수레와 쓰는 관. 높은 관직.
* 유망(謬妄) - 이치나 도리에 맞지 아니하여 종잡을 수 없음.
* 권권(惓惓) - 1. 곡진하다. 간절하다. 2. 충성스럽다.
* 유악(帷幄) - 유막. 작전 계획을 짜는 곳. 참모부.

(57) 둔촌이라는 자에 대한 뒤따른 설명(遁村字後說)

- 삼봉(三峯) 정도전(鄭道傳)

어떤 사람이 나에게 묻기를 "이군 원령(李君元齡)이 이름은 집(集), 자는 호연(浩然)이라 고쳤다는데 어찌된 일입니까? 이군이 일찍이 우환에 곤란을 겪더니 어쩌면 그의 평소에 있었던 일을 징계하기 위해서 고친 게 아닐까요?" 하였다.

나는 대답하기를 "아니다. 그렇지 않다. 이군은 의사(義士)이다. 무슨 일이든 참으로 밖에서 오는 것이라면 거의 그의 마음을 움직이지 못했는데, 하물며 평소의 명자(名字, 본명과 애칭)를 그런 이유에서야 바꿨겠는가?

이군의 우환을 나는 알고 있다. 역적 신돈이 국사를 전천(專擅, 전행)했을 때에 이군의 향인(鄕人, 고향 사람)으로 신돈의 문객이 된 자가 있었는데, 이군이 신돈의 하는 짓을 의롭지 못하게 여겼다가 크게 신돈의 뜻을 거슬러 곧 해치려 하니, 이군이 남쪽으로 피신했는데, 늙은이는 부축하고 어린이는 이끌며, 들에서 자고 풀로 연명하자니 풍상우로(風霜雨露)의 침노와 도적(盜賊), 호랑(虎狼), 충사(蟲蛇)의 걱정과 기한(飢寒), 동아(凍餓), 우로(憂勞), 궁액(窮厄) 등 이른바 사람을 괴롭히는 모든 것들이 한 번에 일신(一身)에 몰아닥쳤어도 군의 뜻은 조금도 쇠함이 없었으니, 이는 그의 심중에 반드시 기른 바가 있었기 때문이었을 것이다.

그러기에 우환이 닥쳐도 의로써 마음의 안정을 찾아 마치 태산의 무거움처럼 남들이 그 동정을 엿볼 수 없었고, 용기로써 걱정을 털어버려 마치 홍모(鴻毛)가 요원(燎原)의 불길에 사그러지듯 형적(形跡)조차 남김이 없었던 것이다. 곤경을 겪을수록 더욱 그 뜻을 굳게 하기는 마치 정금양옥(精金良玉)이 비록 홍로(烘爐)를 녹이고 사석(沙石, 옥이나 돌을 다듬는 도구)으로 쳐도 그 정강(精剛)하고 온윤(溫潤)한 본질은 더욱 나타냄과 같았으니, 마음속에 기른 바가 없는 사람이 능히 그럴 수가 있었겠는가?

이로 보면 이군이 이름과 자를 바꾼 것은 아마 앞으로 가꿔야 할 바탕과 굳게 지켜야 할 것이 무엇인지를 알았기에 더욱 거기에 힘쓰려 함이었을 것이다. 이를 두고 우환에 시달려서 평소의 일을 징계하기 위해서 고쳤다 말한다면 이는 이군을 모르는 것이 될 것이다." 하였다.

그 사람이 이르기를 "잘 알았습니다. 그러나 그 기를 바와 기르는 방편은 어떤 것입니까?" 하였다. 답하기를 "지금 이군이 집(集)이라 이름하고 자는 호연(浩然)이라 하였는데, 이는 맹자(孟子)의 말에 근거를 둔 것이다. 근자에 성산 이씨(星山李氏, 도은 이숭인)가 이군의 자서(字序)를 매우 상명(詳明, 자세하고 분명함)하게 지었는데 내가 무엇을 덧붙이겠는가?

그러나 물은 성의를 저버릴 수 없어 억지로 한마디 하겠다. 무릇 이른바 호연(浩然)이라는 것은 곧 천지의 정기(正氣)이다. 천지 사이에 가득히 있는 모든 물건들이 모두가 이 기운을 얻어 형체를 이루고 있기에, 귀신(鬼神)에 있어서는 유(幽)와 현(顯)이 되고, 일월성신(日月星辰)에 있어서는 조림(照臨, 비치는 것)이 되며, 부딪치면 뇌정(雷霆, 천둥)이 되고, 젖으면 우로(雨露)가 되고, 산악과 하해(河海)가 흐르고 솟으며, 조수(鳥獸)와 초목(草木)이 번식하게 되는 것이다. 그 본체는 지극히 크고 강하여 우주

(宇宙)를 포괄하여 밖이 없으며, 호발(毫髮, 가느다란 털)까지 들어가서 더 들어갈 곳이 없는 것이다. 그리고 그 운행(運行)은 쉼이 없고, 그 쓰임이 두루 미치지 않은 것이 없다.

그런데 사람은 그 중에서도 가장 정수(精粹, 깨끗하고 순수함)한 기운을 타고 태어나기 때문에, 사람에게 있어서 이목(耳目)의 총명이나 구비(口鼻)의 호흡과, 손으로 잡고 발로 달리는 것이 모두가 이 기운이 하는 바이다. 이는 본디 호연(浩然)한 것이어서 부족하거나 이지러진 것이 없으며, 천지와 더불어 서로 유통한다. 이것이 바로 이군이 기른 바이며, 그 기름에 있어서도 또 사의(私意)로 구차히 되는 것이 아니다. 버려두어도 안 되고 도와도 안 된다. 반드시 일삼아서 의(義)를 모을 뿐이다.

아! 이 기운이 유행하는 것이 성하여서 비록 금석(金石)으로라도 막지 못하며, 물에 들어가도 젖지 않으며, 불에 들어가도 뜨겁지 않으며, 부딪치는 자는 부서지고, 가로막는 자는 진동되고 찢어져서 능히 당하지 못한다. 더구나 우리는 이미 가장 정한 것을 얻어서 태어났고, 또 그 가장 정한 것을 내 몸 가운데에 길러서 주체(主體)로 삼았으니, 앞에서 말한 사람이 괴로워한다는 것은 모두 외물(外物, 바깥 물건)로 이 기운의 나머지에서 생긴 것들이니, 어찌 능히 나의 가장 정한 것을 도리어 해칠 수 있겠는가?

이것이 내가, 단연 이군이 마음에 기른 바가 있어서 우환으로 평소의 지닌 것(이름이나 자)을 고치지 않으리라고 믿어마지 않는 바이다." 하니, 그 사람은 그저 "네, 네" 하고 물러갔다. 이 전말(顚末)을 적어 이군에게 보내고 이름하여 '명자(名字)의 후서(後序)'를 삼게 하노라.

遁村字後說　三峯鄭道傳

客問曰: "李君元齡, 更名集, 字浩然何也? 李君蓋嘗困於憂患, 豈懲其平日, 而有所改歟?" 予曰: "否, 不然也. 李君義士也. 凡事苟自外至者, 擧不能動其中, 況改平日哉?

李君憂患, 我知之. 當逆旽用事時, 君之鄉人, 有爲旽門客者, 君不義其所爲, 大忤其意, 將害之. 君避之南方, 扶老携幼, 野處草食, 風霜雨露之所侵, 盜賊虎狼蟲蛇之患, 飢寒凍餓憂勞窮厄, 凡所謂人所苦者, 方叢于一身, 而君之志不少衰, 是其中, 必有所養者存.

故於憂患之來, 其安之以義也, 若泰山之重. 人不見其動靜, 其去之以勇也. 若鴻毛之於燎原之火, 泯然無跡. 其愈困而愈堅其志也, 如精金良玉, 雖有烘爐之爍, 沙石之攻, 而其精剛溫潤之質, 愈益見也. 非中有所養者, 能然乎? 由是言之, 李君之更名字, 蓋將識其養之素守之固, 而加勉之也. 謂是爲困於憂患, 懲其平日而改之, 非知李君者也."

客曰: "聞命矣. 其所養者與養之之方何如." 今李君集, 其名字浩然. 是本於孟子之言. 近, 星山李氏爲李君字序, 甚詳且明, 奚容贅焉? 然不可孤聞意, 強一言之.

夫所謂浩然者, 天地之正氣也. 凡物之盈於兩間者, 皆得其氣以爲之體, 故在鬼神爲幽顯, 在日月星辰爲照臨, 鼓之爲雷霆, 潤之爲雨露, 爲山嶽河海之流峙, 爲鳥獸草木之所以蕃. 其爲體也, 至大而至剛, 包宇宙而無外, 入毫髮而無內. 其行也無息, 其用也無所不周. 而人, 則又得其最精者以生, 故其在人耳目之聰明, 口鼻之呼吸, 手之執, 足之奔, 皆是氣所爲也. 本自浩然無所欠缺, 與天地相流通. 此則, 李君之所養, 而其養之也, 又非私意苟且而爲也, 舍之不可也, 助之不可也. 必有事焉集義而已矣.

是氣流行之盛, 雖金石而不可遏入, 水而水不濡入, 火而火不熱, 觸之者碎, 當之者震裂, 而莫能禦. 況吾旣得最精者以生, 而又養其最精者, 於吾身之中, 以爲之主, 則向所謂人所苦者, 皆外物之生, 於是氣之餘, 又. 安能反害於吾之最精者哉? 此吾斷然以爲, 李君中有所養, 而無改於憂患, 而無疑也."

客 "唯唯" 而退. 書以贈李君, 名爲 '字後序'.

| 주해(註解) |

※ ≪동문선(東文選)≫(권 97)

* 유현(幽顯) - 사물의 이치(理致) 또는 아취(雅趣)가 헤아리기 어려울 만큼 깊음.
* 조림(照臨) - 해나 달이 위에서 내리 비침.
* 알(遏) - 1. 막다, 저지하다. 2. 가리다, 은폐하다. 3. 끊다, 단절하다.
* 유(濡) - (물에)적시다, 젖다(물이 배어 축축하게 되다).
* 진열(震裂) - 지면(地面)이 흔들리고 움직여서 갈라짐.
* 유유(唯唯) - 주로 문어(文語)에서, 시키는 대로 하겠다고 공손히 대답하는 소리.
※ 자후서(字後序) - 어떤 판본에는 서(序)자가 설(說)로 되어 있음.

IV

둔촌선생유고 제4권

遁村先生遺稿卷之四

IV. 둔촌선생유고 제4권
遁村先生遺稿卷之四

■ 둔촌선생을 회고하는 글

(1) 사우연원록(師友淵源錄)　　　　　　　　　　- 이필행(李必行)

　　세상에서 이르기를, 선생께서는 삼은(三隱, 牧隱·圃隱·陶隱)과 서로 친하게 사귀었고, 그분들의 추중(推重, 추앙하여 존중히 여김)한 바 되었었다고 하는데, 지금도 문헌(文獻)에서 족히 고증할 수가 있으니 덕이 있지 않았다면 어떻게 군자들과 사귈 수 있었으며, 도(道)로써 아니했다면 어떻게 군자들에게 존경을 받을 수 있었겠는가? 성인(聖人, 공자를 뜻함)도 정(鄭)나라에 가서는 정자산(鄭子産)과 사귀었고, 위(衛)나라에 가서는 거백옥(遽伯玉)과 벗하였는데, 바로 이와 같은 경우였을 것이다.

　　일찍이 포은(圃隱) 선생의 글을 상고해 보니, 시는 모두 삼백삼 편이었는데, 그중에서 성리(性理)에 관한 저작은 겨우 네 편뿐으로, 그 하나가 둔촌(遁村)의 시권(詩卷)을 영탄(詠歎)하며 지은 것이었다. 여기서 선생의 학문의 조예가 참으로 깊었음을 다시금 느끼게 되었는데, 포은(圃隱)의 이 저술이 아니었다면 백세 뒤에 이를 증명할 길이 없었을 것이니, 부자(夫子, 공자)가 문헌을 중히 여겼던 것이 어쩌면 이러한 까닭에서였던가!

　　선생께서는 여말에 태어나셨는데, 일찍이 항직(亢直, 강직)한 성품 때문에 역적 신돈을 거슬러 영표(嶺表, 영외)에 몸을 숨김이 4년이었고, 돌아오자 얼마 안 되어 몰하셨다. 또 몰하신지 얼마 만에 세상이 바뀌었으니, 그 동안의 변고(變故)가 이루 말할 수 없었기에 평생의 저술이 많지 않은 것은 아니었으나 거의 유실되었고, 다만 얼마의 시고(詩稿, 시를 적은 원고)가 남아있을 뿐이다. 이것도 남들의 기송(記誦, 기억하여 외움)에서 나온 것으로, 사상의 오의(奧義, 깊은 뜻)나 도학의 서론(緒論)은 열에 한 둘도 찾아낼 수 없었으니 애석할 따름이라 하겠다.

그러나 그 시는 충잠(沖潛, 성격이 겸허하고 깊이가 있음) 연박(淵博, 아는 것이 깊고 넓음)하여 물욕(物慾) 밖의 초연했던 성정(性情)에서 나온 것들이었으니, 학력의 정(精)함과 실득(實得, 실제로 얻음)의 묘(妙)가 있지 않았다면 말로 발표된 바가 능히 이럴 수가 있었겠는가? 같은 시대의 대유(大儒)였던 포은(圃隱) 선생 같은 분이 이미 우리 선생의 조예를 깊이 허여(許與, 허락)하였는데, 만일 사우간(師友間, 스승으로 삼을 만한 벗 사이)에 확신한 바가 없었다면 그 영탄(詠歎)한 바가 어떻게 이리도 친절할 수가 있었겠는가!

학문의 연원(淵源)을 말한다면, 선생은 안 문경공(安文敬公, 안보)의 문하에서 배우셨는데, 문경공은 바로 문성공(文成公) 유(裕)의 족질(族姪)로 학문이 내력(來歷)이 있었다. 도은(陶隱)이 말하기를, "안 문경의 도덕과 문장은 일세의 사표(師表)가 될 만하고, 지인지명(知人之明, 사람을 알아보는 눈)은 고인(古人)들도 미치지 못할 바가 있다. 그러기에 많은 호준(豪俊, 재주와 지혜가 뛰어난 사람)이 그 문하에서 나왔는데, 가장 사랑하고 아낀 이는 광주의 이군(李君)이었다"하였다.

또 말하기를, "이 모(李某)는 양기(養氣, 호연의 기를 기르는 것)에 대하여 깊이 얻은 바가 있었는데, 기른다는 것은 의리(義理)로 집약하고 도학과 합치함에 넉넉지 못하면 얻었다 할 수도 없고 깊다 할 수도 없으니, 도의(道義)와 합치된 기름을 깊이 얻을 수 있다는 것은 유자(儒者)의 극공(極工, 온 힘을 다 바쳐 공부함)이 아니고 무엇이겠는가" 하였다.

목노(牧老, 목은 이색 같은 어른)도 일찍이 안 문경공의 묘지(墓誌)를 쓰면서 문인으로 유표(有表, 여럿 중에 특히 두드러짐)하게 드러난 사람을 간추려 혹은 정사(政事)로 혹은 부도(扶道, 도를 지킴)로 들었는데, 우리 선생에 대해서는 능히 황야(荒野)로 숨을 수 있었음을 허여(許與: 인정)하였다.

오호라! 숨는다(遁)는 것의 시대적 의의는 크도다. 도를 간직하고 자락(自樂, 스스로 즐김)치 못할 자가 어떻게 민박(悶迫, 애를 태워 매우 답답함)한 생각이 없을 수 있겠는가? 숨는다는 것을 사람이 능히 하지 못한 지 오래인데, 유독 우리 선생만을 들어서 일컬었으니 문경(文敬: 안보)의 사문(師門: 스승의 문하)에 빛이 되기에 그런 게 아니었겠는가? 이는 아마 공자가 이른바 "노나라에 군자가 없었다면 이 사람이 어떻게 이런 것을 얻을 수 있었으랴(魯無君子者 斯焉取斯·노무군자자 사언취사: 논어 '공야장·公冶長')"와 흡사한 것이리라.

그렇다면 포은이 이른바 "조장도 말고 잊지도 말게(勿助與勿忘·물조여물망)"와 "연어는 아득히 양양하도다(鳶魚妙洋洋·연어묘양양)" 등이 참으로 지나친 칭찬이 아니었음을 알겠다. 포은의 제찬(題贊, 제목으로 삼아 칭찬함)의 시권(詩卷, 시를 쓴 두루말이)이 하나 둘이 아니로되 도체(道體, 도를 닦는 몸. 상대를 높여 이르는 말)와 묘용(妙用, 묘하게 씀)에 대해서는 하나도 언급한 곳이 없는데, 오직 선생에게만 그 심득(心得, 마음에 깊이 깨달음)의 묘(妙)를 칭찬하여 "누가 감히 당할 것인가!(敦敢當·돈감당)"라고 추앙까지 하였으며, 끝은 "아는 이 적다(知者少·지자소)"로 맺었으니, 가히 포은(圃隱) 선생이 도덕으로 서로 추허(推許, 받들어 칭송하다)한 사람은 선생 하나뿐이었음을 볼 수 있겠다. 포은의 둔촌(遁村)을 그리워한 시에 이르기를 "때때로 이노(李老) 맞아 함께 마음을 논하고(時激李老共論心·시격이노공논심)"라 하였고, 졸하시자 만사(輓詞)에 이르기를 "백두에 이 지심우를 잃었구나(白頭失此知心友·백두실차지심우)"라 하였으니, 우(吁, 아아)라!

앞에서는 문경(文敬)의 묘지에서 상고하고, 뒤에서는 포은의 시사(詩史)로 징빙해 보면 선생의 학문과 사우(師友) 연원(淵源)을 가히 알 수 있겠다. 그러기에 이조(李朝)의 성용재(成慵齋, 성현)도 그의 저서에서 "둔촌 선생의 효우(孝友, 부모에 대한 효도와 형제에 대한 우애)의 행실은 집안에서 나타났고, 충의의 기절(氣節, 굽힐 줄 모르는 기개와 절조)은 나라에 다했으며, 학문과 재기(才器, 사람의 됨됨이와 도량)는 조정에 드러나, 일세의 영준(英俊)인 포목도(圃牧陶, 포은·목은·도은) 제공(諸公)이 모두 서로 경중(敬重, 공경하고 중하게 여김)하였다"고 말하였다. 용재는 박아(博雅, 학식이 넓고 성품이 단아한 사람)하니만큼 그 말은 족히 징신(徵信, 증명하여 신임을 얻다)할 수 있겠으나, 한편 사현(四賢)의 시대가 그리 멀지 않아 유풍(遺風) 여운(餘韻)이 그때까지 남아있었기에 입언(立言: 말로 적음)하여 후세에 남김이 이토록 정녕(丁寧, 알리는 태도가 매우 간곡함)하였을 것이다.

최 사간(崔司諫, 최원도)의 시에도 "강개히 세상을 걱정하여 눈물은 옷깃을 적셨고, 떠돌아다니는 중에도 효성의 간절함은 그윽한 그늘까지 다 달았구나(慣慨傷時淚滿襟 流離孝懇達幽陰·신개상시루만금 유리효간달유음)"하였으니, 한 시대의 제현(諸賢)들이 충효로 추중치 않은 이 없었고, 선생의 충효의 대절(大節)은 모두 학문 속의 일 아님이 없었는데, 문경(文敬, 안보)의 학문은 높이 조두(俎豆, 제향)를 받들게 되었고, 포은의 어짊은 대동(大東)의 종사(宗師)로 받아들여졌으나, 우리 선생의 조예는 이미 그분들과 가지런하였지만, 보답을 받음에 있어서는 제공에게만 돌아갔으니, 이도 또한 선생이 세상을 숨어 살면서도 후회치 않는 유의(遺意, 고인이 생전에 다 이루지 못하고 남긴 뜻)에서 나온 것이었으리라.

또 포은(圃隱)의 간찰(簡札)을 보면, 말씀에 존경을 다 하여 언제나 선생이라 하였으니, 향모(嚮慕, 마음에서 우러나와 그리워함)하는 마음이 간절하지 않았다면 어떻게 이럴 수가 있었겠는가? 심지어 "환정(宦情, 벼슬할 마음)은 나의 즐기는 바가 아니다"라 말하였고, 또 이르기를 "대제학에 초배(超拜, 정한 등급을 뛰어넘어서 벼슬을 시킴) 되니 깊이 항만(亢滿, 부귀가 충만해짐)이 두려운데, 선생은 이 마음을 헤아려 살피실 것이오" 하였는데, 이러한 말들은 참으로 마음을 아는 사이가 아니면 필시 이렇게까지는 말하지 않았을 것이다. 또 "세상에 새로운 일들이 해로 달라지고 달마다 같지 않다"고 말한 것들은 반드시 지목한 바가 있었을 것이기에, 함부로 남과 말할 성질의 것은 못 된다.

그러기에 선생께서 포은(圃隱)에게 보낸 시에도 이르기를, "병객은 오로지 한 언덕 지킬 줄만 아니, 세간의 영욕은 뜬구름 같도다. 느지막이 강해(江海)에 와보니 풍파는 사나운데, 어느 곳 깊은 물굽이에 낚시배를 맬 거나"라 하였고, 눈 속에 회포를 읊은 시에도 "서리를 겪은 뭇나무들 벌써 조령(凋零)했는데, 추위를 견디며 청청한 건 소나무를 볼지어다. 세모에는 함께 너울거리기를 기약하면서, 운수 깊은 곳에서 자작(自酌)하고 있구나"라 하였으니, 이로 미뤄보면 임신(壬申, 이성계는 임신 7월에 즉위하였음. 1392년)의 일을 이미 은연중 살피고 나라는 망하더라도 신복(臣僕, 임금을 섬기어 벼슬하는 사람)은 되지 않겠다는 뜻을 가졌음을 분명하게 알겠고, 숨어서 정고(貞固, 마음이 곧고 굳음)를 지키겠다는 생각도 엿볼 수가 있다. 오호라! 선생은 비록 포은과는 처지가 다르고 존몰(存沒, 생존과 사망)의 선후도 같지 않았지만, 그 뜻만은 같았던 것이다.

선생의 성은 이씨이니 광주인이다. 초명은 원령(元齡)이었는데 집(集)으로, 자는 호연(浩然)이라 바꿨으며, 호는 둔촌(遁村)이라 하였으니, 판전교시사(判典校寺事, 왕립도서관장)를 지내셨다. 오호라! 선생은 배운 바를 펴보지도 못하셨고, 지위는 덕에 따르지 못했으며, 어지셨으나 장수하지도 못하셨기에 불후(不朽)라고 후세에 전할 수 있는 것은 오직 이것뿐이니, 이것이 과연 어진 사람의 식보(食報, 보답을 받음)라 할 수 있겠는가!

- 9세손 응교 필행 짓다(應敎必行所撰)

遁村先生遺稿卷之四附錄[下] 師友淵源錄

世謂, 先生與三隱相友善, 而爲所推重焉, 在今文獻足徵. 不有德, 其能友於君子, 不以道, 其能敬於君子乎? 聖人之鄭, 友子産, 衛友伯玉, 良以此也.

嘗考圃隱先生文, 詩凡三百三篇, 其中性理之作, 只四篇, 而其一, 詠歎遁村詩卷而作也. 因此益信先生學問所造者如此, 非圃隱此作, 百世之下, 無能證之矣. 夫子之重文獻, 其以此歟!

先生生麗季, 嘗以亢直, 忤賊旽, 竄身嶺表者四載. 及還, 未幾而沒, 沒未幾而易代, 其間變故不一, 而足平生所著, 非不多也. 遺失殆盡, 只餘詩稿若干, 亦出於人之記誦, 而奧義緖論, 不能尋撼其一二, 不幸甚矣.

然, 其詩沖澹淵灝, 出於性情超然, 於物欲之外, 非有學力之精, 實得之妙, 其發於言者, 能如是乎? 同時, 大儒如圃隱先生, 旣有此深許, 吾先生所造, 如非師友間篤信, 其所詠歎, 安得若是親切也!

至於論其學之淵源, 則從事於安文敬公輔之門, 文敬卽文成公裕之族子. 其學有自. 陶隱曰:"安文敬道德文章, 師表一世, 知人之明, 古所莫及. 是以豪俊, 多出其門, 而其所愛重者, 廣李君爲尤."

又言, "其深有得於養氣, 其爲養也, 非優於集義配道, 則不可謂得, 不可謂深, 深於配義之養者, 非儒者極工而何?"

牧老, 嘗誌文敬墓, 擧其門人有表者, 或以政事, 或以扶道, 至於吾先生, 許以能遯荒野. 嗚呼! 遯之時義大矣哉. 非抱道自樂者, 其能無憫耶? 是遯也, 人之鮮能久矣, 惟吾先生焉, 擧而稱之, 其不有光於文敬之門耶? 殆孔子所謂"魯無君子, 斯焉取斯"者也?

圃隱所謂, 勿助與勿忘, 鳶魚妙洋洋者信非溢美也. 圃隱之題贊詩卷, 非一二, 而無有言及, 道體妙用, 惟於先生, 獨稱其心得之妙, 至以"孰敢當"推之, 末乃以"知者少"結之, 則可見圃隱先生, 以道德相許者, 惟先生一人而已. 圃隱懷遁村詩曰:"時邀李老共論心", 沒而挽曰:"白頭失此知心友."

吁! 前以文敬墓誌考之, 後以圃隱詩史證之, 先生學問之師友淵源, 可知矣. 是以, 本朝成慵齋俔, 著書曰:"遁村先生孝友之行, 著於家; 忠義之節, 盡於國, 學問材器, 現於朝, 一時英俊, 圃牧陶諸公, 皆相敬重." 慵齋博雅, 其言可徵. 且去 四賢不遠, 其遺風餘韻, 猶有存者, 立言垂後, 若是丁寧.

崔司諫詩, 亦曰:"慷慨當時淚滿襟, 流離孝懇達幽陰", 一時諸賢, 莫不以忠孝推之, 先生之忠孝大節, 儘皆學問中事, 文敬之學, 尊享俎豆, 圃隱之賢, 宗師大東, 吾先生所造, 旣與之班, 而至於受報, 獨殿諸公, 此亦出於先生, 遯世不悔之遺意爾.

且見圃隱手簡, 辭極尊敬, 言必稱先生, 非嚮想愛慕之切, 能如是乎? 至曰:"宦情匪余所樂又", 曰:"超拜提學深懼亢滿, 惟先生想察此意", 此等語, 果非知心, 必不及斯矣. 又如"世間新事, 歲異而月不同"云者, 必有所指, 而非泛與他人道者.

是以, 先生寄圃隱詩曰:"病客惟知守一邱, 世間榮辱等雲浮. 晩來江海風波惡, 何處深灣繫釣舟." 雪中書懷詩曰:"經霜萬木已凋零, 耐寒靑靑見松柏, 歲暮相期共婆娑, 水雲深處聊自適." 以此推之, 則壬申之事, 已自默察淪喪罔僕之志, 灼然可知, 而肥遯居貞之意, 亦可見矣. 嗚呼! 吾先生之於圃隱, 雖所處之地旣異, 存沒之後先不同, 而其志則一也.

先生, 姓李廣州人, 初名元齡, 改集, 字浩然, 號遁村, 官判典校寺事[卽今奉常寺事]. 嗚呼! 先生學不見施, 位不稱德, 仁不克壽, 惟不朽之傳於後者, 如此,此果仁者之報歟[應敎必行所撰]!

| 주해(註解) |

※ 이필행(李必行, 1589~1645) - 자는 이원(而遠)이고, 호는 천미(天微) 이며, 본관은 광주(廣州) 이다. 영의정을 지낸 이준경의 증손자. 윤선도가 이필행의 묘갈(墓碣, 비석)을 썼는데, 가장 절친한 사이였다.

※ 성현(成俔, 1439~1504) - 호는 용재(慵齋) 자는 경숙(磬叔)이며 본관은 창녕이다. 1462(세조 8년)에 문과급제하여 벼슬은 예조판서에 이르렀으며 대제학으로 문형록에 올랐다. 어려서부터 호학 박식하였고 문장 또한 뛰어나서 군자의 풍모가 있었다. 그는 <허백당집(虛白堂集)> 등 여러 저서를 남겼는데 <용재총화(慵齋叢話)>는 조선 초기의 정치 사회 제도 문화 등을 살피는데 중요한 자료가 되고 있다. 갑자사화로 부관참시의 참형을 당하였으며 후에 문대(文戴)라는 시호가 내려졌다.

※ 자산(子産, ?~B.C.522) - 중국 춘추시대 정나라의 정치가. 성은 공손(公孫). 이름은 교(僑). 정 나라 목공(穆公)의 손자로, 진나라와 초나라의 역학 관계를 이용함으로써 정나라의 평화를 유지하였다. 또 농지를 정리하고 나라의 재정을 재건하였으며, 성문법을 만들었다.

※ 거백옥(蘧伯玉,?~?) - 위(衛)나라의 대부(大夫)로 이름은 원(瑗). 공자가 거백옥의 덕을 칭송하였음.

- <논어(論語)> '위령공편(衛靈公篇)' : "군자로다. 거백옥이여. 나라에 도가 있으면 벼슬하고, 나라에 도가 없으면 거두어 숨길 수 있다.[君子哉 蘧伯玉 邦有道則仕 邦無道則可卷而懷之·군자재 거백옥 방유도즉사 방무도즉가권이회지]"

* 찬신(竄身) - 몸을 숨기다.
* 미기(未幾) - 동안이 얼마 오래 걸리지 않음.
* 오의(奧義) - 어떤 사물이나 현상이 지니고 있는 깊은 뜻.
* 서론(緒論) - 말이나 글 따위에서 본격적인 논의를 하기 위한 실마리가 되는 부분.
* 척(摭) - 1. 줍다. 2. 습득하다. 3. 취하다.
* 충담(沖澹) - 성미가 조촐하고 깨끗함.
* 호(灝) - 1.넓다. 2. 아득하다. 3. 밝고 맑다.

* 향(嚮) - 1. 향하다. 2. 가깝다. 3. 누리다.
* 박아(博雅) - 학식이 넓고 성품이 단아(端雅)한 사람.
* 제찬(題贊) - 그림에 시를 비롯한 각종 글귀를 써넣은 것을 이르는 말.
* 사현(四賢) - 조선시대의 유학자 김굉필(金宏弼)·정여창(鄭汝昌)·조광조(趙光祖)·이언적(李彥迪)을 아울러 이르는 말.
* 입언(立言) - 후세에 교훈이 될 만한 말을 함.
* 항만(亢滿) - 벼슬이 높아지고 재물이 가득차다.

(2) 신도비명(神道碑銘) - 이가원(李家源)

- 묘소를 올라가는 길목에 세우는 큰 비인데, 끝에 운문으로 적은 칭송 시를 명(銘)이라고 함.

고려 우왕(禑王) 13년 정묘(丁卯, 1387)에 봉순대부 판전교시사(奉順大夫 判典校寺事) 둔촌 이 선생이 졸하니, 탄생하신 충숙왕(忠肅王) 14년 정묘(丁卯)로부터 연세 예순하고도 하나가 되는 해이다. 6년 뒤인 임신(壬申)년에 이씨조선이 사직(社稷)을 정하고 선생의 자손들은 지위가 경상(卿相, 재상)에 이르니 추은(推恩, 임금이 신하의 부모에게 관작을 내리던 일)하여 선생에게 의정부 좌찬성이 주어지고, 현종 기유(己酉, 1669)년에는 광주의 구암서원(龜巖書院)에 봉향됐는데, 묘소는 광주 주치(州治, 고을 행정 중심지)의 서쪽 음촌 유향원(酉向原)에 있다. 부인 정화택주(貞和宅主) 영주 황씨(郢州黃氏)는 석범(碩範)의 따님인데 부장(附葬)하였다.

옛날부터 단갈(短碣, 조그마한 묘비)이 있었으나, 해가 오래되어 부스러지니 인조 임진(壬辰, 1652)년에 후손들이 그대로 인몰(湮沒, 인멸)되어 전하지 못할까 걱정하여 다시 고쳐 세웠는데, 글은 이조 정랑 휴징이 찬하였다. 지금부터 임진년까지는 벌써 330여 년이 됐는데도 아직껏 수도(隧道, 神道·신도)의 비가 없었으니, 대종회(大宗會)에서는 선생의 사적을 수집하여 부족한 나에게 명(銘)을 부탁하게 되었다.

선생의 초휘(初諱)는 원령이요, 자는 성로(成老)이며, 호는 묵암자(墨巖子)라 하였다. 황고(皇考, 아버지) 휘 당(唐)은 광주의 향리(鄕吏)로 국자 생원(國子生員)이 됐는데, 광주는 본관이다. 선생은 일찍이 안 문경공(安文敬公) 보(輔)에게 배웠는데, 문경공이 매우 사랑하고 아껴 능히 황야(荒野)에 숨을 수 있다고 허여(許與, 인정)하였으며, 이익재 제현(李益齋齊賢)도 자주 칭찬하였다. 충목왕 정해(丁亥, 1347)에 문과에 급제하였는데, 경서(經書)의 뜻에 밝다고 일컬어졌으며, 벼슬은 합포 종사(合浦從事)에서 비롯하여 판전교시사(判典校寺事)에 이르렀다.

일찍이 송경(松京, 개성)에 있을 때 신돈(辛旽)의 문객 채가(蔡哥)와 한 마을에 살았었는데, 선생은 본디 신돈을 심히 미워하던 터라 중인(衆人, 여러 사람) 앞에서 그의 죄를 논척(論斥)한 바 있었다. 무신(戊申, 1368)에 이르러 화가 크게 미치려 하여 부친을 등에 업고 가족을 이끌며 낮에는 숨고 밤에는 걸어 재를 넘어 영양(永陽, 영천)에 이르니, 최사간(崔司諫) 원도(元道)가 숨겨 주었고, 기유년에 생원공(生員公, 이당)이 몰하니, 최공은 빈염(殯殮) 일체를 친상(親喪)과 다름없이 마련해 주었다.

신해(辛亥, 1371)년에 신돈이 복주(伏誅, 사형)되자 송도로 돌아와 이도은(李陶隱) 숭인(崇仁)에게 이르기를 "지금 나는 마치 죽었다가 다시 살아난 것 같은데 어찌 이름만 옛것을 쓸 수 있겠는가?"하고, 이름과 자, 호를 일시에 고쳐, 이름은 집(集), 자는 호연(浩然), 호는 둔촌(遁村)이라 하였다. 그 뜻은 이목은(李牧隱) 색(穡)의 ≪둔촌기(遁村記)≫와 정포은(鄭圃隱) 몽주(夢周)의 <둔촌권자(遁村卷子)>, 정삼봉(鄭三峯) 도전(道傳)의 <둔촌자후설(遁村字後說)> 등에 자세히 실려 있다. 이윽고 세상의 소모(所慕, 사모하는 것)에서 마음을 끊고 황여(黃驪, 여주)의 천녕(川寧) 강가에 우거(寓

居)하였는데, 목은의 침류정(枕流亭), 김척약(金惕若) 구용(九容)의 육우당(六友堂)과는 서로 가까워 조석으로 대화하면서 만년을 보냈다.

선생은 사람됨이 강개(慷慨)하여 말씨는 폐부(肺腑)를 찔렀고, 행실은 우뚝하여 절의로 자허(自許, 자부)하였는데, 목은 포은 도은과는 도의로 사귀어 명성이 비등하였고, 또 오촌(五村, 5명의 지사), 팔청(八淸, 8명의 맑은 선비), 구일(九逸, 9명의 은둔자)의 일컬음에도 두루 들어 있으니 오! 성할진저!

문장을 짓는 데에도 정련(精鍊, 잘 단련함)하여 충담(沖澹, 성미가 조촐하고 깨끗함)한 필치(筆致, 필세의 운치)가 있었지만, 더욱이 시에 장재(長才, 뛰어난 재주)가 있어 여러 형태에 두루 능하였다. 조 적암 신(曺適菴伸)은 유아(儒雅, 선비답게 우아함)하고 조감(藻鑑, 글을 보는 안목)이 있었는데, 일찍이 동방의 절창(絶唱, 비할 데 없이 뛰어난 시문)을 역거(歷擧, 하나하나 들다)하면서, 선생의 시에 이르러서는 "향불 피우며 세상의 태평을 빌고, 밥상 대하면 풍년을 빈다(焚香祈道泰, 對食願年豊·분향기도태 대식원년풍)"를 혼후(渾厚, 화기 있고 인정이 두터움)하다 하였고, "느지막히 강해에 나와보니 풍파가 사나운데, 어느 곳 깊은 물굽이에 낚시배를 맬거나(晚來江海風波惡, 何處深灣繫釣舟·만래강해풍파악 하처심만계초주)"는 침통(沈痛)하다 하였으며, 기다려 "배에 가득히 가을달 싣고, 즐겁게 긴 피리 불면서 강루를 지나노라(待得滿般秋月白, 好吹長笛過江樓·대득만선추월백 호취장적과강루)"는 호장(豪壯, 호기롭고 씩씩함)하다 하였고, "어찌하면 이웃하여 두 늙은이, 살구꽃 봄비 속에 짝지어 밭갈아 볼까(安得卜隣

成二老, 杏花春雨耦而耕·안득복린성이노 행화춘우우이경)"는 한적(閒適)하다 하였으며, "여윈 말은 석양에 울부짖고, 파리한 아이는 삭풍을 등졌구나(瘦馬鳴西日, 羸童背朔風·수마명서일 이동배삭풍)"는 고담(枯淡, 아취가 있음)하다 하였는데, 이 또한 지언(知言, 사리가 통하는 말)이라 하겠다. 다만 여러 차례 병화(兵火)를 겪다가 홍하(紅霞, 붉은 노을)와 같은 해타(咳唾, 어른의 말씀)가 거의 다 사라졌으니, 어찌 애석한 일이 아니겠는가?

아들 세 분을 두어 모두 등제(登第)했으니 맏이 지직(之直)은 형조 참의 보문각 직제학이요, 다음 지강(之剛)은 좌참찬에 시호는 문숙(文肅)이며, 끝의 지유(之柔)는 성주 목사이다. 직제학(이지직)의 3남도 모두 등제했는데, 장손(長孫)은 사인이요, 인손(仁孫)은 우의정에 시호는 충희(忠僖)이며, 예손(禮孫)은 관찰사이다. 문숙(이지강)의 1남은 맹손(孟孫)이며 통사랑(通仕郞)이다. 목사(이지유)는 4남을 두었는데, 일원(一元)은 예빈시 정이요, 중원(中元)은 판결사요, 정원(貞元)은 이조정랑이요, 계원(季元)은 생원이다. 사인(이장손)의 1남은 극규(克圭)이니 문과 병조 참의이다. 충희(이인손)의 5남도 모두 등재했는데, 극배(克培)는 영의정 광릉부원군에 시호는 익평(翼平)이요, 극감(克堪)은 형조 판서 광성군에 시호는 문경(文景)이며, 극증(克增)은 판중추부사 광천군에 시호는 공장(恭長)이요, 극돈(克墩)은 좌찬성 광원군에 시호는 역시 익평(翼平)이며, 극균(克均)은 좌의정 광남군에 사시(私諡)는 충민(忠愍)이다.

세상에서 이르기를 "광이(廣李)에는 오자과(五子科, 아들 5명이 급제함)가 두 번이나 있었다"함은 선생의 형제분과 이분들을 가리켜 한 말이다. 관찰사(이예손)는 2남을 두었는데 극기(克基)는 예조 참판이요, 극견(克堅)은 좌통례이다. 통사랑(이맹손)의 1남 극령(克齡)은 홍원 교수요, 예빈시정(이일원)은 2남을 두었는데, 극간(克幹)은 상장이요, 극곤(克坤)은 경기 우수사이다. 판결사(이중원)는 3남을 두었으니, 상장 극량(克良)과 극인(克仁), 극공(克恭)이다. 정랑(이정원)은 2남을 두어 극창(克昌)은 첨중추요, 극준(克晙)은 순천 군수이며, 생원(이계원)의 1남 극보(克輔)는 상장이다.

그 뒤로도 대를 이어 이름 있는 자손들이 많았으니, 판중추부사 광양군 세좌(世佐), 교리 연경(延慶), 병조판서 정헌공 윤경(潤慶), 영의정 충정공 준경(浚慶), 영의정 문익공 덕형(德馨), 공조 참의 윤우(潤雨), 우참찬 한남군 필영(必榮), 이조 판서 문익공 원정(元禎), 공조 판서 하원(夏源), 이조 판서 의익(宜翼) 같은 분은 그중에서도 더욱 드러난 분들이다. 오! 번성도 하였도다!

명(銘)하기를,

고려와 조선이 바뀔 즈음엔, 천지가 어지럽기도 하였지.
송악(松嶽)을 바라보니 그 번화(繁華) 꿈만 같구려.
탁락(卓犖, 높고 빛남)한 둔옹(遁翁)은 중천에 높이도 날았도다.
목은, 포은, 도은, 그리고 척약재와 더불어 어금버금하셨다네.
어진 스승 말씀이 있었나니 『능히 황야에 은둔할 수 있었을 거라』고.
둔(遯)의 뜻이 예사스러운 것 아니어늘, 어찌 쉽게 말했겠는가?
중 신돈을 꾸짖어, 깊은 울분 쏟았으나,

그놈의 앙갚음 만나서, 영남 땅에 숨었다네.

신돈이 마침내 죽임을 당하니, 하늘이 민망히 여겨 도우심인가?

흡사 다시 태어남과 같은데, 이름만은 옛것을 쓸 수야 있는가?

곧고 모질게 오래도 견뎠나니, 빙월(氷月)처럼 맑고 투명하도다.

황려강(黃驪江) 위에는 시혼(詩魂)이 길이 머무르니,

혹은 혼후(渾厚)하고 혹은 호장(豪壯)하며,

혹은 고담(枯淡)하고 혹은 한적(閒適)한데,

인간 세상에 흘러내려 무지개처럼 푸르고 달빛보다 희구나.

음촌(陰村)의 언덕은, 울창한 유택(幽宅)인데.

문장과 지절(志節)로 높다랗게 사적(事績)을 남겼다네.

학문은 베풀어 보지 못했고, 지위는 그 덕에 걸맞지 않았으나,

그 후손 번창하니, 이로써 누리지 못한 행운에 보상되었네.

재상과 석학들 강직하고 질서정연하니,

왕국의 동량(棟樑)이요, 사림의 전칙(典則, 법칙)이었도다.

드디어 온 나라에서 광이(廣李)를 일컫게 됐는데,

어찌 감히 잊으리오. 선조의 아름다움을.

이에 큰 비 다듬나니, 옛 법을 그대로 따르는구나.

나의 명(銘)은 추킴이 아니오라, 오는 천년에 알리려 함이로다

- 문학박사 진성(眞城) 이가원(李家源) 근찬(謹撰)

神道碑銘

高麗禑王十三年丁卯, 奉順大夫, 判典校寺事, 遁村李先生卒. 距其生, 忠肅王十四年丁卯, 春秋六十有一. 後六年壬申, 李韓定鼎, 子孫位躋卿相, 推恩贈議政府左贊成. 顯宗己酉, 享于廣州之龜巖書院, 墓在州治西陰村面酉之原. 夫人貞和宅主, 郢州黃氏, 碩範之女, 祔焉. 舊有短碣, 歲久而泐, 至仁祖壬辰, 后孫思其湮而無傳, 改竪之, 吏曹正郎休徵譔識. 今去壬辰, 儵更三百三十有餘載矣, 尙闕隧道之碑, 自其大宗會, 袞蒐先生事蹟, 責銘於不佞家源.

先生初諱元齡, 字成老, 號墨巖子. 皇考諱唐, 以廣州鄕吏, 爲國子生員, 廣其貫也. 先生嘗從安文敬輔學, 文敬綦愛重之, 許之以能遯荒野. 李益齋齊賢亦亟稱之. 忠穆王丁亥, 擢文科, 以書義著稱, 歷合浦從事, 至判典校寺事.

嘗住松京, 與僧旽客姓蔡者同里, 先生素疾旽已甚, 對衆斥論其罪. 至戊申而禍大至, 負父挈家, 晝藏夜行, 踰嶺至永陽, 崔司諫元道爲之匿焉. 己酉生員公歿, 崔公爲之殮殯如親喪.

辛亥旽伏誅, 乃還于京, 謂李陶隱崇仁曰, "今吾若化再生, 名何獨舊? 名與字號, 一時嬗改. 名集, 字浩然, 號遁村. 其義則詳載於李牧隱穡遁村記, 曁鄭圃隱夢周遁村卷子, 鄭三峯道傳遁村字後說. 遂絶意世慕, 寓居黃驪之川寧江上, 與牧隱之枕流亭, 金惕若九容之六友堂相近昕, 夕對話, 以卒其歲焉.

先生, 爲人慷慨, 辭氣警策, 落落以節義自許, 與牧圃陶同道齊, 名復有五村八淸九逸之稱烏虖盛矣!

爲文章, 精鍊沖澹, 而尤長於韻語, 諸品俱備. 曹適菴伸雅有藻鑑, 嘗歷數東方絶唱, 至先生詩, 以 "焚香祈道泰, 對食願年豐", 爲渾厚, "晚來江海風波惡, 何處深灣繫釣舟", 爲沈痛, "待得滿般秋月白, 好吹長笛過江樓", 爲豪壯, "安得卜隣成二老, 杏花春雨耦而耕", 爲閒適, "瘦馬鳴西日, 羸童背朔風", 爲枯淡, 是亦知言也. 但屢更兵燹, 虹欨霞唾, 銷亡殆盡, 豈不可惜哉?

有三男, 俱登第, 長之直, 刑曹參議寶文閣直提學, 次之剛, 左參贊諡文肅, 季之柔, 星州牧使. 提學, 三男亦皆登第, 長孫舍人, 仁孫右議政諡忠僖, 禮孫觀察使. 文肅一男, 孟孫通仕郎. 牧使四男, 一元禮賓寺正, 中元判決事, 貞元吏曹正郎, 季元生員. 舍人一男, 克圭, 文科兵曹參議. 忠僖五男, 亦皆登第, 克培, 領議政廣陵府院君諡翼平, 克堪, 刑曹判書廣城君諡文景, 克增, 判中樞府事廣川君諡恭長, 克墩, 左贊成廣原君諡亦翼平, 克均, 左議政廣南君私諡忠愍. 世謂, 廣李五子科再有者, 盖指先生兄弟, 曁此也. 觀察二男, 克基, 禮曹參判, 克堅, 左通禮. 通仕郎一男, 克齡, 洪原教授, 禮賓正, 二男, 克幹, 上將, 克坤, 京畿右水使. 判決事三男, 克良上將, 克仁, 克恭. 正郎二男, 克昌僉中樞, 克晙順天郡守, 生員一男克輔, 上將.

嗣厥后, 而代有聞孫, 如判中樞府事廣陽君世佐, 校理延慶, 兵曹判書正獻公潤慶, 領議政忠正公浚慶, 領議政文翼公德馨, 工曹參議潤雨, 右參贊漢南君必榮, 吏曹判書文翼公元禎, 工曹判書夏源, 吏曹判書宜翼, 其尤也.

烏虖! 其繁衍乎哉!

銘曰,

麗韓之際, 天地湏洞

睠彼神崧, 繁華若夢

卓哉遁翁, 沖漢高矼

牧圃陶惕, 與爲伯仲

惄師有言, 能遯荒野

遯義不纖, 譚何易也

咤罵僧旽, 幽憤以瀉

逢彼之噬, 竄伏嶺社
旽竟受誅, 天其閔祐
怳若再生, 名何獨舊
貞辣耐久, 氷月淸透
黃驪江上, 詩魂長逗
或渾或豪, 亦淡亦適
流落人間, 虹蒼月白
陰村之原, 鬱鬱幽宅
文章志節, 孱遺厥蹟
學不見施, 位不稱德
乃昌厥后, 用酬不食
名卿鴻儒, 觥觥翼翼
王國棟梁, 林士典則
遂令通國, 詠言廣李
如何敢忘, 先祖有美
乃琢穹碑, 古法是倚
我銘不諛, 詔來千禩

檀紀 四千三百十九年 丙寅 五月 日 文學博士 眞城 李家源 謹譔

二十一代孫 琛鎭 謹書 廣州李氏 大宗會 謹竪

| 주해(註解) |

* 단갈(短碣) - 높이가 짧고 갓이 없는 묘비.
* 개수(改竪) - 옛날 비석을 새로 갈아 세우는 것.
* 불녕(不佞) - '편지글에서 재주가 없는 사람'이라는 뜻으로, 말하는 이가 대등한 관계에 있는 사람에게 자기를 문어적으로 낮추어 이르는 일인칭 대명사.
* 명(銘) - 비문 중에 사적 내용을 쓴 다음에 마지막에 찬평(贊評)하여 쓰는 핵심작인 결구.
* 국자생원(國字生員) - 고려조 생원. 조선의 성균관 진사 또는 생원과 같음.
* 합포종사(合浦從事) - 합포(지금의 창원)에 있는 왜관 토벌차 관원으로 종사한 일.
* 판전교시사(判典校寺事) - 전교사는 고려의 비서감(秘書監)으로 판사는 정3품임.
* 둔촌기(遁村記) - 호를 둔촌으로 내력을 밝히는 글.
* 둔촌권자(遁村卷子) - 호를 둔촌으로 한 뜻을 적은 종이 두루마리.
* 둔촌자후기(遁村字後記) - 둔촌의 자(浩然)에 대한 글.
* 흔석(昕夕) - 아침과 저녁을 아울러 이르는 말.
* 오촌(五村) - 마을 촌(村)자 호를 가진 유명한 지사(志士) 다섯 분. 둔촌(遁村), 행촌(杏村), 어촌(漁村), 상촌(桑村), 양촌(陽村).
* 팔청(八淸) - 청렴결백한 지사로 꼽히는 여덟 분. 둔촌(遁村), 척약재(惕若齋), 원재(員齋), 야당(埜堂), 석탄(石灘), 농암(籠巖), 정재(貞齋), 덕곡(德谷).
* 구일(九逸) - 은일 거사로 꼽히는 아홉 분. 둔촌(遁村), 석탄(石灘) 이양중(李養中), 금천(衿川) 서견(徐甄), 야은(冶隱) 길재(吉再), 운곡(耘谷) 원천석(元天錫), 만육(晩六) 최농(崔濃), 이대은(李大隱), 반암(反庵) 민유(閔愉), 처사(處士) 이온(李蒕).
* 오호(烏摩) - 嗚呼. 아아. 기쁠 때나 슬플 때 또는 찬미할 때 쓰는 감탄사.
* 강해(江海) - 강과 바다인데, 여기서는 세상을 뜻함.
* 온후(溫厚) - 덕이 있어 원만하고 인정이 두터움.
* 호장(豪壯) - 호걸스럽고 기개가 장한 것.
* 고담(枯淡) - 담담하면서도 마음이 편치 않은 것.
* 병선(兵燹) - 전쟁으로 인한 화재.
* 소망(銷亡) - 없다. 銷: 녹일 소.

* 태진(殆盡) - 거의 다 없어지다.
* 사시(私諡) - 학덕이나 명망이 높은 선비였음에도, 생전에 벼슬이 낮거나, 벼슬을 하지 못하여 죽은 뒤에도 나라에서 시호를 받지 못한 경우에 그 선비의 친척이나 지인, 제자 등이 사사로이 올리던 것.
* 홍동(澒洞) - 하늘과 땅이 아직 나누어 지지 아니한 혼돈 상태.
* 철(悊) -1. 공경하다. 2. (사리에)밝다. 3. 슬기롭다.
* 불식지보(不食之報) - 조상이 당대에는 영화를 누리지 못하였으나, 그 음덕(陰德)으로 자손이 잘 되는 보응.

(3) 여지승람(輿地勝覽)   - 성현(成俔)

- 성종조에 처음 만들어지고, 광해군 때에 증수했으며, 숙종 때에 새로 증보하였다.

고려 때의 이당(李唐)은 광주의 아전으로, 근칙(勤飭, 근면하고 신중하다)하고 어진 행실이 있었다. 아들 다섯 모두 등제(登第)하였는데, 집(集)은 그 둘째 아들이다. 초명은 원령(元齡)으로, 충목왕조(忠穆王朝)에 등재하여 문장과 지절(志節)로 세상에 이름이 있었고, 이색, 정몽주, 이숭인 등과 서로 존경하며 사귀었다.

일찍이 항직(亢直, 강직)한 성품 때문에 적승(賊僧) 신돈(辛旽)을 거슬러 신돈이 곧 잡아 죽이려하자 몰래 아버지를 업고 낮에는 숨고 밤에는 걸어 영천의 최원도(崔元道) 집에 부쳐지냈다. 신돈이 베임을 당하자 비로소 돌아와서 이름을 집(集), 자를 호연(浩然)이라 고치고, 호를 둔촌(遁村)이라 하였는데, 이로부터는 세상에 뜻이 없어 봉순대부(奉順大夫) 판전교시사(判典校寺事)가 된 지 얼마 안 되어 여주의 천녕현(川寧縣)으로 물러나, 몸소 밭을 갈고 글을 읽으며 시편(詩篇)과 햅쌀을 정몽주 등에게 보내면서 안부를 물으면, 몽주는 글을 보내서 그 아름다움을 탄상하였다.

공양왕(恭讓王) 정묘(丁卯)에 졸하니, 정몽주, 이숭인 등이 모두 시를 지어 곡했는데, 그 뒤로 제현들도 잇따라 하였다. 쇠퇴하여 망한 고려는 혁명되어 조선의 운이 열렸지만, 사적(事蹟, 일의 형적)의 전말은 모든 문적(文籍)에 자세히 실려 있었다.

그런데 역사를 편찬할 때에 임사홍(任士洪) 부자(父子)가 이극감(李克

堪) 형제들을 몹시 미워하여 이집을 무훼(誣毀, 무고하고 헐뜯음)하여 조선에 들어와 벼슬하였다 하니, 드디어 본조(本朝)의 인물들 아래에 잘못 기록하게 되었고, 이어 시림(詩林, 시를 모은 책)에 주를 단 자도 그 오류를 답습하게 되었다.

선조 조에 경연관(經筵官) 홍적(洪迪, 1549~1591, 호는 하의자·荷衣子, 대사헌 세필·世弼의 외증손)이 개정할 것을 청하니, 선조께서 인출(印出, 인쇄하여 펴냄)할 때를 기다리라 명하였다. 금상(今上, 광해군) 3년에 비로소 이 책을 출간하게 되었는데, 영의정 덕형(德馨)이 글을 올려 유교(遺敎, 유명)에 따라 고쳐 줄 것을 청하니, 상께서 유신(儒臣)더러 고치라 하여, 거짓을 바르고 사실대로 실으니, 선생의 출처(出處, 나아감과 물러남) 대절(大節)이 명백해지고 유감없이 되었다.

(輿地勝覽[辨誤條○始成於　成廟朝增修於光海時新補於　肅廟朝]

高麗李唐, 以廣州史, 謹勅有賢行. 五子俱登第, 集其第二子也. 初名元齡, 忠穆王朝登第, 文章志節, 有名于世, 李穡·鄭夢周·李崇仁等相與爲敬友.

嘗以亢直, 忤賊僧辛旽, 旽將捕殺之, 竊負其父, 晝伏夜行, 投于永川崔元道家. 旽誅, 始還, 改名集, 字浩然, 號遁村, 自是無行世之意, 爲奉順大夫判典校寺事, 未幾退居驪州川寧縣, 窮耕讀書, 時以詩篇新粒, 問遺鄭夢周等, 夢周寄書歆歎.

恭讓丁卯卒, 夢周·崇仁等, 俱作詩哭之. 厥後, 諸賢相繼. 淪沒而高麗革命, 我朝開運, 其事蹟顚末, 備載諸稿, 逮撰史也. 任士洪父子, 甚嫉李克堪兄弟, 乃誣以集, 入我朝仕宦, 遂致誤錄於本朝人物下, 繼以註詩林者, 亦踵其謬.

宣廟朝, 經筵官洪迪[號荷衣, 大司憲世弼公之外曾孫也]請改, 宣祖命, 待印出之日. 上[光海]之三年, 始刊是書, 而領議政李德馨上書, 乞遵遺敎釐正, 上令儒臣改撰, 革誣載, 實出處大節, 明白無憾矣.

| 주해(註解) |

* 근칙(謹勅) - 몸가짐을 삼가고 스스로 조심함.
* 현행(賢行) - 어진 행실(行實).
* 상여(相與) - 1. 사귀다. 교제하다. 2. 사이가 좋다.
* 절(竊) - 1. 남몰래. 2. 훔치다. 3. 도둑질하다.
* 미기(未幾) - 동안이 얼마 오래 걸리지 않음.
* 신립(新粒) - 햅쌀.
* 문유(問遺) - 안부를 묻고 물건을 선사함.
* 흠탄(欽歎) - 아름다움을 탄상함.
* 상계(相繼) - 잇따르다. 계속하다.
* 윤몰(淪沒) - 쇠퇴하여 망함.
* 종(踵) - 1. 이르다, 도달하다. 2. 발꿈치
* 이정(釐正) - 문서나 글을 정리하여 바로잡음.
* 무재(誣載) - 거짓으로 꾸미어 적음.

(4) 자해필담(紫海筆談) - 김시양(金時讓)

　둔촌 선생은 충목왕 3년 정해(丁亥, 1347)에 진사과(進士科) 제3명에 합격하고, 공민왕 4년 을미(乙未, 1355)에 병과(丙科) 제7인에 합격하였다. 신우(辛禑) 13년 정묘(丁卯, 1387)에 졸하시고, 2년이 지난 기사년(己巳年)에 공양왕이 즉위했는데, 여지승람(輿地勝覽)에 변오(辨誤)하기를 "이집은 충목왕조에 등제하여 공양왕 정묘(丁卯)에 졸하셨다" 했다. 당시에 옥당(玉堂, 홍문관)의 신하들은 견문이 얕고 적어 이러한 오류가 있을 수 있을테지만, 한음(漢陰, 이덕형의 호)은 사림의 영수(領袖)로 조상을 위하여 잘못을 바르게 하면, 의당 신중을 기했을 터인데도 이러한 실수가 있었으니, 참으로 찬술(撰述, 책이나 글을 씀)이란 어려운 것인가 보다."(공양왕 때에는 정묘년 없음)

紫海筆談

　遁村先生, 以忠穆王三年丁亥, 進士第三名, 恭愍王四年乙未, 丙科第七人. 以辛禑十三年丁卯卒, 越二年己巳, 恭讓始立, <勝覽>辨誤曰:"李集, 以忠穆朝登第, 恭讓丁卯卒." "當時玉堂之臣, 聞見淺謏, 無怪乎有此誤, 而漢陰以士林領袖, 爲祖先雪誣, 固當致愼, 亦有此失. 信乎, 撰述之難也."

| 주해(註解) |

※ <자해필담(紫海筆談)> - 책 이름. 1책. 조선 인조 때 경상감사, 재상을 지낸 김시양(金時讓)의 잡기(雜記). 우리 나라와 중국의 고사(故事), 명인(名人)의 일화(逸話)·기담(奇談) 등을 기록하였다. 대동야승(大東野乘)에도 수록되어 있다.

* 문견(聞見) - 견문.
* 소(謏) - 1. 적다. 작다. 2. 성내어 말할 수.
* 무괴(無怪) - 이상야릇할 것이 없음.
* 고당(固當) - 진실로 마땅하다.

(5) 동사찬요(東史纂要)   - 오운(吳澐)

　이집(李集)은 광주의 이속(吏屬)인 당(唐)의 아들인데, 형제 5인이 모두 문과에 급제하였다. 집(集)의 초명은 원령(元齡)으로, 충목왕 때에 등제하여 문장과 지절(志節)로 당세에 저명하였으며, 이색, 정몽주, 이숭인 등과 서로 경중(敬重, 공경하여 소중히 여김)하며 사귀었다.

　성품이 항직(亢直, 강직)하여 신돈(辛旽)의 비위를 거스르니, 신돈이 죽이고자 하매 남몰래 부친을 업고 영천으로 피하여 숨어 지내다가, 신돈이 베임을 당하자 비로소 서울로 돌아와 이름을 집(集), 자를 호연(浩然), 호를 둔촌(遁村)이라 고쳤다. 판전교시사(判典校寺事)로 나갔으나, 오래지 않아 여주의 천녕현(川寧縣)으로 물러나 궁경독서(躬耕讀書)하다가 공양왕 조에 졸하니, 정몽주, 이숭인이 시를 지어 슬퍼하였다.

東史纂要

　李集, 廣州吏唐之子也. 昆弟五人, 俱登文科. 集初名元齡, 忠穆時登第, 文章志節著名, 當世李穡·鄭夢周·李崇仁等, 相與敬友. 性亢直, 忤辛旽, 旽欲殺之, 竊負其父, 逃竄永川. 旽誅, 始還京, 改名集, 字浩然, 號遁村. 仕爲典校寺事, 未幾, 退居驪州川寧縣, 窮耕讀書, 卒於恭讓朝, 夢周·崇仁作詩, 哭之.

| 주해(註解) |

※ **동사찬요(東史纂要)** - 신라와 고려의 역사책. 조선 선조(宣祖) 때 오운(吳澐)이 지음. 기원전 57년 신라 시조(始祖)부터 1392년 고려 공양왕까지, 1,449년 동안의 사적(事蹟)을 <동국통감(東國通鑑)>, <삼국사기(三國史記)≫, <고려사(高麗史)> 따위에 의거하여 요약했음. 광해군 1(1609)년 간행. 8권 8책.

* **곤제(昆弟)** - 형과 아우를 아울러 이르는 말.

(6) 승사(乘史)

　이집(李集)은 문장과 도덕을 겸비한 강개군자(慷慨君子)로서, 사도(斯道, 유교의 도덕)를 징청(澄淸, 맑고 깨끗함)할 뜻을 가졌었다. 역적 신돈(辛旽)에게 미움을 받아, 남몰래 부친을 업고 처자를 이끌며 영외(嶺外)로 도망하여 숨어 지냈다. 돌아오자 태상(太常, 조선의 봉상시)의 벼슬로 불렀으나, 나가지 않고 여강(驪江)으로 물러나 반평생을 산중에서 도학을 간직한 채 몸소 밭을 갈며 전원에서 자락(自樂)하였다. 둔(遁)자로 호를 하고, 천리(天理)와 인심을 살피면서 끝내 나서지 않았다. 빛나는 그 높은 기절과 맑은 풍도는 곽태(郭泰, 후한의 사상가) 신도반(申屠蟠, 후한의 은사)과 지취(志趣, 의지와 취향)가 같다 하였다.

乘史

　李集, 以文章道德, 慷慨君子, 有澄淸斯道之志. 忤賊逆旽, 竊負父携妻子, 投竄嶺外, 及還以太常, 徵之, 遂退居驪江上, 半生山中抱道, 窮耕自樂於畎畝. 以遁爲號, 觀天理察人心, 終不出仕. 炳炳高節淸風, 與郭泰·申屠蟠同, 其趣也.

| 주해(註解) |

* 승사(乘史) - 전해오는 역사(歷史)

* 태상(太常) - 고려시대에, 제사를 주관하고 왕의 묘호(廟號)와 시호(諡號)를 제정하는 일을 맡아보던 관아. 문종(文宗) 때에, 관제의 축소 개편으로 격하되어 '태상부(太常府)'로 고쳤다.

* 견묘(畎畝) - 논. 밭. 시골.
* 병병(炳炳) - 화려하다. 선명하고 눈이 부시는 모양을 묘사.
※ 곽태(郭泰) - 후한 말기 사람. 자는 임종(林宗). 남들이 유도(有道)라 불렀다. 밤에는 천상(天象)을 보고 낮에는 인사(人事)를 살피면서 하늘이 버리려 하니 할 수 없다 하고 일생 나서지 않았다.
※ 신도반(申屠蟠) - 후한 말기 사람. 신도(申屠)는 성이요, 반(蟠)은 이름이며 자는 자룡(子龍)이다. 가난에 안도하면서 도를 즐기고[安貧樂道·안빈낙도], 덕성을 가꾸고 진리에 충실하면서[味德守眞·미덕수진] 일생 숨어 살았다.

(7) 안 문경공 묘지 략(安文敬公墓誌略)   - 목은(牧隱) 이색(李穡)

선생께서 일찍이 말씀하시기를, "나는 아들이 없으나 제자들이 곧 내 아들이다"하셨는데, 이제 그 문생 이보림(李寶林)은 정당문학(政堂文學)이요. 염국보(廉國寶), 이륵(李靭), 우현보(禹玄寶)는 모두 추밀재상(樞密宰相, 국가 기밀을 다루는 재상)이며, 봉익 대관(奉翊大官, 임금님을 도우는 대관)들도 많다.

그 밖에도 통류(通流, 꿰뚫고 흐름)[위에 잘못 빠짐이 있는 것 같음]라는 이름으로 세상에 알려졌으나 불법(佛法)을 물리쳐 우리 유도(儒道, 유교의 도)를 부식(扶植, 뿌리박게 함)하거나 구적(仇賊, 원수)을 피하여 능히 황야에 묻혀 지내거나 한 이로 초계(草溪)의 정습인(鄭習仁)과 광주(廣州)의 이원령(李元齡)이 있으니, 사람을 크게 얻음으로써 당세에 칭송이 있었다...... 운운......

安文敬公 墓誌略   牧隱

先生嘗曰:"吾旣無子, 門生卽吾子也." 今其門生, 李寶林, 政堂文學, 廉國寶, 李靭, 禹玄寶, 皆樞密宰相, 奉翊大官, 又多.

其他, 通流[此上疑有闕誤]以名聞于時, 而闢浮屠以扶吾道, 避怨仇, 能遯荒野者, 草溪鄭習仁, 廣州李元齡也. 得人之盛, 當世稱之...

| 주해(註解) |
* 벽(闢)- 1. 물리치다. 2. (문을)열다. 3. 일구다, 개간하다.
* 부도(浮屠) - 1. '석가모니'의 다른 이름. 2. 부처의 사리(舍利)를 안치한 탑.
* 원구(怨仇) - 원한이 맺힐 정도로 자기에게 해를 끼친 사람이나 집단.

(8) 유문쇄록(諛聞瑣錄)　　　　　　　－ 적암(適庵) 조신(曺伸)

우리나라 절창(絶唱)을 세어 내리자면 근대시가 있는데, 혼후(渾厚)하기로는 둔촌의 "향을 피우며 기도의 안녕을 빌고, 밥을 대하면 한해 운세의 풍작을 비노라(焚香祈道泰 對食願年豐·분향기도태 대식원년풍)"와 "기러기 소리에 해는 지고 강촌은 저무는데, 한가히 신시 읊으며 홀로 다락에 기댔노라(雁聲落日江村晩 閒詠新詩獨倚樓·안성낙일강촌만 한영신시독기루)"가 있다. 침통하기로는 둔촌의 "늦게야 강해에 나와 보니 풍파는 사나운데, 어느 곳 깊은 물굽이에 낚시배를 맬거나(晩來江海風波惡 何處深灣繫釣舟·만래강해풍파악 하처심만계조주)"가 있다. 호장 하기로는 둔촌의 "배에 가득히 가을달 밝기를 기다려, 즐거이 장적 불며 강루를 지나노라(待得滿船秋月白 好吹長笛過江樓·대득만선추월백 호추장적과강루)"가 있다. 한적하기로는 "어찌하면 이웃하여 두 늙은이 이뤄, 살구꽃 봄비 속에 나란히 갈아볼거나(安得卜隣成二老 杏花春雨耦而耕·안득복린성이노 행화춘우우이경)"가 있다. 고담하기로는 둔촌의 "파리한 말은 저녁해에 울부짖고, 파리한 아이는 삭풍을 등졌구나(瘦馬鳴西日 羸童背朔風·수마명서일 이동배삭풍)" 등을 들 수 있다.

둔촌 선생께서는 딸 하나를 두어 사랑을 쏟고 있었는데, 목은 선생에게 사위감을 가려달라 부탁하니. 목은께서 이르기를 "내 문하에 선비가 많기는 하지만 성품이 온아하기로는 두 사람만한 이가 없다" 하였는데, 대개 권근(權近, 양촌·陽村)과 유창(劉敞)을 가리킨 말이었다. 그래서 선생은 마침내 유공(劉公)을 사위로 삼았다.

謏聞瑣錄　進士曺伸

歷數東方絶唱, 有曰近代詩, 渾厚如遁村 "焚香祈道泰, 對食願年豐", "雁聲落日江村晚, 閒詠新詩獨倚樓", 沈痛如遁村, "晚來江海風波惡, 何處深灣繫釣舟", 豪壯如遁村 "待得滿船秋月白, 好吹長笛過江樓", 閑適如遁村 "安得卜隣成二老, 杏花春雨耦而耕", 枯淡如遁村 "瘦馬鳴西日, 羸童背朔風", 遁村先生. 鍾愛一女, 擇婿於牧隱先生, 牧隱曰: "吾門下士多矣, 性氣溫雅未有如二人者." 蓋指權近[陽村]·劉敞[仙菴], 先生. 遂以劉公爲贅焉.

| 주해(註解) |

※ 適庵(적암) – 조신(曺伸, 1479~?)의 호다. 자는 숙분(叔奮)으로 본관은 창녕(昌寧)이다. 문장가로서 어학에 뛰어나서 중국에 7회, 일본에 3회 다녀왔으며, 성종의 사랑을 받았었다. 부산의 금산(金山)에 은거하여 시영(詩詠)으로 세월을 보냈다. 저서로는 <유문쇄록>이 있다.

※ 仙菴(선암) – 유창(劉敞, ?~1421)의 호이다. 자는 태화(太和)이며, 본관은 강릉이다. 1371년(공민왕 20)에 문과에 급제하여 성균관 사예 호조의랑을 역임하였다. 이성계와 절친한 사이로 1392년 조선조 개국에 공을 세웠다. 1401년에는 소요산에 기거하던 태조 이성계를 한양으로 되돌아오도록 하였으며, 관직은 예문관 대제학을 거쳐 영의정이 되고 옥천부원군에 훈봉되었다. 시호는 문희(文僖)이며 둔촌의 서랑(婿郞, 사위)이다. 저서에 <선암집>이 있다.

* 이(羸) – 1. 파리하다. 2. 고달프다.
* 췌(贅) – 1. 혹. 2. 군더더기. 3. 데릴사위.

(9) 용재총화(慵齋叢話) — 대제학(大提學) 성현(成俔)

둔촌 선생께서는 효우(孝友)의 행실은 집안에서 나타났고, 충의로운 기절(氣節, 기개와 절조)은 나라에 다하였으며, 학문과 재기(材器, 됨됨이와 도량)는 조정에 드러났다. 일시의 호걸인 포·목·도(圃牧陶) 제현들이 서로 막상막하하였다. 지금 문벌이 성하기로는 광이(廣李)가 제일이고, 다음이 성씨(成氏)이다. ……운운……

慵齋叢話   大提學成俔

遁村先生, 孝友之行著於家, 忠義之節盡於國, 學問才器現於朝.一時豪俊, 圃牧陶諸賢, 皆相敬重焉.當今門閥之盛, 廣李爲最, 其次我成氏, 云云)

| 주해(註解) |

* 용재총화 - 조선 전기의 용재 성현(成俔)의 수필집.
* 재기(才器) - 사람이 지닌 재주와 기량(器量)을 아울러 이르는 말.
* 경중(敬重) - 공경(恭敬)하고 중하게 여김

(10) 오세손 수진 묘갈명 요약(五世孫[守震]碣銘略)

- 퇴계(退溪) 이황(李滉)

둔촌 선생은 문장과 절의로 은연중 수립(樹立, 이룩하여 세움)한 바가 있었으나, 지위는 덕에 어울리지 못하였구나. 그 복이 후손에게 미뤄져서, 대대로 그 덕행이 아름다움을 계승 발양(發揚, 펼쳐 일으킴)하게 되었다.

五世孫[守震]碣銘略　退溪李滉

遁村先生, 文章節義, 隱然有樹, 位不滿德, 委祉于後, 世濟其美

| 주해(註解) |

※ <퇴계선생문집> (권 46)의 <통훈대부행삼가현감이공모지면 通訓大夫行三嘉縣監李公墓誌銘>에 보임.

* 의(懿) - 1. 아름답다. 2. 훌륭하다. 3. 칭송하다.
* 발양(發揚) - 마음, 기운, 재주 따위를 펼쳐 일으킴.

(11) 기아서(箕雅序)　　　　　　　　- 호곡(壺谷) 남용익(南龍翼)

둔촌 이 선생께서는 문장이 정련(精鍊)되고 규범(規範)이 있었다.

箕雅序　壺谷南龍翼

遁村李先生,文章精鍊,有法.

| 주해(註解) |

* 기아(箕雅) - 조선 후기 문신·학자 남용익이 신라말에서 조선 현종 때까지 497가(家)의 각체시를 뽑아 1688년에 간행한 시선집.

※ **호곡(壺谷)** - 남용익(南龍翼, 1628~1692)의 호다. 자는 운경(雲卿)이요, 본관은 의령(宜寧)이다. 1648년 문과에 급제하여 호당(湖堂, 독서당)에 뽑히고 중시(重試)에 장원으로 합격하였다. 일본에 사신으로 다녀오고 1683년 예조판서가 되고 양관(兩館, 홍문관과 예문관의 병칭) 대제학(大提學)을 거쳐 이조판서(吏曹判書)가 되었다. 저서로 <호곡집 기아>가 있다. 시호는 문헌(文獻)이다.

* 정련(精鍊) - 잘 훈련함. 잘 단련함.

(12) 구암서원 원지(院誌)

　둔촌 선생의 문장과 지절(志節)은 삼은(三隱)과 비길만하였다. 오랫동안 사전(祀典, 제사를 지내는 예전)이 없었으니 사림(士林)의 부끄러움이 되었는데, 드디어 모두 사당을 세워 제사를 받들기로 합의하였다.

　현종 기유(己酉, 1669)년에 서원을 세우고, 숙종 정축(丁丑, 1697)년에 구암서원(龜巖書院)이라는 사액(賜額)이 내렸다. 서원은 광주의 북쪽 강언덕에 있는데, 지명은 암사(巖寺)이다.

院誌

　遁村先生, 文學志節, 可幷三隱.而久闕祀典, 爲士林之恥. 遂僉議建祠, 以俎豆之.顯宗己酉立院,　肅宗丁丑, 賜額龜巖書院, 院在廣州北江岸, 地名巖寺.

| 주해(註解) |

* 조두(俎豆) - 제사 때, 신 앞에 놓는 나무로 만든 그릇의 한 가지.
* 사액(賜額) - 임금이 사당(祠堂), 서원(書院), 누문(樓門) 따위에 이름을 지어줌.

(13) 구암서원 춘추 제사 축문(龜巖書院春秋享祝文)

바른 도를 간직한 채 곤궁하게 사셨는데, 아름다운 은둔이니 바르게 함이 길하셨도다. 정학(正學, 공자의 바른 학문)의 연원(淵源, 본원)이 되었나니, 백세토록 그 풍절(風節, 거룩한 절개) 열렬(烈烈)하리로다.

龜巖書院春秋享祝文(구암서원에서 봄·가을 제사를 지낼 때 읽는 축문)

抱道窮居, 嘉遯貞吉, 正學淵源, 百世風烈.

(14) 유사(遺事)

　선생의 휘는 집(集)이오, 자는 호연(浩然)인데, 초휘는 원령(元齡)이오, 자는 성로(成老)이며, 호는 묵암자(墨巖子) 또는 남천(南川)이라 부르셨다. 생원공(生員公)의 제2자로 원(元)의 태정(泰正) 정묘 6월 2일에 나시어, 벼슬은 봉순대부(奉順大夫) 판전교시사(判典校寺事)에 이르렀고, 명(明)의 홍무(洪武) 정묘년 6월 6일에 졸하셨다. 숭록대부 의정부 좌찬성 겸지경연 춘추관사 판의금부사 세자 이사(貳師, 동궁에 속한 벼슬)에 증직되었다. 선생은 학문이 고명하시고 문장이 초매(超邁, 보통보다 훨씬 뛰어 남)하시어, 이름은 사림(士林)들 사이에 저명하였고, 덕은 일세에 으뜸이어서, 목은(牧隱, 이색), 포은(圃隱, 정몽주), 도은(陶隱, 이숭인), 행촌(杏村, 이암), 야당(埜堂, 전녹생), 척약재(惕若齋, 김구용), 원재(元齋, 정공권), 어촌(漁村, 공부) 등 제현들이 애경(愛敬)하고 추중(推重)치 않는 이가 없었다.

　천성이 개결(介潔, 성질이 굳고 깨끗함)하고 정직하시어 불의를 미워함이 지나치셨는데, 홍무 무신(戊申)년 가을에 역적 신돈(辛旽)의 문객(門客) 중 선생과 동향인 채판서(蔡判書)라는 자가 있어, 신돈의 위세를 믿고 불의를 자행하기에, 선생이 꾸짖어 물리치고, 아울러 신돈의 흉측한 실상을 나무랬더니, 채(蔡)가 신돈에게 고자질하여, 화(禍)가 곧 헤아릴 수 없게 되었다. 이에 미복(微服, 미천한 사람이 입는 옷)으로 어버이를 모시고 어린이를 이끌며 영남의 영천(永川)으로 도피하여, 동년(同年)인 최원도(崔元道)에게 의탁하였다.

　최공은 접대를 매우 후히 해주었으나 3년 동안을 문밖에 나오지를 못하셨는데, 선생의 아버님께서 돌아가시니, 최공이 빈염(殯斂) 일체를 자기 부모와 똑같이 마련하여 주었다. 신해(辛亥)년 6월에야 서울(개성)의 현화리(玄化里) 집으로 돌아오셨는데, 도은(陶隱)에게 말씀하시기를, "내가 이제야 서울에 들어와 보니 마치 죽었다가 다시 살아난 듯 하오. 몸은 이제 처음부터 다시 시작하게 됐는데, 이름만 옛 것이면 되겠소?" 하시고, 호연(浩然)한 기운은 의(義)가 모여야(集)만 생긴다는 뜻을 취하시어 지금의 이름과 자로 고치셨다. 또 숨음으로써 난을 피할 수 있었기에 잊지 않기 위하여 둔(遁) 자로 호를 하셨다.

<교리(校理) 필형(必亨)의 기록에서 나오다>

세상에 전해오기는 둔촌 선생께서는 일찍이 송경(松京)의 용수산(龍首山) 아래에 사셨는데, 신돈의 문객인 채판서란 자와 한 마을이었다. 선생께서는 신돈의 하는 짓을 분히 여겨 대중(大衆) 앞에서 그 죄상을 크게 꾸짖었더니, 채가(蔡哥)가 암암리에 사람을 사주(使嗾)하여 해를 가하려 하였다. 그때 생원공(生員公)께서는 이미 극노인(極老人, 아주 늙은 노인)이셨는데, 선생께서 밤 사이 남몰래 등에 업고 재를 넘어 남으로 내려가 영천의 최사간(崔司諫, 최원도) 집을 찾아가셨다.

마침 그날 최공의 집에서는 잔치가 있어 온 마을 사람들이 모두 모였었는데, 선생은 곧바로 그 집의 사랑에 들러 잠깐 쉬고 계셨었다. 최공은 이 사실을 알고는 거짓으로 놀라고 노한 척하여 외치기를 "이것은 화를 싣고 와서 서로 함께 하자는 것이다"하고, 몸소 몰아서 내쫓고 사랑채까지 불 질러 버렸다. 선생은 쫓겨나와서 5리쯤 가자니 한 숲이 있기에 잠깐 쉬면서 생각하시기를, "최우(崔友, 최씨 친구)는 나의 지심우(知心友)인데 더구나 지금은 내가 궁해서 왔으니 필시 괄시(恝視)는 않을 터인데 아마 이번 일은 나를 위해서 하는 짓이리라"하고, 거기에 머물러 밤이 되기를 기다렸다.

과연 밤이 깊어지자 최공이 지팡이를 끌고 그 숲으로 와서 나직이 부르기를 "이우(李友, 이씨 친구)는 여기 있는가"하여 선생이 나서서 대답하니, 최공은 얼싸안고 집으로 돌아가 낮에는 다락 위에서 거처하고 밤에는 규중(閨中, 안채에 딸려있는 도장방)에서 자게 하였다. 신돈은 영천에 관문(關文, 관청에서 발급하던 허가서)을 발송하여 빨리 기포(譏捕, 정탐하여 체포함)하라 설쳤으나, 고을에서는 정문(呈文, 올리는 글)을 올려 당초에 쫓아 보낸 사연을 낱낱이 아뢰니 일은 무사해졌다. 최공은 생원공을 친부모처럼 봉양하니, 생원공도 내 집처럼 마음놓고 지내실 수가 있었는데, 얼마 안 되어 돌아가셨다. 최공은 염습(斂襲)과 빈장(殯葬, 빈소를 차리고 장례를 치름)의 차비를 마련함에나 슬퍼함에 있어서 친부모와 다름없이 하였다.

<별제(別提) 항(恒)의 기록에서 나오다.>

선생께서는 영남에서 돌아오신 뒤에 천녕강사(川寧江舍)에 우거(寓居)하셨는데, 침류정(枕流亭, 목은의 정자명) 목은과 육우당(六友堂, 척약재의 정자명) 척약재와는 서로 가까워 조석으로 만나 얘기 나누면서 만년을 보내셨다. 임종(臨終) 시에 목은에게 다음과 같은 시를 지어 보냈다. "환갑이 된 연래에는 백병이 침노하니 삼복과 가을철을 누워서 보냈노라. 향산거사는 필시 아무탈 없겠지? 나는 먼저 도솔궁으로 가려네(還甲年來百病攻, 臥經三伏反秋風, 香山居士應無恙, 我慾先歸兜率宮)"

<필형(必亨)의 기록에서 나오다.>

遺事

先生諱集, 字浩然, 初諱元齡, 字成老, 號墨巖子, 又號南川. 生員公之第二子, 生於元泰定丁卯六月二日, 仕至奉順大夫判典校寺事. 卒于明洪武丁卯六月六日. 贈崇祿大夫, 議政府左贊成, 兼知經筵春秋館事, 判義禁府事, 世子貳師.

先生學問高明, 文章超邁, 名著士林, 德冠一世, 如牧隱·圃隱·陶隱·杏村·埜堂·惕若齋·員齋·漁村諸賢, 莫不愛敬而推重之.

天性介直, 嫉惡已甚. 洪武戊申秋, 逆旽門客, 有與先生同鄉人蔡判書者, 藉恃威勢, 姿行不義, 先生責而斥之, 且言旽之凶狀. 蔡竪讒于旽, 禍將不測. 乃以微服, 奉親扶幼, 逃竄嶺南之永川, 依同年崔元道家. 崔公供接甚厚, 三年不得出, 先生之父沒, 崔公備殯斂, 一如其親.

辛亥六月, 始還京師玄化里第, 語陶隱曰: "吾今入京, 若旣死而復甦也. 身今再, 初名何獨舊?" 乃取浩然之氣, 爲集義所生之義, 改以今名字, 又以遁避之, 故不可忘, 以遁爲號.

[出校理必亨所記]

世傳, 我遁村先生, 嘗住松京龍首山下, 與旽客蔡判書者同里. 先生, 嘗憤旽賊, 對衆大言, 論其罪狀. 蔡遂密囑, 將加害.

時生員公, 已耄老, 先生乃乘夜, 竊負踰嶺, 而南投, 赴永川崔司諫家. 是日崔公適有小酌, 鄉里咸集, 先生逕就崔家廊舍, 乍憩.

崔公聞知之, 便陽驚且怒, 曰:"是將載禍相餉"遂自起敺遣之, 仍燒其舍. 先生被逐, 而行纔五里, 就一林少休, 自語於口曰:"崔友是余知心, 今以窮來, 必不相恝, 而此擧亦所以, 爲我地耳."

遂遲留到夜, 夜將深, 崔公携杖至其林, 便呼曰:"李友其在此否."先生出應之, 崔公遂扶携歸家, 使之晝接於樓上, 夜宿於閨中.

旽行關永川, 譏捕甚急, 鄕黨爲之呈文, 陳其當初逐送之由, 事途得解, 崔公養生員公, 如其父, 生員公安之如家, 未幾沒. 崔公遂具殯斂, 哀慟如親喪云.

[出別提恒所記]

先生還自嶺南寓居, 川寧江舍, 與枕流亭·六友堂·惕若齋相近, 朝夕對話以終老焉.

臨終, 贈牧隱詩曰:"還甲年來百病攻, 臥經三伏及秋風, 香山居士應無恙, 我欲先歸兜率宮."

[出校理必亨所記]

| 주해(註解) |

※ **유사(遺事)**- 유전하여 오는 일 중에서 빠진 일을 보충 기록한다는 뜻.

※ **양촌(陽村)** - 권근(權近, 1352~1409)의 호다. 자는 가달(可達)이요, 본관은 안동(安東)이다. 1369년에 문과 급제하여 첨서밀직사사(僉書密直司事)를 역임하고 조선조에 의정부찬성사(議政府贊成事) 겸 세자이사(世子貳師) 대제학(大提學)에 이르렀다. 목은(牧隱)과 포은(圃隱) 선생의 문인(門人)으로서 둔촌 선생 또한 소중히 여겼었다. 태종이 즉위하자 포은 정몽주 선생의 충절을 표창할 것을 상소하여 응낙하게 하였다. 문장과 경학(經學)에 뛰어나서 <동국사략(東國史略)>과 <오경천견록(五經淺見錄)> 등을 저술하였다. 시호는 문충(文忠)이다.

※ 어촌(漁村) - 공부(孔府, ?~1416)의 호다. 자는 백공(伯恭)이요, 본관은 창원(昌原)이다. 1376년 문과 급제하여 벼슬은 집현전 태학사(太學士)에 이르렀다. 문헌으로는 <고려사>와 <동국궐리지(東國闕里誌)> 등이 있다. 어려서부터 정몽주(鄭夢周), 이색(李穡) 등과 교분이 깊었다.

※ 원재(圓齋) - 정공권(鄭公權, 1333~1382)의 호다. 본관은 청주이다. 공민왕 때에 문과 급제하고 벼슬은 좌사의대부(左司議大夫), 성균관 대사성(成均館 大司成)을 거쳐 정당문학(政黨文學)에 이르렀다. 1366년(공민왕 15)에 정언(正言) 이존오(李存吾)와 함께 신돈(辛旽)을 탄핵하여 살해당할 뻔하였으나 이색(李穡)의 도움으로 모면할 수 있었다. 시호는 문간(文簡)이며 당세(當世) 팔청(八淸)의 한 분이다.

※ 정재(貞齋) - 박의중(朴宜中, 1337~1390)의 호다. 자는 자허(子虛)로 본관은 밀양(密陽)에서 문의(文義)로 분적(分籍)하여 시조(始祖)가 되었다. 공민왕 때에 문과에 장원으로 급제하고 벼슬은 전의직장(典儀直長)을 거쳐 예문관제학(藝文館提學) 겸 대사성(大司成)을 지냈다. 1388년에 명(明) 나라에 사신으로 들어가서 철령위(鐵嶺衛)의 철폐를 교섭하고 돌아와서 공신이 되었다. 성리학(性理學)에 밝아 세속 음양설(陰陽說)의 허황함을 설명하였고 우아한 문장(文章)으로 또한 유명하다. 당세(當世)의 팔청(八淸)의 한 분이다. 봉군(封君)은 문의(文義)이다.

※ 덕곡(德谷) - 조승숙(趙承肅, 1357~1417)의 호다. 자는 경부(敬夫)로서 본관은 함안(咸安)이다. 야은(冶隱) 길재(吉再)와 친한 사이로 포은(圃隱) 정몽주 선생의 문인이다. 우왕 때 문과에 급제하였고 성리학(性理學)에 밝은 학자로서 원(元) 나라에 가서 저작랑(著作郎)을 지냈다. 함양(咸陽)에 있는 도곡서원(道谷書院)에 배향되었다.

※ 대은(大隱) - 이유(李裕)의 호다. 고려 우왕 때 문신이다. 벼슬이 병부상서(兵部尙書)에 이르렀으나 이성계(李成桂)의 위세가 높아가자 정몽주(鄭夢周) 등과 함께 이성계를 숙청(肅淸)하려다가 뜻을 이루지 못하고 안성(安城) 땅에 은퇴(隱退)하여 일생을 마치었다. 당세(當世)의 구일(九逸) 중의 한 분이다.

※ 민유(閔愉, ?~?) - 고려 말기의 절사. 호는 여흥민씨 문헌에 의하면 사암(思菴)으로 되어 있다. 문과에 급제하여 관직은 대제학에 이르렀다. 공민왕 때 신돈(辛旽)의

난을 피하여 동성현(童城縣 : 현 통진·通津)에 은거 시영(詩詠)으로 여생을 보냈다. 당세(當世)의 구일(九逸) 중의 한 분이다.

* 소작(小酌) - 조촐하게 차린 술자리.
* 사(乍) - 1. 잠깐, 잠시. 2. 언뜻, 별안간.
* 향(餉) - 1. 군비(軍費). 2. 식사 시간.
* 구(敺) - 1. (말을 타고)몰다. 2 기르다. 3. 때리다.
* 재(纔) - 1. 겨우, 가까스로. 2. 조금, 약간.
* 빈염(殯斂) - 사자의 시신을 매장할 때까지 일정 장소에 일정 기간 안치해 두고 애도하는 것.
* 정문(呈文) - 하급 관청에서 상급 관청에 보내던 공문서.
* 염습(斂襲/殮襲) - 시체를 씻긴 다음, 옷을 입히고 묶는 일을 말함.
* 빈장(殯葬) - 사람이 죽은 후 무덤에 매장하기 전에 임시로 시신을 안치하는 행위.

신역자 우종철(禹鍾哲)

1960년. 단국대학교 행정학과 졸업. 행정학 석사. (사)한국한시협회 감사.
<한시로 읽는 겨레얼>, <포용의 리더십>, 역사소설 <삼불망>, 역사소설 <통일대왕 김법민> 외 다수.

교열자 이장우(李章佑)

1939년. 서울대학교 중어중문학과 졸업. 문학박사. 동양고전연구소 소장.
<중국문화통론>, <중국시학>, <고문진보 전·후집(공역)>, <퇴계시학>, <한국 한시 감상> 외 다수.

둔촌 이집선생 시문(한글 번역본)

초판인쇄 2025년 9월 30일
초판발행 2025년 10월 24일

저　　　자 | 둔촌 이집
편　　　저 | 광주이씨 대종회
신　역　자 | 우종철
교　열　자 | 이장우

펴　낸　이 | 김광태
펴　낸　곳 | 도서출판 승연사
디자인·인쇄 | 네오프린텍㈜

출 판 등 록 | 1991년 4월 21일 제318-2005-000054호
전　　　화 | 02-2671-5305 / 02-391-2239
핸　드　폰 | 010-3243-5305
주　　　소 | 서울시 종로구 진흥로432 요진오피스텔 908호
E - m a i l | ktkim7788@naver.com

값 30,000원
ISBN 978-89-93297-34-8 03810